“十三五”国家重点出版物出版规划项目

丝路文库
SILK ROAD LIBRARY

穆罕默德生平

丝路文库

〔埃及〕海卡尔 著

王永芳 赵桂云 译

華文出版社
SINO-CULTURE PRESS

حياة محمد

محمد حسين هيكل

穆罕默德生平

马松亭题

中文版序

林　松[①]

毫无疑问，伊斯兰教先知穆罕默德在人类社会发展史上是有深远、巨大影响的世界伟人之一。这是包括持有不同甚至相反观点的史学家们普遍公认的评价。

一千多年来，为这位先知撰写传记的人络绎不绝。起初，执笔者理所当然地是阿拉伯学者，例如伊本·伊斯哈格（704—768）的《先知传》和他的学生伊本·希沙姆改写的缩编本《安拉的使者传略》颇为流行，又如阿里·瓦吉提（？—823）及其秘书伊本·沙特先后编写的传记，以及穆罕默德·本·泰伯里（838—923）所辑的有关史料汇编专集，都是出现较早的先知传记或编年文献。以后，用波斯文、乌尔都文和土耳其文转译或编写的类似传记相继涌现，流传于穆斯林聚居的地区，并逐渐引起西方世界的重视。

到了近、现代，随着伊斯兰教日益广泛深入的传播，在欧洲各国有许多被称为东方学家的著名学者对伊斯兰教的研究产生了浓厚的兴趣，纷纷著书立说，按照他们各自的立场、观点，从不同的角度，引用各自捕猎并经过筛选的资料，分别论述了伊斯兰教崛起的历史背景、传播过程和社会影响，其中都贯串着先知穆罕默德的生平事迹。他们或用专

① 林松（1930—2015），中央民族大学教授，中国现代杰出的穆斯林学者。

章，或写专书，为穆罕默德立传。这些学者中影响较大者有：法国的勒南·厄纳斯特（1823—1892）、伯希和（1878—1945）、戈德弗鲁瓦·德蒙班和迪尔曼吉姆；德国的内耳德克·特奥多尔（1836—1930）、韦尔豪森·尤利乌斯（1844—1918）、格里梅·古伯特（1864—1942）；荷兰的胡茨玛·马丁·捷奥多尔（1851—1943）、文辛克·阿连特（1882—1939）；匈牙利的戈耳德戚厄·伊格纳茨（1850—1921）；比利时的拉缅斯·昂里（1862—1937）；英国的麦克唐纳·邓肯（1863—1933）；意大利的列·卡埃塔尼（1869—1935）；瑞典的托尔·安德烈以及美国的华盛顿·伊尔费吉（1783—1859）和菲利浦·希提等。他们的研究成果和所反映的观点常被人们引用。西方一些国家编辑出版的大百科全书在有关“伊斯兰教”“穆罕默德”“《古兰经》”等条目的长篇释文中，也不同程度地吸收了他们的某些观点，甚至把这些观点作为定调的依据。1978 年，美国哈佛大学教授麦克·哈特在纽约出版的《影响人类历史进程的 100 名人排行榜》一书，把穆罕默德名列首位。

在我国，第一部用中文编撰的穆罕默德传是《天方至圣实录》，编撰人是清初著名的回族学者刘智（字介廉，号一斋，约 1664—1730）。书名中的“天方”，是我国古代文献中对麦加的通称，系从“天房”（克尔白）引申而出的称谓；“至圣”，是对穆罕默德先知的尊称（明、清伊斯兰教学者把众先知的等级分别译为“列圣”“钦圣”“大圣”“至圣”四等，以“至圣”为最高等级）；至于“实录”，则是我国史书中的一种体裁，特别是按年月顺序记载某一代帝王当政时期的重大事件。顾名思义，可知这本书是以编年体方式记述天方国先知穆罕默德的史书。此书脱稿于雍正二年（1724 年），初版刊刻于乾隆四十三年（1778 年）。两百多年来，国内有多种版本在江苏、湖北和四川等省印行问世。中国伊斯兰教协会还出版了标点横排本。此书的外文译本有：1921 年在伦敦和纽约分别出版的英译本（译者是英国基督教传教士伊萨克·梅伊达），据此英译本转译为俄文的《俄语实录摘要》（苏联艾哈迈德·勃列瓦涅夫译），之后，据俄文本转译的法文本也相继出现。此外，还有

1941 年出版的日译本（译者是田中逸平），直接译自中文原本。

近年来，我国又有一些有关的著译陆续出版，新近问世的《穆罕默德传》，是埃及学者穆罕默德·胡祖利（？—1927）所撰，原书标题为“信念的光辉”，在新疆被翻译成维吾尔文后，又转译为汉文出版。现在，摆在读者面前的这本《穆罕默德生平》，是在阿拉伯世界流传最广、销量最高、深受好评的另一种版本。

原作者穆罕默德·侯赛因·海卡尔，1888 年出生于埃及算卜拉威地区海卡尔村的一个小康之家，1956 年病逝。他是埃及著名作家和政治家。早年毕业于法律院校，继而到巴黎深造，并获得法学博士学位。他跟同时代的阿拉伯思想家、哲学家和民族运动的倡导者艾哈迈德·鲁图菲·赛义德（1876—1963）有密切的交往，思想意识方面也深受其影响。他参加了立宪自由党，主编过它的宣传喉舌《政治》日报和周刊，曾担任过该党领袖和上议院议长，并连续做过几届教育部部长。他的著述和译作很多，包括政治、法律、宗教、文艺等多方面的内容。在促进埃及与西方文化交流方面的贡献也很突出。值得注意的是，他虽然并非专职从事创作的文学家，但他在青年时代发表的小说《栽娜卜》（以女主人公的名字为题）却一炮打响，轰动文坛，从思想内容到艺术形式，都被誉为埃及现代文学史上第一部真正有意义有价值的小说杰作。这是 1914 年的事，海卡尔才二十七岁，初出茅庐，锋芒已现。

《穆罕默德生平》一书的撰述，开始于 1932 年冬，初版在 1935 年问世。这时，进入壮年时期的海卡尔，精力正充沛，阅历更丰富，治学也更严谨。为编写这部传记，他广泛搜集并博览了古往今来流传于东西方的有关穆罕默德的著述。这些著作对于穆罕默德的评述立场悬殊，观点互异，反映了执笔人互不相同的身份。穆斯林学者自然是热情歌颂，虔诚赞誉；持有成见的西方学者则歪曲事实，投以明枪暗箭；被认为或自认为公正的学者，有的充分肯定，赞赏为主；有的抡起板斧，大张挞伐；有的连褒带贬，毁誉参半。因此，海卡尔博士意识到，尽管在他之前，先知传记的撰述人比比皆是，但他仍然有必要再写这样一部书，这绝非多余之举。因为那些著述取代不了它的作用，只能促使它及早诞生。写一本新的传记，既要重视和汲取前人的研究成果，又要纠正与弥补他们的缺陷，更要澄清被歪曲了的事实真相。

读到这本传记的人可能会深切感到，海卡尔真是一位典型的穆斯林学者。首先，他是怀着虔诚穆斯林对先知的深厚感情撰写此书的，字里行间总是洋溢着赞佩的热情。同时，他又是一个严谨缜密的学者，总是在尽力反映先知平凡而又伟大的真实面貌，描写他在社会活动中和日常生活中的真情实景，绝不渲染虚构，不谈什么非凡的奇迹，也不故作惊人之笔。这本传记很有特色，分述如下。

一、《古兰经》经文贯串全书

《古兰经》是伊斯兰教的经典和最根本的立法依据，是先知穆罕默德传播伊斯兰教的二十三年间所接受的启示，也是研究伊斯兰教历史、文化和教义的主要和首要的必读文献。海卡尔博士在系统讲述先知的生平活动时，总是把与故事情节紧密相连的有关《古兰经》的章节，援引得恰到好处，使读者既能了解到支持穆罕默德活动的精神力量之所在，又可以借此领会所引章节的环境、背景及深刻含义。

贯串全书的这些引文，从言简意赅的几句话，到淋漓尽致的大段落，发人深省，也为全书增光添色。显然，作者引用这么多经文，既表明他是把《古兰经》作为编写先知传记的指针和权威性的依据，又是在帮助读者去领悟那些深奥难懂的经文的微言大义。这本传记，确实可以视为辅助研习《古兰经》的参考资料。

二、史料丰富，引证翔实

撰述者特别重视历史事实，力求引证翔实。尽管他确实已占有相当丰富的传闻、资料，但绝不是有传必信，有闻必录。他没有绘声绘色地渲染或抄引某些把先知神化或神秘化的传闻，尽管它的传播者、相信者可能完全出自善意或好心，出自对先知的敬仰。他始终把握住《古兰经》中多次明文强调的精神，即穆罕默德是一个像大家一样的人，是安拉的使者和仆人，是肩负着传教重任的使者。因此，他写到先知的仪表神态、品德修养、性格特征、待人接物、宗教活动、衣食住行以至喜怒哀乐等，都相当具体逼真，结合先知传播宗教的进程、伊斯兰教的崛起和振兴，追述往事、回顾史实，使活生生的先知的形象跃然纸上。

如果史料中对某件事的记载存在差异，即便是具体时间或某项数字小有出入，作者都力求诸说并列，以供查考。有些事件，即便作者已倾向于某种结论，也要照录他说而不轻率排斥，采取实事求是的态度。

三、有的放矢，观点鲜明

鉴于某些西方学者编写的穆罕默德传记中，有时歪曲史实，或借题发挥，总是带有偏见、成见、歧见，进行诋毁攻击的事实，海卡尔博士面临这一类情况，便给予驳斥反击。他捍卫先知的立场和态度，是坚定鲜明的。在博览那些东方学家的著述以后，他掌握了应该批驳的重点，对于本书材料的取舍更觉成竹在胸，他决定要针锋相对地还击。

显然，作者在引述材料时冷静客观，对诸说可以兼收并容，如实照引，并不忌讳掩饰，但对于亵渎挑衅、恶意中伤者，却旗帜鲜明，寸步不让。除了在正文中适当批驳以外，在《作者再版序言》里，其驳斥性的言辞更加激烈。

旗帜鲜明在本书的选材重点中也有所反映，例如在一般读者看来，关于先知的家庭、婚姻或私人生活方面，似乎不该占据多大篇幅，但作者确实写了不少，显然是有意为之，这是针对有关的流言蜚语而发的。

四、文采斐然，耐人寻味

海卡尔在文学艺术方面的造诣，在阿拉伯学术界，是人所共知的。这本传记的原文，在遣词造句方面体现了阿拉伯语言的典雅优美的特色。至于结构安排、情节发展、人物描写等方面的艺术手法，比起同类题材的书来，更显出色。正如海迪·阿拉维在特约专序中评价的那样："这本书既是一部文学特写，又是一部历史演义。"它不仅具体、生动地再现了先知的于平凡中见伟大的形象，而且把他周围的战友、信徒、迁士、辅士、眷属以至仇敌、叛徒等，写得有声有色，各具形态。它还把很多场面的气氛、几大战争的情景，写得热烈、紧凑、激烈、悲壮，使人如临其境。

因此，这本书的初版问世不久，便销售一空。迄今已达半个世纪，仍是一本极受欢迎的畅销书。中文译者所据以翻译的本子已是第14版。1985年，埃及有影响力的报刊《金字塔报》为纪念这本书问世50周年，还以巨幅版面专辟特刊。

当然，本书也有不尽完善之处，例如有些情节的叙述冗赘拖沓，某些事件前后重复迭见；由于按照时间顺序组材，不是经纬交织、纵横交错地灵活处理，同类事件的衔接不甚紧密；特别是作为史书，历史年代没有逐一标明，又缺乏大事年表，使读者时间概念不清……但终究是些枝节问题，综观全局，评定全书，直到目前为止，它仍是穆斯林学者撰写的先知传中最好的一本，值得向广大读者推荐。

译者王永芳，生前于紧张繁忙的工作之外，用业余时间翻译此书，经常焚膏继晷，度过了多个不眠之夜。每有疑难，便到处访师觅友，虚心求教。连春节期间，也埋首案头，废寝忘食，全力以赴，终于如期完稿。一位汉族学者对宣传阿拉伯学术和伊斯兰文化如此满腔热忱，确实难能可贵。他辛勤劳动的成果，必然会受到各民族读者的欢迎。

中文译本《穆罕默德生平》出版时，中国伊斯兰教协会副主任、驰名国内外的回族学者马松亭[①]大阿訇，对此书的翻译很关心，还亲笔为封面题签，表示支持和重视，这也是对译者、编者和读者的一大鼓舞。

1985年4月25日

于北京

① 马松亭（1895—1992），中国现代伊斯兰经学家、教育家、社会活动家。中国伊斯兰近现代史上著名的四大阿訇之一。20世纪30年代参与创办并主持北平成达师范学校和北平回教经学院，并组建月华出版部，出版《月华》杂志和伊斯兰学术经籍。1949年后历任中国回民文化协会副主任，中国伊斯兰教经学院副院长、名誉院长，中国伊斯兰教协会副主任、副会长等职。全国政协第二、第五、第六、第七届委员。

中文版特约专序

海迪·阿拉维[1]

穆罕默德不仅是先知，而且是民族的振兴者、伊斯兰文明的奠基人。他在人类发展进程中做出了卓越的贡献。正如人们所公认的那样，他是位创造历史的伟人。这样的伟人引起史学家们的极大重视是理所当然的。穆罕默德的生平事迹占据伊斯兰史的首要位置。很久以来就出现了“本纪”这种体裁（在伊斯兰史上）。“本纪”已成为专门记述穆罕默德历史及其功绩的术语。有关穆罕默德“本纪”的书有好多本，最早期的、被人们引用最多的一本成书于伊历 2 世纪，也就是公元 8 世纪。在穆罕默德历史、伊斯兰史、伊斯兰文明为首章的阿拉伯历史中，对穆罕默德的生平事迹也有较详细的记载。汇辑先知穆罕默德言行的圣训也是他生平事迹的重要组成部分。《古兰经》、圣训是伊斯兰立法的依据。当然，对《古兰经》各种注疏，特别是涉及穆罕默德史实的注疏，也提供了撰写穆罕默德生平事迹的重要依据。总之，穆罕默德的生平受到了人们特别的重视。他的行为、功绩、个人生活，甚至他的家庭生活、身体素质、穿着、饮食、进餐和睡觉方式、走路的姿态、讲话的特色都有人向我们做了叙述。

除穆罕默德外，具有如此丰富史料的历史伟人是不多的。穆罕默德的这些丰富史料对研究他的生平事迹提供了莫大的方便。这些丰富

① 海迪·阿拉维，伊拉克著名学者，原对外经济贸易大学外国专家、教授。

的史料也激起了东方伊斯兰史学家们和西方欧洲史学家们撰写穆罕默德生平的热情。近百年来，欧洲东方学家们撰写了数种有关穆罕默德生平事迹的书。在西方人编写的世界通史中也专门为穆罕默德书写了一定的章节。但西方人对穆罕默德历史的关心大多不是出于公正的科学目的。他们撰写的多数有关穆罕默德生平事迹的书都反映了"欧洲是世界中心"这一藐视东方，特别是藐视伊斯兰教的思想偏见。当然也有极少数书籍是在国际主义、马克思主义、历史科学唯物主义影响下写成的。

尽管目前在阿拉伯人生活中出现了一些消极的现象，但鉴于语言、文化及各种生活观念的因素，穆斯林学者，特别是阿拉伯学者比其他人更能领会引导他们走上了第一次复兴之路的领袖的个性。学者们如果具备了客观研究的态度，不从旧观念出发，不受旧观念的影响，是能够按照客观要求来完成为穆罕默德撰写生平事迹重任的。但是在目前条件下，这一任务是不易完成的。阿拉伯世界在整整五个世纪内，在文明领域经历了一个长久衰落时期，因而它缺乏现代文明的基础，不能发扬研究的传统。而在古代，阿拉伯人在很多领域是不乏这一传统的。我们不得不承认，要找到按严格科学态度、绝对正确地评价伊斯兰先知生平事迹及其功绩的资料，颇为不易。不过，我们还是能看到某些作家运用古典文化和现代知识撰写的某种形式的著作。他们在努力弥补阿拉伯、伊斯兰史上这一个薄弱环节，但他们的研究工作与史学家的工作还是有所不同的。这些作家中突出的代表有塔哈·侯赛因，他是位大文学家和闪光的思想家。广大中国读者可能仅知道他的自传体作品《日子》。《日子》一书并不是他最精彩的著作。但是在阿拉伯世界更负盛名的有关穆罕默德生平的书则是埃及人穆罕默德·侯赛因·海卡尔撰写的《穆罕默德生平》这本书。此书 1935 年写成，它是穆罕默德本纪现代化的良好开端。此书的作者同塔哈·侯赛因一样，是位史学家，但更是位文学家。他 1914 年撰写了小说《栽娜卜》。这本书被认为是第一部阿拉伯现代小说，作者因这本小说而一举成名。作为一名穆斯林，面临欧洲对伊斯兰东方的直接挑战，他以特有的感情开始注重研究穆罕默德生平。因此他撰写的《穆罕默德生平》一书既具有小说般的文艺性，又具有科研作品的学术性。这也充分体现了作者所具备的文化素养。因此可以说，这本书既是一部文学特写，又是一部历史演义。这是本书和我们上面提到的塔哈·侯赛因撰写的书的共同之点。

海卡尔博士在这本书中从政治、组织及军事方面对先知的生平事迹进行了详细的叙述，并对穆罕默德领导的这一革命的成长壮大过程做了全面的介绍。读者在这本书中可以看到，穆罕默德如何运用他那高超的战略战术，渡过了一个个看起来毫无出路的极其复杂棘手的难关，在那困难重重的条件下，他如何变被动为主动，最后取得胜利。同时，此书向我们展现了穆罕默德卓越的组织才能。在麦加他为圣初期，跟随他的只是少数人。在他的组织下，这少数人后来发展成具有高度牺牲精神、具有高度组织纪律性、具有抗击能力的强大队伍。穆罕默德的生平，如同其他创造历史的伟人的生平一样，充满了面对困难、战胜困难的过程。在斗争中危机四伏，有时甚至面临失败和濒于绝境。穆罕默德不但克服了困难，度过了危机，并在克服困难和度过危机之后勇于前进。穆罕默德所经历的这些事件和事件的前因后果，有时看上去像是被一种精神力量预先安排好的，这种与阿拉伯民族传统思想协调的戏剧性的巧合，加深了信士们的信仰。但是这一系列事件的解决，主要是反映了这位天才领袖善于主导历史进程的奋斗历程。

海卡尔博士用他所具有的文学天才、丰富多彩的语言及结构严谨的笔风，对穆罕默德生平事迹进行了史诗般的描述。他的描述引人入胜，能使读者有身临其境之感，甚至使人觉得作者不是在跟读者谈论历史，而是在谈论眼前发生的事情。作者在一些问题上进行了详尽的分析和探讨，并同西方史学家进行了争论。字里行间闪烁出的博学及他采用的对比研究语言证明了作者作为史学家的阅历之广泛，也证明了他作为学者的占有材料之丰富。

海卡尔博士既具有科学责任感，又具有民族爱国心。不过，他在这一征途上还没做到尽善尽美的地步，他距这一目的还有一段路要走。有时他的叙述逻辑性很强，令人信服，但有时也不免陷入了毫无结果的文字论争。

有关穆罕默德生平事迹十全十美的书至今仍未问世。海卡尔撰写的这一本书，尽管有不足之处，但它仍不愧是穆斯林学者们迄今为止所撰写的有关穆罕默德生平的最好的一本书。因此，决定把这本书奉献给中国广大读者是正确的决定。中华文明的继承者们很有必要了解一下伊斯兰文明奠基人的历史。这本书将能满足他们的这一要求。我们应该把更多的有水平的书介绍给他们。在结束我的话之前，我想指出，我的朋友王永芳决定翻译这本书是正确的。我很敬佩他在翻译过程中所付出的艰苦努力。我之所以说他付出了艰苦努力，是由于这本书十分难懂。书中引用了生僻的古典语言和旧时文献。这些古典语言和旧时文献，就连古典文学造诣不深的阿拉伯人读起来也是吃力的。无疑，为完成这项工作，我的朋友王永芳克服了常人难以想象的很多困难。如果将来有人发现译文与原文稍有差异，也是不足为怪的。

1985 年 2 月 25 日

于北京

阿文原版序言

——已故谢赫[①]、著名教授穆罕默德·穆斯塔法·穆拉吉手笔

自人类在地球上出现起，他们就渴望对周围世界的一切规律和法则进行探索。他们对这些规律研究得越认真，就越觉得宇宙的伟大和自己的渺小。伊斯兰教先知和其他人一样，对宇宙的规律和法则也进行了研究和探索。自从先知以安拉的光明普照大地之后，学者们就研究了先知所具有的伟大的人道主义等诸方面，并探讨了安拉通过先知的智力、品德和学识所表现的种种迹象。尽管学者们在这方面取得了一鳞半爪的收获，但他们至今仍未能了解问题的真谛，他们距这一真谛相差甚远。要想达到这一目的，他们还要走很长的路，还需付出长期艰苦的努力。

先知身份是安拉恩赐的，不是谁凭苦心经营能获取的。但是安拉赋予人类的哲理和知识，谁努力去研究谁就能掌握它。安拉深知应把使命交给谁。穆罕默德被赋予在全世界、全人类中实现安拉使命的重任。他是安拉向人间派遣的最后一位先知和使者，并使他似那普照万物的太阳，喷薄而出，照亮星空，改变了大地的面貌而别有天地。

众先知忠实地传达安拉启示，这是值得学者们专门研究的问题。人一旦被委派为先知，他便义不容辞、责无旁贷地一定要忠实传达安拉的启示。但安拉的启示并不是体现于先知的每个行动和每句话中。有

① “谢赫”即长老。——译者

时，先知们也会失误。他们与其他人不同的是，他们一旦失误，安拉会马上予以纠正，当然有时也会谴责他们。

穆罕默德奉命传达、贯彻安拉的使命，但安拉并未向他指明捍卫和实现这一使命的方法。在这一方面，他像其他学者和伟人一样，需要靠自己的智慧、行动和敏感去进行工作。在明确、果断的启示中包括有关安拉、有关认主独一论、有关安拉伟大之处及如何崇奉安拉诸方面。但它并不对有关某个朝代、某个村镇和某个国家的社会制度方面做出明确规定。启示降谕之前和以后，先知所表现出的伟大之处，应该认真研究。他作为安拉使命的传播者、召唤者、捍卫者，为传教活动与宣讲自由而奋斗。此后他成了信仰伊斯兰教的各民族的领袖和统帅，成了这些民族的穆夫提[①]和法官，他协调了信仰伊斯兰教各民族间及这些民族与其他民族间的各种关系。他所进行的一切都是公正合理的。先知的每句话、每个行动都充满了哲理和远见，都体现了先知智力过人、思想敏锐、意志坚定。可以说，他的每句话都闪烁着真知灼见。他逝世时，既蒙安拉欢欣满意，又得到穆斯林的普遍赞誉。

先知生活中的各个侧面都是应该研究的。这一研究工作不是一个单枪匹马的人所能胜任的。即便是只研究先知的某一个侧面，也不是单凭一个人之力所能胜任得了的。

穆罕默德的事迹，也跟其他伟人们的事迹一样，被某些人增加了一些虚构的情节。这种增加或发自好心，或出于恶意。但穆罕默德的事迹与其他伟大的事迹所不同的是，他生平中的很多事迹在安拉所启示的《古兰经》中都有所记载，同时他生平中的很多事迹圣训学者们都有真实可靠的讲述。穆罕默德的生平应该建立在这一坚实可靠的基础上。学者们也应根据这一坚实可靠的基础，为对穆罕默德的生平做出正确论断而从事综合研究。他们也应根据这一可靠的基础，注意历史背景和当时的各种信仰、制度习惯等有关问题进行科学的、公正的分析。

① “穆夫提”是音译，意为“教法说明人”。——译者

穆罕默德·侯赛因·海卡尔博士为人们撰写了《穆罕默德生平》一书。此书在付印之前，我有幸拜读了部分章节。海卡尔博士是阿拉伯读者所熟悉的作家。对于他的其他作品无须在此赘述。他攻读了法律，研究了逻辑学和哲学。他具备的这些条件以及他工作的环境使他有能力和机会对新旧文化进行探讨。可以说，他对新旧文化都有很深的造诣。在有关宗教信仰、社会制度和政治见解各方面，他发表了自己的观点，也同其他人争论过。他的学识日臻完善。他涉猎的范畴极为广泛，他以严密的逻辑和确凿的证据及他那人所共知的犀利文笔向人们阐述了他自己的见解。正是凭借这渊博的知识和矫健的文风他撰写了《穆罕默德生平》一书。他在此书前言中写道："尽管很用心，但我并不认为，在穆罕默德生平研究这一课题上，我已达到了预期的目的。鉴于我对这一课题的研究是以阿拉伯语资料为基础，而且在研究中我采用了科学的态度，所以可以说，在这个课题的研究中，我基本上接近了问题的真谛。当我提出穆罕默德在传教中所采取的方法与现代的科学方法极为相似时，读者也许会奇怪。如果你想对某一课题进行研究，科学的方法就是：首先要摆脱自己头脑中对有关课题已形成的旧意识和旧观念。然后进行观察、体验、比较和整理，最后才能得出建立在科学基础上的结论来。这样的科学结论是符合历史背景的，也是经得起推敲的。这种科学的方法是人类为了解放思想所采取的最崇高的方法。穆罕默德当时所依循的工作途径和传教基础就是建立在这一科学方法之上的。"

在研究中所采用的这一科学方法，从古到今是众所周知的。虽然承认这种方法很容易，但是实际遵循它却很艰难。对于这一科学方法，人们在认识上似乎没有多大分歧，但要真正实行起来则产生了明显的差异。

使自己摆脱旧观念，对问题进行观察、体验、比较，然后做出论断，说起来很简单，实行起来却并非易事。因为人们往往受自己头脑中的习惯势力所束缚，受家庭、村落、城镇、国家以及学校等客观环境所束缚，甚至受自己的信念、禀性、身体状况和嗜好等主观因素所束缚。这就是自古至今一些社会弊病的症结所在。它也是主义繁多、众说纷纭的原因所在。哲学、文学，在随着时代的变迁，像经常更换服装的妇女一样，造型在不断变化着。在哲学和文学领域，你很少发现持久不变的定论。甚至连续好几代人毫不怀疑的某一科学定理，也往往会突然发生变化。相对论是这样，关于生病的原因和治疗的方法也是如此。我们认真回顾一下就会发现，除具有千真万确证据的事物外，仅靠人的智力所发明创造的东西，没有一样是一成不变的。这些具有千真万确证据的事物与靠猜想、幻觉和在政治压力之下产生的其他事物区别何在呢？解释这一问题总有一天会使科学家们相信真理。真理就是安拉降谕的《古兰经》和正确无误的圣训。

我们再来谈一谈海卡尔博士和他的这本书。

一些哲学家曾指出，阅读天文知识和人类解剖学能使人清楚地看到，神学包括了整个存在的任何细微的东西。我也认为，观察研究宇宙间的法则和奇迹应是宗教学分内的事。这种研究可以使人了解以前所不懂的事物，可以使人懂得以前人的智力所没有达到的事物。这正如安拉在启示中指出的：

> 我将在四方和在他们自身中，把我的许多迹象昭示他们，直到他们明白《古兰经》确是真理。难道你的主能见证万物还不够吗？(《古兰经》41：53)

电及有关电的一切发明创造，使人们懂得了物质可以变成力，力也可以变成物质。这一发明能帮助人们理解，精神能脱离人的躯体而独立存在，人的思路之快是惊人的。海卡尔博士正是从这件事中得到了启示，从而对“夜行”故事进行了新颖的解释。

如果让我指出海卡尔博士这本书的精华所在，我也只能概括地谈一谈。读者将能够亲自领会和享受海卡尔博士根据确凿无疑的论据和按照严密逻辑推理的方法得出的结论。读者将会看到博士完全是忠实于事实的。他自己这样说:“这一研究能使人类达到我们所寻求的新的文明。如果说西方基督教徒们不肯在伊斯兰教及伊斯兰先知的言行中寻求光明,而是想在印度的某一教义或远东的其他信仰中寻求这一光明的话,那么东方的穆斯林们、犹太教徒们及基督教徒们应该以公正纯洁的态度来进行这一重要的研究工作。只有公正和纯洁,才能使人得到真理。”

“伊斯兰思想是有关人类与其周围世界相联系的现代科学思想。在这方面,伊斯兰思想是实实在在的。”

“穆罕默德当时倡导的精神和思想可谓是一场意识形态领域中的革命。这一革命当时涉及全世界,这一精神和思想也是世界文化遗产中的一部分。因此,研究穆罕默德生平事迹,研究他的教诲及他所处的那个时代是很有意义的。”

这种看法是有客观根据的。西方现在不是很注意研究东方的遗产吗?西方学者们现在不是很重视对伊斯兰教的研究吗?他们正在研究伊斯兰史,正在研究过去和现有信仰伊斯兰教的各个民族。所有这些都向我们表明,伊斯兰教将在世界上得到广泛的传播。今天敌视它的人,明天将会拥护它和捍卫它。今天对它陌生的人,将来会成为它的信仰者。伊斯兰教是在麦加诞生的,但它首先得到了麦加之外其他地方人们的广泛支持。不懂阿拉伯语的人,不属于伊斯兰教故乡的人将来也会支持伊斯兰教。

如果说伊斯兰先知是安拉派遣的最后一位先知,那么伊斯兰教就是最完美的宗教,那么它不可能仅仅停留在现有的范围之内。

伊斯兰之光必将使其他的光芒黯然失色,就好比太阳的光辉足以遮盖其他星球的光泽一样。

海卡尔博士很成功地把一系列事件有机地联系在一起。他的书就像一串结构严密的环环紧扣的项链。他对一系列事件的原因和目的做了令人信服的论述。读者一旦拿到此书,一定会爱不释手。

此书向我们提供了难得的有价值的研究成果。但在叙述方面不免有细碎冗长之嫌。

最后我想用先知穆罕默德的话来结束我这篇文章。“我求安拉保佑，仰仗你的光辉将一切黑暗驱除，照亮今生和后世。我愿安拉的光明保佑我，请不要降怒于我，请你息怒，我接受你的谴责，直到你满意。无能为力，只靠安拉。”

1935 年 2 月 15 日

作者初版前言

穆罕默德——愿他受福，祝他平安！[①]

几百万人每天无计其数反复呼唤着这一高尚的名字，这一高尚的名字每天都在激励着几百万人的心。一千三百五十年来，几百万人、几百万颗心，每天都在呼唤着、向往着这一英名。每天清晨，当曙光划破夜空，宣礼员便召唤穆斯林起床做礼拜。他召唤人们向安拉祈祷、向安拉的使者致意。世界各地几百万穆斯林，乘着熹微的曙光，在宣礼员的召唤下，感念着安拉的恩惠。中午，他们行晌礼，而后又行晡礼、昏礼和宵礼。每次礼拜，穆斯林都要虔敬地提到穆罕默德——安拉的仆人、先知和使者——的名字。穆斯林每天做五次礼拜，每次礼拜都要提到他的名字。每当他们提到和听到他的名字时，他们马上就会想到安拉和安拉的恩惠。过去是这样，现在是这样，将来还是这样。

穆罕默德在很短的历史时期内，就使安拉的宗教在世界各地传播开来。在他逝世之前，安拉就为穆斯林完美了他们的宗教信仰。穆罕默德在世时，就为伊斯兰教的传播制订了周密的计划。他曾派使节赴波斯、拜占庭以及其他国家和地区，动员波斯国王库思老、拜占庭皇帝希拉克略以及其他国家和地区的君主归信伊斯兰教。他派遣使节

① 穆斯林提到先知的名字时，都附加上这样的祝词。另一种祝词形式为："愿安拉赐福于他，使他平安！"——译者

一百五十年之后，伊斯兰旗帜便在欧洲的安达卢西亚，东到印度、土耳其，直到亚洲东部的中国这广大地区上空飘扬起来。叙利亚、伊拉克、伊朗、阿富汗、埃及、突尼斯、阿尔及利亚、摩洛哥等国全都加入了伊斯兰行列。除安达卢西亚[①]外，这些国家到今天一直信守着伊斯兰教。基督教徒侵占了安达卢西亚。他们千方百计地折磨安达卢西亚居民，从而使他们在那里无法生存下去。他们有的迁徙到了亚洲，有的被迫离弃了自己的宗教信仰而加入了暴虐者的宗教。

伊斯兰教在欧洲西部安达卢西亚遭到的损失，后来得到了弥补。土耳其人攻克了伊斯坦布尔（旧名君士坦丁堡），并使穆罕默德传播的宗教在那里站稳了脚跟。伊斯兰从这儿又传到了整个巴尔干地区，它的光芒还照到了俄罗斯和波兰。虽然暴虐者曾征服过信仰伊斯兰教的某些民族，但伊斯兰教从它传播初期到现在从未被其他任何宗教征服过。

伊斯兰教与基督教

很快传播起来的伊斯兰教与基督教展开了一场生死存亡的搏斗。穆罕默德在阿拉伯各国清除了拜物教。他的几位早期哈里发（继承人）在波斯、阿富汗和印度的很多地区也消除了拜物教的影响。穆罕默德的继承者们在希拉、也门、叙利亚、埃及，甚至在基督教的摇篮伊斯坦布尔，战胜了基督教。基督教是有经典的宗教之一，穆罕默德曾赞扬过它，安拉在《古兰经》中也肯定了尔撒的先知地位。基督教是否也像拜物教那样会衰落下去呢？生活在阿拉伯半岛这荒凉沙漠上的阿拉伯人能够征服安达卢西亚、拜占庭和其他信仰基督教的国家吗？基督教徒们宁死也不会答应。因此尔撒的信徒与穆斯林展开了一场持续了几个

① 源于阿拉伯语，意思是“汪达尔人的土地”。西班牙最南的历史地理区。南临大西洋、直布罗陀海峡和地中海。有许多 8—15 世纪摩尔人统治时代的遗址。——译者

世纪的搏斗。这种搏斗不仅表现在真刀真枪的战场上，而且也表现在唇枪舌剑的论战中。双方各自打着穆罕默德和尔撒的旗号进行战斗，双方都利用一切手段动员人民、鼓动人民进行这种搏斗，从而形成了门户之见。

伊斯兰教禁止穆斯林诋毁尔撒的地位。伊斯兰教认为尔撒是安拉的仆人，安拉授予了他经典，使他成为安拉的先知。但很多基督教徒却常常诽谤穆罕默德。他们用的语言是有修养的人所不能接受的。十字军战争已结束几百年，但直到近代，基督教教堂仍对穆罕默德怀有敌意。甚至连与教堂毫无关系的一些欧洲和美洲作家、哲学家也往往发表诽谤穆罕默德的言论。

读者可以看到，《古兰经》提到了尔撒和麦尔彦，并给了他们很高的地位。读者会问，那么穆斯林们和基督教徒们为何在几个世纪中一直相互敌视和残杀呢？那是因为，两者在一些基本问题上存有分歧。在这些问题上，先知穆罕默德在世时双方就进行过激烈争论。但是那时这种争论并没有给双方造成相互仇视的局面。伊斯兰教承认尔撒的先知地位，但基督教不承认穆罕默德的先知地位。基督教主张三位一体[①]，而伊斯兰教否认除认主独一之外的任何崇拜。基督教把尔撒尊为神明，说他出世不久在摇篮中就会讲话。在伊斯兰初期，基督教徒就与穆斯林争论说，降谕给穆罕默德的《古兰经》不是承认我们的意见吗，《古兰经》中不是有如下的章节吗？

> 当时，天神说："麦尔彦啊！安拉的确把从他发出的一句话向你报喜。他的名字是麦尔彦之子麦西哈·尔撒，在今世和后世都是有面子的，是安拉所亲近的。他在摇篮里在壮年

① 三位一体：基督教基本信条之一。该教宣称上帝只有一个，但包括圣父、圣子、圣灵（圣神）三个位格。三者虽各有特定位分，却完全同具一个本体，同为一个独一真神，而不是三个神，又非只是一位。教会认为这是"奥秘"的"启示"，不可能靠理性来领悟，只能靠信仰来接受。——译者

时都要对人说话，他将来是一个善人。”她说：“我的主啊！任何人都没有和我接触过，我怎么会有儿子呢？”天神说：“安拉要如此创造他所意欲的人。当他判决一件事情的时候，他只对那件事情说声‘有’，它就有了。”他要教他书法和智慧、《讨拉特》和《引支勒》，他要使他去教化以色列的后裔。〔尔撒说：〕“我确已把你们的主所降示的一种迹象，带来给你们了。我必定为你们用泥做一个像鸟样的东西，我吹口气在里面，它就奉安拉的命令而飞动。我奉安拉的命令，能医治天然盲、大麻疯，又能使死者复活，又能把你们所吃的和你们储藏在家里的食物告诉你们。对于你们，此中确有一种迹象，如果你们是信道的人。”（《古兰经》3：45—49）

先知在世时，与先知争辩的基督教徒们认为尔撒和安拉可以等同。还有人把麦尔彦尊为神，他们认为她是三位一体中的第三者。三位一体是：圣父、圣子和圣灵。当时阿拉伯半岛上的基督教徒说麦西哈（基督耶稣）就是安拉，并说他是安拉的儿子。

穆罕默德倾听了他们的见解，他用安拉的启示同他们展开了争论。

妄言安拉就是麦尔彦之子麦西哈的人，确已不信道了。你说：“如果安拉欲毁灭麦西哈和他的母亲麦尔彦，以及大地上的一切人，那么，谁能干涉安拉一丝毫呢？”天地万物的国权，只是安拉的，他创造他所欲创造的。安拉对于万事是全能的。犹太教徒和基督教徒都说：“我们是安拉的儿子，是他心爱的人。”你说：“他为什么要因你们的罪过而惩治你们呢？”其实，你们是他所创造的人。他要赦宥谁，就赦宥谁；要惩罚谁，就惩罚谁。天地万物的国权，只是安拉的；他是最后的归宿。（《古兰经》5：17—18）

妄言安拉就是麦尔彦之子麦西哈的人，确已不信道了。麦西哈曾说："以色列的后裔啊！你们当崇拜安拉——我的主，和你们的主。谁以物配主，安拉必禁止谁入乐园，他的归宿是火狱。不义的人，绝没有任何援助者。"妄言安拉确是三位中的一位的人，确已不信道了。除独一的主宰外，绝无应受崇拜的。如果他们不停止妄言，那么，他们中不信道的人，必遭痛苦的刑罚。(《古兰经》5：72—73)

当时，安拉将说："麦尔彦之子尔撒啊！你曾对众人说过这句话吗？'你们当舍安拉而以我和我母亲为主宰'。"他说："我赞颂你超绝万物，我不会说出我不该说的话。如果我说了，那你一定知道。你知道我心里的事，我却不知道你心里的事。你确是深知一切幽玄的。我只对他们说过你所命我说的话，即：你们当崇拜安拉——我的主，和你们的主。我同他们相处期间，我是他们的见证。你使我死去之后，盟护他们的是你，你是万物的见证。如果你要惩罚他们，那么，他们是你的奴仆（由你惩罚）；如果你赦宥他们，那么，你确是万能的，确是至睿的。"(《古兰经》5：116—118)

基督教主张三位一体，认为尔撒是安拉的儿子。伊斯兰教断然否认安拉有儿子：

你说：他是安拉，是独一的主；安拉是万物所仰赖的；他没有生产，也没有被生产；没有任何物可以做他的匹敌。(《古兰经》112：1—4)

安拉不会收养儿子——赞颂安拉、超绝万物——当他判决一件事的时候，他只对那件事说："有"，它就有了。(《古兰经》19：35)

在安拉看来，尔撒确是像阿丹一样的。他用土创造阿丹，

然后他对他说："有"，他就有了。（《古兰经》3：59）

伊斯兰教主张认主独一论，断然否认不符合认主独一的任何思想。

安拉必不赦宥以物配主的罪恶，他为自己所意欲的人而赦宥比这差一等的罪过。谁以物配主，谁已犯大罪了。（《古兰经》4：48）

基督教中的"三位一体"思想与历史上的旧宗教有关。但穆罕默德认为，这一思想丝毫代表不了真理。而真理仅体现在唯一的安拉身上。安拉永恒永存，他既不生育，也不被生育。因此在这个问题上穆罕默德同基督教徒们争论是毫不奇怪的。

先知在世时，另外一个引起伊斯兰教和基督教争论的问题是有关尔撒为救众生被钉死在十字架上的问题。《古兰经》否认犹太人杀死了尔撒，或犹太人把尔撒钉在了十字架上之说。

又因为他们说："我们确已杀死麦尔彦之子麦西哈·尔撒，安拉的使者。"他们没有杀死他，也没有把他钉死在十字架上，但他们不明白这件事的真相。为尔撒而争论的人，对于他的被杀害，确是在迷惑之中。他们对于这件事，毫无认识，不过根据猜想罢了。他们没能确实地杀死他。不然，安拉已把他擢升到自己那里。安拉是万能的，是至睿的。（《古兰经》4：157—158）

在基督教中有耶稣为拯救世人而遭难的思想。而伊斯兰教承认的原则是：在末日自负其责、自食其果。在末日每一个人都将按其行为得到报应。善有善报，恶有恶报。拯救世人与自负其责，两者是截然不同的。

……父亲对于儿子毫无裨益，儿子对于父亲也毫无裨益。（《古兰经》31：33）

当时，在基督教徒中间是否有人考虑把认主独一论与尔撒的主张统一起来呢？是的，很多人曾这样想过。穆斯林们认为罗马人是几个有经典的宗教的支持者，因此他们为罗马人的胜利而高兴。但是罗马人的领袖们并不支持新生的伊斯兰教。他们以政治偏见来对待了这一问题。他们认为新生的伊斯兰教如果占了优势，必然会损害罗马帝国的利益。因此，他们敌视伊斯兰教、敌视穆斯林。到后来，他们竟派遣了十万大军，也有些资料记载是二十万大军，发动了塔布克战争。但在战争中，罗马人败给了穆罕默德亲自率领的穆斯林。

从那时开始，穆斯林与基督教徒在政治上对立起来。在几个世纪内穆斯林是胜者。伊斯兰帝国的势力发展到西方的安达卢西亚和东方的印度及中国。后来局势发生了变化，基督教徒把穆斯林赶出了安达卢西亚，他们对穆斯林发动了十字军战争。从那时起，他们对伊斯兰教，对伊斯兰先知开始诋毁、诽谤起来。

两教相互敌视的原因何在呢？基督教对伊斯兰教发动残酷战争的原因何在呢？这是值得我们研究的问题。我认为西方对伊斯兰教、对伊斯兰先知的行为缺乏了解是第一位的原因。战争时而围绕政治问题而爆发，时而又以宗教的名义而展开。教皇与世俗政权，今天你战胜我，明天我击败你。到公元19世纪，世俗政权取得了胜利。世俗政权从那时起便企图以科学的名义取消精神生活。它声称科学在人类生活中能取代精神生活。到今天，这一世俗政权才发现，它的这一做法是极端错误的，它要达到的目的是不可能实现的。今天，西方各国人民不是正在到处寻找他们失去的精神生活吗？

西方殖民主义者们支持了对伊斯兰教、对穆罕默德的诽谤运动。他们过去曾说过，现在他们中很多人仍在说，伊斯兰教是信仰伊斯兰教各民族人民衰落及他们屈从他人的原因。这完全是无稽之谈。我认为说这种话的人知道，信仰伊斯兰教的各族人民在几个世纪中曾是当时世界文明的主人，伊斯兰帝国曾是当时学者们朝拜之地，也是自由的发源地。西方人只是在近代才懂得了什么是自由。如果说有的民族由于信仰某一宗教而衰败了，那么导致这一民族衰败的宗教不是伊斯兰教。众所周知，伊斯兰教曾使阿拉伯半岛上的游牧人一度控制了世界很多地区。

当然，后来在伊斯兰教教义中被增加了某些安拉及安拉使者所不满意的东西。这里我不想去论述这个问题。现在先让我们看一看有关先知穆罕默德生平的书籍。绝大多数有关先知生平的书籍对于先知的行为都增加了一些不能令人相信的事情。东方学家们，诽谤伊斯兰教、诽谤伊斯兰先知的人们正是利用了这些不能令人相信的事情而做了文章。如果你阅读一下他们撰写的某些书籍，你会发现很多伤人感情的话。

部分穆斯林学者，在各种不同的背景下，想站起来批驳西方人散布的谬论。但他们没有采用欧洲作家和史学家们声称自己所运用的科学方法。这样他们的论据在这些对手们面前就显得软弱无力。另外，这些穆斯林学者们被指控犯了叛教和伪信罪。这就在敌视伊斯兰教的人们面前更加削弱了这些穆斯林学者们论据的分量。穆斯林学者们被指控这件事给仍在学习阶段的青年穆斯林们造成了很深的影响。这些青年人认为，穆斯林学者们主张的理智和逻辑被看成是伪信，他们积极从事的研究工作被视为叛教，那么信仰是什么呢？这只能是教条和僵化了。因此，他们悲观失望了。从此他们开始阅读西方人撰写的书籍，想在那里寻找真理。他们并认为在穆斯林学者们的书籍中无真理可言。

这些年轻人不再考虑宗教问题，不再考虑伊斯兰使命和伊斯兰先知了。现实科学、现实主义哲学认为，宗教问题是不合逻辑的，是进不了科学思想范畴的。这就更使青年人不去考虑宗教问题了。当他们结束学业，走上工作岗位后，现实生活使他们更加无暇考虑宗教问题，而一味地在西方思想和西方哲学中找出路。

当然，今天的东方，在思想、文学和艺术领域各方面，应该从西方吸取新的东西。在几个世纪中，信仰伊斯兰教的东方诸民族被僵死的教条所束缚。这就使这些民族无法吸取新的知识。那些想冲破教条束缚的志士们，一定要借助和采用当代最先进的思想方法和工作方法。他们只有走这条路才能把我们今天的现实生活与过去的财富和伟大遗产有机地联系起来。

我们可以毫不隐瞒地对西方说，今天西方学者们对伊斯兰史、对东方诸问题的研究已为伊斯兰学者和东方人士对这些问题的研究提供了方便。伊斯兰学者们在这些问题的研究中可望能掌握问题的精髓。现在很多穆斯林学者在用科学的方法对一系列问题进行研究。他们的研究得到了东方学家们的赞扬。

但是，正当东西方学者们合作研究问题之时，正当他们渴望获得成果之际，基督教教堂中的某些人仍在极力地诋毁伊斯兰教，仍在诽谤穆罕默德。西方殖民主义者也在言论自由的幌子下支持他们。同时，这些殖民主义者们也希望穆斯林们仍在教条束缚之下过日子。

我所从事的工作使我有机会了解到东方伊斯兰各国的情况。在一些伊斯兰国家里，由于没有言论自由，没有探讨真理的自由空气，从而压制了精神生活。我看清了这种做法所导致的恶果。为了打破这种不仅对伊斯兰，不仅对东方，而且对全人类有害的局面，我有一种责任感。东方人是全人类的二分之一，东方文明是历史上最悠久的文明。僵死的教条给东方带来了多么严重的后果啊！这个问题我思考了很久。最后我决定，对肩负伊斯兰使命的先知穆罕默德的生平事迹下功夫研究一番，对基督教诋毁伊斯兰的目的和对穆斯林们中那些教条主义者们所遵循的僵化了的教条研究一番。这一研究必须采用现代西方的研究方法，它必须是科学的，是实事求是的。

我开始翻阅穆罕默德的历史。我重读了伊本·希沙姆编的《安拉使者传记》和伊本·赛尔德及艾米尔·阿里撰写的有关史书。而且我有意识地浏览了部分东方学家撰写的有关书籍。比如迪尔曼吉姆先生和瓦盛屯·伊尔费吉先生编纂的史书。1932 年冬，我利用我在阿克萨尔的机会便开始了此书的写作。当时我仍有些犹豫，是否将我所研究的成果奉献给读者呢？因为我担心教条主义者们会有不少闲言碎语，但是我又得到了院校一些长者们的鼓励和指导。长者们的鼓励和指导说明人们对我的研究成果很关心。这使我对我的计划进行了认真的思考。我还是决定，尽最大努力用科学的写作方法，完成《穆罕默德生平》一书。

《古兰经》是撰写《穆罕默德生平》最可靠的依据。因为《古兰经》对先知穆罕默德生平中的任何较大的事件都有所提示。《古兰经》中的提示是研究者们的指路明灯。研究者们可根据《古兰经》中的线索去搜集参考其他有关的书籍。对《古兰经》中提到的所有有关先知生平事迹的章节，我都潜心竭力研究。在这方面，在埃及图书馆工作的艾哈迈德·鲁达菲·赛义德教授为我提供了数量可观的、条分缕析的涉及先知生平的《古兰经》有关章节的资料。我开始认真研究这些章节。我认识到，必须把颁降这些章节的目的、时间和背景研究清楚。我承认，尽管我付出了努力，但我没能够在一切事情上达到我所要达到的目的。

在研究某些问题的过程中，我得到各方人士的帮助。一些长者对我帮助最大。另外，图书馆有关人士也给了我大力的支持。他们的帮助和支持使我感激不尽。

在研究中，每深入一步，我都会遇到一系列新的值得进一步钻研思考以求解决的问题。在这方面，注释家们的著作和东方学家们的著作帮助了我。在研究过程中，我把研究的课题仅局限在有关穆罕默德生平事迹范围之内，其他与生平事迹没有联系的问题我只好割舍。如果我把一切与穆罕默德的生平有联系的问题都列入我的研究课题，那就需要撰写篇幅数倍于此书的作品。我研究课题的宗旨是撰写穆罕默德的生平，所以从一开始我就没让自己的研究跨越自定的范围。否则，势必影响我所要达到的目的。

此外，促使我侧重研究有关穆罕默德生平事迹的因素是穆罕默德的伟大。同样，艾布·伯克尔是伟大的，欧麦尔也是伟大的，先期与穆罕默德同甘苦共患难的穆斯林都是令人钦佩的人物。但这些伟人在穆罕默德在世时，都是按他的指示而行事的。研究安拉的使者穆罕默德生平事迹的学者们都不会忽略这研究的主要课题而转移视线于其他事情。

读者在东方学家们的撰述中也可以看到对穆罕默德伟大的描写。东方学家穆威尔先生等人都对穆罕默德的伟大进行了有力的叙述。但是他们在不同的问题上也发表了有损先知形象的见解。我认为这是缺乏认真仔细研究的结果。因为他们在研究中采用了来源于某些传记小说中经不起推敲的结论。因为有关穆罕默德生平的第一本传记是在穆罕默德逝世两个世纪之后成书的，它转引了很多不真实的传说。东方学家们也承认这个事实。比如关于"阿拉尼格"的传说，关于栽德和栽娜卜的传说，关于先知妻子们的传说，其中有很多不真实的描述。对于这些不真实的传说，我们只要稍加推敲就可以把它们否定。

尽管如此，我并不认为，在对穆罕默德生平研究这一课题上，我已达到了预期的目的。鉴于我对这一课题的研究是以阿拉伯语资料为基础，而且在研究中我采用了现代科学的态度，所以可以说，在这个课题的研究中我基本上已达到了问题的真谛。我经过努力研究而撰写的这本书，只是伊斯兰教界在这一重大课题上研究的开端。对穆罕默德的生平应进行专门的、科学的、综合性的研究。这不是哪一位教授或学者一个人所能胜任的。

这一研究能使人类达到我们所寻求的新的文明。如果说西方基督教徒们不肯在伊斯兰教及伊斯兰先知的言行中寻求光明，而是想在印度的某一教义或远东的其他信仰中寻求这一光明的话，那么东方的穆斯林们、犹太教徒们及基督教徒们应该以公正纯洁的态度来进行这一重要的研究工作。只有公正和纯洁才能使人得到真理。伊斯兰思想是有关人类与其周围世界相联系的现代科学思想。在这方面，伊斯兰思想是实实在在的。什么是生活？人与宇宙的联系是什么？人为何贪生？给人类社会精神力量的共同信念是什么？人类社会为何由于这一共同信念的减退而衰败？存在是什么？存在的统一性又是什么？人类在整个存在及存在的统一性中的地位怎样？所有这些问题，读者都可以在穆罕默德的生平事迹及他的教诲中找到答案。

我撰写的这本书仅仅是这个课题研究的开端。我希望此书的内容能满足读者的愿望，同时，我也希望，学者们或研究者们读了此书后能感到有必要对这一课题进行专门的进一步的研究。如果能达到这两个目的中的一个，或同时能达到这两个目的，那就说明我没白费气力，我将感到莫大的欣慰。

穆罕默德·侯赛因·海卡尔

作者再版序言

此书第一版印刷后，很快就销售一空。第一版印刷了一万册，其三分之一在印刷过程中就被预订出去了。其他三分之二则在此书发行三个月内全部售完。此书的畅销，反映了读者们对此书所涉猎的课题极为关注和重视。鉴于这种情况，我只好考虑再版此书，并对它做进一步的修润。

无疑，此书的内容是其畅销的主要原因，但此书撰写的方法也是其畅销的因素之一。当我考虑再版此书时，我自己问自己，是按第一版原样不经任何增删便重印呢，还是做必要的斟酌润色再印呢？有人向我建议，为了争取将来能从容充分地细改的机会，也为了使初版本和再版本统一，第二版最好还是保留第一版的原貌。我当时几乎同意了他们的劝说。如果我采纳了他们的建议，此书的第二版版本几个月前就到了读者们手中。但由于各种各样的因素，终于使我决定再版前做必要的校订和增加。穆罕默德·穆斯塔法·穆拉吉教授向我提出的宝贵意见，是我进行校订的主要原因。此书第一次印刷发行之后，一些作家和学者在报刊上或在电台上发表了很多赞扬的话，同时也提出了一些宝贵的意见。他们的赞扬使我欣慰。其实他们对我过奖了。至于他们提出宝贵意见，是希望有关先知的这本书完美无瑕。我必须认真考虑他们的意见，做必要的校订。

我收到了一位埃及作家给我寄来的信。他声称这封信是他寄给德国东方学家杂志批判我这本书的文章的阿拉伯文副本。在这里我想谈谈我对这封信的看法。我不想在阿拉伯报刊上发表这封信，因为此信充满了毫无根据的诽谤。如果此信的作者自己愿发表它，那就让他自己去发表它吧。由此引起的一切后果应由他自己承担。我不想在这里提他的名字，我认为他了解我的看法后会修正他自己的意见。这封信的主要内容是说，我在《穆罕默德生平》一书中所进行的研究不是科学性的研究。因为我在研究中仅依靠了阿拉伯文资料，而没有参考德国东方学家们的研究成果，我把《古兰经》看成了是不容置疑的历史文献。而这些德国东方学家们的研究成果表明，《古兰经》在先知逝世后被篡改了。他们认为先知的名字也被篡改了。他们说先知原叫"格赛姆"或叫"格赛迈"。为了与下面这节经文相协调，先知的名字被改成了穆罕默德。这节经文是"当时，麦尔彦之子尔撒曾说：'以色列的后裔啊！我确是安拉派来教化你们的使者，他派我来证实在我之前的《讨拉特》，并且以在我之后诞生的使者，名叫艾哈迈德的，向你们报喜。'"(《古兰经》61：6) 信的作者还说，这些东方学家们的成果表明，先知患有癫痫症。先知病症发作之后，他自己声称在发病时自己得到了安拉的启示，然后把它诵读给穆斯林们。

如果信的作者不是埃及的一位穆斯林，而是一位东方学家或传教士，那我无须在这里驳斥他，我会任他去信口雌黄。但信的作者可谓是迷信东方学家们的青年们的榜样，所以我在这里要正告说，东方学家们的见解是有错误的。

这位埃及穆斯林指责我说，我把有关伊斯兰的阿拉伯文资料作为研究的基础。我不否认这一点。但我应该指出，在研究过程中我也参考了东方学家们撰写的著作。但不管怎么说，我始终是把阿文资料作为我研究的基础。我认为所有东方学家们在研究穆罕默德生平过程中也应把阿文资料作为他们的研究基础。因为阿文资料，首先是《古兰经》，提供了阿拉伯先知生平的第一性的资料。所有想给穆罕默德撰写传记的人士都应这样做。如果有人责骂我没有遵循东方学家们在这一课题中所得出的结论，我认为这种责骂是在主张科学研究的教条主义，它比在精神领域中主张教条主义更反动。我认为任何一位东方学家都不会支持这种科学研究的教条主义。我自己，同时我也主张其他学者应对别人的研究成果进行推敲。如果有证据说明它是正确的，那么就接受它，否则，自己应进行进一步的研究，直到得出令人满意的结论为止。我主张迷信东方学家的青年人应该这样做，我自己就是这样做的。如果我在研究中做出了正确的判断，我会得到安拉的恩赐。如果有什么失误，作为一个研究者，也是不该受到苛责非议的。

这位埃及穆斯林在信中提到，这些东方学家的研究表明，《古兰经》不是不容置疑的历史文献。《古兰经》在伊斯兰初期先知逝世后被篡改了，而且为了达到某些宗教或政治目的，《古兰经》中被塞进了一些原来没有的章节。信的作者是位穆斯林。我想他会知道，《古兰经》是安拉降谕的经书。无论是现在还是将来，任何世人都不可能撰写这样伟大的经典。

信的作者完全相信东方学家们及他们的说法，是的，是有些东方学家对《古兰经》说了我上面提到的话。但他们的话是有成见的，他们的目的也是昭然若揭的。比方说，有些东方学家认为《古兰经》"列阵"章第六节中的"……并且以在我之后诞生的使者，名叫艾哈迈德的，向你们报喜"。这句话是先知逝世后才被加到《古兰经》中去的。增加这句话的目的是用《古兰经》之前《旧约》和《新约》中的话来证实穆罕默德的先知地位和他所肩负的使命。我认为说这种话的东方学家如果尊重科学的话，他不会仅把《旧约》和《新约》视为神圣的经典，他应对《古兰经》和《古兰经》之前的经典一视同仁；或是认为《古兰经》及《旧约》都是神圣的，都是不容置疑的；或是认为所有的经典都是像他们所描述的《古兰经》那样是可以置疑的，都是为了某些宗教或政治目的由某些人编撰的。只认为《旧约》和《新约》是神圣的，而否认《古兰经》是神圣的，这是科学态度所不能接受的观点。至于说，为了在《旧约》

和《新约》中寻找某一证据而篡改《古兰经》的说法，是历史和逻辑所不能接受的谎言。

《古兰经》的汇集整理工作

东方学家瓦里姆·穆威尔先生在谈及《古兰经》及其准确性时，曾有如下的叙述：

> 神圣的启示是伊斯兰信仰的基础，诵读某些启示是穆斯林们每天礼拜的主要组成部分。绝大多数先期穆斯林都能领悟《古兰经》的精神。在伊斯兰帝国初期，背诵《古兰经》是穆斯林们的美德。阿拉伯人有背诵诗歌的习惯，这一习惯帮助了穆斯林们对《古兰经》的背诵。阿拉伯人酷爱诗歌，但由于书写工具不易得，所以他们只好凭记忆背诵诗人们的作品。这样他们就养成了令人敬佩的记忆力。穆斯林们以极大的热情背诵了《古兰经》。先知周围的一些人能背诵当时已降谕的所有《古兰经》章节。

尽管阿拉伯人的记忆力很强，但我不相信《古兰经》的整理工作全是靠人的记忆。我有根据认为，先知周围的人在先知在世时已对《古兰经》各章节进行了记录。全部《古兰经》当时已被记录下来。麦加的文字记载史可追溯到先知为圣前很久的历史时期。先知在麦地那时，为了与有关方面进行通信联系，也曾先后让穆斯林做他的秘书。在白德尔之战中被俘的贫穷的古莱什人，为了获得释放，也曾教过麦地那辅士们读书写字。虽然麦地那人的文化水平不如麦加人的文化水平高，但在伊斯兰教兴起之前，麦地那很多人已通晓笔墨。根据这种情况，我们可以正确无误地判断说，被穆斯林们准确背记的《古兰经》各章节，当时已被准确地记录下来。

我们知道，为了给新归信伊斯兰教的各部落成员讲解《古兰经》和教义，穆罕默德经常给这些部落成员派遣穆斯林。我在一些有关书籍中常常看到，这些被派遣的穆斯林们身边带着书写的有关宗教事宜的命令。很自然，他们必然带有某些《古兰经》章节和有关伊斯兰教义、教规及礼拜时的诵词。《古兰经》自降谕之日起就被记录下了。史书曾记载说，欧麦尔归信伊斯兰教时，他就在他姐姐家里发现了一册记有《古兰经》第二十章“塔哈”的书。欧麦尔是在伊历前 3 年或 4 年归信伊斯兰教的。如果说在穆斯林们受迫害时期《古兰经》的某些章节就已被记录下来并传阅开，那么我可以断言，当先知掌握了政权、《古兰经》成了全体阿拉伯人法典时，书写的《古兰经》各章节流传本已为数很多了。

日益增多的《古兰经》章节一方面记在信士们心中，另一方面被用文字记录下来，但两方面必须严格一致。《古兰经》是安拉的话，因此，穆斯林对诵读的章节一旦有怀疑，都要到先知那儿去核对。阿慕尔·本·麦斯欧德和艾布·本·克阿布就曾到先知那儿核对过某些章节。当先知逝世以后，穆斯林们就向先知的亲密战友或向平日记录启示的人进行核对。

《古兰经》的首次整理工作

在叶麻麦残杀中死了很多穆斯林，其中包括为数不少的能背诵《古兰经》的人。这时欧麦尔有些担心起来。他想：如果能背诵《古兰经》者全都离开了人世，一旦对《古兰经》的记录发生什么疑问该怎么办呢？于是他来到哈里发艾布·伯克尔那儿。他对他说：“我担心将来战局加剧后会发生类似叶麻麦残杀的事，能背诵《古兰经》者还会有人遇难。我认为你应赶快下令整理《古兰经》。”艾布·伯克尔同意欧麦尔的意见。他想委托先知的首位秘书栽德·本·萨比特来完成这一工作。艾布·伯克尔对栽德·本·萨比特说：“你是我们大家都信任的有头脑的年轻人。你原来负责为安拉的使者记录启示，现在请你把《古兰经》全部整理出来。”这项工作是前所未有的，开始时栽德不知如何下手。他也曾经怀疑自己有没有这么大权限，这项工作究竟合不合法。因为穆罕默德自己没做过这项工作，他也没授权任何人来做这件事。但最后他还是按艾布·伯克尔和欧麦尔的意愿去做了。他到处搜集各个章节，树叶上写的、白石头上刻的、人的胸部上印的各有关章节他全部搜集来了。有人还说，他把记有《古兰经》某些章节的纸片、兽皮、骆骨、羊骨都搜集来了。栽德经过两三年的努力，终于把各章节搜集全。然后对各章节进行了编排。有人说他当时编排的顺序与今天我们看到的《古兰经》的顺序是一致的。也有人说他是按先知在世时诵读《古兰经》的顺序编排的。第一本《古兰经》刚编排完，欧麦尔就把它交给了自己的女儿——先知的妻子哈芙赛。栽德整理的这本《古兰经》在欧麦尔任哈里发时代一直被视为是正确可靠的原文。

奥斯曼定本

在如何诵读《古兰经》这一问题上不久就产生了分歧。分歧的缘起或出自对栽德整理的版本本身的争议，或由于辗转传抄栽德定本时发生了错误。伊斯兰世界不安起来。《古兰经》是从独一的安拉那儿降谕的，现在怎会不统一了呢？侯宰法率穆斯林们在阿尔明尼亚进行征战时，他发现叙利亚人手中的《古兰经》与伊拉克人手中的《古兰经》有很多不同之处。侯宰法担心了。他来到哈里发奥斯曼那儿，让他过问一下这件事，“免得穆斯林们像犹太人和基督教徒那样对自己的经典发生分歧”。哈里发奥斯曼很赞同他的意见。奥斯曼把栽德·本·萨比特叫来，让他再次整理《古兰经》。奥斯曼并给他派了三位古莱什人做助手，栽德把保存在哈芙赛那儿的《古兰经》原本要来，并调查了伊斯兰帝国各个地区对《古兰经》的各种不同的读法。他们从头到尾仔细认真地做了最后校订。在校订过程中当栽德与三位古莱什人助手产生分歧时，栽德往往尊重助手的意见。因为《古兰经》是以古莱什方言降谕的。当然也有人认为《古兰经》是以阿拉伯语中的七种方言降谕的。校订完毕后，把这一版本的准确抄本分别寄到了伊斯兰帝国的各个地区。同时把在各个地区流传的其他各种版本全部征集烧毁了。此后又把栽德第一次整理的原本交给了哈芙赛。

奥斯曼定本一直传到今天。在伊斯兰各国现存的不可胜数的《古兰经》中我们几乎或根本找不出任何差异来。世界上除《古兰经》外还没有任何一本书在整整十三个世纪中传诵得如此精确。连诵读《古兰经》时存在的差异也细微得令人吃惊。而且这些差异仅仅表现在字母的发音和句子的停顿这些问题上。这些微小的差异发生在近代，与奥斯曼定本毫无关系。

奥斯曼定本的准确性和完美性

我们可以断言，由栽德·本·萨比特整理的《古兰经》奥斯曼定本是正确无误的。尽管如此，还有一个至关重要的问题要提出来。这个问题是，栽德整理的奥斯曼定本是否完全真实地符合安拉降谕给穆罕默德的启示呢？下面这些理由使我们相信奥斯曼定本完全符合安拉的启示。

第一，《古兰经》的首次整理工作是在艾布·伯克尔关注下进行的。艾布·伯克尔是穆罕默德忠实的密友。他当时相信《古兰经》的神圣性。他曾与先知共同生活战斗了二十年之久。他任哈里发时，是诚实廉洁、磊落坦荡的。他完全相信，降给穆罕默德的启示是来自于安拉的。在这个问题上，欧麦尔同艾布·伯克尔是一致的。

第二，《古兰经》的首次整理是在先知逝世后两年或三年内完成的。我们知道，当时很多穆斯林能够背诵《古兰经》。这些人的健在保证了栽德整理的《古兰经》与降给穆罕默德的启示完全相符。

第三，能够说明《古兰经》正确无误的更充分的理由是，穆罕默德在世时《古兰经》各章节已被用文字记录下来。记录下来的各章各节保留在当时能够阅读者的手中。栽德收集起来的各个章节是经穆斯林们诵读过不知多少次的准确原文。

第四，《古兰经》的内容及其编排顺序也证实了它的准确性。《古兰经》各个章节的衔接编排看上去毫无被人改动加工的痕迹。这证明《古兰经》的搜集整理者是完全忠实《古兰经》原样的，他只是把各个神圣的章节会集到一起，而没敢做其他加工。

我们可以放心地说，《古兰经》栽德定本和奥斯曼定本不仅准确，而且被事实证明是完美的。搜集者们没有疏忽遗漏过任何一句启示。确凿有力的证据使我们敢肯定地说，任何一节《古兰经》都是准确的，都同穆罕默德当时咏诵的完全吻合。

我们上面引用的是瓦里姆·穆威尔先生在其《穆罕默德传记》一书前言中的话。我们引用的话可能长了一些，但这样，我们就无须再引用其他同穆威尔先生在这个问题上持同一观点的东方学家们的论述了。比如艾布·拉孟斯先生和古·海米尔先生。他们都断言说我们今天诵读的《古兰经》是准确无误的，它包括了安拉降谕给穆罕默德的所有启示。至于那些少数伪称《古兰经》已被篡改了的东方学家，他们是在故意诽谤伊斯兰教，故意诋毁肩负伊斯兰使命的先知穆罕默德。尽管他们在他们的书籍中用了很多华丽的辞藻，但他们绝不能给这些伪造的辞藻穿上科学的外衣，他们也欺骗不了任何一位真正的穆斯林。

一个研究者在对任何一个问题进行考查、探讨之前，不能轻易地对问题加以肯定或否定。史学家和自然科学家对待学问都应如此。我们对待东方学家们的著作和对待穆斯林学者们的著作也应如此。要想得到真理，要想获得知识，那么我们就应当对前人遗留下来的东西进行研究和科学的批评。在科学批评面前站不住脚的，我们就该否认，而经过批评得到公认的，我们就该肯定。对待历史，哪怕它涉及先知的生平事迹，我们也应这样科学准确地去进行研究。史学家不仅要对一系列问题进行引证，而且要对其引证的问题进行剖析和批评。批评和剖析是研究的方法，而科学和知识又是批评和剖析的基础。

我们再回头来看一看那位埃及穆斯林在他的信中提到的最后一点。他提到东方学家的研究证明，先知原来患有癫痫症。癫痫症阵发时，先知神志不清，满身流汗，肌肉痉挛，并口吐白沫。癫痫症阵发过后，先知便给穆斯林们诵读自己说是安拉降谕的启示。

这样描述穆罕默德在得到安拉启示时的情况是十分荒谬的，是不符合科学常理的。癫痫症患者在症状阵发过程中头脑是不清醒的，那时他的感觉和思维功能全部失常。这是医学所肯定的症状。先知在受启示时绝不可能是得了所谓的癫痫症。先知在受启示时神志完全清醒，他能准确无误地记下启示并把启示准确无误地给穆斯林们诵读。

科学把关于穆罕默德患有什么癫痫症之说推翻了。因此那几个认为《古兰经》已被篡改了的东方学家的说法是荒诞不经的。他们这样说不是为探讨真理，而是想在穆斯林中贬低先知的伟大形象。

还有人向我提意见说，不能为了批判东方学家们及传教士们的话而引用他们有关损害先知崇高地位的诽谤。这些人之所以提出这样的意见，是在感情用事，而不是从科学和宗教角度来考虑问题。《古兰经》为了批判多神教徒的话不也曾提到了他们对先知的诽谤吗？

> 我的确知道，他们说过："这只是一个凡人所传授的。"他们所倾向的那个人的语言是化外人（的语言），而这（部经典的语言）是明白的阿拉伯语。（《古兰经》16：103）

我撰写此书的目的是进行科学研究，是寻求真理。我衷心希望广大穆斯林们在读了此书后能感到满意。为了达到这一目的，研究者理应采取尊重事实的科学态度。

我们应对阿拉伯先知的生平进行深入的研究。《古兰经》是研究这个课题的最可靠的依据。《古兰经》已流传了十三个世纪，它将准确地永远流传下去。

我确已降示教诲，我确是教诲的保护者。(《古兰经》15:9)

凡是有关穆罕默德的生平事迹都应以《古兰经》中的记载为依据而进行核对。凡是符合《古兰经》记载的，就有据可循，否则就不足为信。

1985年1月于北京

目录

第一章 伊斯兰教前的阿拉伯半岛

人类文明的摇篮

跟我们现在这个时期有着密切联系的人类文明，究竟发源于何处？这一直是研究人类文明史的一个重要课题。长期以来，关于这个课题的论断是，人类文明的摇篮在埃及，它已达六千年以上。在这六千年以前，被划为史前时期，因此，要用精确的科学途径去揭示史前时期之谜，谈何容易！如今考古学家正在伊拉克和叙利亚进行挖掘，他们想勘察亚述人和腓尼基人文明的根源，并考证一下这两个文明的时代：到底是它（指亚述人、腓尼基人文明时代）先于埃及法老文明时代并对它产生了影响，还是后于它而受它的影响呢？姑不论考古学家在这一个历史范畴的考查中得出什么结论，都丝毫改变不了下面这样一个事实，即中国及远东各国的考古学也都没有得出与此相冲突的结论。实际情况是，人类初期文明的摇篮是在埃及或在腓尼基或在亚述，总之是在地中海一带。埃及是把人类初期文明传播到希腊、罗马去的最有权威的中心。

今天，我们生活的这个时代的世界文明与这一人类初期文明紧密相连。在远东所进行的研究考察可能发现的这一片地区的文明史，在任何时代对法老、亚述和希腊文明都没有产生明显的影响，也改变不了上述文明与伊斯兰文明有关的发展趋向。法老、亚述、希腊的文明影响了伊斯兰文明。反过来，前者又受后者的影响，两者相互影响，相互促进，从而给世界人类文明带来了一定的影响。

地中海、红海流域

几千年来，上述文明在遍及地中海沿岸及其附近的埃及、亚述和希腊，确实兴旺蓬勃过，直到今天，举世仍在赞赏惊诧。这种兴旺蓬勃表现在科学、工业、农业、商业、军事及人类活动的全部领域。产生上述文明的基础及其动力经常富有宗教色彩。这些具有宗教色彩的根源各不相同。古埃及信仰的三位一体表现在主神、女神及白日鹰头神[①]，并指出生命的新陈代谢的统一性及生命从父传到子嗣的永恒性。希腊的拜物教认为真善美体现在可感觉到的形象中。这种差异后来越来越大，在各衰落时代，这种差异体现在各个细微的方面。组成世界面貌的各种文明的根源始终客观存在着，而在当代文明中确实有它的强烈影响。当代文明想摆脱这种根源，但是这一根源常常把当代文明拉向它那一边。谁能预料到呢？可能在不久的将来，也可能在很久以后，这一根源会再次把当代文明纳入它的体系之内。

几千年来人类文明依赖于宗教根源的这种环境中，诞生了至今有名望的宗教传播者。穆萨在埃及诞生，在法老时代他受到了教育并成长起来。在法老的祭司及埃及宗教人士手下认识到了神的独一和宇宙的奥秘。法老曾对他的臣民声称：“我就是你们至高无上的主宰。”当安

① 三神是意译。——译者

拉[1]允许穆萨引导他的族人时，他挺身而出，同法老理论，并反驳他的谰言，致使他终于受到迫害，只好同以色列子弟向巴勒斯坦迁移。在若干年后，在巴勒斯坦尔撒[2]诞生了。他就是安拉的精神和旨意授予麦尔彦[3]而孕育诞生的。当麦尔彦之子尔撒擢升到安拉那儿去后，门徒继他之后，继续传播基督教。为此，信徒及其跟随者历尽千辛万苦，直到安拉允许基督教在当时世界上很有权势的罗马皇帝的支持下才开始得以传播。罗马皇帝信奉了尔撒的宗教后，基督教传到埃及、叙利亚、希腊，又从埃及扩展到了阿比西尼亚[4]。连续几个世纪，基督教的势力日益巩固。所有跟随罗马帝国的人，所有希望得到罗马帝国好感、想与它建立友好关系的人都信奉了基督教。

基督教与拜火教

面对在罗马帝国势力荫庇下发展起来的基督教，受远东势力和印度传统势力撑腰的波斯拜火教也相应兴起。当时亚述及延伸到腓尼基的埃及文明，在很长一个时期形成了避免东西方信仰及文明直接抵触的屏障。但是随着埃及、腓尼基加入基督教，这一屏障便消失了，西方

---

① “安拉”一词是闪族语中的主宰之意，是古代闪米特人（包括希伯来人、阿拉伯人、腓尼基人和亚述人）对造物主的尊称。信奉伊斯兰教或基督教的阿拉伯人，都同样称造物主为“安拉”，这是因为亚拉姆语、希伯来语、阿拉伯语都源于闪族语。阿拉伯人在伊斯兰之前的蒙昧时期就使用“安拉”一词来称呼至高独一的主宰，但那时的部分阿拉伯人在崇拜安拉的同时还在崇拜其他偶像。根据《古兰经》记述，伊斯兰教兴起前，一部分阿拉伯人和“有经人”（犹太教徒和基督教徒）都用“安拉”一词称呼所信奉的最高主宰。但他们在信仰和崇拜安拉的同时，还为安拉树立了名目不同的配主，并加以崇拜。伊斯兰教兴起时，先知穆罕默德根据启示宣布：“你们应当崇拜的是唯一受崇拜的安拉，除他外，绝无应受崇拜的。”这里，因为是阿拉伯学者讲伊斯兰史，故本书所出现的名称我们基本上采用阿拉伯人的称谓，并采用《中国伊斯兰百科全书》及马坚先生《〈古兰经〉中文译解》中的译名。——译者

② “尔撒”在《新约全书》中译为“耶稣”。——译者

③ 尔撒的母亲麦尔彦在《新约全书》中译为马利亚。原文为希伯来文。

④ 今埃塞俄比亚。

的基督教和东方的拜火教，面对面相遇了。不过，在很长一个时期，东西双方都相互尊重对方的宗教。这样，意识形态的屏障代替了原来的自然屏障。尽管双方进行了旷日持久的战争，但两大势力都需要在各自的一方努力扩展自己的精神势力，都无暇来考虑动员对方来加入自己的信仰和接受自己的文明。波斯帝国战胜了罗马帝国，控制了叙利亚和埃及，站到拜占庭帝国的大门口。但波斯帝国没有考虑在那里传播拜火教，或用拜火教来取代基督教的地位。侵略者尊重被侵略者的宗教信仰，而且帮助他们修复了被战争破坏的教堂，给他们宗教信仰的自由。但波斯人拿走并扣留了大十字架，直到他们战败后，罗马人才从他们手中收回大十字架。在此之后，西方的精神扩张仍停留在西方，东方的精神扩张仍停留在东方。像自然屏障一样，意识形态领域的屏障避免了两个势力在精神领域发生冲突。

罗马帝国的后继者拜占庭帝国

上述这种状况一直持续到公元6世纪。这个时期罗马帝国与拜占庭帝国的竞争加剧了。罗马帝国连续好几代一直控制着欧洲，在尤里尤斯时代更显赫于全世界，后渐趋衰落。而拜占庭帝国控制了局势，成了疆域辽阔的罗马帝国的后继者。罗马帝国江河日下，连不开化的汪达尔人都敢于袭击它，并从它手中夺取权柄。这些事件自然地给靠罗马势力发展起来的基督教带来了影响。当时信奉尔撒的基督教徒们饱尝了痛苦和艰辛。

基督教的派系

在这种形势下，基督教内部产生了许多派系。随着时间的推移，每个派系内部又产生了意见分歧的宗派。意见分歧导致各派之间相互指责，最后产生了个人恩怨。这种个人恩怨往往是道德观念在人们的心目中日益淡薄的体现。个人恩怨很快给人们带来了恐惧，进而产生了盲目的门户之见和不可救药的僵持局面。当时有的教派否定尔撒有躯体，认为人们只能见到他的思想精神。还有的教派认为尔撒的形象和神灵是一体。这种观点要费很大气力、动很大脑筋才能理解。当时还有的人崇拜麦尔彦。同时又认为麦尔彦生尔撒后已不是贞女了。尔撒的信徒之间的争论在罗马帝国衰落时期遍及每个民族。他们甚至为一个措辞、一个数字便纠缠不休，而且赋予每个措辞、每个数字特定的含义，故作高深奥秘，并加上难以捉摸的缥缈虚幻的色彩。

一位教堂的修道士曾说："整个城市的大街小巷都充满了争辩声。市场里、成衣商店、货币兑换所、食品店都有人在辩论。你想兑换一块金币，但你马上会被卷入什么已经被创造出来、什么还没有被创造出来的争论中。你想打听一下面包的价钱，但回答却是：父亲比儿子伟大，儿子应对父亲唯命是从。你想问一下浴池在什么地方，水热不热，但回答却是：儿子是从无到有，答非所问的结果。"

基督教的派系之争及衰败并没有给罗马帝国的政体造成多大影响。帝国仍然很强盛。基督教的各个派系都受帝国的保护。在这种保护之下，派系之间的争辩一直停留在舌战范围之内，或各个派系各自召开决定某一问题的神学会议。但某一派的某一项决议并没有什么权威性，也不可能强加于其他派。帝国对所有派系的保护都一视同仁，并给予争论的自由。从而巩固了帝国的行政权力，也没有削弱帝国在宗教领域中的威望。当时每个派系都靠帝国的同情，都声称靠帝国对自己的支持。这种与罗马帝国的紧密关系，使基督教得以继续传播和发展，使它从附属于罗马的埃及发展到与罗马结盟而又独立的阿比西尼亚，使红海沿岸具备了与地中海沿岸的同等地位。基督教又从叙利亚、巴勒斯坦发展到幼发拉底河沿岸。巴勒斯坦居民及迁到巴勒斯坦的加萨尼人信奉了基督教。希拉人、莱赫米人也信奉了基督教。莱赫米人是从荒凉的沙漠中迁到这一人口稠密的肥沃地区来的。他们曾独立地生活了一个时期，后来被信奉拜火教的波斯人征服。

拜火教的衰落

在这期间，波斯拜火教的遭遇跟罗马帝国基督教的遭遇都出自同样的衰落原因。崇拜烈火是拜火教徒尽人皆知的表面现象。但拜火教中关于善神、恶神及各自的信徒又分成了很多派系。关于拜火教各个派系的细节，这里毋庸赘述。尽管如此，波斯政体一直也很强盛。围绕着众神的形象及形象所构成的思想上的信仰之争，没有对波斯政体产生影响。各个不同的教派都受到了波斯国王的保护。也由于各个派系之间的分歧，波斯王反而变得日益强大。波斯王利用教派之间的分歧，把教派之间的分歧当成了各个教派互相打击的手段。每当国王发现某一派的势力过大到足以威胁国王或其他派系的利益时，他便利用教派之间的分歧打击它，达到削弱它的目的。

阿拉伯半岛的两大对峙势力

当时在那里存在着两个对峙的势力：基督教势力和拜火教势力。换句话说，也就是西方势力和东方势力，而且各有自己的附属国。在公元6世纪初叶，这两个势力包围着阿拉伯半岛。两大势力都有自己的扩张野心，两大势力的宗教界人士都不遗余力地宣传自己的宗教信仰。尽管如此，阿拉伯半岛除一些边远地区外，一直像一块不受干扰的坚强绿洲。除一些少数部落外，半岛既没有受基督教冲击，也没有受拜火教控制。这种现象在历史上看起来似乎是很奇怪，但当你弄清阿拉伯半岛的地理位置和自然环境，以及地理位置和自然环境对当地居民在道德观念和思想意识方面的作用以后，就不难理解这种现象了。

半岛的地理位置

阿拉伯半岛是一个不平行的四边形。北部是巴勒斯坦和叙利亚沙漠，东部是希拉、底格里斯河、幼发拉底河和波斯湾，南部是印度洋和亚丁湾，西部是红海。阿拉伯半岛西部和南部由大海环绕，北部是沙漠，东部则由沙漠和波斯湾包围着。这种特殊的地理位置和辽阔的疆域，使阿拉伯半岛在当时避免了殖民主义者对它的侵略，以及外部宗教势力在这一地区的侵蚀与扩张。阿拉伯半岛长一千多千米，宽近一千千米。这一地区之所以免受殖民主义的侵略，除上述原因外，更主要的是这里的荒凉和贫瘠。在辽阔的半岛上没有一条永久性的河流，降雨规律很难掌握，不可能靠它来发展工农业。除了地处半岛南部，土地肥沃、雨量充沛的也门外，其他阿拉伯国家都是高山高原和没有农作物的河谷。这种荒凉的自然环境不适于居民定居，也不会给居民带来舒适的生活。这种环境只能适于游牧人的生活，即经常性的迁徙流动，在沙漠中以驼为舟，逐水草而居。旧牧场的草被吃光后，须马上转移到新的牧场。游牧人所依靠的牧场都处在泉水四周。泉水是由山区的雨水渗透到低洼处形成的。围绕着这些泉水，形成了沙漠中的绿洲。

半岛的自然环境和非洲大沙漠的环境是一样的，除很少有水草牧场的地方以外，人们是无法在这里生存的，也没有人在这里定居。来这里的人或是为了考察，或是为了避难。由于很少有人冒生命危险来这里考察，所以那些有水草的地方当时也不被外部人们所知。在那个时代，除也门外，当时的阿拉伯半岛的部落民族确实也不被世人所知。

但是，半岛的地理位置补救了它荒凉的自然环境，稳定了当地的居民。在旧时代，人们对海洋还不熟悉，还不敢在海上行舟以便利通商和旅行。我们可以找到很多形容人们害怕大海就像畏惧死亡一样的阿拉伯谚语。所以，为了贸易往来，除了这可怕的海洋以外，必须寻找运输货物的商路。当时东西方最重要的贸易往来是在罗马及罗马以西和印度以东之间进行的。当时的商路无论是从埃及方向来，还是从波斯湾入口的港口方向来，都必须经过阿拉伯国家。阿拉伯半岛上的游牧人，是沙漠的主人，这正如后来洪水泛滥的时代船工们是海洋的主人一样。很自然，只有这些沙漠的主人才知道在他们居住的地方哪些是没有危险的比较安全的商路，这正如海上的主人才知道那些远离暗礁的航线一样。有人曾这样说："驼队所走的商路是没有任何选择的余地，而是按当地的情况决定的。因为在商队所经过的浩瀚沙漠中，大自然给行人安排了几处供休息避难的地方。在那枣椰树下，在泉水旁，商人及牲畜可以得到他们在旅途中急需的饮水。这些休息的地方，成了商品的货栈，在一些地方还修建了祭台和壁龛。商人用这些地方保护他们的货物，朝觐者则把这些地方当作休息的场所。"

两条商路

当时，半岛上有很多条商路，但主干线仅有两条。一条沿波斯湾，经底格里斯河，穿叙利亚沙漠到巴勒斯坦。由于它邻近东部地区，称作东路线。另一条沿红海海岸，称作西路线。在这两条主干线上，西方的商品运往东方，东方的物产运往西方。这就给荒凉的沙漠赋予了勃勃的生机。尽管西方的贸易经过这些国家，但这并没有增加西方人对这些部落游牧民族的了解。由于通过这些部落地区的沙漠要忍受千辛万苦，只有从小就习惯于含辛茹苦的人才能忍受，所以来这里的东方人或西方人寥寥无几。在把生死置之度外的冒险者中，也有不少人在这荒漠中白白丧生。而习惯于文明生活的人则是忍受不了这荒山中的辛苦。帖哈麦处在这荒山和红海岸之间的峡谷里。如果在那靠骆驼为工具的岁月里，行人到了帖哈麦，还要继续攀登，一直到处在沙漠中贫穷的内志高原。习惯于有政治制度保障人身安全的社会的人也忍受不了这沙漠荒原中的生活。那里的居民不知道什么叫政治制度。每一个部落、每一户人家、甚至每一个居民都生活在与外界毫无组织联系的状态之中。他们所知道的是：家庭或部落的血缘关系、结盟、邻居之间弱者仰赖强者的保护。在那种时代，沙漠中的生活完全处在文明社会所遵守的社会制度之外。生活中所依赖的原则是报复，以牙还牙，以强欺弱，杀害无依无靠的弱者。这种生活不值得人们去了解它，也不必去调查它的组织形式的详细情况。因此，在当时半岛还未被世界所了解。

这种情况一直持续到先知穆罕默德时代。后来到外国侨居的阿拉伯人对外讲述了半岛的情况，外部世界才获悉很多原来所不知的关于半岛的情况。

也门的文明

也门及附近的波斯湾沿岸地区，与半岛上其他阿拉伯部落区域不同，当时它们已闻名于世。这不仅是由于这些地区靠近波斯湾或印度洋的缘故，更重要的是这些地区与荒凉的、不被世界所注意的、与其建立友好关系毫无益处、甚至连殖民主义者都对其没有什么野心的半岛上其他贫困部落不同。与此相反，这些部落地区土地肥沃，降雨季节有规律，而且有人口稠密的市镇和久经风霜的坚固寺庙等稳定的文明生活。当时也门的居民是希木叶尔人。这些人聪明，也有知识。他们充分利用了雨水，能够不让雨水白白流入大海。他们曾修筑了马里卜水坝，从而改变了雨水的自然流向，使它向文明生活所需要的方向流去。马里卜水坝修建以前，雨水从也门高山地区流下来，然后向马里卜城东边的河谷流去。雨水首先经过宽仅四百米的山谷，当流到马里卜城附近时，河谷加宽了，雨水就消失在宽广的河滩中。聪明和智慧使也门人在狭窄的山谷中用石头修筑了马里卜大坝，在坝上兴建了排水孔。这样河水就可以任人随心所欲地去灌溉土地。从而使也门的土地更加肥沃，增加了农作物的产量。

已经发掘及正在发掘的有关也门希木叶尔人的这一文明古迹，证明在当时那个年代里希木叶尔文明已经到了值得称赞的水平，也证明这一文明在也门严酷的自然环境中站住了脚。

犹太教和基督教在也门的情况

由于富饶和安定产生的文明，给也门带来了半岛中部所没有遭受的苦难。当时，也门的王权一直在希木叶尔人手里。或是父传子一代代世袭，或是其他希木叶尔人推翻原来的希木叶尔人国王。像这样，王权到了希木叶尔人努瓦斯手中，努瓦斯不支持当地居民所信奉的拜物教，而支持穆萨的宗教。穆萨的宗教是由当时迁居也门的犹太人传入的。据历史学家们考证，努瓦斯就是《古兰经》中所提到的掘坑者。《古兰经》第八十五章第4—7节是这样的：

> 愿掘坑的人们，被弃绝，那坑里有燃料点着的火，当时，他们坐在坑边，他们见证自己对信士们的罪行。（《古兰经》85：4—7）

这个故事的梗概是：当时有一位品行端正叫噶木云的基督教徒从罗马帝国迁到了也门的奈季兰。由于此人的品德高尚，所以当地的居民都跟随了他。后来跟随他的人越来越多，以至他们的声势日益壮大。而努瓦斯得到消息后，就来到了奈季兰。他让奈季兰人信奉犹太教，否则杀头。由于奈季兰人拒绝信奉犹太教，结果努瓦斯挖了一个大坑，并在坑内点着了火，然后把拒绝信奉犹太教的人抛到火坑中去，没有被烧死者均被砍掉了脑袋。据一些史书记载，当时死了两万人。其中有一名基督教徒则幸免于难，逃出了努瓦斯之手。他来到了罗马皇帝面前，要求皇帝对努瓦斯实行报复。由于罗马距也门路途遥远，于是，罗马皇帝给阿比西尼亚国王写了一封信，要求他对也门国王进行报复。当时（公元6世纪）阿比西尼亚正处在鼎盛时期，控制着沿海的贸易，拥有强大的船队[①]，红海沿岸国家都在它的势力范围之内，同时它又是拜占庭帝国的盟友。拜占庭帝国在地中海沿岸高举着基督教的大旗，阿比西尼亚则在红海沿岸举着基督教的旗帜与拜占庭帝国遥相呼应。当皇帝的信件由一位也门人带到阿比西尼亚国王那儿之后，国王派遣了一支由艾卜莱亥·艾细拉姆率领的大军。送信的也门人也一起随大军出发了。大军侵占了也门，艾尔雅塔以阿比西尼亚国王的名义统治了也门。后来艾卜莱亥把艾尔雅塔杀了，并取而代之。艾卜莱亥就是《古兰经》“象”章所指的那个人。就是他侵占了麦加，想把天房“克尔白”捣毁，但失败了。读者将在本书的后面看到这个故事的详细原委[②]。

① 这个故事在很多书籍和资料中出现过，并载入了《不列颠百科全书》。史学家达尔门吉姆在他的《穆罕默德生平》一书中也采用了这一说法。但泰伯里根据哈希姆·本·穆罕默德的叙述持异议。他说：当那位也门人请求阿比西尼亚王报复努瓦斯，他告诉国王努瓦斯支持犹太教压迫基督教，并让国王看了被火烧掉了一部分的《福音书》时，阿比西尼亚王对他说：“我这里人马很多，但我没有船只。我将向罗马皇帝写信，让他给我派船来，以便运送我的人马。”阿比西尼亚王给罗马皇帝写了信，并把那本被烧了一部分的《福音书》寄给了他。罗马皇帝给他派来了很多船只。泰伯里又补充说：“哈希姆·本·穆罕默德声称，罗马皇帝给阿比西尼亚王派来了船只，同时也随船派来了军队。士兵在巴布厄尔曼得海峡登陆。”（见《历代民族和帝王史》，侯赛因版，卷二，第 106 页和第 108 页）

② 关于阿比西尼亚侵占也门的原因，一些史书上有不同的记载。这种记载说，当时在希贾兹的阿拉伯人与也门及阿比西尼亚之间有贸易往来。阿比西尼亚在红海沿岸拥有漫长的海岸线和商船队。为了攫取也门的财富，罗马帝国对经也门的商路抱有野心。为了把也门纳入帝国范围之内，罗马帝国派帝国驻埃及总督埃利乌斯·盖乌斯前去侵占也门。大军乘船经红海在也门登陆，并占领了奈季兰。但军队内发生了传染病，士兵死亡很多。这样也门人很容易地把侵略者赶回了埃及。这次入侵之后，罗马帝国对也门和其他阿拉伯国家发动了多次侵略，但都没有得到比盖乌斯更好的下场。在这种情况下，阿比西尼亚王才为罗马对支持犹太教的也门发动了侵略。因为阿比西尼亚和罗马都是支持基督教的。阿比西尼亚派艾尔雅塔率领军队占领了也门。一直到波斯人把他们赶出也门。

波斯人对也门的统治

后来，艾卜莱亥的后裔一直专横、暴虐地统治着也门。也门人在很长一个时期内遭受了这一苦难。直到赛义夫·本·孜叶真挺身而出，他来到罗马皇帝面前，向他诉说也门人遭受的苦难，并求他从罗马派人去做也门的国王。由于罗马与阿比西尼亚的盟友关系，罗马皇帝没有接受赛义夫·本·孜叶真的诉说和请求。赛义夫·本·孜叶真离开罗马皇帝，来到了波斯国王委任的统治着伊拉克希拉地区的总督努尔曼·本·木孜尔那里。

努尔曼和赛义夫一起觐见了波斯国王阿巴拉维孜。当时国王坐在宫殿里，他的御座周围汇聚着遗留下来的大流士御座上的各种珍宝。御座上绣着银河系统灿烂的星群。如果是在冬宫，御座四周用最珍贵的裘皮围起来，上面挂着用金银镶嵌的吊灯，灯内充满温水。灯上面是皇冠，皇冠上用金银丝装饰着宝石、黄玉和珍珠，并用金链系在屋顶上。国王穿着用金丝织的衣服，佩戴着各种各样的金首饰。每一个觐见国王的人，都感到国王的威严，赛义夫·本·孜叶真也不例外。当赛义夫惊悸之后平静下来时，国王问他为何事而来。他向国王诉说了阿比西尼亚人的暴虐及其给也门带来的苦难。开始，国王迟疑不决，但最后决定给赛义夫派遣一支大军。这支军队由当时出生在最有名、最勇敢的骑士世家的瓦罕里孜率领。波斯人在战场上取得了胜利，把阿比西尼亚人赶出了也门。阿比西尼亚人曾统治了也门七十二年。此后，也门一直在波斯人的统治之下。后来随着伊斯兰教的兴起，波斯人的统治才告结束。也门和其他阿拉伯国家一起改奉伊斯兰教。

波斯国王西鲁维的统治

执掌也门政权的波斯人不直接受波斯国王的管辖，特别是当西鲁维弑杀阿巴拉维孜夺取王位后更是这样。西鲁维认为全世界都应遵照他的旨意行事，为了满足他骄奢淫逸的生活，地球上所有王国都应为他的仓库聚财敛宝。这位年轻的国王不理政务，一味追求享受。他出猎时的队伍极为壮观，可称得上是史无前例。国王由穿红、黄、紫各色衣服的英俊王子们前呼后拥。王子们周围是手牵驯豹的武士和用人。奴隶们有捧香料的，有赶苍蝇的，有奏乐的。虽然出猎是在寒冬，但国王却要有春光融融的气息。国王和随从坐在大地毯上，地毯上绣着帝国的通衢大道和御用庄园。庄园里绣着各种各样的花草，花草后面是绿色的丛林、银白色的河流。尽管国王一味追求享受，但波斯帝国当时一直很强盛，一直是拜占庭帝国强有力的对手，是阻碍基督教扩张的劲敌。但是西鲁维的登基使帝国渐趋没落，也为日后穆斯林的讨伐和伊斯兰教的传播准备了条件。

马里卜水坝的毁坏

自从公元 4 世纪以来，以也门为战场发生的一系列斗争对阿拉伯半岛人口分布史有深刻的影响。据说，希木叶尔人为了改造自然、发展祖国而修建的马里卜水坝被洪水摧毁了。频繁不断的战争，使人们及国家无暇经常对水坝进行维修，水坝越来越不坚固，所以被洪水冲毁了。还有人说，罗马皇帝看到也门是罗马和波斯逐鹿争斗的场所，这种争斗直接威胁到罗马的贸易，所以罗马皇帝就准备了一支船队。这支船队经红海来往于埃及和远东各国，以此来满足拜占庭帝国所需要的商品。这样，罗马的贸易往来就不需要经过陆上的商路了。史学家们都提到了下面这一事实，但是对造成这一事实的原因背景，却存在不同的见解。这就是也门的艾孜德人迁移到了北方。史学家们都提到了这一迁徙。但他们有人认为，由于经也门的贸易往来减少了，所以造成了很多城市的荒凉萧条，从而出现了迁徙。还有人认为，马里卜水坝被冲毁了，很多部落由于害怕毁灭，所以被迫转移了。不管哪种说法是正确的，这一迁移都造成了下面的事实：促进了也门与其他阿拉伯国家之间的密切联系，带来了某些部落之间的杂居及血缘上的混合。学者们至今仍在研究这个题目。

半岛上的社会制度

由于希木叶尔人的国度所经历的种种客观情况，以及这个国家所遭受的侵略，使也门的政治制度发生了混乱。当然，半岛上所有国家当时的政治制度究竟是一种什么制度，还无法辨别和论断。按我们今天所理解的含义，任何一种制度，都可以称它是一种政治制度。当时，帖哈麦、希贾兹、内志及阿拉伯国家所在的辽阔土地上的政治制度都模糊难辨。当时半岛上的居民是不习惯文明生活的游牧民，至今他们大部分仍然是这样。他们不喜欢定居，不愿在某一块土地上旷日持久地居住下来，因此他们经常迁徙，逐水草而居。沙漠中能够赖以生活的土地，都是一块块散落在辽阔无垠的荒沙中，所以沙漠中生活的基本组织形式是部族。经常迁居的部族不像我们一样懂得什么叫法律；也不像我们一样知道服从什么制度。各个部族都不能容忍妨碍个人、家庭以至本部族自由的任何东西。

文明人在某种制度下，为了集体，愿意放弃个人的部分自由。为了安定和舒适的生活，他们愿意做出某种让步；而对舒适生活漠不关心的游牧人不喜欢安定，也不能用文明人所喜欢的地位和金钱来换取他们的任何一点自由。他们也忍受不了个人之间、部落之间的任何不平等。他们生活中所遵循的原则，也就是他们的道德观念——生存，一切为了维护并捍卫生存。这种观念与自由的游牧生活所具有的自尊心、好面子是完全协调一致的。因此，他们不会忍受强加给他们的任何欺压和虐待，而是全力去反对这种欺压。如果他们无力反抗，他们会离开家乡，甚至会离开整个半岛。这些部落间最容易发生的就是斯杀，如果发生了分歧，又不能按着义气、豪侠、体面的原则来分清是非，那就只有刀兵相见。

游牧人的习惯

在很多部族中间产生了讲义气、勇敢、助人为乐、保护邻居、强者体谅弱者等自强的习惯。这种习惯在越接近游牧人生活的部落中表现得越强烈，而在慢慢步入文明生活范围内的部落中，这些习惯就逐渐削弱和消失。由于这种原因及我们上面叙述的经济方面的原因，拜占庭帝国及波斯帝国对除也门以外的半岛上的国家没有贪婪的野心。因为这些国家的居民不服从任何人，他们宁愿离开祖国，也不会屈从，这些居民及部落不服从任何制度，也不承认任何政权。

这些游牧生活的特点深深地影响了在半岛上兴起的其他一些小国家的生活。由于驼队往来不绝，各地商人常在游牧人那儿歇宿，并在那儿举行祭祀仪式以感谢安拉保佑他们安然无恙，默祝他们贸易兴隆。这些小国家中有麦加、塔伊夫、叶斯里布[①]等散落在山区及沙漠中的绿洲。这些国家也深受沙漠自然条件的影响，所以从各部落所实行的制度，当地居民的道德观念、风俗习惯和反对任何妨碍他们绝对自由的特点等方面来看，与文明国度的情况比较，这些国家的情况更接近游牧人的生活特色。在下面有关麦加和叶斯里布的章节里，读者将会看到更详细的情况。

---

① 叶斯里布，即麦地那的原名。——译者

阿拉伯半岛的拜物教

由于半岛上的自然环境，以及由此而形成的道德、政治、社会状况对半岛上的宗教信仰也有很深的影响。也门与罗马的基督教、波斯的拜火教都有过联系，而也门受这两种宗教的影响，并用这两种宗教影响半岛上的其他国家了吗？这是值得人们深思的问题，特别是与基督教的关系问题。当时基督教的传教士和今天的传教士一样，都是竭力从事传教活动的。另外，在沙漠生活环境中有一种在文明社会生活中所没有的、能够在人心目中激起宗教信仰的因素。在沙漠中，面对宽广的宇宙，人会感到宇宙中的一切都是无边无际的，他也会感到人与这无边无际的一切之间应有一种关系。而文明社会中的人，则整天忙于无尽无休的事务工作，为了集体对自己的保护要放弃自己的部分自由，为了得到统治者的保护，要屈从执政者的统治。这样，个人不会直接与影响生活的、超越统治者的各种自然力量发生关系，从而与他们周围的各种自然因素建立联系的精神也减弱了。而在沙漠中，则没有任何上述种种妨碍沙漠生活在人们心目中所激起的宗教信仰的因素。

从一开始就活动频繁的基督教，为了它的传播和发展，从这种环境和条件中得到益处了吗？如果没有其他因素的妨碍，事情会这样发展的。但其他因素使包括也门在内的所有阿拉伯国家一直信奉了阿拉伯人祖先所信奉的拜物教，只有很少一些部落接受了基督教。

我认为，当时世界文明最突出的现象是在地中海（罗马海）和红海流域。那时，基督教和犹太教共存于这一地点。两者之间没有明显的敌意，也没有明显的友谊。犹太人，当时是、现在仍然是念念不忘耶稣对他们所宣传的宗教信仰。基督教使犹太人离开了上帝许给他们的土地，因此，他们当时就对受疆域辽阔的罗马帝国保护的基督潮流暗暗地进行反对。当时犹太人在阿拉伯各国有很多移民，他们大部分居住在也门和叶斯里布。另外，波斯的拜火教也同基督教对峙较量，极力不让基督教越过幼发拉底河，以免传到波斯去。拜火教全力以赴地支持各地的拜物教。罗马帝国的垮台，以及世界文明的中心转移到拜占庭帝国后罗马势力的消失，和由此而来的种种其他现象，使基督教产生了很多派系。正如上面我们所讲述的那样，派系之间互相争斗，从而使基督教从鼎盛时期转向争吵的局面，争辩的话题只是某种现象，或某一个措辞，或如何崇拜麦尔彦，究竟是她比尔撒神圣呢，还是尔撒比她神圣等等诸如此类。这种争论只追逐表面现象，而放弃了本质的东西，它只注意本质之外的、使人难以理解的表面现象。

当时，叙利亚的基督教徒所热烈争论的问题与希拉或阿比西尼亚基督教所热烈争论的问题不一样。犹太人，鉴于他们同基督教的关系，没有为平息或减弱基督教徒之间的争论做些什么。当时的阿拉伯人，在冬夏两季的通商活动中，一直同叙利亚和也门的基督教徒保持着联系。他们也一直同到他们这里来的阿比西尼亚基督教徒有着交往。很自然，阿拉伯人不会支持这一派而反对另一派，而是一直心安理得地信奉他们生来就信奉、他们的祖先一直信仰的拜物教。对各种各样偶像的崇拜一直在阿拉伯人中很流行。拜物教在某种程度上影响了他们的邻居——奈季兰的基督教徒和叶斯里布的犹太人。由于犹太人和信奉偶像的阿拉伯人之间的良好商业关系，犹太人容忍了各种偶像。当时的阿拉伯人信奉偶像以作为接近或讨好上帝的一种媒介方式。

拜物教的传播

基督教的派系之争不是造成阿拉伯人坚持信奉拜物教的唯一原因。当时各种各样的偶像在信仰基督教的各民族中仍然有它的影响和残余。埃及的拜物教、希腊的拜物教当时仍然在各种教派，甚至在基督教各个派系中显露出来。亚历山大派及其哲学仍然有它的影响力，当然这种影响力比其在托勒密人时代和基督教初期微弱。但无论如何，它在人们的心中仍然存在，它的伦理仍在发光。当然，从本质上讲这种理论是一种诡辩，但它对多神论的拜物教仍然有吸引力。拜物教把它所信奉的各种神与统治人民的执政者拉到一起，因此得到了执政者对它的欢心。我认为这就是使庸人们在各个时期，甚至在我们这个时期信奉拜物教的原因。庸人们认识不了存在的一切，也认识不到存在的统一性，而这个统一性体现在高于一切的安拉身上。庸人们看到存在中的某一现象，比如太阳、月亮和火，而认识不到这一现象所体现的存在的统一性。

这些庸人满足于他们肉眼所见的、意义含糊的、与整个宇宙的存在相比微不足道的偶像。他们把自己与偶像联系在一起，并对它顶礼膜拜。现在我们这个世界，在科学和文明方面都有很大的发展，但是，我们仍能在世界各国看到这种现象。访问罗马圣殿的人可以看到，圣殿中神像的脚已被善男信女们的吻磨掉了。每当磨掉一次，都必须对神像的脚进行修整。对这些还没有被安拉引到真正信仰上来的人，是情有可原的。他们当时看到他们的邻居基督教徒相互争吵，看到拜物教仍然在他们中间存在，因此他们对他们父兄信奉的拜物教坚定不移。我们怎能不谅解他们呢？因为，这种现象在世界上是根深蒂固的，它至今没有消失，我认为它永远不会消失。就是连对拜物教进行过斗争、并消除了一切不信仰安拉现象的穆斯林，不也可以欣然接受在他们的宗教里对拜物教的解释吗？

崇拜偶像

阿拉伯人对偶像的崇拜可谓是五花八门。今天的学者专家也难以对其全面了解。穆罕默德先知摧毁了各种各样的偶像，并命令穆斯林，不管在何时何地遇到偶像就把它捣毁。穆斯林在与偶像一刀两断，在其历史及文学中把一切与偶像有关的东西除掉后，禁止谈论偶像。在穆斯林确信崇拜偶像不会再死灰复燃后，《古兰经》提到了它，伊历 2

世纪的小说中引用了它。这是为了告诉人们，在伊斯兰教兴起前，崇拜偶像，有其很高的地位。被崇拜的偶像当时是各种各样的，并且各种偶像被崇拜的程度也是不尽相同的。

当时，每个部落都有自己崇拜的偶像。这些没有知觉的被崇拜物之中，有“塞奈姆”，有“沃斯恩”，还有“努苏布”。“塞奈姆”是用金属或木头雕成的具有人形的东西；“沃斯恩”是诸如石块一类的东西；而“努苏布”则是形状不规则的岩石。各个部落就是崇拜这些东西。它们声称被崇拜物是从天上掉下来的，比如火山石之类的东西。做工最精细的偶像要首推也门人的偶像。这没有什么可奇怪的，因为也门人的文明是当时希贾兹人或内志人等所不能及的。有关偶像的记载都没有精确地指出各种偶像的形象，只有胡白勒偶像例外。据说它是用光玉髓按人的形象制成的。这个偶像断了一只臂膀，古莱什人又给它换上了一只金臂膀。胡白勒当时是阿拉伯人崇拜的最高神灵，它占据着麦加的天房克尔白。人们从四面八方都来向它朝拜。

阿拉伯人不仅崇拜这些大的偶像，向它们祈祷，给它们献牲，而且大多数阿拉伯人在他们各自的家里都设有偶像。他们出门、回家时都要向它祈祷。当他们外出旅行时，如果方便，还要把偶像带在身边。

这些设置在麦加，或麦加周围，或其半岛的任何地区部落，或各个部落中的大大小小、各色各样的偶像，都被看作是在崇拜者和至高无上的神灵之间的一种媒介。阿拉伯人把崇拜这些偶像看作是取宠于安拉的一种手段，尽管他们只顾崇拜偶像而忘记了安拉。

麦加的地位

尽管也门由于土地肥沃，善于利用雨水来灌溉土地而成为半岛上最文明的国家，但它不是疆域辽阔的沙漠国家居民向往的地方。也门的寺庙也不是人们朝拜之地。

麦加，麦加的天房——伊斯玛仪住过的地方，才是人们朝拜之地。

它吸引着人们，它比任何其他地方都更严格遵守禁月中的习惯。由于这些，也由于它是阿拉伯人通商的中心，麦加被认为是半岛的首府。命运注定，麦加是阿拉伯半岛先知穆罕默德的出生地。

因此，几个世纪以来，尽管麦加的环境是荒凉的，人们的生活近于落后的游牧生活，但麦加一直是举世瞩目的地方，天房一直是人们朝觐之地，在古莱什人的心中一直享有崇高的地位。

第二章　麦加、天房克尔白和古莱什人

麦加的地理位置

在也门和巴勒斯坦之间，沿红海的商路中部，距红海海岸八十千米处，耸立着几座高山。这几座高山环抱着一个不太宽广的河谷。除三条通往外部的通道外，高山几乎从四面八方把河谷围得水泄不通。通道一条与通往也门的路相连；另一条经离红海很近的路到吉达港，并在那儿与红海沿岸的其他商路相连；第三条则直达巴勒斯坦。麦加就坐落在被这群山环抱着的河谷之中。麦加城始建于何年何月，现在已很难查清楚，但它的历史可追溯到几千年之前。由于麦加河谷中有几处泉水，所以从前无论是从也门到巴勒斯坦，还是从巴勒斯坦到也门的商队，为了休息，都把麦加河谷作为他们安扎帐篷的营地。据传述，易卜拉欣的儿子伊斯玛仪是第一个定居在这里的人。在此之前，这儿只是商队的栖身之地和来自阿拉伯半岛南北两方商人们的贸易市场。

易卜拉欣的故事

如果伊斯玛仪确是第一个在麦加定居的人，那么在此之前的麦加历史就完全不得而知了。那时的麦加可能是什么样的，无从谈起。谈到伊斯玛仪在麦加定居，我们不妨简述一下伊斯玛仪的父亲易卜拉欣的故事。易卜拉欣出生在伊拉克。他父亲据说是一位木匠，靠制作并供应偶像给拜物教徒为生。易卜拉欣成人后，当他看到族人对他父亲制作的木质偶像顶礼膜拜时，就对偶像产生了怀疑。他问他父亲，偶像是他亲手制作的，人们怎么能如此崇拜它呢？易卜拉欣并且四处向人们宣讲他的看法。父亲怕儿子导致自己的生意倒闭，想制止他。但易卜拉欣很尊重自己的理智，他仍用各种理由来让人们接受他的意见。有一次易卜拉欣乘族人不备，来到摆偶像的地方，除一个最大的偶像外，他把其余所有的小偶像都砸了。当人们发现后，就把他叫到众人面前。

> 他们说："易卜拉欣啊！你对我们的神灵做了这件事吗？"他说："不然，是这个最大的偶像做了这件事。如果他们会说话，你们就问问他们吧。"（《古兰经》21：62—63）

易卜拉欣砸偶像不是盲目的轻举妄动，而是经过深思熟虑后才做的。他考虑了崇拜偶像的荒诞谬谈，也考虑了究竟应该崇拜谁。《古兰经》上有这样的记载：

> 当黑夜笼罩着他的时候，他看见一颗星宿，就说："这是我的主。"当那颗星宿没落的时候，他说："我不爱没落的。"当他看见月亮升起的时候，他说："这是我的主。"当月亮没落的时候，他说："如果我的主没有引导我，那么，我必定会成为迷误者。"当他看见太阳升起的时候，他说："这是我的主；这是更大的。"当太阳没落的时候，他说："我的宗族啊！我对于你们所用来配主的事物，是无关系的。我确已崇正地专向天地的创造者，我不是以物配主的人。"（《古兰经》6：76—79）

易卜拉欣和妻子萨拉在埃及

易卜拉欣在引导族人方面不仅没有成功，结果反倒被他们扔到大火之中。但安拉从烈火中拯救了他。易卜拉欣只好同妻子萨拉出走，到了巴勒斯坦，后又从巴勒斯坦到了埃及。当时是阿马里克人统治埃及时期。那时，正巧赶上埃及国王选美。萨拉本来就很美，所以国王看中了她，想娶她为妻。易卜拉欣怕国王加害于他，就佯称萨拉是他的妹妹。在与萨拉同床前，国王做了一个梦，在梦中他得知萨拉是有夫之妇。他醒后一问，才知道萨拉确实已结婚。于是国王就把萨拉送还给易卜拉欣，并赠给了她很多礼物和一位名叫哈哲尔的女仆。萨拉已同易卜拉欣结婚多年，但她一无所生。她劝易卜拉欣再娶哈哲尔为妻，他同意了。婚后不久，哈哲尔生了伊斯玛仪。当伊斯玛仪长大，萨拉也怀了孕，并生下了伊斯哈格。

关于易卜拉欣宰杀伊斯玛仪献牲的问题，一些史学家们产生了分歧。这件事发生在伊斯哈格出生前呢，还是出生后呢？是在巴勒斯坦发生的呢，还是在希贾兹呢？

犹太史学家走得更远，他们认为被作为献牲者的不是伊斯玛仪，而是伊斯哈格。这里不想用更多的篇幅来探讨这一分歧。谢赫·阿卜杜·瓦哈布·纳杰尔教授在其《先知故事》一书中认为被宰杀者是伊斯玛仪。其根据来自《摩西五经》。因为在这部经典中提到被宰杀者是易卜拉欣唯一的儿子。在伊斯哈格出生前，伊斯玛仪是易卜拉欣的独生子。在萨拉生下伊斯哈格后，易卜拉欣不再是有唯一儿子的父亲，而是有两个儿子：伊斯玛仪和伊斯哈格。接受这一说法，就应相信杀儿献牲的事发生在巴勒斯坦。即使被宰杀者是伊斯哈格，杀儿献牲也发生在巴勒斯坦。因为伊斯哈格和他母亲一直住在巴勒斯坦，没有到过希贾兹（麦加地区）。那些认为杀儿献牲之事是发生在米那的人，则也认为被献牲者是伊斯玛仪。因为《古兰经》中没有提到被献牲者的名字，所以使穆斯林史学家们在这个问题上也产生了分歧。

《古兰经》中杀儿献牲的故事

易卜拉欣在梦中梦到安拉命他将儿子杀掉供献牲，所以他决心奉命杀儿祭献。清早，易卜拉欣同儿子一起出去了。《古兰经》中是这样写的：

> 当他长到能帮着他操作的时候，他说："我的小子啊！我确已梦见我宰你为牺牲。你考虑一下！你究竟是什么意见？"他说："我的父亲啊！请你执行你所奉的命令吧！如果安拉意欲，你将发现我是坚忍的。"他们俩既已顺服安拉，而他使他的儿子侧卧着。我喊叫说："易卜拉欣啊！你确已证实那个梦了。"我必定要这样报酬行善的人们。这确是明显的考验。我以一个伟大的牺牲赎了他。（《古兰经》37：102—107）

历史小说中杀儿献牲的故事

一些小说对这个故事做了精彩的描写。虽然在谈及麦加时不需在这里讲述这个故事，但我们还是叙述一下为好。当易卜拉欣在梦中梦到安拉命他杀儿献牲时，他对儿子说："孩子，拿上绳子和砍刀，我们到高地上去砍柴吧。"

孩子拿上绳子和砍刀跟父亲去了。这时恶魔撒旦装扮成一个男人的样子出现了。他来到孩子的母亲那儿，并对她说："你知道易卜拉欣把你儿子带到哪儿去了吗？"

她说："他把他带到山路上为我们打柴去了。"

恶魔说："我以安拉的名义起誓，他把他带走，是为了杀他。"

母亲说："绝不会！他很喜欢他。"

恶魔说："他妄称这是安拉让他干的。"

母亲回答说："如果安拉命他这样做，那就让他按安拉的命令行事吧。"

恶魔灰溜溜地离去了。然后恶魔赶上了跟父亲走的儿子。他对儿子说了他对儿子母亲所说的话。儿子的回答同母亲的回答完全一样。然后恶魔又来到易卜拉欣面前。他强调说，梦中所见让他杀献儿子的是魔鬼的圈套。如果真把儿子杀了，后悔就晚了。易卜拉欣把恶魔大骂一通。恶魔只好又惭愧又气愤地走了。因此，恶魔诋毁挑拨易卜拉欣及其妻子、儿子的阴谋没有得逞。这时候，易卜拉欣把梦中所见告诉了儿子，并征求他的意见。儿子说："父亲啊，你按照命你所做的去做吧。"

其他小说中也有如下这样描述的："父亲啊！如果你想杀我，就把我捆紧一些，免得我血溅到你身上，而降低了这件事的价值。死是痛苦的，我可能在临死时会动晃挣扎，请你把刀磨快，好一刀把我杀死。如果你让我躺下来杀，就让我脸朝下，而不要侧躺着。因为我担心你看到我的脸面时会产生怜悯之心，从而会阻碍你执行安拉的命令。希望你把我的衣服交给母亲，它是在我之后母亲的最大安慰。请下手吧。"

易卜拉欣说："孩子，是你帮助我完成了安拉的命令！"

然后他就想动手，只见他把儿子捆紧，让他脸朝下俯伏在地，他刚举刀要杀，这时，忽然听到喊声："易卜拉欣啊！你确已证实那个梦了。用这只肥大的绵羊献牲吧。"

易卜拉欣果然发现这只羊就在他附近。于是，他把羊宰杀掉，并用火烧烤它。

这就是杀儿献牲的故事。它是绝对服从安拉的命令，完全按安拉的判决行事的故事。

易卜拉欣带伊斯玛仪和他母亲到麦加河谷

伊斯哈格继伊斯玛仪之后慢慢成长起来。父亲对两个儿子都很疼爱。这惹怒了萨拉。她认为，对她生的儿子和她女仆生的儿子同等看待是不合适的。有一次，她见到伊斯玛仪打了伊斯哈格，于是发誓不同哈哲尔和伊斯玛仪住在一起。易卜拉欣觉察到，只要这两个女人生活在一起，日子绝不会安宁。于是易卜拉欣领着哈哲尔和伊斯玛仪向南方去了。他们一直来到今天麦加所在的河谷。前面已经讲过，麦加河谷是通商季节从叙利亚到也门，或从也门到叙利亚来往商队安营扎寨栖身之地。除这个季节外，在全年大部分时间里，河谷几乎是荒无人烟的地方。易卜拉欣给伊斯玛仪娘儿俩留下了一些食粮，就把他俩留在了河谷，然后他原路回去了。哈哲尔搭了一个棚子作为她和儿子的安身之处。当水和食粮用完后，哈哲尔为了寻找充饥之物走遍了整个河谷，她一无所获。然而她没有气馁。正像人们所说的那样，她在赛法和麦尔卧两座小丘之间不停地来回奔走了七次。然后只好失望地回到了儿子身旁。她看到儿子用脚不停地在地上蹬，突然从地下冒出了清泉。哈哲尔同儿子都饱饱地喝了一顿。为了不让泉水流失在沙地里，她把泉水堵截起来了。从此她和儿子就住在了清泉附近。在此过往的阿拉伯人不时来到他们这里找水喝，同时，她从他们那儿得到一定数量的食粮和生活之资。

渗渗泉引来了一些阿拉伯部落定居在哈哲尔娘儿俩附近。主尔胡姆是第一个到来的部落。一些小说家说，主尔胡姆族在哈哲尔娘儿俩到来之前就来到了此地。而另一些小说家则认为，主尔胡姆只是在有了渗渗泉之后，也就是有了赖以生存的水源之后，才搬到此地来的。

伊斯玛仪的婚姻

伊斯玛仪长大后，同一位主尔胡姆族姑娘结了婚。夫妇俩同主尔胡姆族人一同住在后来建天房克尔白的地方。此后，他们又在克尔白周围修建了麦加。有人讲了下面这个故事。

有一次，易卜拉欣在征得萨拉同意后，来麦加河谷看望伊斯玛仪娘儿俩。他找到伊斯玛仪的住处后，问伊斯玛仪的妻子：你丈夫在哪儿？她回答说：狩猎去了。他又问她，她这儿有没有待客的食品和饮料？她回答说，这儿一无所有。易卜拉欣就走了。他在临别时告诉她：你丈夫回来后，你向他转达我的问候。并告诉他，应改换你们家的门槛。伊斯玛仪回来后，妻子告诉了他发生的事情，并向他转告了老人的话。伊斯玛仪懂得父亲的用意，马上离弃了她。不久，他又与另一位主尔胡姆族姑娘——穆达德·本·阿慕尔的女儿结了婚。婚后不久，易卜拉欣又来看望儿子，正巧伊斯玛仪又不在家。但妻子很殷勤地招待了老人。老人临别前对她说：等你丈夫回来后，请转达我对他的问候，并告诉他，现在你们家的门槛很正。此后她跟伊斯玛仪长期生活在一起，并给他生了十二个儿子。他们就是阿拉伯化了的阿拉伯人的祖先。从母舅是主尔胡姆族人方面讲，他们是盖哈坦的后裔、纯血统的阿拉伯人。他们的父亲是易卜拉欣的儿子伊斯玛仪。从伊斯玛仪母亲方面讲，她的血统与埃及人有关；从伊斯玛仪父亲方面讲，他的血统又与伊拉克、巴勒斯坦及易卜拉欣的诞生地有关。

对故事的探讨

易卜拉欣和伊斯玛仪到麦加，除在一些细节上有分歧外，这是公认的历史故事。对这个历史故事的细节持批评观点的人认为：哈哲尔和伊斯玛仪来到了今天麦加所在的河谷。在这之前，河谷内就有几处泉水。主尔胡姆人就住在泉水旁。当易卜拉欣把哈哲尔和她的儿子带到这里时他们受到了主尔胡姆人的欢迎。当伊斯玛仪成人后，他与主尔胡姆族姑娘结了婚，并生了儿子。由于有希伯来人及埃及人血统的伊斯玛仪与阿拉伯人的结合，才使他们的后代具有阿拉伯人、希伯来人、埃及人所具有的坚强、勇敢的优点。关于当水尽粮绝时，哈哲尔如何为难，她如何在赛法和麦尔卧之间来回奔走了七次，渗渗泉如何出水的这些说法，他们持怀疑态度。

瓦里姆·穆耶尔先生对易卜拉欣和伊斯玛仪到希贾兹持怀疑态度。他从根本上否定这一历史故事。他提到了在伊斯兰教兴起前很久犹太人创造的一些犹太神话故事。他想用易卜拉欣是犹太人和阿拉伯人共同的祖先这一说法把犹太人和阿拉伯人联系在一起。他认为伊斯哈格就是犹太人之父。如果他哥哥伊斯玛仪是阿拉伯人之父，那么犹太人和阿拉伯人就是堂兄弟。那么阿拉伯人就应该很好地对待到他们中间来的犹太人。这样就便于犹太人在阿拉伯半岛上做买卖。英国的一位史学家利用他的这一观点得出了这样的结论：阿拉伯半岛的宗教信仰与易卜拉欣的信仰毫无关系。因为阿拉伯半岛的宗教信仰纯属多神信仰，而易卜拉欣则是虔诚的穆斯林。我们并不认为这是足以否定历史事实的理由。在易卜拉欣和伊斯玛仪逝世几个世纪以后，阿拉伯人的多神信仰不能表明在易卜拉欣到希贾兹（麦加地区）及同伊斯玛仪建天房时，阿拉伯人就是这样的情景。即使那时阿拉伯人的信仰是多神信仰，这也帮不了穆耶尔先生的忙。当时易卜拉欣的族人崇拜偶像，他想引导他们，却没有成功。如果说易卜拉欣虽像引导他的族人一样引导了阿拉伯人而没成功，他们仍崇拜偶像，这也否定不了易卜拉欣和伊斯玛仪到麦加去的事实。逻辑推理也会支持这一历史故事的。易卜拉欣离开他伊拉克的族人到了巴勒斯坦，又到了埃及，他已习惯在沙漠中旅行。再说巴勒斯坦和麦加之间的道路很久以前早已被来往的商队所开通。所以没有理由去怀疑大家公认的历史事实。

穆耶尔先生及其在这个问题上他的支持者认为，可能易卜拉欣和伊斯玛仪的某些后代在那之后从巴勒斯坦到了阿拉伯半岛，并与他们建立了血缘关系。易卜拉欣和伊斯玛仪的后代能够去，那么易卜拉欣和伊斯玛仪两人就不能去吗？这一被历史传说的所支持的故事怎么会是不确切的呢！这可不容置疑。《古兰经》提到了它，其他经典著作也谈到了它，它怎么会不是事实呢？

易卜拉欣和伊斯玛仪建造天房

易卜拉欣和伊斯玛仪树起了天房的基础。《古兰经》中有这样的记载：

为世人而创设的最古的清真寺，确是在麦加的那所吉祥的天房、全世界的向导。其中有许多明证，如易卜拉欣的立足地；凡入其中的人都得安宁。凡能旅行到天房的，人人都有为安拉而朝觐天房的义务。不信道的人〔无损于安拉〕，因为安拉确是无求于全世界的。（《古兰经》3：96—97）

当时，我以天房为众人的归宿地和安宁地。你们当以易卜拉欣的立足地为礼拜处。我命易卜拉欣和伊斯玛仪说："你们俩应当为旋绕致敬者、虔诚住守者、鞠躬叩头者，清洁我的房屋。"当时，易卜拉欣说："我的主啊！求你使这里变成安宁的地方，求你以各种粮食供给这里的居民——他们中信安拉和末日的人。"他说："不信道者，我将使他暂时享受，然后强逼他去受火刑。那结果真恶劣！"当时，易卜拉欣和伊斯玛仪树起天房的基础，他们俩祈祷说："我们的主啊！求你接受我们的敬意，你确是全聪的，确是全知的。"（《古兰经》2：125—127）

阿拉伯半岛的宗教演变

易卜拉欣兴建的天房是人们集会的安宁之地，是信仰唯一的安拉的虔信者祈祷的地方，后来怎样变成供奉和崇拜偶像的地方了呢？易卜拉欣、伊斯玛仪之后，天房中的宗教活动是如何进行的呢？这种宗教活动是一种什么形式呢？这种状况何时发生了变化，以至多神教代替了原来的宗教？关于这些情况都没有历史记载。有的仅是种种揣测，而揣测者都往往把他们的假设说成是事实。崇拜星宿的萨比教徒当时在阿拉伯半岛很有势力。据说，这些人开始不是崇拜星宿本身，而是崇拜唯一的安拉。他们认为星宿正是安拉创造能力的一种迹象，所以他们对星宿也很崇敬。由于当时大多数人理解不了崇高的安拉，所以才把星宿当成了安拉。当时，人们认为火山石是从天而降的，是星宿的一部分，是安拉的某种显示。所以火山石被看得很神圣，后来就被崇拜起来。当时的阿拉伯人不仅崇拜天房中的黑石，而且在他们旅行中都要带上一块从天房中捡来的石头。向这块石头祈祷，向它询问起居。他们像崇拜神灵、崇拜星宿一样崇拜石块。就这样，多神教慢慢站住了脚。偶像被崇拜，并给它献牲。

一些文学家就是这样来描述从易卜拉欣建天房崇拜安拉，发展到崇拜偶像，这就是阿拉伯半岛的宗教演变过程。文字记载史的鼻祖黑鲁杜特曾提到了阿拉伯半岛的偶像拉特，西西里岛人杜尤杜尔曾提到了阿拉伯人所崇拜的麦加天房。这证明了阿拉伯半岛上的多神教历史久远，也证明易卜拉欣所信仰的宗教在半岛上没有持续多长时间。

阿拉伯人的众先知

在这几个世纪中，曾出现了一些先知。他们号召生活在阿拉伯半岛的部落的人们信仰唯一的安拉。但阿拉伯人拒绝了他们的号召，仍坚信自己的多神教。先知呼德曾号召当时居住在哈达拉毛北部的阿德人信仰唯一的安拉，但除了很少一部分人外，都不相信他的话。大多数阿德人都很傲慢，他们对先知呼德说："呼德啊！你没有昭示我们任何证明，我们绝不为你的言论而抛弃我们的神灵，我们并不归顺你。"

先知撒立哈也曾号召赛莫德人信仰唯一的安拉。赛莫德人居住在希贾兹和叙利亚之间的希吉尔。它处在亚喀巴湾附近的麦德彦东南的古拉河谷中。先知撒立哈和先知呼德一样，没有成功。后来，先知舒阿卜又号召居住在希贾兹的麦德彦人信仰安拉。但这些人不听他的话，他们像阿德人、赛莫德人一样灭绝了。除这三人外，还有一些先知人物。《古兰经》中讲述了他们的故事，讲述了他们如何号召他们的族人信仰唯一的安拉，但他们的族人妄自尊大，仍坚持崇拜偶像，并每年从阿拉伯各国到麦加去朝拜偶像。为此，安拉曾启示：

"派遣使者之前，我不惩罚〔任何人〕。"（《古兰经》17：15）

麦加的职务

公元5世纪中叶，古萨·本·凯勒卜[①]主持了麦加的政务。当时他对麦加的一切职务全权在握，总揽并控制了守卫、供饮、膳食、集会、掌旗和率军等职权。从麦加修建那一日起，是否就有这些职务呢？守卫，就是掌管天房克尔白的钥匙；供饮，就是供应朝觐者饮用的淡水。淡水在麦加是很难得到的；膳食，就是解决一切朝觐者的吃饭问题；集会，就是负责主持全年在麦加朝觐和召开的各种会议；掌旗就是与敌人厮杀时，保护作为军队标志的旗帜；率军，就是领兵打仗。这些职务在

① 先知穆罕默德前五代祖父。——译者

麦加是很受尊重的。麦加围天房而建，它是所有阿拉伯人瞻仰和崇拜的中心。我认为，这些职务不是自有天房以来一次设立的，而是一个个逐渐完善的。有一些职务与天房及它的宗教地位无关，而另一些，则与天房有直接的联系。

古萨前的麦加

建天房时，麦加并不像我们所设想的那么好。当然，只不过是阿马里克人和主尔胡姆人住在这里。当伊斯玛仪在麦加定居及和他父亲易卜拉欣建天房后，麦加得到了发展，从而进入了文明或半文明生活。这样持续了很久。所谓半文明，是指麦加人一直而且至那时仍然保留着落后的原始部落的游牧人的习惯。一些史学家不否认，直到公元5世纪中叶古萨执掌麦加的政务前，麦加人的生活一直是游牧生活。我们很难理解，一个有麦加和天房这样受人崇拜的地方会一直处在游牧生活的状态中。历史证明，在伊斯玛仪之后，麦加的事务在连续几代人的时间内是由住在麦加周围、属于主尔胡姆的伊斯玛仪孩子们的舅父来主持的。麦加是通往也门、希拉、叙利亚、内志去的商路的枢纽。同时，是由于它靠近红海又与世界贸易有关。我们很难理解，有如此重要地位的地方，与全世界的频繁交往竟没有能使它步入文明生活之内？麦加，正如易卜拉欣所祈祷和安拉允许的那样是一个安宁之地。在古萨以前很久，它就已经是安居乐业的所在地了。

古莱什人的胜利

主尔胡姆人战胜阿马里克人以后，始终支配着麦加的事务，一直到穆达德·本·阿慕尔·本·哈里斯时期。在这几代人期间，麦加的商业很发达。兴隆的贸易使麦加人只顾吃喝，沉湎于享乐安逸之中。他们忘记了他们生活在荒芜的河谷，他们忘记了，如果想在这里生活就必须经常不懈地劳动和保持警惕。他们忘记了渗渗泉可能会枯竭。他们甚至没有觉察到阿拉伯胡扎阿人正在虎视眈眈地窥伺着麦加的职权。

穆达德曾警告过族人只顾享受的后果，但他的警告无济于事。穆达德清楚地看到，麦加的职权快要与他及他的族人无关了。于是他来到渗渗泉边，把泉水加深了。然后他把属于天房克尔白的两尊用黄金铸造的羚羊和其他一些财产埋到了泉底。他希望有朝一日形势转变以后，再回来把这些财产挖出来。他把财产埋好后，就带着伊斯玛仪的子孙们离开了麦加。他走后，胡扎阿人接管了麦加的事务，一直到先知(穆罕默德)的前五代祖父古萨·本·凯勒卜接过麦加的职权为止。

古萨的母亲叫法蒂玛，是赛尔德·本·塞赫勒的女儿。她同古萨的父亲凯勒卜婚后生了祖赫尔和古萨。当古萨还在摇篮里时，凯勒卜就离开了人世。凯勒卜死后，法蒂玛又同拉比阿·本·海拉姆结了婚。婚后，拉比阿把法蒂玛和古萨带到了叙利亚。在叙利亚她又生了达拉贾。古萨慢慢长大了，但他并不知道拉比阿不是他的生父。后来古萨和拉比阿家的人伤了和气，他们责骂他是主尔胡姆人，不是他们家的成员。古萨来到母亲面前诉说，母亲告诉他说："孩子啊，从你父亲方面讲，你比他们高贵多了。你是凯勒卜·本·穆拉的儿子。你的家族住在有天房(克尔白)的麦加城。"

古萨·本·凯勒卜(公元400年生)

古萨来到了麦加，并在此定居下来。由于他勤劳，见解正确，很受麦加人和他家中人的尊敬。当时天房守卫职务在胡扎阿人胡莱勒·本·胡卜希耶手中。他本是一个有远见卓识的人，当古萨向他女儿胡巴求婚时，他慨然允诺，并立即把女儿嫁给了他。古萨不断努力、奔波和经商。他的财产越积越多，家里人丁越来越兴旺，他的声望在族人中也越来越高。胡莱勒在临终时曾嘱咐把天房的钥匙交给古萨的妻子胡巴。但胡巴没有接受，而把钥匙交给了胡扎阿人艾布·额卜谢恩。艾布·额卜谢恩是个酒徒。有一天没酒喝了，他的酒瘾大作，就用天房的钥匙与古萨换了一袋酒。胡扎阿人看到古萨的钱越来越多，并注意到古莱什人都在推举他，他们估计到如果天房守卫的职务到了古萨手中，他们在麦加的地位肯定会受到威胁。所以胡扎阿人群起反对异族人享有与天房有关的权益。古萨面对这种局面，当机立断，把古莱什人动员起来与他们对抗。这时住在麦加的其他部落看到古萨很精明，也很能干，于是纷纷站到古萨一边来。他们联合到一起把胡扎阿人赶出了麦加，众人公推古萨为首领。

在麦加修建住房

我们前面已提到，有人认为：古萨在麦加执政前，城内除天房（克尔白）外没有其他建筑物。他们的理由是，胡扎阿人及他们以前的主尔胡姆人都不允许在天房附近建其他房屋。他们晚上不在天房禁地旁过夜，而是到帐篷中去。另一些人说，当古萨成为麦加的首领后，他想把古莱什人集中起来，于是命令他们在天房克尔白附近建房。古萨本人也在麦加修建了聚会的场所。在他的主持下，麦加一些有名望的人济济一堂，在此共商麦加的事务。

当时麦加人的习惯是，任何事务都必须经过他们一致通过后才能实行。麦加居民的嫁娶仪式也都在此举行。古莱什人按照古萨的命令，在天房周围修建了各自的住房。各家都有一定的庭院，庭院之间都有便于绕天房克尔白仪式之地的通道。

古萨的儿子们

古萨的长子叫阿卜杜·达尔，但他弟弟阿卜杜勒·麦纳夫比他更早地出了名，并在群众中享有更高的声望。当古萨年迈体弱不能执掌麦加的事务时，他把守卫、供饮、膳食及掌旗的职务让给了长子阿卜杜·达尔，并把天房的钥匙也交给了他。当时，每个古莱什人按年度必须缴纳一定的钱，由古萨负责将这些钱用作为前来麦加朝觐的穷人筹办饮料和食品。古萨把古莱什人团结起来，他以他们而自豪，并同他们一起把胡扎阿人赶出了麦加。同时古萨也是第一个把供饮的责任加在他们身上的人。古萨曾对他们说过："古莱什兄弟们！你们是天房（克尔白）禁地的居民，是安拉的近邻。朝觐者是安拉的客人，是天房克尔白的朝拜者。他们理应受到招待。在朝觐期间，你们要给他们准备吃的和喝的，一直到他们离开天房克尔白为止。"

阿卜杜勒·麦纳夫的子弟们

阿卜杜·达尔像父亲一样掌管了天房克尔白的职权，后来他儿子们又从他手中继承了这些职权。但阿卜杜·达尔的弟弟阿卜杜勒·麦纳夫的儿子们在族人中的威信和地位更高一些。因此，阿卜杜勒·麦纳夫的儿子们——哈希姆、阿卜杜·舍姆斯、努费勒及穆塔里布联合起来，想从堂兄弟们手中把天房克尔白的职权夺过来。为此，古莱什人之间产生了分歧。有些人支持这边，另一些人支持那边。阿卜杜勒·麦纳夫的儿子们结了熏香者之盟，他们把香料带到天房克尔白，每个人把手放到香水里熏泡，然后发誓决不破坏盟约。阿卜杜·达尔的儿子们也结了类似的盟约。双方眼看就要格斗拼杀了。如果双方真的诉诸武力，势必使古莱什族毁于一旦。在这种情况下，有人出面给双方进行斡旋。斡旋者提出，供饮、膳食两职属阿卜杜勒·麦纳夫的儿子们；而天房克尔白守卫、掌旗和集会之职属阿卜杜·达尔的儿子们。双方接受了这一建议。这种局面一直延续到伊斯兰教兴起之时。

哈希姆（公元464年生）

哈希姆[①]是部落的一族之长，他很富有，一人掌管供饮和膳食两职。他经常像他祖父古萨一样号召族人。他让每一个人缴纳钱，以便他在朝觐期间用这些钱筹办朝觐者的饮食。他经常给人们讲，天房克尔白的朝拜者是安拉的客人，他们应得到款待。对朝觐者他一律供应食品，直到离去。

麦加生活的繁荣昌盛

哈希姆不仅尽力帮助朝觐者，而且对麦加的居民也很慷慨。有一年发生了灾荒，为了让人们度过荒年，鼓起生活的勇气，他主动拿出自己的粮食救济人们。当时哈希姆给古莱什人规定：每年冬夏组织两次经商活动。冬天到也门，夏天到叙利亚。这样麦加日益繁荣昌盛，在整个阿拉伯半岛上的地位越来越高，以至成为半岛公认的首府。麦加的昌盛给阿卜杜勒·麦纳夫的儿子们同邻近的部落签订安全和平条约提供了基础。哈希姆本人同罗马帝国及加萨尼首领签订了友好睦邻条约，从而为古莱什人获得了到叙利亚安全经商的许可。阿卜杜·舍姆斯同阿比西尼亚签订了通商条约。努费勒和穆塔里布分别同波斯人和也门的希木叶尔族签订了盟约和通商条约。麦加日益强大、昌盛。古莱什人的通商本领在那个时期是无与伦比的。每年冬夏两季从四面八方来麦加及从麦加到各地去的商队络绎不绝。麦加附近到处是市场，麦加人对赊欠、高利贷等其他生意是无不精通的。

哈希姆一天天年迈，但他仍主持着麦加的事务，没有任何人敢于跟

① 先知穆罕默德的曾祖父。——译者

他竞争。他的侄子伍麦叶·本·阿卜杜·舍姆斯想同叔父一较高下，但失败了，麦加的职权仍稳操在哈希姆的手中。伍麦叶失败后，离开麦加出走到了叙利亚，在叙利亚整整逗留了十年。有一次，哈希姆从叙利亚经商回来，在经过叶斯里布时，看到一位高贵的女人在监督族人为她做生意。她就是海兹拉吉族的欧麦尔的女儿萨尔玛。哈希姆对她一见钟情。他问人们，这位女人是否有丈夫？他打听到，她是离过婚现在寡居的女人。她不愿受丈夫管束，求婚的男方必须答应让她自己管自己时，她才同意同他结婚。哈希姆向她提出了结婚的请求。鉴于哈希姆在族人中的地位，她欣然同意了。婚后，萨尔玛同哈希姆回到了麦加。在麦加过了一段时间后，萨尔玛又回到了叶斯里布。在那儿给哈希姆生了一子，取名叫沙伊拜。沙伊拜在母亲的关怀下一直生活在叶斯里布。

穆塔里布

几年后，哈希姆在一次夏季经商活动中死于加沙。他弟弟穆塔里布继承了哥哥的职权。穆塔里布比阿卜杜勒·舍姆斯小，但他在族人中很有威望。由于他胸怀豁达，品格高尚，古莱什人称他为“慷慨义士”。很自然，由于穆塔里布在族人中的尊崇地位，所以他继承麦加职权后，麦加一直平安无事。

有一天，穆塔里布想起了哥哥哈希姆的儿子，于是，他赶到了叶斯里布。他要求萨尔玛把已成年的侄子交给他带走。叔侄俩同骑一头骆驼回到了麦加。古莱什人认为穆塔里布带回了一名奴隶，于是就喊沙伊拜为阿卜杜勒·穆塔里布①。穆塔里布对人们说：该死的东西们！这是我哥哥哈希姆的儿子，我刚从叶斯里布把他带回来。尽管如此，人们还是叫他阿卜杜勒·穆塔里布。而把他从出生时就叫的名字——沙伊拜忘掉了。

---

① 意为穆塔里布的仆人。——译者

阿卜杜勒·穆塔里布（生于公元497年）

穆塔里布想把哥哥哈希姆遗留下来的钱财归还给侄子，但是他的兄弟努费勒不同意，并且霸占了这笔遗产。当阿卜杜勒·穆塔里布羽毛丰满后，他向住在叶斯里布的舅父们求救。让他们帮助自己对付他叔父努费勒，要求归还自己应得到的遗产。为支持外甥，从叶斯里布来了八十名海兹拉吉族骑士。努费勒在威逼之下，只好把遗产归还给了侄子。继穆塔里布之后，阿卜杜勒·穆塔里布继承了父亲哈希姆原来的职权——供饮、膳食。阿卜杜勒·穆塔里布为管好此事，特别是供饮之事费了千辛万苦。当时他只有一个儿子——哈里斯。自渗渗泉被埋之后，供应朝觐者的饮水要从麦加周围好几口井中汲取，然后倒入天房旁边的水池中。如果阿卜杜勒·穆塔里布有众多的子女，他们可以帮助父亲完成这一工作。然而在他担任供饮、膳食的职权时，他仅有一个儿子。因此他很吃力，对这件事他煞费苦心。

重挖渗渗泉

当时的阿拉伯人仍然记得几个世纪前，被主尔胡姆人穆达德·阿慕尔埋起来的渗渗泉。他们希望泉水仍保留在那儿。阿卜杜勒·穆塔里布由于自己所处的地位，他比其他人更惦念这件事，也更希望泉水仍然存在。

由于他深切关注渗渗泉，所以有一次他在梦中，梦到有人向他呼喊，催他赶快把在他的祖先伊斯玛仪脚下出现的泉水重新挖出来。呼喊者向他指明了泉水的方位。阿卜杜勒·穆塔里布也极力想找到泉水。终于在以萨夫和纳以勒两偶像之间找了渗渗泉的位置。在儿子哈里斯的协助下他挖了起来，直到泉水重新流出，并找到了埋在泉底的金羚羊和主尔胡姆人穆达德的刀剑。

古莱什人想跟阿卜杜勒·穆塔里布共同占有泉水和挖出来的财产。但他对众人说："不行！让我们公平解决我和你们的事吧。我们用抓阄的办法来解决。为天房克尔白准备四支签，我抓两支，你们抓两支。谁抽的签中了就有份，抽不到者就没份。"

众人同意了他的意见。他们把签交给主持占卜者，然后来到天房内胡白勒偶像前抓阄。结果，古莱什人一无所获，刀剑归阿卜杜勒·穆塔里布所有，金羚羊归天房克尔白所有。阿卜杜勒·穆塔里布用刀剑铸成了天房的大门，并把金羚羊作为天房的装饰镶嵌到大门之上。渗渗泉的恢复，对阿卜杜勒·穆塔里布担任的供应朝觐者饮水的工作提供了很大的便利。

许愿和还愿

由于阿卜杜勒·穆塔里布的儿子当时很小，因此他在族人中感到势力单薄。为此，他许了重愿：如果他能得到十个儿子，使他免受挖渗渗泉重任之苦，他将宰杀一子，在天房克尔白为安拉献牲。后来他真的得了十个儿子。于是他让儿子们帮他还愿，儿子们都答应。为了还愿，每个儿子都把自己的名字写在一支签上。阿卜杜勒·穆塔里布拿上十支签，来到了天房克尔白内胡白勒前的占卜者那儿。当时的阿拉伯人一遇到不解的难题时，都来找占卜者，用占卜的办法来求最大的偶像做最后决裁。阿卜杜拉是阿卜杜勒·穆塔里布最小、最疼爱的儿子。当占卜者摇动装有十支写有十个儿子名字卜签的卜筒时，被抽出来的恰巧是阿卜杜拉的卜签。阿卜杜勒·穆塔里布毅然决然地亲手拉住阿卜杜拉就走。他要把他带到阿拉伯人当时宰牲的地方去，也就是以萨夫和纳以勒两偶像之间的渗渗泉那儿去还愿践约。这时，古莱什人簇拥着他，他们请求阿卜杜勒·穆塔里布不要宰杀儿子，并让他到胡白勒面前去祈求赎替阿卜杜拉的办法。在众人的解劝之下，阿卜杜勒·穆塔里布困惑难决，他不知如何是好。他问人们，该怎样做才能得到神灵的满意。买赫祖米人穆额赖·本·阿卜杜说："如果能用我们的财产赎回阿卜杜拉，我们愿赎。"

经过人们的协商，最后决定，到叶斯里布著名的占卜家那儿去，此人是解决疑难问题的"智多星"。他们来到占卜家那儿，他让他们等明天再说。第二天他问众人："你们愿出多大代价来赎替阿卜杜拉？"

众人回答："十头骆驼。"

占卜家说："这么办吧！你们回到天房克尔白胡白勒前再次占卜。一支签上写上阿卜杜拉的名字，另一支签上写上十头骆驼。如果写有阿卜杜拉名字的签被首先摇了出来，就在另一支签上增加骆驼的头数。以此类推，直到写有骆驼的签被摇出来，你们的主满意为止。"

众人接受了这一建议。占卜开始，写有阿卜杜拉名字的签总是被摇出来，他们就在另一支签上增加骆驼的头数。像这样一直增加到一百头时，写有十头骆驼的签才被摇了出来。这时众人对正在祈祷的阿卜杜勒·穆塔里布说："阿卜杜勒·穆塔里布！你的主已满意了。"

穆塔里布回答说："不行！再摇三次才行。"

就又摇了三次。三次都是写有十头骆驼的签被摇了出来。这时阿卜杜勒·穆塔里布才心安理得地相信，他的主已满意了。他宰杀了上百头骆驼，陈列在原地，听凭人们自取，也不制止动物去吃。

历史故事记载了很多阿拉伯人有趣的风俗习惯和宗教信仰。这也证明了，麦加由于有天房克尔白的存在，而在阿拉伯各部落享有受人尊敬的威望。根据上面献牲的逸闻，泰伯里讲述了下面这样一个故事。

一位穆斯林妇女许愿，如果她实现了某一件事，她就杀掉儿子献牲。后来她果然实现了这件事。于是她来到阿卜杜拉·本·欧麦尔那里，问他该怎么办，阿卜杜拉·本·欧麦尔没有给她明确的决断。于是她又来到阿卜杜拉·本·阿拔斯那里去问。他让她像阿卜杜勒·穆塔里布赎阿卜杜拉一样宰一百头骆驼。但当麦地那掌权人麦尔旺知道这件事后，对这一决断持否定态度。他说，像这种带有犯罪行为的许愿是不允许的。

象年（公元570年）

麦加的地位及天房克尔白在人们心目中的敬仰，引起了一些远离麦加以外部落的忌妒。这些部落为了转移人们对麦加及天房克尔白的崇拜，便竞相在自己的居住地上修建寺庙。比如，加萨尼亚人在希拉修了寺庙；阿比西尼亚人在也门的总督艾卜莱亥·艾细拉姆也修建了寺庙。但这些都无法减弱阿拉伯人对麦加和天房克尔白的兴趣。

艾卜莱亥在也门修寺庙时，曾下了很大的功夫来修饰它，并布置了价值昂贵的设备。他企图通过他所建的寺庙将能够使阿拉伯人，甚至麦加人都摩肩接踵而来。但阿拉伯人依然只到天房去，连也门人也不把他修建的寺庙放在眼里。他们认为，只有到麦加才能算得上是朝觐。这位阿比西尼亚总督看到这些后，束手无策，竟想把易卜拉欣和伊斯玛仪竖起的天房毁掉。为此，他从阿比西尼亚请来了军队。一切准备就绪后，他亲自骑着大象率领军队向麦加进逼而来。

阿拉伯人知道此事后，很担心由此而产生的后果。阿比西尼亚人胆敢来摧毁他们朝觐的天房、砸他们放偶像的场所，当时这对阿拉伯人可谓事态严重。因此，一位很有名望的叫扎·纳法尔的也门部落酋长，动员其他部落和响应他的阿拉伯人一起与艾卜莱亥交锋，以阻止他毁坏天房克尔白的行径。但他没能办到，最后战败被俘。努发尔·本·哈比卜·赫斯阿米又动员了夏亥拉和塔伊夫两个部落的族人与艾卜莱亥对抗，结果也被俘虏。被俘后，他自告奋勇充当艾卜莱亥军队的向导。结果他把艾卜莱亥带到了塔伊夫。当地人告诉艾卜莱亥，这里的庙不是他要毁的天房，而是供偶像拉特的场所。他只好在当地人中重新找向导，把他们带到了麦加。

艾卜莱亥与天房克尔白

艾卜莱亥的军队逼近麦加时，他派了一名军人，骑着战马来到古莱什人那里。住在帖哈麦的古莱什人及其他阿拉伯人给这位使者送了很多财物，其中包括哈希姆儿子阿卜杜勒·穆塔里布的一百头骆驼。当时古莱什人及其他麦加人想同艾卜莱亥交战，但又看到寡不敌众，难以制胜。正在这时，艾卜莱亥又派了希木叶尔人侯纳泰到麦加来找麦加的首领。人们把他带到阿卜杜·本·哈希姆面前，来者向他转交了艾卜莱亥给他的信件。在信中，艾卜莱亥强调他们来此不是为交战，而是为毁掉天房克尔白。如果麦加人不反抗他，他绝不会对麦加人进行杀戮。当阿卜杜勒·穆塔里布表示麦加人也无意交战时，侯纳泰把阿卜杜勒·穆塔里布带到了艾卜莱亥的军营，同他一起前往的还有他的儿子及麦加的名流。艾卜莱亥款待了阿卜杜勒·穆塔里布。艾卜莱亥对他说，他要把他送来的一百头骆驼送还给他。但不管麦加人如何交涉，艾卜莱亥仍固执己见，非要毁坏天房克尔白不可。最后，麦加人提出把帖哈麦地区全部财产的三分之一归艾卜莱亥所有。艾卜莱亥仍不放弃毁坏天房克尔白的决定。阿卜杜勒·穆塔里布只好率众回到麦加。他回来后劝人们赶快离开麦加到山上去，以免艾卜莱亥和他的军队进城在毁天房克尔白时惨遭杀戮。

在一个漆黑的夜晚，麦加居民考虑到城市和居民将会遭到的不幸，决定撤离。在撤离前，阿卜杜勒·穆塔里布同一些古莱什人来到天房克尔白的大门口。在那儿他们向他们的神灵祈祷，以助他们战胜这帮侵犯天房克尔白的人。他们撤离了，麦加成了一座空城。眼看艾卜莱亥带着他的军队将径情直遂地得逞——砸毁天房，然后自鸣得意地退回也门。不料这时艾卜莱亥的军队中发生了瘟疫，士兵大量死亡，悲惨情景真是无法想象。瘟疫可能是从红海方向吹来的风带来的。艾卜莱亥本人也染上了瘟疫。所有这一切使他很害怕，他决定马上撤回也门。一路上他的士兵逃的逃，死的死。瘟疫越来越严重，每天死亡的士兵不可胜数。艾卜莱亥筋疲力尽地回到了萨那，但没过几天也一命呜呼了。这就是麦加人编年史中的象年。《古兰经》也提到了这件事：

> 难道你不知道你的主怎样处治象的主人们吗？难道他没有使他们的计谋，变成无益的吗？他曾派遣成群的鸟去伤他们，以黏土石射击他们，使他们变成吃剩的干草一样。（《古兰经》105：1—5）

象军以后麦加的地位

这一离奇罕见的事件提高了麦加所享有的宗教地位，也相应地巩固了麦加的商业和贸易，使麦加人消除了思想上不能保持这一崇高地位的隐忧。同时，也增强了他们反抗侵略者进行破坏和侵犯的信心。

麦加的宗教地位和商业的繁荣昌盛，使麦加人在这荒凉的沙漠中过上了令人难以想象的富裕奢侈的生活，这也是使麦加人一心想保持麦加地位的原因。麦加人爱好喝果酒，他们认为，酩酊大醉是一种美妙无比的享受。他们把买卖丫鬟和奴隶作为一种乐趣。奢侈的生活使他们贪得无厌，这也是他们决心保卫城市自由、抵抗任何敢于侵犯麦加的敌人的因素。他们最大的兴趣，莫过于晚上在市中心围着天房克尔白喝酒闲谈。除天房克尔白内三百多尊偶像外，每一个阿拉伯部落都至少另有一尊或更多的偶像。

古莱什有名望者和麦加居民中的长者坐在那里，谈论自己所听到的关于在沙漠中、在也门、在希拉的麦纳济拉族中，在叙利亚的加萨尼亚人中发生的各种奇闻轶事。这些轶事往往是被商队和沙漠中的游牧民传来的，像故事一样，从一个部落传到另一个部落。每个部落都好像有一个广播员和无线电接收器负责收听和广播这些讯息。晚上，他们一边喝酒，一边谈论和讲述有关沙漠、邻居及同伴们的各种动向。他们不仅在天房克尔白前纷纷谈论这些逸事，回家后还要进一步去咀嚼回味。那些偶像似乎也瞪着石质的眼睛俯视着夜谈者，保佑着天房克尔白禁地和麦加这一安宁的城市。至于夜谈者对偶像所尽的职责，那就是不让犹太教徒和基督教徒进入麦加，但用人除外。进入麦加的用人不允许非议阿拉伯人的宗教和他们的信条。

因此，麦加和叶斯里布不同，这里没有犹太移民。它也和奈季兰不一样，没有基督教移民。天房克尔白是拜物教的圣地，不让任何亵渎偶像者入内，也不许任何人侵犯。在这同时，麦加又和任何一个阿拉伯部落一样是独立的，不喜欢其他人对他们有支配权，也不接受任何损害他们独立的东西。他们认为没有在偶像保佑下的独立，生活是没有意义的。任何一个部落都不接受其他部落对它的伤害。各个部落也没有想仿效罗马人和波斯人一样，联合成一个强大的集团去侵犯他人。所有部落都没有定居的地方，只是过着逐水草而居的艰苦的游牧生活。他们之所以热爱这种生活，是由于这种生活具有独立、自由和洒脱的特点。

麦加人住房的分布情况

当时，麦加人的住房是以天房克尔白为中心而建的。离天房克尔白的距离远近要视每家及每个部落的地位而定。古莱什人的住房离天房克尔白最近。天房克尔白的守卫及渗渗泉的使用都操纵在古莱什人手中。而且所有有关拜物教的荣誉称号也是非古莱什人莫属。为了这些称号，曾发生过战争、建立过同盟、各部落间达成过妥协协议。他们把书写的协议放在天房克尔白内，让他们的神灵监督，以给予毁约者惩罚。地位仅次于古莱什族的部落的房子，连着古莱什人的住房，以此类推。奴隶、下等人的房子离天房克尔白最远。我们上面讲过，当时进入麦加的基督教徒和犹太教徒都是用人和奴隶，所以他们的住房在远离天房克尔白与沙漠相连的地方。这样一来，他们所津津乐道的有关基督教和犹太教的言论，也到不了古莱什贵族和麦加名流的耳中。由于两者住的地方相距甚远，所以这些贵族们对他们的言论也装聋作哑，没有为此而劳神分心。再说，这些贵族们，在他们旅行时所经过的教堂里，对基督教和犹太教也有所耳闻。

当时关于在阿拉伯人中间要出现先知的传闻，使一些古莱什人寝食不安。艾布·苏富扬有一天曾批评过伍麦叶·本·艾比·萨尔特，说他过多地谈论了一些修道士提到的这件事。当时艾布·苏富扬对他的同伴说，修道士们谈这件事，是因为他们对他们的宗教缺乏了信心。他们需要先知在宗教信仰上开导启迪他们。而我们是靠我们的偶像去接近安拉的人。因此我们毫不需要什么先知，我们应该反对任何这类的言论。他当时说这些话，是为了袒护麦加和麦加的拜物教。他预想不到伊斯兰教即将兴起，先知穆罕默德即将来临。他也没想到，从信奉拜物教的阿拉伯半岛即将发出的认主独一论（亦译"一神论"）的真理之光，将要照亮全世界。

阿卜杜拉·本·阿卜杜勒·穆塔里布

阿卜杜勒·穆塔里布的儿子阿卜杜拉是一位英俊潇洒的小伙子。当时，麦加城的姑娘及妇女都很仰慕他。尤其是想到必须用百头骆驼才能赎他的事件时，更使她们对他产生了钦敬之心。但是前缘已经注定，阿卜杜拉将成为有史以来最高贵的父亲，也已经注定了瓦赫卜之女阿米娜，将成为阿卜杜拉之子的母亲。他俩喜结良缘，但婚后没几个月，阿卜杜拉就离开了人世。这一次任何祭品也不可能赎回他的生命。阿米娜后来生了穆罕默德。当穆罕默德仍是孩儿时，她也溘然长逝了。

附先知家谱：

先知家谱

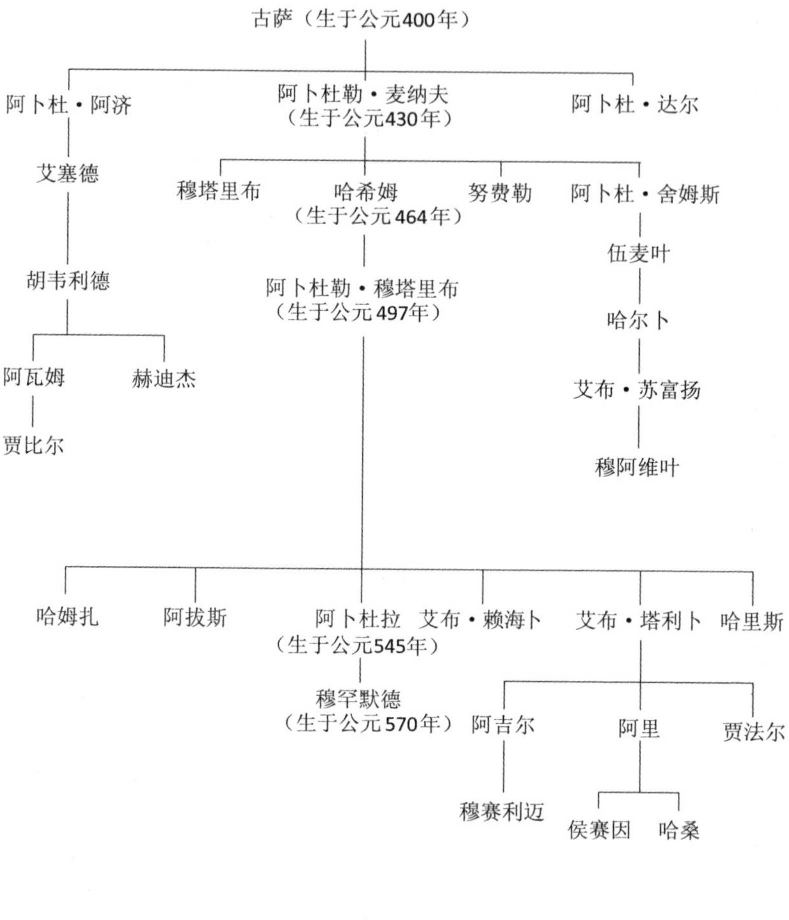
古萨（生于公元400年）
阿卜杜·阿济
阿卜杜勒·麦纳夫
（生于公元430年）
阿卜杜·达尔
艾塞德
穆塔里布
哈希姆
（生于公元464年）
努费勒
阿卜杜·舍姆斯
伍麦叶
胡韦利德
阿卜杜勒·穆塔里布
（生于公元497年）
哈尔卜
阿瓦姆
赫迪杰
艾布·苏富扬
贾比尔
穆阿维叶
哈姆扎
阿拔斯
阿卜杜拉
（生于公元545年）
艾布·赖海卜
艾布·塔利卜
哈里斯
穆罕默德
（生于公元570年）
阿吉尔
阿里
贾法尔
穆赛利迈
侯赛因
哈桑

第三章　穆罕默德从诞生到结婚

阿卜杜拉同阿米娜结婚

当艾卜莱亥企图侵占麦加摧毁天房时，阿卜杜勒·穆塔里布已是七旬老人，他的儿子阿卜杜拉已是二十四岁的小伙子，老人觉得应给孩子成亲了。他为儿子选定了瓦赫卜·本·阿卜杜勒·麦纳夫·本·祖赫拉的女儿阿米娜。那时，瓦赫卜是祖赫拉子弟们中的长者，也是一族之长。阿卜杜勒·穆塔里布带着儿子阿卜杜拉来到祖赫拉子弟们的住处，见了瓦赫卜。瓦赫卜把女儿许配给了阿卜杜拉。一些史学家认为，他们见到的是阿米娜的叔父阿赫耶卜。因为，当时阿米娜的父亲已经去世，她是由叔父抚育长大的。在阿卜杜拉同阿米娜结婚的同一天，他父亲阿卜杜勒·穆塔里布也同阿米娜叔父的女儿哈莱结了婚。哈莱生了哈姆扎，他是先知的叔父，也是先知的同龄人。

阿卜杜拉逝世及其遗产

按照当时阿拉伯人在新娘家完婚的习惯，阿卜杜拉在阿米娜家住了三天。然后夫妻俩回到了阿卜杜勒·穆塔里布家里。没多久，阿卜杜拉把怀孕的妻子留在家里，自己随商队到叙利亚经商去了。

其他一些史学家对阿卜杜拉的婚事有不同的观点。除阿米娜外，他是否同其他人结过婚？其他女性是否向他求过婚？这里没有必要来探讨这些史学家提出的问题。无疑的是，阿卜杜拉是位威武英俊的小伙子，除阿米娜外，如若其他女性想嫁给他，是不奇怪的。

当阿卜杜拉同阿米娜结婚后，其他女性的恋恋之情也就结束了，哪怕是暂时的告终。谁知道呢，她们中也许有人想等阿卜杜拉从叙利亚经商归来，再同他结婚，跟阿米娜一起做他的妻子。到加沙，然后回来，阿卜杜拉一去就是几个月。在归途中，阿卜杜拉来到叶斯里布他舅父那儿。想在他们那儿休息一下，消除旅行的辛苦后，再同驼队一起回麦加。可是他在舅父们那里就病卧不起了，旅伴们只好离开他回到麦加，把他病倒的消息告诉了他父亲。父亲阿卜杜勒·穆塔里布听到这一消息后，马上派长子哈里斯赶到叶斯里布，想在他痊愈后把他带回麦加。

当哈里斯到达叶斯里布时才知道在商驼队回麦加后一个月，阿卜杜拉就与世长辞了。他的尸体被埋在了叶斯里布的土地上。哈里斯只好原路返回，把噩耗告诉了家里人。这一不幸的消息给阿卜杜勒·穆塔里布和阿米娜带来了极大的痛苦。阿米娜失去了她曾希望一起白头偕老幸福生活的丈夫。阿卜杜勒·穆塔里布失去了他曾用阿拉伯人以前从未听说过的祭物才赎回的爱子。

阿卜杜拉去世后留下了五峰骆驼，一群羊和女用人乌姆·艾义曼，她就是先知的保姆。这点遗产不算什么富裕，但也不见得贫寒。阿卜杜拉去世时正是壮年，如果他活着，他完全有能力去经营牟利，达到富足的程度。何况当时他父亲仍然健在，还有一笔尚未继承的资产。

穆罕默德的诞生（公元570年）

阿米娜怀着胎儿月复一月，后来，她像一切母亲那样分娩了。孩子一呱呱坠地，阿米娜马上派人去告诉在天房的阿卜杜勒·穆塔里布，生下的是一个男孩。当老人得知这一消息后异常高兴。他不由得想起了爱子阿卜杜拉，并为儿子有了后代而感到欣慰。老人马上来到儿媳那儿，双手接过了孙子，把孙子抱到了天房克尔白。在那儿，老人给孙子起名为穆罕默德，当时穆罕默德这个名字在阿拉伯人中还未曾出现过，但人们都很熟悉这个名字。给孩子起名后，爷爷把孙子还给了母亲，并让她等待乳母把孙子抱走。按当时麦加贵族子弟的习惯，孩子出生后，要在赛尔德族人中给孩子找乳母，然后孩子由乳母抱去抚养。

史学家们曾对穆罕默德的出生的具体日期有过议论。大多数认为他出生在象年（公元570年）；伊本·阿拔斯说他出生在象日；另一些人则说他出生于象年后的第十五年；也有人认为他出生于象年以后的几天，或几个月，或三十年，或七十年。

史学家们对穆罕默德出生的月份也有不同意见：大多数人认为他出生在伊历的三月；也有人认为他出生在伊历的一月；也有人认为是伊历的二月；还有人认为是伊历的七月；另一些人则认为他出生在伊历的九月。

同样对穆罕默德出生在哪一天意见也不一致。有人认为是伊历四月的一日或是二日；有人认为是八日；有人认为是九日。但大多数人认为他出生于伊历三月十二日。这是伊本·伊斯哈格等人的看法。

对穆罕默德出生在白天还是夜晚，以及在麦加的哪个住处出生，说法也不一。库桑·迪比尔锡法勒在他的有关阿拉伯人的一本书中认为，穆罕默德出生于公元570年8月，也就是象年，出生于麦加他爷爷阿卜杜勒·穆塔里布家中。

孩子诞生后的第七天，阿卜杜勒·穆塔里布宰驼，宴请古莱什族的男人们，为庆贺孩子的诞生开怀大吃痛饮。当人们得知老人给孩子起的名叫穆罕默德时，问老人，为什么不让孩子沿用他父辈的名字？老人回答说：“我想让孩子在安拉的天空，在他创造的大地，都是受称赞的人。”

乳　母

像麦加的阿拉伯贵族们一样，阿米娜等待着赛尔德族的乳母到来，以便把穆罕默德交给她们中的一位去抚养。麦加贵族的子弟们至今仍保持着这一习惯：孩子出生后第八天，便把孩子送到沙漠中的居民家去哺育，在孩子不到八岁或十岁是不能从沙漠中接回城的。因为在当时，曾有几个住在沙漠中的阿拉伯部落在哺育婴儿方面闻名遐迩，赛尔德族就是其中的一个。在等待乳母的几天内，阿米娜暂时把穆罕默德交给了其叔父艾布·赖海卜的女仆苏韦拜去哺育。后来苏韦拜也曾哺育过穆罕默德的叔父哈姆扎。就乳母而言，叔侄俩又是兄弟。尽管苏韦拜只哺养了穆罕默德几天，但他对她的恩情总是铭记在心。她在世时，他经常去看望她。穆罕默德迁到叶斯里布后的第七年，苏韦拜去世了。她去世时，穆罕默德问起了她的儿子，也就是他的乳兄弟。穆罕默德想让他继承他母亲的地位，但他在母亲之前就已离开了人世。

赛尔德族的乳母们来到了麦加，她们每个人都想找个婴儿抱回去哺养。她们都不想抚养孤儿，因为乳母们都指望从孩子父亲那儿得到优厚的报酬，而孀妇则不然。因此，开始时没有一个乳母愿抱养穆罕默德的，都抱养了能给她们优厚报酬家庭的孩子。

艾布·祝艾义卜之女海丽麦

有一位赛尔德族乳母，她名叫海丽麦，是艾布·祝艾义卜的女儿。此人身体瘦弱，因此母亲们不愿把孩子交给她去哺养。她开始和其他乳母们一样，也不愿抱穆罕默德去哺乳。当乳母们都各自抱了婴儿纷纷离开麦加之际，海丽麦对她丈夫哈里斯·本·阿卜杜·欧宰说：“以安拉的名义起誓，我不愿两手空空地同我的同伴们一起回去，我们姑且就到那个孤儿那儿去，把他抱走去抚养吧！”丈夫回答说：“放心去吧！愿安拉给我们赐福。”海丽麦抱了穆罕默德，跟同伴们一起回到沙漠中去了。海丽麦说，当她开始抚养穆罕默德时，她看到了很多好的征兆：如家里的羊长得肥壮了；她自己的奶水增多了；安拉使她万事吉祥如意。

穆罕默德在沙漠中生活了两年，饿了吃海丽麦的奶，玩时由海丽麦的女儿谢伊玛抱着。沙漠中流通的空气和简朴的生活使穆罕默德健壮地成长起来，这种环境也有利于从小就培养穆罕默德那豪爽的品行和优良的气质。穆罕默德两岁断奶时，海丽麦带着他来到麦加看望母亲。然后又把他带回了沙漠之中。有的书说，把穆罕默德重新带走是他母亲的意愿；而另一些书说，这是海丽麦的意愿。海丽麦之所以把穆罕默德重新带走，是让他躲开在当时麦加流行的瘟疫，利于他健康成长。此后穆罕默德又平静无波、安然无恙地在辽阔的沙漠中度过了两年。

剖胸的故事

其间，当穆罕默德不满三周岁时，人们传说曾发生了一件事。穆罕默德跟他同龄的乳兄弟在房后逗羊羔玩，突然赛尔德族的乳兄弟向家里跑去。他边跑边对他父母说：“我那个古莱什族的兄弟被两个穿白衣的人拉走了。那两个人把他按倒在地，剖开了他的肚子，并在他肚子里掏摸了半天。”

有人说，海丽麦和她丈夫也讲述了这件事，她说：“我同孩子的父亲赶紧出来向孩子奔去。我们看到他脸色蜡黄地站在那里。我和孩子的父亲抱起他，问他：‘孩子，你怎么了？’他说：‘有两个穿白衣服的人来到我面前，他俩把我按倒在地，剖开我的肚子，并从里面摸走了什么，我也不知道。’”

海丽麦的丈夫怕孩子中了邪，于是夫妇俩赶快把孩子送回麦加他母亲那儿去了。伊本·伊斯哈格在描述受天命之后的先知时，也对这件事发表了看法。但他讲述这件事时，自己有保留意见。他提到，把穆罕默德送回他母亲那儿去的原因与两位天使剖胸的故事无关。根据海丽麦对阿米娜讲述的是，当孩子断了奶，乳母带他回麦加时，阿比西尼亚一伙基督教徒发现了穆罕默德。他们看到孩子后，问海丽麦这孩子是谁，并把孩子从头到脚仔细打量了好几次。

然后，他们说："我们把这孩子带走吧。把他带到我们那儿，带到我们的地方去。这孩子是个人物，我们知道他的情况。"

海丽麦费了很大劲儿才没让他们把孩子夺走。同样，泰伯里也讲述了这一事件，但他对此持怀疑态度。他提到这件事发生在穆罕默德不满三岁的时候，后来他又说这件事发生在穆罕默德四十岁接受启示的前夕。

东方学家和一些穆斯林对这两位天使剖胸事件是不相信的。他们认为这件传说纷纭的事查无实据。在史学家的叙述中看到两位天使的是位两岁多的孩子，同样当时穆罕默德也是两岁多。各种传说一致的意见是，穆罕默德在赛尔德族人中生活到五岁。这件事假定是发生在他两岁半时，事件发生后海丽麦同丈夫就把他送回到母亲那儿去了。那么这里就出现了不能令人接受的矛盾。因此，有些史学家认为，穆罕默德同海丽麦一道回了三次麦加。东方学家瓦里姆·穆威尔先生不信服两位白衣天使的故事。他提到，当时海丽麦和她丈夫注意到孩子得了什么病，可能是神经上的毛病，但由于孩子身强力壮而没有损害他的健康。其他人可能会说，不需要有人去剖他的肚子或胸膛，因为安拉创造他时，就已经准备好让他去承受他的使命了。迪尔曼吉姆认为，这个故事所依据的无非是对《古兰经》下面一节的理解：

难道我没有为你而开拓你的胸襟吗？我卸下了你的重任，即使你的背担负过重的。(《古兰经》94：1—3)

《古兰经》所指的是纯精神上的事情，目的是纯化他的心，让他一心一意地去接受神圣的使命，并心悦诚服地忍受着艰巨的使命，然后千辛万苦去完成它。

东方学家、部分穆斯林思想家之所以对这件事采取这样的立场，是因为穆罕默德的一生充满了崇高的人道主义精神，他没有为了肯定他担负的历史使命，而借离奇反常现象显示于众。他们的这一立场在部分阿拉伯史学家那里得到了支持。因为他们都否认有关阿拉伯的这位先知在生活中不能被人理解的奇迹，他们认为，这些反常现象不符合《古兰经》所申述的有关安拉创造一切的观点。他们认为，安拉的法规、箴训是不可轻易更替的。同时，他们认为这些东西也不符合《古兰经》对多神教徒的指责：多神教徒不知道他们缺乏借以通晓事理的心灵。

穆罕默德在沙漠中

穆罕默德在赛尔德族人中一直生活到五岁。在空旷的沙漠中，他受到了自由和独立精神的熏陶，学会了纯粹的阿拉伯语。后来，他曾对他的同伴们讲："我比你们更阿拉伯化。我是古莱什人，但我是吃赛尔德·本·伯克尔人的奶长大的。"

这五年的生活，在穆罕默德的心灵中留下了良好而深远的影响。他一生中对海丽麦及其亲属都很尊重。穆罕默德同赫蒂彻结婚后，有一年发生了旱灾，海丽麦来找穆罕默德。她离去时，他把属于赫蒂彻的一头载满淡水的骆驼和四十头羊送给了她。每当海丽麦见到他时，他总是把自己的衣服铺好，让她坐在上面，表示对她的极大的尊敬。后来在围攻塔伊夫的战争中，海丽麦的女儿谢伊玛同海瓦津族人一起被虏。当她被带到穆罕默德面前时，他认出了她。于是她被款待后，按她自己的意愿，被送回到亲人中去了。

祖父阿卜杜勒·穆塔里布抚孤

穆罕默德在沙漠中生活了五年之后，又回到了他母亲那儿。据说，海丽麦带着穆罕默德回来时，他走失了，海丽麦没能找到他。海丽麦只好来到他祖父阿卜杜勒·穆塔里布那儿，告诉他穆罕默德在麦加前面走丢了。老人马上派人到处去寻找他。据说是瓦拉格·本·努费勒把他找了回来。老人对孙子非常疼爱和关心。老人是古莱什一族之长，也是整个麦加的首领，所以在天房克尔白中有专供他休息的床位。为了尊敬老人，他的儿子们都围床而坐。如果穆罕默德来了，阿卜杜勒·穆塔里布总是把孙子拉到跟前来坐，并不断地拍他的小肩膀。爷爷对孙子的疼爱使叔伯们不敢让穆罕默德坐在他们之后。

孤儿的景况和阿米娜的逝世

有一次，阿米娜带着穆罕默德去叶斯里布探望爷爷的舅父们——纳加尔家族成员，这使爷爷更加偏爱孙子了。同去的还有阿卜杜拉留下的女仆乌姆·艾义曼。在叶斯里布时，阿米娜让穆罕默德看了父亲阿卜杜拉去世时住的房间和墓地。这是首次把孤儿的印象刻在孩子的心灵上。母亲可能向儿子谈了很多关于慈爱的父亲的情况，诸如父亲如何同母亲婚后不久离开了人间，他如何在舅老爷家病故等。

穆罕默德迁到叶斯里布以后，曾对他的同伴们谈到了这次同母亲来叶斯里布的情景。他的谈话充满了对叶斯里布的留恋，也表达了对葬在叶斯里布的亲人的哀悼。母子俩在叶斯里布住了一个月后，阿米娜决定返回麦加。他们母子一行骑上从麦加来时骑的两头骆驼出发了。当他们到达叶斯里布和麦加之间的一个叫艾布瓦村时，阿米娜病倒了，她一病不起，客死他乡，并就地安葬了。幼小的穆罕默德成了父母双亡的孤儿，这使阿卜杜勒·穆塔里布更加疼爱他。尽管如此，孤儿的景况在他心灵中留下了痛苦的回忆。《古兰经》中有这样的记载：

> 难道他没有发现你伶仃孤苦，而使你有所归宿？他曾发现你徘徊歧途，而把你引入正路；发现你家境寒苦，而使你衣食丰足。(《古兰经》93：6—8)

阿卜杜勒·穆塔里布的逝世

阿卜杜勒·穆塔里布在穆罕默德八岁时去世了，享年八十岁。如果爷爷能再多活几年，穆罕默德作为孤儿的痛苦也可能减轻一些。祖父的去世如同母亲去世一样，使穆罕默德痛苦万分。他随着爷爷的殡仪行列到墓地上，一路上失声大哭。爷爷去世后他得到了伯父艾布·塔利卜无微不至的照顾和保护。伯父到他接受启示时，仍在保护他，一直到自己去世。尽管如此，他总是对爷爷念念不忘。阿卜杜勒·穆塔里布的去世对哈希姆子弟们是一个沉重的打击。因为当时在阿卜杜勒·穆塔里布的儿子中没有一个能像他一样有毅力、得人心，具有正确的判断力，慷慨和在所有阿拉伯人中有影响。以前，阿卜杜勒·穆塔里布给朝觐者供饮、供食，在荒年或遇到什么不幸时，为麦加居民慷慨解囊。而他的儿子们呢，穷者无能为力去仿效父亲做过的善事，富者又很吝啬。因此，伍麦叶的后代马上准备夺取他们以前就想夺取的职权，而再不用害怕哈希姆的儿子对他们的排挤了。

艾布·塔利卜抚孤

艾布·塔利卜不是长子，长子是哈里斯；他也不是兄弟间最有钱的人，最有钱者是阿拔斯，但阿拔斯是个守财奴。因此艾布·塔利卜一人只能负责供饮，也无力负责供食。尽管艾布·塔利卜贫穷，但他在古莱什人中却最受尊敬，地位也最高。因此，阿卜杜勒·穆塔里布把抚孤的责任交给他是不奇怪的。

首次叙利亚之行

艾布·塔利卜像阿卜杜勒·穆塔里布一样疼爱穆罕默德。他对穆罕默德的疼爱胜过了疼自己的亲儿子。他看到小穆罕默德的仁义、聪明、孝顺和善良。这些更增加了他对侄子的喜爱。当穆罕默德十二岁的时候，艾布·塔利卜想到叙利亚去经商。开始考虑到在沙漠中旅行的辛苦，他没想让穆罕默德陪他一起去。但穆罕默德一心想同伯父前往的诚意打消了他心中的担心。穆罕默德随驼队出发了。他们来到叙利亚南部的布斯拉时，据一些史书上讲，遇到了一位叫拜亥拉的修道士。这位修道士根据在基督教徒中间流传的消息，在穆罕默德身上发现了先知人物的迹象。还有一些史书说，这位修道士劝与穆罕默德同行的人，不要让穆罕默德到叙利亚腹地去，以免犹太人看破穆罕默德的奇特而加害于他。

在这次旅行中，穆罕默德的慧眼看到了辽阔的沙漠，见到了清澈万里长空中闪烁的星斗。一路上过麦德彦、古拉河谷，经赛莫德族村落。同时一路上他那双敏锐的耳朵从阿拉伯人和沙漠居民那儿听到了关于这些村落的各种消息和它们的历史情况。在这次旅行中他在叙利亚看到了无与伦比的美丽花园，这些花园使他忘记了塔伊夫周围的花园和有关的种种说法。这些花园与麦加周围的荒沙秃岭相比，简直就像乐园一般。在叙利亚，穆罕默德听到了关于罗马人及他们信仰的基督教和《圣经》的消息，也了解到波斯拜火教徒与基督教徒之间的敌意及前者等待后者衰败的情况。尽管穆罕默德当时才十二岁，但为了使他将来完成伟大历史使命，命运赋予他以崇高的灵魂、聪颖的天资、敏锐的洞察力和良好的记忆力，使他对周围的一切都留神观察。而且他不停留在所听到和所看到的表面现象上，而是自己向自己提出了疑问：所有这一切，哪个是正确的呢？

艾布·塔利卜这次经商可能没赚到多少钱，所以后来他再也没出去做类似的经商活动。而是一直留在麦加，靠自己那有限的钱财来抚养他的子女们。穆罕默德同伯父一起安分守己地生活，做一些同龄人所能做的事情。到了禁月，他同家人们一起留在麦加，或同他们一起到附近的欧喀兹、迈吉尔和济·迈贾兹市场上去。在那里聆听金诗和悬诗作者们咏颂他们的诗篇。他仔细聆听他们讲述的爱情故事及炫耀他们的出身和慷慨的作品。对于听到的一切他都去分析，剔除他认为不适宜的东西，吸收其中值得称赞的事情。同时，他还去听一些讲演。讲演者中有指责阿拉伯兄弟信奉多神教的犹太教徒和基督教徒。这些人向阿拉伯人讲述穆萨和尔撒的经典，号召阿拉伯人信仰他们认为是真理的信条。穆罕默德仔细推敲了他们所宣讲的道理，认为他们的信仰比阿拉伯人当时信仰的多神教要好。但他又不完全信服这些人所讲的道理。命运使他从小就向既定的方向发展，让他准备迎接那伟大的一天。在那一天，他的主降示让他担负他的使命：向全人类传播伊斯兰教。

伏贾尔之战

穆罕默德同伯父艾布·塔利卜一起认识了沙漠中的商路，他在禁月同家人一起在麦加周围的市场上聆听了诗人和演说家们的演讲。同样他也学会了扛刀打仗。在伏贾尔战争中，他就同伯父们一起参加了战斗。伏贾尔之战是当时在阿拉伯半岛各部落间时常发生的战争之一。这次战争之所以叫伏贾尔之战，是因为它爆发在禁月期间。在禁月，阿拉伯各部落是禁止交战的。禁月期间，阿拉伯人在塔伊夫和纳赫莱之间的欧喀兹市场，在阿拉法特山附近的迈吉尔和济·迈贾兹市场进行贸易往来和辩论，然后到天房克尔白偶像前进行朝觐。欧喀兹是当时阿拉伯人最有名的市场。悬诗作者在那里咏颂他们的悬诗；神父在那儿进行讲演；犹太教徒、基督教徒及拜偶像者各自在那里自由地发表自己的意见，因为这是在禁月。

但是基纳奈人拜拉德·本·吉斯没有遵守禁月的习惯，他袭击并杀害了海瓦津族人乌尔沃·拉哈勒·本·乌特拜。原因是努尔曼·本·穆宰尔每年都派商队从希拉到欧喀兹。商队运来麝香，再从欧喀兹运走兽皮、绳子和也门出产的布匹。基纳奈族人拜拉德向努尔曼提出由他率领商队，在基纳奈族的保护下前往欧喀兹。而海瓦津族人乌尔沃向努尔曼提出由他率领商队，经内志到希贾兹。努尔曼决定把商队交给乌尔沃率领，这激怒了拜拉德。因此他跟踪乌尔沃，杀害了他并夺走了驼队。然后拜拉德告诉比希拉·本·艾比·哈凯姆，海瓦津族人会跑来向古莱什族人复仇。海瓦津族人在古莱什人进入麦加前赶来了，于是双方展开了激战。古莱什人边战边退，一直躲进了禁地。海瓦津族人警告古莱什人来年在欧喀兹再战。这场战争一直持续了四年。此后订立了一种沙漠中居民惯用的停战协议：伤亡少的一方赔偿伤亡多的一方。古莱什人向海瓦津族人缴纳了二十人的赔偿费。而拜拉德则以千古罪人的典型载入了史册。

史书上没有准确记载伏贾尔战争期间穆罕默德的年龄。有的说他当时十五岁，也有的说他当时二十岁。这可能是由于战争持续了四年的缘故。前者记的是战争开始时他十五岁，后者记的是战争结束时他已近二十岁。

在伏贾尔战争中，穆罕默德做了哪些事？关于这一点说法不一：一些人说他当时只是收集海瓦津人射过来的箭，然后把箭交给叔伯父们使用；有些人则说他参加了战斗，并亲自开弓射箭。因为战争持续了四年，这两种说法可能都正确。战争开始时，他只是收集对方射过来的箭，交给叔伯父们使用。到了战争后期，他锻炼得可以亲自射杀。安拉的使者在接受使命几年后曾提到了伏贾尔之战，他说："我同叔伯父们一起参加了，我射了箭。我不愿意我一事无成。"

“富租勒”之盟

伏贾尔战争之后，古莱什人感到在哈希姆和阿卜杜勒·穆塔里布去世后，古莱什人之间及麦加人之间出现的四分五裂、争权夺利的局面使其他阿拉伯人对麦加产生了野心。这种情况以前是未曾出现过的。鉴于这种情况，在宰拜尔·本·阿卜杜勒·穆塔里布的倡议下，哈希姆子弟、祖赫拉子弟、泰姆子弟在阿卜杜拉·本·朱德安的院子里召开了会议。倡导者为入会者准备了饭菜。他们以安拉的名义起誓：永远同受欺凌者在一起，帮助他们得到应得到的权利。穆罕默德出席了这次结盟之会，阿拉伯人称之为“富租勒”之盟。穆罕默德说过：“我出席了在伊本·朱德安院子里召开的盟会，它比红驼更珍贵。有人让我参加这样的盟会，我会同意的。”

伏贾尔战争每年只进行几天而已，而在其他的时间内，阿拉伯人则各自去从事他们应做的事情。这场战争给他们带来的痛苦并没有妨碍他们经商、放债、喝酒和尽情娱乐。穆罕默德当时是否也像他们那样呢？还是由于他处境艰难，手头拮据，寄居伯父篱下想为而不能为呢？他远离这些行径之外，这是有历史见证的。但他是有意不为而不是不能为。当时住在麦加最边远的那些勉强糊口的放荡汉们不都是想方设法地去玩乐吗？他们中有些人甚至比麦加的贵族和古莱什的名流们更追求这种享受。穆罕默德内心所喜爱的是观察、了解和探索。当时他不能像其他贵族子弟们一样有机会学习，这使他更加酷爱学习和求知。穆罕默德那伟大的心灵日后才显露出其影响，其影响之光辉映照整个世界。这一酷爱完美的伟大心灵对于麦加人当时追求的玩乐无动于衷；这一伟大心灵向往的是表现在生活各种现象中的光芒。穆罕默德从幼年就显露出他那完美、刚勇和诚实的品质，因此，麦加人一致称誉他为“艾敏”[①]。

① 意为诚实的人。——译者

牧羊人

穆罕默德童年曾给自己家和麦加其他人牧过羊。童年的牧羊生活使他更加酷爱思索和琢磨。后来他曾自豪地提起过他的牧羊生活。他说："安拉只从牧羊人中选派先知……"他又说："穆萨被选为先知，他是牧羊人。达乌德被选为先知，他是牧羊人。我被选为先知，我曾在艾吉耶德给家人牧过羊。"

聪明的牧羊人，白天面对空旷的原野，晚上仰望万里星空。在这广阔无垠的世界里，可以任思路驰骋。他想看到那一个接一个的星球，他想通过大自然的各种现象探索对宇宙及其创造者的认识。他只要是聪明人，他就会看到，他自己是这大自然中不可分割的一员。他需要呼吸大自然的空气，否则就要死亡！他白天需要阳光沐浴，晚上借助月光照明。这样他本人与宇宙间的一切浑然成为一体。他面前宇宙间展现的一切又是在一定严密规律之下相互联系着的：太阳不能赶上月亮，黑夜不能走在白昼前面！就连他与他面前的羊群也存在着有机的联系。羊群需要他警惕地看管。否则，狼就会闯来叼走某一只，或某一只就会在沙漠中走丢。是什么力量控制着大自然中严格的规律呢？思考、探索这些问题使穆罕默德无心追求人间的乐趣，使他把世俗浮华虚荣通通置于脑后。因此，穆罕默德的行为中，没有任何有损于麦加人对他称呼的东西。他一直是"艾敏"。

穆罕默德自己讲述的事也完全证实了这一点。他曾提道：当时，他同一个小伙伴一起牧羊。有一天，他突然想像其他青年人一样去玩。晚上，他告诉同伴他想到麦加去，想在夜间像其他青年人一样去娱乐一下。因此，他请求他的伙伴替他照看一下羊群。但他刚走到麦加前面，某人的婚礼激起了他的兴趣。于是他停在了那儿，并马上睡着了。在另一个晚上，为了同一个目的他来到了麦加。这次他被悦耳的音乐迷住了，他坐在那里听音乐，听着听着就睡着了，一直睡到大天亮。麦加那些迷人的东西对这颗有教养，全神贯注于考虑、思索的心灵能起什么作用呢？这些被我们说成是迷人的东西，连比穆罕默德思想境界差很多的人都不愿去问津，它们在穆罕默德面前又能算什么呢？穆罕默德一直拒这些世俗弊病于千里之外，对他来说最大的乐趣和享受莫过于考虑和思索问题了。

考虑和思索的日子

沉湎于考虑和思索，满足于放牧一类的工作，不会给人带来富裕的生活。穆罕默德也不去注意和关心这些。他一生中从没追求过物质享受。不追求财富，修身养性是他性格的一个组成部分。只要能身强力壮，对世界上其他东西无更多所求。

穆罕默德曾说过："我们不吃会饿肚，但吃不能过饱。"他的一生都是很俭朴的。他号召人们满足于粗茶淡饭。那些追求金钱、为金钱而奔命的人们所追求的是穷奢极欲的生活。而穆罕默德的一生中从没去追求过金钱。精神上的最大乐趣莫过于享受大自然的美和思索大自然中令人不解的东西。这种高尚的乐趣只有少数人才懂得；这种高尚的乐趣也正是穆罕默德从幼年就开始养成的习惯。对过去的回忆深深印在他的心灵中，这也使他满足于俭朴的生活。因为穆罕默德在胎儿时父亲就去世了，接着幼年丧母，然后他相依为命的祖父又离开了人间。

这些往事常常使他回想，回想这些往事并不需要金钱，而需要一种巨大的精神力量。人有了这种精神力量就能克制自己，就能坚强地去面对生活，并在其中找到自己的乐趣。如果当时穆罕默德有条件去选择生活之路，他也不会去追求金钱的生活方式，而是满足于能够考虑、思索的牧羊人生活。牧羊人心中装着整个宇宙，而宇宙又以它那宽广的胸怀拥抱着牧羊人。

赫蒂彻

前面已经讲过，穆罕默德的伯父艾布·塔利卜子女众多，日子过得很艰难。因此，他总觉得应给侄儿谋一个比牧羊更好的出路。有一天，他听说胡韦利德的女儿赫蒂彻想从古莱什人中雇人替她经商去。赫蒂彻当时是位有钱而又有名望的富商，她经常雇人替她做生意，并分给他们一些利润。赫蒂彻是艾塞德人，她曾同迈赫祖姆人结过两次婚，这使她成了麦加最富有的人。她常常用自己的钱财帮助她父亲胡韦利德和她所信赖的人。当时，古莱什人中很多有钱有势的大人物曾向她求过婚，但她都拒绝了。她认为这些人是看中了她手中的钱财才来向她求婚的。她决心靠自己的努力来经营自己的钱财。当艾布·塔利卜听说她要雇人去叙利亚经商时，就把侄儿穆罕默德叫到面前。当时穆罕默德已是二十五岁的小伙子了。

他对侄儿说："孩子呀，我手中无钱，咱们的日子越来越窘迫。我听说赫蒂彻现在用两头幼驼的报酬雇人去经商。当然你去，她给两头幼驼的报酬我们不会满意。你同不同意我去跟她谈谈呢？"

穆罕默德回答说："你决定吧！"

于是，艾布·塔利卜来到赫蒂彻面前，对她说："你同不同意雇用穆罕默德？听说你出两头幼驼的报酬雇人，但你要雇用穆罕默德，少于四头幼驼的报酬我们是不会满意的。"

赫蒂彻回答说："即使你为一位陌生人而来，我也同意你的条件，何况你是为亲人而来呢！"

伯父回到侄儿面前，跟他说了这一情况，并说道："这是安拉恩赐给你的生计。"

穆罕默德为赫蒂彻经商

在伯父们叮嘱之后，穆罕默德同赫蒂彻的仆人迈西拉出发了。驼队走上了至叙利亚的沙漠之路。一路上经古拉河谷、麦德彦、赛莫德人村落及穆罕默德在十二岁时同伯父艾布·塔利卜曾去叙利亚时经过的地方。这次旅行很自然地唤起了穆罕默德对首次叙利亚之行的回忆，也使他进一步思考了以前在叙利亚和在麦加周围市场上所见到的和所听到的各种宗教信仰。

当他们到达布斯拉时，他同叙利亚的基督教徒进行了接触，并同一些神父和基督教学者进行了交谈。一位异教徒也同他谈了话，并听取了他的见解。这位异教徒或其他神父可能同穆罕默德对基督教进行了讨论。我们前面已经讲到，当时基督教已分裂成很多派系。穆罕默德凭自己的诚实和能力给赫蒂彻赚到了很高的利润，他比以前任何人在类似的经商活动中给她赚的钱都多。同时，他以他的美德和品行赢得了迈西拉的好感和尊敬。当他们从叙利亚归来时，他又给赫蒂彻买回了她所要买的全部货物。

回来的路上，当驼队到达迈拉·宰赫兰时，迈西拉对穆罕默德说："你先回去见赫蒂彻吧。告诉她，是安拉看你的优秀给她带来了恩典，她会感谢你的。"

穆罕默德立刻出发，中午时到达了麦加。当时赫蒂彻正在她的楼阁上，她看到穆罕默德骑着骆驼赶回来了。当他进自己的院落时，她从楼阁上下来迎接他。她听他用准确而迷人的语言讲述经商的过程，赚的利润和他给她带来的叙利亚货物。赫蒂彻全神贯注而又兴高采烈地听他叙述，她被穆罕默德那伶俐的口齿和动人的措辞迷住了。迈西拉回来后又向她讲述了穆罕默德的美德和良好的品质。赫蒂彻原来知道穆罕默德是麦加一位出众的青年，迈西拉的话使她更进一步了解了穆罕默德的为人。这时，赫蒂彻对穆罕默德的好感转变成了爱情。这位四十岁的女人以前曾拒绝了古莱什族人中有钱有势人的求婚。而这时，她非常希望能同这位以相貌和语言打动她心的小伙子结合。有人说，她把自己的愿望告诉了她妹妹；也有人说，她把自己的愿望告诉了她的女友姆恩耶的女儿努菲莎。

努菲莎悄悄来到穆罕默德面前，问他："你为什么不结婚呢？"

穆罕默德回答说："我没有结婚用的钱财。"

她又说："如果有人给你解决这笔钱财，又给你介绍一位美丽、富有、高洁的人，你同意吗？"

他问道："她是谁呢？"

努菲莎只说了一句话："赫蒂彻。"

穆罕默德说："我哪有这样的福分？"

当时穆罕默德已对赫蒂彻产生了好感，但他知道她曾拒绝了古莱什人中有钱有势者的求婚，因此他没敢说想同她结婚。努菲莎回答他说："这件事包在我身上了。"

这时，穆罕默德表示自己愿意接受这门婚事。赫蒂彻马上安排穆罕默德同他伯父们到她家，同她的亲人商谈完婚之事。赫蒂彻的父亲胡韦利德在伏贾尔战争前就已去世，因此她叔父欧麦尔·本·艾塞德主持了她的婚事。在这里应该指出的是：有人说穆罕默德不满意这门婚事。当他到赫蒂彻家时，她设法用酒把他灌醉，他就这样同她结了婚。这种说法是没有根据的。

穆罕默德生活中新的一页开始了，也就是夫妻生活和做父亲的生活开始了。夫妻生活无论是从他这方面讲，还是从赫蒂彻方面讲，都是和谐美满的。但作为父亲，他又饱尝了丧子之苦，这同他幼年丧父丧母时所遭受的痛苦是一样的。

第四章　穆罕默德从结婚到为圣

穆罕默德的品质

穆罕默德给了赫蒂彻二十头幼驼作为聘礼，然后同她结婚了。婚后，他搬到了她家。从此两人开始了新的生活，也就是和谐的夫妻生活，生儿育女的生活。穆罕默德当时是二十五岁的青年，但他不像其他青年人那样轻浮和鲁莽。他竭力把自己的爱倾注于赫蒂彻。当时他还不知道，这种像火炬一样熊熊燃起，而后又像油尽灯枯一样的炽热爱情会给他带来子女。然而，他的两个被称作塔希尔[①]和泰伊卜[②]的儿子，也就是卡西姆和阿卜杜拉不幸夭折了[③]，这使穆罕默德很痛苦。他的几个女儿活了下来。他一直很疼爱她们，她们也很尊敬他。毫无疑问，这些正是赫蒂彻渴慕敬爱并对他百依百顺的缘由。也毋庸惊奇，为什么她从不让他去为自己的贸易事务分忧劳神，而宁愿像以前一样自己亲自操劳。因为，她要保证他有足够的时间去思考问题。

穆罕默德同赫蒂彻结婚后，社会地位提高了，生活也富裕了。因而博得麦加人对他的羡慕和尊敬。由于安拉赋予他的美德，他对麦加人的另眼相看全然不放在心上。他仍然像以前一样，同人们频繁接触，同他们一起参加社交活动。这样就更提高了他在人们心目中的名望和地

① 意为纯洁的。——译者
② 意为美好的。——译者
③ 多数人认为：先知和赫蒂彻生了两个男孩，一是卡西姆，称号为塔希尔，另一个是阿卜杜拉，称号为泰伊卜。也有人说他俩生了三个男孩。还有人说，他俩生了四个男孩，但都夭折了。——译者

位。同时，他比以前更加谦逊谨慎。尽管他人很聪明、才能出众，但他很注意倾听别人的意见，从不拒绝任何人同他谈话。别人同他交谈时，他总是全神贯注地洗耳恭听。他持重寡言，广听博采。说起话来严肃认真，有时也风趣地同人们开开玩笑，但分寸得体，有时也笑得十分爽朗，生气时，他从来不怒形于色，只是前额上冒着汗珠。由于他胸怀宽广，待人诚恳，慷慨大方，又有毅力、坚强、刚勇，所以他做事从不优柔寡断，他善于控制自己的感情，能做到怒而不露。因此给他周围的人都留下了深刻难忘的印象。初见他者，敬畏他；与他交往者，热爱他。他跟赫蒂彻结婚，而且婚后生活幸福、和睦而又美满，就可见他高尚品质的一斑。

整修天房克尔白

穆罕默德没有中断同麦加人的往来，他仍同他们一起参加社会活动。那时，麦加人正为天房克尔白受到的灾害而发愁。当时，从山上下来的洪水冲塌了天房克尔白的墙壁。在此之前，古莱什人也曾想翻修天房克尔白的建筑。那时，天房克尔白是无屋顶的建筑，因此天房克尔白内收藏的珍宝常常遭窃。古莱什人想翻修墙壁、加高大门、加盖屋顶。但他们又怕得罪了供在天房克尔白内的神灵，从而招来祸患。在蒙昧时代各个时期，围绕着天房克尔白有很多神话。这些神话使人们不敢轻举妄动天房克尔白内的任何东西。否则，就被认为是异端。

现在，洪水把墙壁冲塌了，尽管人们害怕、犹豫，但必须壮着胆子来翻修天房克尔白。不巧，这时海水把一艘从埃及开来、载满货物、属于一名叫巴古姆的罗马商人的船摧毁了。巴古姆是位建筑师，并懂得木工知识。当古莱什人听到这一消息后，瓦利德·本·穆吉拉带着几位古莱什人到了吉达港。他们从罗马商人手中买下沉船，要求他同他们一起到麦加，帮助他们翻修天房。巴古姆接受了这一建议。当时在麦加有一名懂木工活的科普特人，他也欣然同意和巴古姆一起帮古莱什人翻修天房克尔白。

翻修天房克尔白

古莱什人把工程分成四个部分，每个家族负责翻修一部分。只是他们害怕受到神灵的惩罚，谁也不敢动手。瓦利德·本·穆吉拉第一个站出来，但他也有些害怕。他向神灵祈祷，而后动手拆除了朝也门方向的一段墙壁。人们晚上等着看神灵将如何惩治他。第二天早上，他安然无恙。于是大家都大胆干起来了。拆墙的拆墙，运石的运石。穆罕默德也参加了他们的搬运工作。他们一直拆到镐头都无法刨动的绿色岩石为止。他们把这绿色岩石作为天房的地基。古莱什人从附近山下采来了蓝色花岗岩，准备工作万事俱备后，开始修砌。当墙砌到一人高，应该把一块黑褐色的玄石放到东边原位上时，古莱什人在谁有资格把玄石放回原处的问题上发生了争执。他们争论得面红耳赤，几乎大动干戈。阿卜杜·达尔的子孙和阿迪的子孙们联合起来，他们反对任何其他家族享受这一莫大的荣誉。他们为此赌咒发誓。阿卜杜·达尔的子孙们弄来一个盛满鲜血的大盘子，每个人都把手伸进盘中去，以表达他们绝不食言。因此，他们被称为“舔血”者。迈赫祖姆家族的艾布·伍麦叶·本·穆吉拉是古莱什人的长者，并在他们中享有威望。他看到古莱什人闹到不可收拾的地步，就出来说话了。他对他们说：“让今天第一个从赛法门进天房的人来给你们裁决吧。”

当他们看到正是穆罕默德首先从绥法门进来时，都高兴地说：“这是位忠诚可靠的人，我们乐意让他裁决。”

于是，他们向他陈述了他们的意见。穆罕默德倾听着，并察言观色，看出他们之间的相互敌视和对立。他冷静地沉思了一会儿，说：“给我一件衣服。”

人们把一件衣服给了他。只见他把衣服展开放在地上，然后搬起玄石，亲自把它放在衣服中间。然后，他说：“请每个家族的首领都过来，每个人拉住衣服的一角。”

各家族的首领一起把玄石搬到它的位置旁边。穆罕默德把玄石从衣服上搬出来，并把它放到了要放的位置上。就这样，一场风波才告平息。把玄石放好后，古莱什人继续修砌，直修到高十八腕尺，而后又加高了大门。这样他们愿让谁进天房克尔白就让谁进，想阻止谁就阻止谁。在天房克尔白内他们修筑了两排共六根立柱，并在内部朝叙利亚方向的角隅修建了通往屋顶的阶梯。完工后，偶像胡白勒被放进了天房，并把修屋顶前常遭偷窃的珍宝也放了进去。

在翻修天房、裁决古莱什人有关搬放玄石的人选之争时，穆罕默德究竟多大年龄？人们在这个问题上观点不一。有人说他当时二十五岁，而伊本·伊斯哈格则说他当时是三十五岁。不管前者和后者哪一种观点正确，古莱什人乐意那天第一个从绥法门进天房者的裁决，他能搬起玄石把它放到衣服上，然后从衣服上把它又搬下来、放到天房墙壁的位置上。这从容自如之举，表明他在麦加人们的心目中已享有崇高的地位，也表明了由于他具有崇高的品质和公正，早已赢得了人们的赞扬和尊重。

麦加政权的衰落及其影响

各部落之间的纷争，“舔血”者之盟，让第一个进入绥法门的人进行裁决，这一切都证明当时麦加政权已然衰落，也证明当时没有任何人能像古萨·哈希姆或阿卜杜勒·穆塔里布那样在众人中有权威。无疑，哈希姆子孙与伍麦叶子孙在阿卜杜勒·穆塔里布逝世后的权力之争对政权的衰落产生了影响。如果没有天房克尔白在阿拉伯人民中占有的崇高地位，麦加政权的衰落会给麦加人带来伤害。政权的衰落导致了它必然的后果，人们能更自由地思考问题和发表意见了。从前害怕执政者的犹太教徒和基督教徒也敢于责备阿拉伯人崇拜偶像了。当时，尽管麦加的名流和有权势的人物仍然对偶像表示尊崇和崇拜，但对偶像的崇拜已在很多麦加人和很多古莱什人的心目中淡漠了。这些麦加有权势的人物对偶像表示崇拜是有其道理的。他们已经认识到保持现存的宗教是一种控制局面和避免思想混乱的手段。保持对天房克尔白内偶像的崇拜，就可以维护麦加的宗教和贸易地位，所以麦加一直很富足，它的商业一直很昌盛，但这些改变不了麦加人对偶像逐渐淡漠的趋势。

拜物教瓦解的开始

据说，有一天古莱什人集中在一棵枣椰树下，庆祝偶像“欧萨”的节日。当时有四位密友站了出来，他们是栽德·本·阿慕尔、奥斯曼·本·胡韦利斯、欧拜杜拉·本·杰赫什和瓦拉格·本·努法勒。他们相互说：“指安拉发誓，你们知道你们的族人已不足挂齿，他们已陷入迷误中。我们所熟悉的石块，它既不能听又不能观察，既不能降灾又不能赐福，在它前面还要宰牲献牲，这石块算得了什么呢！族人啊，赶快探求新的宗教来代替你们信仰的宗教吧。”

瓦拉格加入了基督教。据说他把部分《福音书》译成了阿拉伯语。欧拜杜拉·本·杰赫什犹豫彷徨，直到归信了伊斯兰教。然后同一些穆斯林迁徙到阿比西尼亚，在那儿又信奉了基督教，直到逝世前仍信奉基督教。他妻子艾布·苏富扬的女儿乌姆·哈比拜坚信伊斯兰教，后来成了先知的妻子之一，信士之母中的一个。栽德·本·阿慕尔离开了妻子和叔父哈塔布，先后到了叙利亚和伊拉克。然后又回到了麦加，既没信奉犹太教，也没信仰基督教。他脱离了族人的信仰，抛弃了偶像。他曾靠在天房克尔白的墙上喊道：“安拉啊！如果我知道什么是你最喜欢的，我就归信它来崇拜你。但我不知道。”

至于奥斯曼·本·胡韦利斯（他与赫蒂彻有血缘关系），则到了拜占庭，在那里得到了罗马皇帝的信任。据说，他想把麦加置于罗马的保护之下，自己成为皇帝委派的统治麦加的总督，所以后来麦加人逐赶了他。他只好到叙利亚的加萨尼人那儿避难去了。在那儿，他想切断麦加人的商路，麦加人被迫给加萨尼人送了礼物。奥斯曼·本·胡韦利斯中毒后死在了加萨尼人那儿。

穆罕默德的儿子们

光阴荏苒，一年又一年地过去了，穆罕默德一直生活在麦加。他感到赫蒂彻是位贤妻良母，她温顺、贤惠，把自己的一切全部奉献给了他。当时，她已给他生了两男四女。男孩是卡西姆（称号为塔希尔）、阿卜杜拉（称号为泰伊卜），女孩是栽娜卜、鲁卡娅、乌姆·库勒苏姆和法蒂玛。由于卡西姆和阿卜杜拉先后夭折了，他俩没留下什么值得提起的事迹。无疑，他俩的夭折使双亲心中遭受了很深的丧子之痛，使赫蒂彻这位母亲的心灵受到极大的创伤。无疑，在那蒙昧时期，当每个儿子夭折时，赫蒂彻都到神灵面前去祈祷和诉说，为什么神灵不怜恤她，为什么神灵不怜恤她的心，让她丧子，一次又一次地撕裂她的心。丈夫同妻子一样为儿子的夭折而痛苦。更有甚者，当穆罕默德回到家，坐在妻子身边，看到妻子那痛苦的样子时，自己忧心如焚。我们不难想象，在那活埋女婴、把男孩顶门立户看得比自己生命还重的时代，他们会痛苦到什么程度。下面这件事足能使你体会到穆罕默德当时的悲痛心情。

穆罕默德已无法忍受无子的日子。当栽德·本·哈里塞被带来出卖为奴时，穆罕默德请赫蒂彻把他买下来，赫蒂彻同意了。后来，穆罕默德给了他自由，把他收为义子，并给他改名叫栽德·本·穆罕默德，这个义子成了穆罕默德最好的随从者。在伊斯兰教禁止活埋女婴，提出“乐园在母亲们的脚下”的观念后，穆罕默德的儿子易卜拉欣又夭折了。那时穆罕默德比之前更加痛苦。无疑，穆罕默德所遭受的丧子之苦，给他的生活和思想带来了一定的影响。为了解除丧子之痛，赫蒂彻向天房内的偶像祈祷，她给偶像胡白勒、拉特、欧萨、默那宰牲献牲，但她的祈祷、她的祭品都无济于事。这引起了穆罕默德对他遭受的一次又一次的痛苦的深思和回忆。

穆罕默德对女儿们很关心，给她们都选择了合适的配偶。他把大女儿栽娜卜嫁给了赫蒂彻妹妹的儿子艾布·阿斯·本·拉比阿·本·阿卜杜·舍姆斯。由于他为人正直，在经商中获得了成功，所以很受族人的称赞。尽管伊斯兰教兴起之后，栽娜卜迁到了叶斯里布，从而夫妻离散，但他们的婚姻还是很美满的。在后面的章节里我还要详细介绍这件事。穆罕默德把鲁卡娅和乌姆·库勒苏姆分别嫁给了他伯父艾布·赖海卜的两个儿子乌特拜和乌泰伊卜。伊斯兰教兴起后，在艾布·赖海卜的逼迫下，两对夫妻也离散了，后来姐俩先后都嫁给了奥斯曼。法蒂玛当时还小，只是在伊斯兰教兴起之后，穆罕默德才把她嫁给了阿里。

那一时期，穆罕默德的生活是舒适而又安定的。如果没有丧子之苦，那些年他在赫蒂彻的陪伴下，生活会更美满。很自然，这种生活环境给他提供了考虑和思索问题的时间。他听到了族人对他们的偶像的议论。他比族人中任何人都思索得多，考虑得远。穆罕默德具有敏锐的思想器官，命运将使他向人们传播安拉的使命，他将把全世界的精神生活引向真理，所以他不可能心安理得地在人们所陷入的迷误中随波逐流。他一定会在宇宙间找出一条通向真理的道路，所以安拉赋予他庄严的使命。尽管穆罕默德很注意精神生活，但他不想成为像神父那样的人，也不想像瓦拉格·本·努法勒之流那样把自己树为首领，他所向往的只是真理。因此，他常常成年累月地潜思默想，不轻易把自己心中所思考的大事泄露给别人。

独居祈祷

当时，在阿拉伯人中有一种习惯，他们的思想家们每年都要远离世人，自己隐居一段时间，用斋戒和祈祷使自己的整个身心去接近安拉，以向安拉祈福和乞求哲理。当时人们把这种生活叫作避尘隐居祈祷。

穆罕默德觉得避尘隐居祈祷是使他能够思考问题的最好时机。他发现，在这种生活中可以心情平静，独身一人排除世俗干扰，去探索能达到他一直渴求，并日益向往的知识，以及形成宇宙的原因的道路。在麦加北面十二点四八千米处有一座山，叫希拉山。在山的顶峰有一个山洞，这个山洞是隐居祈祷的最好场所。穆罕默德每年伊历 9 月，带上一点儿干粮到这个山洞来。

在那里，他远离尘世凡俗的纷争，摆脱鸡毛蒜皮的琐事，隐居祈祷，思考问题，探索那唯一的真理。由于他全神贯注地进入探索真理的境界，所以竟忘了自己，忘了吃东西，忘了生活中的一切。穆罕默德觉得生活及生活周围的一切都不是真理。在山洞里他翻来覆去地去回想他所领会的一切，推敲各种猜想。

探求真理

穆罕默德没有指望在学者们的书籍或僧侣、神父们的经典中找到他要寻求的真理，而是想在围绕着他的宇宙中去寻求。在天空，有月亮、星斗和太阳；在沙漠，日出后它灼热烫人，当月亮和星斗的光亮给它穿上湿润的衣服时，它又是那么皎洁清澈；在大海，波涛汹涌澎湃。他在这一切一切之后，在与存在有关、被存在的统一所包括的一切事物中去寻找真理。他在宇宙间探讨那至高无上的真理。在隐居祈祷中，为了了解宇宙，为了透过表面现象了解到宇宙的奥秘，他自己达到了超脱的思想意境。无须过多地去思考，他就判断出他的族人所进行的生活琐事，和用偶像靠近安拉的宗教并非真理。无害无利的偶像算得了什么呢？它不能创造，不能给人谋生计，也不能使任何人免遭意外之祸。供在天房克尔白内及其周围的各种偶像胡白勒、拉特、欧萨，连只苍蝇都创造不了，它们从来就没有给麦加人带来任何好处。但是真理究竟在哪儿呢？在这辽阔的宇宙间，上有苍穹星斗，下有茫茫大地，真理究竟在哪儿呢？真理在这些给人类及地球上的万物带来赖以生存的阳光、温暖、雨水和发光的星球上吗？不是！这些星球和地球是一样的。真理存在于这些星球之外无始无终的以太①之中吗？但是以太又是什么呢？我们今天享受的生活，不久就会消失。生命到底是什么？它从何而来呢？难道地球和地球上的人类都是自生自灭、无缘无由吗？但是地球和生命有它不可更改的规律。这些绝不是偶然产生的。人们有时行善，有时作恶。这是他们不自觉地去做的呢，还是有意识地去做的呢？穆罕默德隐居在希拉山洞时，他想的就是这些精神和意识方面的问题。他想从中找到真理，他想在生活中找到真理。当时对这些问题的思考占据了他整个身心，使他忘记了生活，忘记了是早晨还是晚上。伊历9月过去了，当他回到赫蒂彻身边时，由于思考问题而造成的憔悴枯槁的面容使妻子很不放心，以至她询问他是否身染疾病。

穆罕默德在隐居期间是否是按照他自己的某种特定的教规去祈祷的呢？关于这个问题，学者们有不同的观点。伊本·凯西尔辑录：有的人认为是努哈的教规，有的认为是易卜拉欣的教规，有的说是穆萨的教规，有的说是尔撒的教规，有人认为有确凿的证据说明他当时是按照他自己所遵循，并按他行事的教规祈祷的。后一种意见比前几种意见更正确一些。因为这种意见符合穆罕默德酷爱思索的逻辑。

真　梦

一年过去了，伊历9月又来了。穆罕默德一如既往地回到希拉山洞去隐居、冥想去了。反复不断的冥想使他的思想逐渐成熟起来，使他内心世界更加丰满和充实。几年来，至高无上的真理占据着他的身心，以至他在睡眠中见到了真梦。在梦里他所追求寻找的真理的光辉呈现

① 以太，或译乙太、光乙太，是古希腊哲学家亚里士多德所设想的一种物质，为五元素之一。19世纪的物理学家，认为它是一种曾被假想的电磁波的传播媒质。但后来的实验和理论表明，如果不假定“以太”的存在，很多物理现象可以有更为简单的解释。也就是说，没有任何观测证据表明“以太”存在，因此“以太”理论被科学界抛弃。——译者

在他面前。同时，在梦中他也看清了生活中的虚假浮华。到这时，他已确信他的族人已背离了正道，他们的精神生活已被崇拜偶像及其信条所败坏。犹太教徒、基督教徒所谈的宗教不能把他的族人从迷途中拯救出来。犹太教徒和基督教徒所谈的宗教中包含真理，但同时也有形形色色的幻想和拜物教的影子。这些东西是跟那简明扼要的真理不相符的，否则这些有经典的教徒们就不会进行那种毫无结果的争论。这个真理就是，安拉是全世界的主，他是至仁至慈的主。这个真理就是，人们将以他们的行为得到报应。

> 以便他们得见自己行为的报应。行一个小蚂蚁重的善事者，将见其善报；做一个小蚂蚁重的恶事者，将见其恶报。（《古兰经》99：7—8）

乐园是事实，火狱也是事实。不崇拜安拉而崇拜其他神灵者，等待他们的是火狱。

穆罕默德在近四十岁时，他又来到希拉山洞隐居祈祷。这时他内心中充满了对真梦中所见的信仰。他的心灵完全摆脱了一切虚假的东西。他的主已完美地锻炼了他，他的整个心灵已趋向正道，趋向那永存的真理。他的整个灵魂已朝向安拉，安拉将引导处于迷误状态的族人走上正道。穆罕默德就在这种思想状况下反复磨炼他的头脑和心灵，并进行长时间的斋戒。他对这些问题的反复思索竟使他达到了如醉如痴的执着程度。他从山洞出来，步入通往沙漠的道路，然后又回到山洞去苦思冥想，并推敲他头脑中想到的和真梦中见到的道理。他一直如此这般地翻来覆去思考了六个月之久，直到他本人都对自己这样下去的后果有点儿不寒而栗。他把自己的担心告诉了赫蒂彻，并把自己见到的透露给她。他唯恐自己受到妖魔的捉弄。他忠心耿耿的妻子安慰了他，她认为他是位忠诚可靠的人，妖魔是不能够接近他的。当时，无论是赫蒂彻，还是穆罕默德都没有想到，这是安拉在锤炼他的精神，是在为那伟大的讯息——首次启示到来之日做准备，是为赋予他重任和使命做准备。

穆罕默德正在希拉山洞内睡觉，一位天使手捧经卷来到他面前①，天使对他说："你宣读吧！"穆罕默德惊诧地说："我不会宣读。"

这时，他感到好像天使在掐住他的喉咙，然后又松开，并对他说："你宣读吧！"

穆罕默德又说："我不会宣读。"

于是，他又感到天使再一次掐住他的喉咙，然后又放开，再次对他说："你宣读吧！"

穆罕默德怕天使再次掐他的喉咙，便说："让我宣读什么呢？"

天使教他宣读：

> 你应当奉你的创造主的名义而宣读，他曾用血块创造人。你应当宣读，你的主是最尊严的，他曾教人用笔写字，他曾教人知道自己所不知道的东西。（《古兰经》96：1—5）

首次启示（公元610年）

穆罕默德从梦中惊醒了，他问自己：究竟看到了什么？难道是他原来所怕的妖魔来了？他在山洞里左看看，右瞧瞧，什么也没看到。他停留了一会儿，感到害怕和恐惧。由于他对自己的经历大惑不解，便张皇失措地离开了山洞。他恍惚迷离地走在山路上，自己问自己：究竟是谁

① 最早的史书，其中包括伊本·伊斯哈格的史书都是这样记载的。同时，很多圣训学家也是这样讲述的。但一些人认为，首次默示是发生在白天穆罕默德醒着的时候，并提到了天使吉卜利勒看到穆罕默德害怕、恐惧时，安慰他的话。伊本·凯西尔提到了哈菲兹·艾比·纳伊穆·艾苏拜汗在他的《为圣的证据》一书中记载的阿勒盖迈·本·吉斯的意见。他说："先知们得到的首次启示都是在睡梦中。这样他们的心会平静些。后此默示再延续下来。"他并说："这是阿勒盖迈·本·吉斯个人的见解，但他的见解得到了他以前和以后的人们的支持。"

催督自己宣读的呢？当时，穆罕默德在隐居祈祷、静思冥想时，已见到了真梦。真梦充满了他的心胸，照亮了他前进的道路，给他指明了真理所在，使他揭开了古莱什人信奉神灵、迷信偶像的黑暗幔帐。这是指引他勇往直前的光辉！这是引他走上正道的真理！而这一切都来自独一无二的安拉。

恐　惧

这被提念的是谁呢？是他创造了人类，数他最尊严高贵，他教人类使用笔杆写字，传授人原所不知的智慧。穆罕默德一边在半山腰走着，一边害怕、恐惧、自问着。这时，他听到有人在叫他。他更加害怕，他抬起头向空中望去，只见那位天使以人的面目出现了，是天使在叫他，这时他惊呆了。他赶快把脸避开，但在天空任何一个方向天使都看到他。他往前走，他往后退，而美丽天使的身影总在他面前，像这样过了很长一段时间。当时他妻子赫蒂彻派人到山洞去找他，却没有发现他。当天使的形象消失后，穆罕默德牢记着对他的启示，惶恐战栗、瑟瑟发抖地回家去了。

忠诚的赫蒂彻

他走到赫蒂彻面前，对她说：“赶快给我盖上毯子。”

赫蒂彻给他盖上毯子，他像发烧似的颤抖着。恐惧消失后，他以求救的目光看着赫蒂彻，对她说：“赫蒂彻！我怎么了？”

于是，就把他看到的告诉了她，并向她表露，他担心是他的眼睛欺骗了他，或他将成为一个神父。赫蒂彻仍像以前那样劝慰穆罕默德，她依旧是这颗恐惧而又伟大心灵的避难之处。赫蒂彻没有向他表示任何一点儿忧虑或怀疑，而以崇敬的目光望着他说：“我的人！该贺喜啊，请放心吧。赫蒂彻的当家人呀！我确实指望你成为这个民族的先知。

向安拉起誓，安拉绝对不会使你出丑。你对族人、亲友是仁慈的。你说话诚实，帮助所有的人。你扶弱济贫，救助无辜。”

穆罕默德放心了，并对赫蒂彻投去感谢和亲昵的目光。这时他感到浑身疲惫不堪，嗜眠思睡，于是进入了梦乡。他安睡了，为了醒来之后开始更坚强有力的精神生活而睡下了。这一生活将使人们耳目一新，更具有引人的磁力。但这一生活也是为了安拉，为了真理，为了人道主义而牺牲的生活。这是安拉的使命，他将以完美的方式向人们传达，并号召人们去完成它。尽管安拉厌恶那些异教徒们，但安拉仍将把光明普照人间。

第五章　从为圣到欧麦尔归信伊斯兰教

穆罕默德入睡了。赫蒂彻凝视着丈夫，由于听到丈夫讲的事情，她心中充满了对丈夫的同情和希望。当看到他安静、坦然地睡熟后，她离开他，自己反复琢磨着使她心潮澎湃、引起她悬念的大事来。她想到丈夫美好的明天，她渴望丈夫成为走入迷误中的阿拉伯民族的先知，愿丈夫给这个民族带来真理之宗教信仰，并指引它走上正道。尽管如此，她仍为自己善良、忠实而又亲密的丈夫的明天提心吊胆。她感到在自己眼前呈现出丈夫给她讲的事，并想象那向丈夫传达安拉的启示后，出现在空中，不管丈夫怎样躲避都避不开的那美丽天使的形象，她回味着穆罕默德牢记后向她转颂的话。在她眼前展现着这一切，脸上忽而流露出希望的笑容，忽而又因担心丈夫有什么不测而眉头紧锁。她一会儿充满甜蜜的希望，一会儿又产生疑虑、同情和担心。她不能够这样一个人长时间地想下去。她想把自己满腔的心事向一个具有远见卓识，善于劝解慰藉的人倾诉。

瓦拉格同赫蒂彻的谈话

赫蒂彻来到她堂兄瓦拉格·本·努法勒那儿。前面我们已经讲到，努法勒已归信基督教，通晓《福音书》，并把《福音书》的部分章节译成了阿拉伯语。赫蒂彻把穆罕默德所目睹耳闻并转告她的一切向他和盘托出，并向他提到自己的同情和希望。努法勒低头深思了一会儿，然后说："安拉啊！安拉，以指掌我命运的安拉起誓。赫蒂彻呀，如果你相信我的话，我告诉你，曾降到穆萨身上的重大使命已降到他身上。他就是这个民族的先知。请你告诉他，让他勇敢坚定起来吧。"

赫蒂彻回到家中，她看到穆罕默德仍在睡觉。她深情地凝视着他，内心里充满了高兴和希望。正当穆罕默德安静地酣睡时，忽然见他全身抖动，呼吸困难，满头大汗地站起来聆听天使向他传达安拉的启示：

> 盖被的人啊！你应当起来，你应当警告，你应当颂扬你的主宰，你应当洗涤你的衣服，你应当远离污秽，你不要施恩而求厚报，你应当为你的主而坚忍。(《古兰经》74：1—7)

赫蒂彻看到丈夫这种样子，就更加尊敬他了。她走近他，恩求他上床休息，但穆罕默德的反应似乎在说："赫蒂彻呀！睡觉休息的时代结束了。天使吉卜利勒令我警告人们，令我号召他们信仰和崇拜安拉。我去号召谁呢？谁会响应我的号召呢？"

赫蒂彻赶忙过来安慰他，鼓励他要勇敢坚定。随即对他讲了瓦拉格所说的话。然后，她急迫地向他声明她归信伊斯兰教，并承认了他的先知和使者的地位。

她马上顺从和信仰是很自然的，因为她和他共同生活以来，久经考验，她了解他一向忠诚可靠、品德高尚、公正仁慈。在他隐居祈祷的那几年里，她看到了他如何追求那唯一的真理，他如何在心中、在精神上、在理智上凌驾于那些崇拜偶像，给偶像献牲，把偶像视为可以降灾，也可以赐福的神灵，对偶像膜拜尊崇寄予幻想的人们之上。在他隐居祈祷的那些年，她看到了他受命后第一次从希拉山洞回来时的为难样子。她曾要求丈夫在天使来到他面前时，要告诉她。后来，当穆罕默德再次看到天使时，赫蒂彻让他先坐在她的左腿上，接着又让他坐在她的右腿上，然后又把他抱在怀中，穆罕默德一直能看到天使。当赫蒂彻把自己的面纱揭下来扔到一边时，他却一无所见了。这使赫蒂彻更确信无疑，穆罕默德看到的是天使而不是恶魔。

瓦拉格与穆罕默德

那以后，有一天穆罕默德到天房克尔白周围去散步，遇到了瓦拉格·本·努法勒。当穆罕默德把自己所遇到的事情对他讲了以后，瓦拉格对他说：“以执掌我灵魂的安拉起誓，曾降到穆萨身上的重大使命已降到你身上。你是这个民族的先知，你将被人说成是骗子，你将会受到伤害，你将会被赶出家乡，你将会被迫进行战争。如果我能赶上那一天，我必给予你安拉所知道的帮助。”

然后，瓦拉格向穆罕默德低下头，吻了他的头顶。穆罕默德觉得瓦拉格的话实在，同时也感到自己肩上的担子沉重。他开始考虑如何号召古莱什族人信仰他所信仰的，他知道这些人非常固执于他们所陷入的迷误，为了这事他们会拼命的。再说，他们又是他的同族、亲戚、朋友和近邻，对他们该怎么办呢？

古莱什人在迷误中，而穆罕默德号召他们信仰的是真理。他号召他们行善、给邻居和过路人应有的权益，抛弃崇拜这些被看作是偶像并伪称它能原谅他们淫乱放荡、食高利贷、侵吞孤儿钱财行为的石偶。因为崇拜这些石偶，已使他们的心肠变得比石块还要生硬和冷酷。穆罕默德呼唤他们看一看安拉在天上和地上创造的一切，以便让他们的心懂得和服从安拉的威严，从而懂得天上和地上自然法则的伟大，懂得崇拜创造万物的、独一无二的安拉的伟大。这样他们就会抛弃卑鄙的事情，不做下贱的勾当，就会同情所有未得到安拉指引过的人，并为引导他们而出力。这样他们就会怜恤孤儿，体贴绝望者、贫弱者。是的，安拉就是这样令穆罕默德去号召的。但这些心肠冷酷、思想顽固的人们已经僵化，他们一味死守他们祖先所崇拜的，因为这样他们可以使麦加成为拜偶像者的圣地和贸易中心。他们肯抛弃他们祖先所信仰的宗教吗？如果所有人都不崇拜偶像，就会使他们城市的地位遭到可能会遭到的损害。这些冷酷卑劣的心灵怎样才能成为洁净的呢？如何才能摆脱肮脏的欲望呢？肮脏的欲望已使这些心灵自甘堕落。他要警告人们让他们抛弃他们的淫欲，让他们摒除这些偶像。如果人们不相信他，他将怎样做呢？这是个非同小可的问题。

启示中断的日子

穆罕默德等待着启示的来临，以指引他的道路，但启示突然中断了！天使吉卜利勒不到他这儿来了。他周围是那么平静，以致使他感到孤独和寂寞。他又像启示到来以前那样担心和害怕起来。据说，赫蒂彻曾对他说："我认为你的主已厌恶你了。"

因此，他很害怕，很恐惧。这使他又重新来到山上，在希拉山洞隐居起来。在那里为了他的主而陶冶他的心灵。他问他的主，为什么选择他后又厌恶他了？其实，赫蒂彻比他更关心更恐惧。穆罕默德如果不是感到他将完成令他担负的使命，他真希望死了才好。但他冷静下来，又恢复了常态，又恢复了对主的信心。据说，他曾想到在希拉山或艾比吉拜斯山跳崖自尽。他生活中最大的希望消失了，那生活还有什么益处呢！他正在这样担惊受怕的时候，中断了一些日子的启示又降给了他。这次安拉降给他的启示是：

> 誓以上午，誓以黑夜，当其寂静的时候，你的主没有弃绝你，也没有怨恨你；后世于你，确比今世更好；你的主将来必赏赐你，以至你喜悦。难道他没有发现你伶仃孤苦，而使你有所归宿？他曾发现你徘徊歧途，而把你引入正路；发现你家境寒苦，而使你衣食丰足。至于孤儿，你不要压迫他；至于乞丐，你不要呵斥他，至于你的主所赐你的恩典呢，你应当宣示

它。(《古兰经》93：1—11）

伟大的安拉！启示安定了他的心，使他振奋，使他鼓舞！

号召信仰唯一的真理

穆罕默德的担心消失了，他的恐惧烟消云散了，他眉宇间露出了满意的微笑，脸上出现了赞美、崇拜和敬仰的表情。原来赫蒂彻所隐忧的安拉已厌恶他的想法，他的担心、恐惧已荡然无存了。安拉带给他更大的信心和仁慈，打消了他心中的担心和疑虑。他再也不想自杀了。他要生活，他要号召归信安拉，归信独一的安拉，归信天上和地上所有的人都应顺从伟大的、至高无上的安拉。他——独一的安拉，只有他才是真理。人们号召的除他以外的所有信仰都是荒谬的。心向着独一的安拉，灵魂应归向独一的安拉，应为独一的安拉而献身，那么，你的后世比今生会更好。在后世你会尽知完美的一切，时间和场所已不复存在，今世这庸俗生活中的一切含义都将被忘却。在后世，清晨，上午光芒四射的阳光；入夜，晚上那寂静的黑夜；天空、星体、大地、高山将成为与心满意足的灵魂联系在一起的一个整体。这样的生活才是我们今生生活旅途中的目的地。这才是真理，这一真理外的一切，都是离不开这一真理，由这一真理而来的各种各样的形式而已。

这一真理的光辉照亮了穆罕默德的心灵，使他重新考虑要号召归信他的主。为了号召归信他的主，应该洁净他的衣服，放弃干恶事，忍受为了号召归信真理而遭到的伤害，应该指导人们学习他们原来所不知的知识。不能为了这一目的而呵斥乞丐，不能压迫孤儿。安拉选择他，作为自己的代言人，让他替安拉讲话，已使穆罕默德很满足。安拉发现他是孤儿，于是让他的祖父阿卜杜勒·穆塔里布和他的伯父艾布·塔利卜抚养了他；他发现他家境寒苦，而使他衣食丰足，让赫蒂彻成为他青年时代的伴侣，他隐居祈祷时的支持者，他为圣时的赞助人，他的爱妻和仁慈的进劝人；安拉发现他徘徊歧途，而用他的使命把他引入正道。这一切的一切已使穆罕默德心满意足。因此他要尽一切力量去传播真理。这就是安拉令他选择的先知去做的事情。安拉没有弃绝他，也没有怨恨他。

礼　拜

安拉教会了他的先知如何做礼拜。于是，他同赫蒂彻一起做礼拜。当时，同他俩一起做礼拜的，除了他们的女儿外，还有当时未成年的阿里·本·艾比·塔利卜。事情是这样的：

古莱什人遭了灾荒。艾布·塔利卜儿女众多，负担很重。于是穆罕默德对哈希姆最富有的儿子阿拔斯说："你兄弟艾布·塔利卜子女众多，负担重。你已看到了，人们遭灾了，让我们到他那儿去看看，减轻一下他的负担吧。我从他那带走一个男孩，你也带走一个男孩，让我们替他抚养他们两个。"

阿拔斯收养了贾法尔，穆罕默德收养了阿里。直到穆罕默德受命为圣时，阿里仍跟他一起生活。

有一天，穆罕默德和赫蒂彻正在做礼拜，阿里突然闯了进来。他看到他俩一边跪拜，一边诵读那时安拉启示给先知的《古兰经》章节。阿里吃惊地站在那儿，一直等他俩礼拜完，他问道："你们向谁跪拜呢？"

穆罕默德回答说："我们向派我做先知的，令我号召人们归信他的安拉跪拜。"

穆罕默德让堂弟阿里崇拜独一的、无偶的安拉，让他归信安拉的宗教，让他否认拉特、欧萨之类的偶像。接着穆罕默德给他诵读了《古兰经》的章节，《古兰经》章节完美流畅的语言和精美的措辞吸引了阿里。他让穆罕默德容他同父亲艾布·塔利卜商量一下再决定。晚上，阿里翻来覆去睡不着，想了很久。第二天，天刚亮他就来到穆罕默德和赫蒂彻面前。对他俩声明他要跟随他们。这事不用同父亲艾布·塔利卜商量了。他说：“安拉创造了我，他并没有同艾布·塔利卜商量。我归信安拉也不需要同他商量了。”

阿里是第一个归信伊斯兰教的儿童。他之后穆罕默德的义子栽德·本·哈里斯也归信了伊斯兰教。到这时，信仰伊斯兰教的人仅仅局限在穆罕默德家庭之中——穆罕默德、赫蒂彻、穆罕默德的堂弟和义子。穆罕默德一直在考虑如何号召古莱什人归信伊斯兰教。他知道这些人很凶顽，也非常迷信他们父辈们所信奉的宗教及所崇拜的偶像。

艾布·伯克尔归信伊斯兰教

泰米家族的艾布·伯克尔·本·盖亥法是穆罕默德的密友。穆罕默德对他很信赖。他知道他很廉洁、忠厚、诚实。因此，穆罕默德首先动员他归信独一的安拉，同时他把自己所见和降给他的启示首先告诉了他。艾布·伯克尔毫不犹豫地响应了穆罕默德的号召，归信了安拉。哪有看到了真理，为了崇拜独一的安拉而对抛弃偶像犹豫不决的道理呢？哪有内心追求上进的人不去崇拜安拉而迷信在安拉面前微不足道的石块的道理呢？敬畏安拉的人，哪能对于洁净衣服，纯净自己的心灵，帮助乞讨者，怜恤孤儿而裹足不前呢？艾布·伯克尔当众宣布他已归信独一的安拉和安拉的使者。艾布·伯克尔是很有风度的男人，族人对他很亲近，他很受族人的爱戴。他是纯古莱什人，他最了解古莱什人的长处和短处。同时，他是位有道德而又很闻名的商人。族人爱戴他不是由于一种因素，而是由于他有知识，善于经商，能平易近人等多种因素。

初期的穆斯林——圣门弟子

艾布·伯克尔开始在他族人中动员他所信任的人归信伊斯兰教。跟随他归信伊斯兰教的人有奥斯曼·本·阿凡、阿卜杜·拉赫曼·本·奥夫、泰勒哈·本·欧拜杜拉、赛尔德·本·艾比·瓦嘎斯、祖拜尔·本·阿瓦姆。这以后艾布·欧拜岱·本·贾拉赫等很多麦加人也归信了伊斯兰教。

当时任何人归信伊斯兰教时，都要到先知穆罕默德那里去，当面宣布归信伊斯兰教，并接受他的指导。初期的穆斯林由于知道古莱什人对抛弃拜偶像者们怀有敌意，所以他们都秘密行事。如果他们想做礼拜，就到麦加周围山间小路上去做。这种情况一直持续了三年。伊斯兰教在麦加人中逐渐传开了，在麦加降给穆罕默德的启示增加了穆斯林的信念，也使他们更加坚定起来。

穆罕默德的高尚品德是使他的传教活动得以顺利进行的最好因素。他公正仁慈，为人谦逊，具有十足的英雄气概；他谈吐文雅，主持正义，从不触犯任何人的权利；他对弱者、孤儿、贫穷可怜者持同情、仁慈、怜恤和友好的态度。穆罕默德经常深夜做礼拜，彻夜诵读下降给他的启示，认真仔细地观察苍天和大地。他在一切的存在中，在他所经历的一切事情中吸取经验和教训。他经常追求独一的安拉，并在他内心深处探讨宇宙的动力。他以此给信任他而归信伊斯兰教的人们做出了榜样。这些也使他们对伊斯兰教坚信不疑，坚决否定他们祖先所信仰的拜物教，并忍受了当时还未走上正道的拜偶像者们对他们的伤害。麦加一些正直、廉洁、仁慈的商人和名流相信了穆罕默德。所有弱者、贫穷者和受压迫者都相信了穆罕默德。穆罕默德的事在麦加传开了。越来越多的男女归信了伊斯兰教，成为伊斯兰教初期的圣门弟子。

古莱什人与归信的穆斯林

人们开始谈论起穆罕默德和他传教的事情，但冷酷的、心灵不开窍的麦加人起初并没有重视穆罕默德。他们认为，穆罕默德的讲话只不过像其他神父、学者和伍麦叶、瓦拉格之流的讲话一样。人们肯定会回来信奉他们父兄和祖先所信奉的偶像。胡白勒、拉特、欧萨及人们在其旁边杀牲的伊萨夫和纳伊勒偶像最后总会是胜者。他们忘记了，真正的信仰是不可战胜的，真理必定会取得最后胜利。

穆罕默德为圣三年之后，安拉令他的使者把他隐蔽的事情公开了，并当众宣布安拉给予他的启示。这次的启示是：

> 你应当警告你的亲戚。你对于跟随你的那些信士，应当加以慈爱。如果你的亲戚违抗你，你应当说："我对于你们的行为确是无干的。"(《古兰经》26：214—216)
>
> 你应当公开宣布你所奉的命令，而且避开以物配主者。(《古兰经》15：94)

穆罕默德的门弟子

穆罕默德邀他的亲朋们到他家就餐，他想利用这个机会动员他们归信安拉，但他伯父艾布·赖海卜打断了他的话，并把人们叫走了。穆罕默德再次邀他们吃午餐。当他们用餐时，穆罕默德对他们说："在阿拉伯人当中，我还没有见到任何一个人给他的族人带来的比我给你们带来的更好。我给你们带来了今生和后世中最好的。我的主让我号召你们归信于他。你们谁支持我完成这一使命呢？"

在座的人没说话，都想离去。这时，还未到成年的阿里站了起来，他说："安拉的使者呀，我支持你。我将反对你所反对的人。"

这时，哈希姆子弟们乐了，有的人还哈哈大笑。他们看看阿里，又看看阿里的父亲艾布·塔利卜，然后，这些人蔑视地扬长而去。

从那以后，穆罕默德把他的传教活动从局限于亲友之间扩展到全麦加的范围。有一天，他登上赛法高地，他喊道："古莱什的人们啊！"

古莱什人说："穆罕默德在赛法高地呼叫呢。"

于是都走了过来，问他怎么了。穆罕默德说："如果我告诉你们在这山脚有一匹马，你们相信我的话吗？”

人们说：“我们相信，你的为人没有什么可指责的。我们从没有发现你说过谎。”

穆罕默德说：“我是警告者，我将告诉你们最严厉的惩罚。阿卜杜勒·穆塔里布子弟们、阿卜杜勒·麦纳夫子弟们、祖赫拉子弟们、泰姆子弟们、艾塞德子弟们，安拉令我警告我的近亲们。在今生，还是在后世，你们只有说：除安拉外，绝无应受崇拜的，我才能对你们有所帮助。”

这时，大腹便便、动辄暴怒的艾布·赖海卜站出来喊道：“该死的东西！你一天都不得好，就为这事你把我们聚到这儿来！”

穆罕默德看了看他伯父艾布·赖海卜，不知如何是好。这时安拉的启示马上降了下来：

> 愿焰父两手受伤！他必定受伤，他的财产，和他所获得的，将无裨于他，他将入有焰的烈火，他的担柴的妻子，也将入烈火。（《古兰经》111：1—4）

艾布·赖海卜的暴怒及其他古莱什人的敌意没能阻挡住伊斯兰教在麦加人中的传播。一天之内就有一些人归信了安拉，归信了伊斯兰教。世间廉洁的人对伊斯兰教接受得最快。他们的商业活动并没有妨碍他们对号召者号召他们的事业进行思考。他们看到穆罕默德同赫蒂彻结婚后已经很富有，但他并不注重这些钱财，也不用它来赢利。他主张慈爱、同情、友好和相互谅解，正是他曾得到了有关聚财是对精神的损害的启示：

> 竞赛富庶，已使你们疏忽，直到你们去游坟地。真的，你们将来就知道了。真的，你们将来就知道了。真的，假若你们有真知灼见，（你们必不疏忽），你们必定看见火狱，然后，你

们必亲眼看见它。在那日，你们必为恩泽而被审问。(《古兰经》102：1—8)

什么样的事情比穆罕默德号召的事情更好呢！难道他不是在号召自由吗？号召毫无限制的绝对自由！号召阿拉伯人把它视为是生活中珍贵的东西的自由！是的，难道他不是把人们从除崇拜安拉外的一切崇拜中解放出来吗？难道他不是在砸碎人们和安拉之间的所有枷锁吗？胡白勒、拉特、欧萨、拜火教的烈火、埃及人的太阳星辰、基督教徒们或任何人、任何天使、任何精灵都不能把人类和安拉隔开。在安拉面前，在独一无二的安拉面前人们将被询问他的善与恶，人们的行为是唯一能为其说情的。人们的良心能衡量他们的行为，只有良心才能支配他们。那一天，人们将以他们的良心受到清算，按他们的行为得到报应。什么样的自由比穆罕默德主张的自由更广泛呢?！艾布·赖海卜及其同伙主张稍有一点儿这样内容的自由吗？他们不是在让人们停留在那使人们与真理之光隔开的迷信的奴役之中吗？

古莱什的诗人们

艾布·赖海卜、艾布·苏富扬及古莱什的贵族和头面人物、财主和纨绔子弟们，开始察觉到穆罕默德的传教活动是威胁他们地位的一种危险。于是，他们开始用侮辱、贬低、否定他的先知地位的方式来对付他。他们做的第一件事就是动员他们的诗人攻击他。艾布·苏富扬·本·哈里斯、阿慕尔·本·阿斯、阿卜杜拉·本·扎巴拉之流群起谩骂他、中伤他。但这用不着穆罕默德自己去跟他们浪费唇舌，早有穆斯林诗人们站出来反击了他们。除古莱什诗人外，还有一些人出来纠缠。他们问穆罕默德有什么类似穆萨和尔撒奇迹的东西能肯定他的使命。他们问他为什么不把赛法和麦尔卧高地变成黄金，为什么没有降下谈及他的天经来，为什么他们看不到穆罕默德一直谈及的天使吉卜利勒，他为什么不能把死者复活，为什么不能把高山移走，以免它围困着麦加。穆罕默德知道麦加人很需要淡水，他为什么不能让一股比渗渗泉水更甜的泉水奔涌。这些偶像崇拜者们不仅提出这些奇奇怪怪的问题来挖苦他。更有甚者，他们问穆罕默德为什么他的主不告诉他未来货物的价格，以便人们去做投机生意。他们吵吵闹闹，纠缠不清。降给穆罕默德的启示回答了他们的吵闹：

你说："除安拉所意欲的外，我不能掌握自己的祸福。假若我能知幽玄，我必多谋福利，不遭灾殃了。我只是一个警告者和对信道的民众的报喜者。"（《古兰经》7：188）

是的！穆罕默德只不过是警告者和报喜者。他要求他们的只不过是理智所能接受或必能接受的事情。而他们怎能要求他理智所不能接受的东西呢？他要求他们的只不过是响应有道德的心灵的呼唤，而他们怎能要求他有道德的心灵所不屑一顾的东西呢？降示给他的，指导人们通往真理的这本经典就是奇迹中的奇迹，他们怎能要求其他什么奇迹呢？他们要求他用一些反常现象来证实他的使命，然后再决定跟随他，还是不跟随他。而他们称为神灵的东西只不过是石块，或靠其他东西来支撑的木头，或立在旷野之上的石碑之类的东西。而这些东西对人既无益又无害。尽管如此，他们也不要求什么能证明其是神灵的东西而去崇拜它。如果他们要求这一证据，他们会发现这些偶像只不过是石块，或木头。它们既无生命也不会动，对它们本身也无益无害。如果有人想砸烂它，它们根本不能自卫。

穆罕默德批驳偶像

穆罕默德开始同人们提及他们的偶像，开始指责这些偶像。以前他没有这样做过。对于古莱什人来说，这是件刺痛他们心肝的重大事情。他们也开始认真地考虑起穆罕默德的事来了。他们揣想穆罕默德将如何对待他们，他们将如何对待穆罕默德。在这以前，他们仅是对他的话进行讥笑和诽谤。他们坐在聚会的场所，或坐在天房克尔白或偶像周围，连挖苦带嘲讽地谈论穆罕默德。现在穆罕默德开始藐视他们的神灵，嘲弄他们及他们祖先所崇拜的偶像，伤害胡白勒、拉特、欧萨和所有的偶像了，所以问题已不再是讥笑和诽谤所能解决的了，而成了应认真筹划的大事了。如果穆罕默德一旦把麦加人全部团结起来对付他们，使人们全都抛弃他们原来的信仰，那么麦加的商业将会成什么样子呢？他们的宗教地位将会怎样呢？

当时，穆罕默德的伯父艾布·塔利卜还没有归信伊斯兰教。但他一直保护着侄儿，公开宣布随时准备护卫他。因此古莱什的以艾布·苏富扬·本·哈尔卜为首的贵族们来到了艾布·塔利卜那儿，他们对他说："艾布·塔利卜，你侄子亵渎我们的神灵，指责我们的宗教，认为我们的梦寐是愚蠢的，说我们的父兄陷入了迷途。你要么就制止他这样做，要么就别插手我们与他之间发生的事。"

但艾布·塔利卜婉言拒绝了他们。穆罕默德的传教活动日益频繁，支持他的人越来越多。古莱什人对穆罕默德的事进行了议论，他们再次来到艾布·塔利卜那儿。这次他们把古莱什人中最英俊的小伙子欧马拉·本·穆吉拉也带来了。他们要求艾布·塔利卜把欧马拉留下，把穆罕默德交给他们。艾布·塔利卜拒绝了。穆罕默德照常传教，古莱什人继续商议如何对付他。

他们第三次来到艾布·塔利卜那儿，他们对他说："艾布·塔利卜，你是我们中间德高望重的长者，我们请求你劝阻你的侄子，你未劝阻。我们起誓，我们再也不能容忍他谩骂我们的父兄、诽谤我们的梦寐、亵渎我们的神灵了。除非你劝阻他，否则我们就要与穆罕默德和你拼个你死我活。"

古莱什人之间的分歧和敌对，对艾布·塔利卜来说是极严重的事情。但他又不忍心把侄子交给他们而导致他受辱。怎么办呢？他只好派人把穆罕默德叫来，把古莱什人的话转告给了他，并对他说：“你要怜惜我，并要自重。不要让我承担我不能承担的事情。”

历史向何处发展

穆罕默德低头沉思，就在这一瞬间，历史不知向何处发展了。他的一句话将决定世界的命运。他是继续看着人们沿着迷误走下去，让拜火教欺压四分五裂的基督教，让多神教荒谬愚蠢地存在下去呢？还是在人们面前拨亮真理之光，宣讲认主独一论，把人们的精神从虚幻的枷锁中解救出来，让具有人道主义者抬起头升入乐园呢？看来伯父已无力支持他，也不准备同他站在一起，要把他交给对手。当时，穆斯林势力很弱，他们无力抵抗那些拥有权力、钱财、装备在数量上仍占优势的古莱什人。那么除了他向人们宣讲的真理和自己对真理的信仰外，已没有什么可以依靠的强大后盾。就算是这样吧，对于他来说，后世比今生要好。他要去完成他自己的使命，他要去宣讲他的主令他宣讲的事业。坚信自己为接受启示的真理而死，总比放弃真理或裹足不前要强。因此，他看了看伯父，理直气壮地说：“伯父，我指安拉为誓，就是他们把太阳放在我右边，把月亮放在我左边，让我放弃这一事业，我也决不妥协让步。或是安拉使这一事业大获全胜，或是我捐躯殉教。”

哈希姆子弟们保护穆罕默德免遭古莱什人的伤害

真理多么伟大！坚信真理多么崇高威严！老人听了侄儿穆罕默德的话后很震惊。面临这种超越现实生活的神圣力量和崇高意志，老人惊愕了。穆罕默德听了伯父的话后，尽管对他所走的路没产生丝毫的怀疑，但还是哽咽失声得说不出话来。他站起来想离去。艾布·塔利卜内心很震惊。面对族人的恼怒和侄儿的坚定立场，他一时不知所措。

但震惊之余他让穆罕默德走近他。当他走近老人身旁时，艾布·塔利卜对他说："侄儿，去吧！去讲你所喜爱的真理吧！我指安拉为誓，绝不让你遭受你所厌恶的事情！"

艾布·塔利卜把侄儿的话和他那坚定的立场告诉了哈希姆子弟们和穆塔里布子弟们。老人的话慷慨激昂，充满了他从穆罕默德身上看到的那种雄壮果敢的精神。老人要求他们保护穆罕默德免受古莱什人的伤害。除了艾布·赖海卜外，所有的人都答应了艾布·塔利卜的要求。艾布·赖海卜向他们表明了他的敌意，并加入反对他们的行列中去了。哈希姆和穆塔里布子弟们由于受宗族思想和哈希姆子弟与伍麦叶子弟的旧怨影响，他们肯定要保护穆罕默德。但宗族思想并非是使他们在这件事情上对古莱什人采取这种立场的唯一因素。这是件很重大的事情，它牵涉着让人们抛弃他们原来的宗教，摆脱他们父兄尊崇的信条的大事。

穆罕默德对他们采取的立场，他在他们中间所表现的坚定信念，他善良地号召人们去崇拜独一的安拉——当时阿拉伯所有的部落还不知道安拉的宗教与他们所信奉的宗教不同，所有这些使哈希姆和穆塔里布子弟们认为，穆罕默德有权在人们中间宣讲他的见解。这就像伍麦叶·本·艾比·萨勒特和瓦拉格·本·努法勒及其他人所做的一样。如果真理在穆罕默德一边，他们当时还未确信这一点，将来真理一旦显露出来，穆罕默德的光荣也有他们的份。如果真理不在穆罕默德一边，人们最多会像离弃其他人一样离弃他。到那时，他们再违背他们以往所遵循的习惯，把他交给对手去杀害，这样做不会对他的传教活动带来什么影响。

古莱什人伤害穆斯林——圣门弟子们

穆罕默德在外靠本家子弟们保护，使他免遭古莱什人的伤害，在家靠赫蒂彻给他解忧。赫蒂彻以她虔诚的信仰和崇高的爱情给他消忧解愁。每当他或他的跟随者受到对手的伤害和敌视时，她就鼓励他，使他坚定。实际上，古莱什人也没有安宁，他们的生活已不像从前那样安静了。每个家族都开始折磨本族内归信伊斯兰教的人，并迫使他们退出自己的宗教。当时，有一个人把他的名叫比拉勒的家奴扔在太阳底下灼热的沙土中，并在他的胸口上压了一块石头，想活活地把他折磨死。这不为别事，仅仅是由于他坚信伊斯兰教。但比拉勒在这种情况下，为了自己的信仰，宁愿忍受这种折磨。他只是重复一句话："独一的主、独一的主。"

有一天，艾布·伯克尔看到比拉勒受这种折磨，就买了他，并把他释放了。艾布·伯克尔曾买下了很多由于信仰斯兰教而受到主人折磨的奴隶。其中包括欧麦尔·本·哈塔布的女用人。欧麦尔是在他归信伊斯兰教前从艾布·伯克尔手中买了她。当时，有一位不愿退出伊斯兰教而回到她父兄信奉的宗教中去的妇女被折磨死了，很多信仰伊斯兰教的自由人也被打或受侮辱。

穆罕默德尽管受到了哈希姆和穆塔里布子弟们的保护，但他也没有幸免于那些人的侮辱，艾布·赖海卜的老婆乌姆·贾米勒当时常把一些污秽的东西扔到穆罕默德的家门口。他只是把这些脏东西扫去而已。有一次，穆罕默德正在做礼拜，艾布·贾海勒把一只宰杀后为偶像献牲的羊的胎盘扔到他身上。他忍辱回到女儿法蒂玛那儿，让女儿给他净了身。除此之外，当时穆斯林走到哪儿都听到一些下流、淫猥的语言。这种情况持续了很长一个时期。但穆斯林为了坚守他们的宗教，为了他们的信念和信仰，宁愿忍受这些伤害并做出牺牲。

圣门弟子们忍受苦难

穆罕默德在这一时期的艰苦历程，可以说是人类有史以来所见到的最艰难的历程。穆罕默德及跟随他的门弟子不是追求金钱，不是追求体面和地位，也不是为了追求什么权利，而是追求真理和对真理的信仰。穆罕默德追求的是把人们从耻辱、卑鄙、不光彩的、卑贱的拜物教泥坑中解救出来。仅仅为了这一崇高的精神目的，而不是为了别的他才受到了伤害。一些诗人诽谤他，古莱什人暗算他，甚至有人想在天房克尔白前杀害他。他的住房常遭石头撞砸，他的亲人和跟随他的人常遭威胁。但这些侮辱和威胁反而增加了他的坚忍精神和传教的决心。跟随他的信士们内心充满了穆罕默德的话："指安拉为誓，就是他们把太阳放在我右边，把月亮放在我左边，让我放弃我的事业，我决不舍弃它。或是安拉使这一事业大获全胜，或是我捐躯殉教。"

为了真理，为了引导古莱什人走上正道，做巨大牺牲，甚至献身他们也在所不辞。当时伊斯兰教还没完善，《古兰经》才刚刚降下很少的几章。那些麦加人对这一具有如此吸引力的信仰感到很惊奇。他们认为穆罕默德的为人、温柔的性格、良好的品德、出名的诚实及他表现出来的坚定决心和坚强意志是构成这一切的因素。无疑，这与穆罕默德的上述品德有一定关系，但还有其他很多值得提及的原因。

穆罕默德当时生活在一个类似共和制度的自由部落环境里。他出身于高贵的门第，当时他有地位也有钱。除此以外，他又是哈希姆家族的成员。天房克尔白的守备，为朝觐者供饮及一切宗教荣誉称号全都操在哈希姆家族成员之手。因此，当时穆罕默德不需要什么金钱，不缺少什么体面和政治地位及宗教地位。在这一点上，他同他以前的众先知有所不同。穆萨出生在法老统治下的埃及。法老把自己当作主宰让人们崇拜，法老曾对人们说："我是你们至高无上的主宰。"

当时一些宗教人士助纣为虐，帮助法老欺压剥削人民。穆萨在安拉的命令下进行的革命，是对政治制度的革命，同时也是对旧宗教的革命。穆萨不是主张在安拉面前，法老和尼罗河边用桔槔汲水的劳动者是平等的吗？那么，法老神的地位和当时存在的制度都应砸碎！革命首先是政治性的。因此，穆萨的传教活动从开始就遭到了法老的残酷镇压。为了让人们相信穆萨的主张，出现了一些奇迹。穆萨扔出手杖，手杖变成了一条蛇，它吞吃了法老的魔术家变幻出的蛇。但这对穆萨也没起什么作用，他后来只好被迫离开了他的祖国——埃及。他从埃及出走时，奇迹又帮助了他：他在海水里辟开了一条通道。

尔撒生活在巴勒斯坦的拿撒勒。那时候拿撒勒是在罗马皇帝统治下，受殖民主义者压迫，受罗马宗教控制的一个行省。他号召人们要委曲求全，原谅改邪归正的忏悔者，并号召人们讲仁慈。执政者把他的这一主张看作是对他们暴政的革命。使死者复活，让病者康复及圣灵用以支持他的其他各种奇迹帮了尔撒的忙。是的，尔撒教义的实质归根结底与穆罕默德教义的实质是一致的。至于其他细节的不同，这里就不需赘述了。不同的背景，首先是政治背景的不同，确定了穆萨和尔撒的各自的传教方向。

至于穆罕默德的情况，我们前面已经做了介绍。他的使命从始至终是精神上的，其基本精神是追求真善美。由于它不涉及政治问题，所以它从没给当时麦加的共和制度带来任何形式上的麻烦。

穆罕默德科学的宣讲方式及其实质

如果说穆罕默德的宣讲方式与现代科学方法非常相近，读者可能会感到惊奇。如果你想研究一下这个问题，需要你把在这个问题上的原有的成见和信念抛开，需要你从观察体会开始，进而进行比较和归纳，然后进行科学的推断。如果在研究中没出什么偏差，你会得出经得起推敲的科学结论。这种科学方法是人道主义为了解放思想所采用的最崇高的方法。这一科学方法正是穆罕默德所遵循的方法，是他宣讲的基础。否则，跟随他的门弟子对他的宣讲怎能如此信服呢？他们离弃了过去的信念，开始考虑他们面前出现的新事物。

当时，阿拉伯各个部落各有自己信奉的偶像。哪个偶像是真理，哪个偶像是谬误呢？在阿拉伯及其邻国有萨比教徒，有拜火教徒，有崇拜太阳者，哪些人掌握了真理，哪些人误入谬误呢？让我们把这一切放在一边，把它的影响从心中清除，把一切成见和旧观念抛开，去仔细观察。

无疑的是，任何个体的存在都与其他的存在是有联系的。各个部落间相互有联系，各个民族间相互有联系，人与动物和非生物有联系，地球与太阳、月亮及其他星体有联系。而这一切，都与不可改变，不可替代的永恒的自然法则联系在一起。太阳不应赶上月亮，黑夜不能走在白昼前面。宇宙间的任何一种存在如果发生了变化，那么宇宙中的存在就要起变化。如果太阳不能以它的光和热按照几百万年以来的法则给大地造福，那么地就不能称为地，天也不能称为天了。但没有发生这样的事情，那么一定有一种精神控制着这一切：一切由它而来，一切按它的意志发展，一切归回到它那儿。人只能服从这唯一的精神。宇宙中的一切都和人一样要服从这一精神。人、宇宙、时间、地点都是统一的，这一精神是这一切的核心和源泉。那么，这一精神是唯一值得崇拜的，心应向着这一精神。

在整个宇宙中，我们应通过观察思考去探索永恒的法则。人们除安拉之外所崇拜的偶像、国王、法老、烈火、太阳都是谬误的虚幻。这些是不值得人去崇拜的。这样的崇拜不符合人的智慧，也是对通过观察来推断安拉法则能力的嘲笑。

这是初期穆斯林所知道的穆罕默德宣讲的本质。这是通过穆罕默德的口降示的《古兰经》告诉他们的。《古兰经》过去是，现在仍然是一大奇迹。它给人们概括了真理，用全美的语言描绘了真理。人们的心灵升华了，它要追求这一崇高的精神。穆罕默德指引他们，行善是通向这一精神的道路。他们在今生敬畏安拉，完成他们的责任的那一天，他们将按他们的善举得到报偿。在那一天，每个人将按他的行为得到报应，他们必将亲眼看见自己行为的结果。

> 行一个小蚂蚁重的善事者，将见其善报；做一个小蚂蚁重的恶事者，将见其恶报。(《古兰经》99：8)

还有什么能使人的思想变成比这更崇高的呢？还有什么东西比这更能砸碎人类的精神枷锁呢？人能了解这一点，能够相信这一点，为了达到人类最高境界而这样去做那就足够了。为了达到这一境界，一切牺牲对于信仰者来说都是小事一桩。

哈姆扎成了穆斯林

由于穆罕默德及其跟随者立场坚定、光明磊落，从而使哈希姆子弟和穆塔里布子弟们更加起劲地保护穆罕默德。

有一天，艾布·贾海勒遇到了穆罕默德。艾布·贾海勒无故伤害他，谩骂他，对他进行人身攻击，诽谤他的事业。但穆罕默德没理睬他，一句话没说就躲开了。

当时，穆罕默德的叔父，也是他的乳兄弟哈姆扎还没有脱离古莱什人的旧宗教。哈姆扎是位令人望而生畏的彪形大汉，爱好狩猎。这天他狩猎归来，回家前来到天房散步。当他听到了艾布·贾海勒无故辱骂了他侄儿穆罕默德时，便勃然大怒。他走进天房克尔白，没和往常那样向人们问候就进了禁殿。入殿后，他先找艾布·贾海勒。找到后，二话没说，举起猎弓就向他头上砸去，把他砸了个头破血流。迈赫祖姆家族子弟们想帮助艾布·贾海勒。但艾布·贾海勒怕事态恶化和发生更大的不幸，就阻止了他们，并承认了他辱骂穆罕默德的过错。

然后，哈姆扎当众宣布自己归信伊斯兰教，并向穆罕默德保证：他支持他，要为安拉的事业做出牺牲，鞠躬尽瘁。

乌泰拜·本·拉比阿的调解

古莱什人看着穆罕默德及其支持者们的力量日益壮大，但他们对此无能为力。伤害，动摇不了他们；折磨，不能使他们抛弃他们的信仰，也阻止不了他们宣讲他们的信仰和做礼拜，更不能阻止他们做功课。于是，古莱什人幻想用满足穆罕默德的欲望的方法来结束与他的对立。他们忘记了伊斯兰教的伟大，忘记了与政治问题无关而又崇高的伊斯兰教精神实质的纯洁。乌泰拜·本·拉比阿是阿拉伯人的首领之一。在一次古莱什人聚会时，乌泰拜向他们提出，他要同穆罕默德交谈，他要给他一些好处，但愿他能接受，而且他愿接受什么，他们就满足他什么，以便让他停止与他们对立。乌泰拜同穆罕默德谈了起来，他说："侄儿，你知道你在我们中间是有身份、有地位的人。你已经给你的族人带来了使他们分裂的严重后果。听我说，我今天向你提出某些好处，但愿你能接受其中的某些什么……如果你想要金钱，我们大家敛钱给你，使你成为我们中最富有的人；如果你想要荣誉地位，我们让你做我们的首领，你不在场我们不决定任何事情；如果你想做国王，我们让你做我们的国王；如果你做这些事情是由于妖魔在你身上作怪，而你又摆脱不了它，我们给你请医生，出钱为你治疗，直到你痊愈为止。"

他把这些话说完以后，穆罕默德给他诵读了《古兰经》的"叩头"章。乌泰拜洗耳恭听了这完美的语言，他发现他面前的人是位不要名，不要利，不想为王，更不是妖魔缠身的男子汉。他是在宣讲真理，在号召人们行善，在用奇迹般的语言推动完美的事业。当穆罕默德诵读完毕后，乌泰拜被他目睹的情形和耳闻的完美的语言迷住了，被这位男子汉的魄力和伶俐的口齿吸引住了。他只好回到古莱什人那里去了。

古莱什人对乌泰拜不满意，对他提出的把穆罕默德交给阿拉伯人的意见也不赞成。乌泰拜认为，如果阿拉伯人战胜了穆罕默德，古莱什人会一劳永逸；如果阿拉伯人跟着穆罕默德走，古莱什人也会以他的荣誉感到自豪。古莱什人又同穆罕默德及其跟随者敌对起来。他们比以前更为厉害地迫害起他们来。以前由于穆罕默德在族人中享有很高的地位，再加上有哈希姆和穆塔里布子弟们对他的保护，古莱什人还没有像今天这样来迫害他们。

迁徙到阿比西尼亚

穆斯林受到的迫害日益严重。有的被杀害，有的受折磨，有的遭凌辱。鉴于这种情况，穆罕默德劝他们离开麦加，迁徙到其他地方去。他们问穆罕默德应迁到何处去安身？他劝他们到信仰基督教的阿比西尼亚去。他告诉他们："它的国王不虐待任何人，它是礼仪之邦，在那儿安拉会使你们摆脱你们的困苦。"

于是，一部分穆斯林由于担心受迫害和为了继续信守他们的宗教迁徙到了阿比西尼亚。圣门弟子们迁徙阿比西尼亚前后共两次。第一次是十名男子和四名妇女，他们是悄悄离开麦加的。他们在那里与阿比西尼亚王处得很好，生活得也很安定。当他们听到麦加的穆斯林不再受古莱什人的迫害时，他们又从阿比西尼亚回来了。我们在下文中还将讲述这件事。

当他们回到麦加后，古莱什人对他们的迫害比以前更甚。于是，除妇女和儿童外，八十名男子抛下妻子和孩子，再次迁徙到了阿比西尼亚。这些人一直在阿比西尼亚住到先知迁到叶斯里布才回来。这次迁往阿比西尼亚是伊斯兰史上第一次迁徙。

古莱什两使者赴阿比西尼亚

给穆罕默德撰著历史者有理由提出如下问题：这次穆斯林按穆罕默德的意见迁徙到阿比西尼亚，是纯属逃避麦加的异教徒和他们给圣门弟子们的迫害呢，还是穆罕默德通过这次迁徙想达到更高的伊斯兰政治目的呢？他们有理由提出这一政治问题。因为这位阿拉伯先知生活的各个阶段的历史表明，他是位深谋远虑的政治家，是当时无可比拟、伟大、崇高而又威严的有抱负、有修养的人物。同样这个事实也令我们提出这个问题。

据一些史书记载，麦加人在圣门弟子到达阿比西尼亚后很不放心。他们派了两位使者，带着珍贵的礼物来到了阿比西尼亚国王那儿，他们想说服国王把穆斯林赶出他的国家，让他们回去。阿比西尼亚当时是信仰基督教的国家，国王也是基督教徒。在宗教方面，古莱什人并不害怕阿比西尼亚跟随穆罕默德。麦加古莱什人为什么如此重视这件事，并派人要弄回他们来呢？是他们害怕阿比西尼亚国王听了圣门弟子们的话后，对他们加以保护，这样可能会在整个阿拉伯半岛产生影响，从而使阿拉伯人跟随穆罕默德走呢？还是害怕如果这些圣门弟子们留在那儿，将来有朝一日他们的羽毛丰满后，回来更有力地从财力和人力方面支持穆罕默德呢？

两位使者是阿慕尔·本·阿斯和阿卜杜拉·本·艾比·拉比阿。为了让阿比西尼亚国王把圣门弟子们赶回麦加，他俩给国王及国王的大主教送了厚礼，并对国王说："国王陛下，从我们那里来到您的国土的这批愚蠢的仆人们分裂了他们族人的宗教，他们也没有归信您所信仰的宗教。他们还带来了他们所创造的，您和我们都不了解的一种新的宗教。他们族人中的高贵者——他们的父亲叔伯们及同宗人，正是为了这件事才把我们派到您这儿来的，他们希望您能把他们赶回去。他们比这些人有地位，他们最知道这些人为什么责备和非难他们。"

这两位使者给大主教送了麦加人的礼品，并同他达成协议，让他帮助他俩把圣门弟子们赶回古莱什那儿去，而不让国王听取他们的意见。但国王在未听到圣门弟子们的诉说前，拒绝按他俩的要求去做。国王立即派人把来到本国的圣门弟子召来问话。当他们来到国王面前时，他问他们："你们的宗教是什么？你们为什么用它分裂了你们的族人？同时也由于它你们不信奉我们的和任何民族的宗教。"

圣门弟子们对两位使者的答复

当时答复国王的是贾法尔·本·艾比·塔利卜，他说："国王陛下，我们原来是一群愚民。崇拜偶像，食用倒毙的动物，行荒谬妄言之事，无情无义，损害邻里，以强凌弱。直到安拉在我们中给我们选派了使者。我们了解他出身高贵、忠实可靠、廉洁。他号召我们信仰独一的安拉，不拜他物，让我们摆脱我们及我们父兄所信奉的石头和偶像；令我们讲诚实的话，办诚实的事，要仁慈，与邻里和睦；禁止我们做犯禁之事和杀戮；不让我们干可耻的行为和做伪证，不让我们霸占孤儿的财产和侮辱妇女；令我们做礼拜，完纳天课和斋戒"——他向国王讲述了一系列伊斯兰教规——"我们相信他的话，遵从他从安拉那儿得来的教义。我们信仰独一的安拉，不拜他物。总之，他禁止我们做犯禁的，允许我们行合法的。因此，我们的族人欺压我们，折磨我们，迫使我们抛弃我们的信仰，不崇拜安拉而拜偶像，让我们去干过去我们认为是合法的丑行。当他们这样逼迫欺压、围攻我们，阻止我们去信仰我们的宗教时，我们来到了您的国度，投奔了您，而不是别人。我们愿以您为邻，我们希望在您这里不会受到虐待。"

国王说："你身边是否有他从安拉那儿得到的什么？能读给我听一听吗？"

贾法尔说："有！"

他给国王咏颂了"麦尔彦"章。他从这章的开端一直咏到下面几节：

> 她就指一指那个婴儿，他们说："我们怎能对摇篮里的婴儿说话呢？"那婴儿说："我确是安拉的仆人，他要把经典赏赐我，要使我做先知，要使我无论在哪里都是有福的，并且嘱咐

我，只要活着就要谨守拜功，完纳天课，〔他使我〕孝敬我的母亲，他没有使我做霸道的、薄命的人。我在出生日、死亡日、复活日，都享受和平。”（《古兰经》19：29—33）

国王与大主教的回答

大主教听了贾法尔朗诵的《古兰经》后很惊奇。他们把《古兰经》与《福音书》的内容做了比较后，认为这是可信的。他们说：“这些词句跟我们的领袖基督耶稣的话发源于同一处。”

国王说：“这个也跟穆萨所宣讲的同出于一壁龛。你们俩走吧，我指安拉为誓，我不会把他们交给你们俩。”

第二天，阿慕尔·本·阿斯又来见国王，他对国王说：“关于麦尔彦的儿子尔撒，圣门弟子们讲了不得了的话。”

于是，国王派人去叫圣门弟子们，想问他们到底讲了什么话。当他们来到国王面前时，贾法尔·本·艾比·塔利卜说：“关于他，我们讲了我们先知所讲的话。我们先知说，他是安拉的仆人，安拉的使者，安拉的灵魂，是圣母麦尔彦受安拉的灵感而生下来的。”

国王听了这些话非常高兴，他拿起一根棍，用棍在地上画了一条线，他说：“你们的宗教与我们的宗教仅有一线的距离。”

同时，国王听了麦加两位使者和圣门弟子们双方的话后明白，这些圣门弟子们是承认尔撒，承认基督，拜安拉的。圣门弟子们以国王为邻，生活得很安定，很舒适。当他们听说古莱什人的敌对行为平息后，就回到麦加。当时，穆罕默德仍住在麦加。但是，他们回来后，看到麦加人仍然在迫害穆罕默德和跟随他的人。他们再次迁徙到阿比西尼亚，这次迁徙去的除妇女和儿童外共去了八十名男子。这次迁徙纯属逃避，还是出于穆罕默德一人的筹划？这是值得史学家去探讨的政治目的。

圣门弟子们与阿比西尼亚的基督教

为穆罕默德撰写历史者有理由问：穆罕默德怎么会放心让他的支持者们到阿比西尼亚去呢？阿比西尼亚居民是有经典的人民，他们是基督教徒。基督教使者尔撒的使命是被伊斯兰教承认的。再说，难道穆罕默德不害怕他的门弟子们受到类似古莱什人给予他们的蛊惑吗？即使是另一种形式的蛊惑，穆罕默德怎么能放心这种蛊惑呢？阿比西尼亚比麦加更富饶，比古莱什更具有蛊惑性。到阿比西尼亚的圣门弟子们，确有一人改信了基督教。这一事实也证明，对阿比西尼亚给予圣门弟子们的蛊惑应引起穆罕默德的注意。当时穆罕默德的势力还很弱，跟他走的人还怀疑他究竟能不能保护他们和领导他们战胜敌人。穆罕默德心胸豁达、聪明、有远见、崇高、慷慨、有修养、仁慈，很可能他曾考虑过这个问题，但他对此还是很放心的。因为当时的伊斯兰，直到先知逝世时，是纯正无瑕的。而当时的阿比西尼亚的基督教与纳古拉·希懒、叙利亚的基督教一样，在崇拜麦尔彦还是崇拜尔撒的问题上也争论不休。因此，对于这些信仰纯正无瑕的圣门弟子们没有必要担心。

伊斯兰精神

实际上，大部分宗教，每当经历几代人的发展之后，难免渗透进拜物教的杂质。尽管它不像阿拉伯国家当时流行的拜物教那样浅薄，但它毕竟是拜物教的东西。伊斯兰教从它兴起之日开始，从各方面讲，都是与拜物教彻底决裂的宗教。基督教刚刚诞生就承认一部分宗教人士的特殊地位，在伊斯兰教中绝没有这种状况。当时伊斯兰教比基督教更崇高和纯正。它的本质是把人的精神提到最高境界，人不行善和敬畏就无法获得主的喜悦。人给予别人的应是他自己所喜爱的。偶像也好，僧侣也好，占卜者也好，无论什么东西都不能阻挡人道主义精神的升华，直到它与整个存在完美和谐地联系在一起。安拉对他的赏赐将超过他的善行好几倍。精神！出自安拉旨意的精神！与无始无终的时间相联系的精神！人只要行善，信仰了这种精神，除安拉之外，没有任何力量能控制他。强暴、歹徒能够折磨人的肉体，能够剥夺人的享受，能够把人杀死，但具有这一精神的人，只要想超越物质利益，超越时间的概念，想与整个存在联系在一起，那么这些人就不可能损害他。在回赐的那一天，每个人都将按他的行为受到报偿。到那时，父亲不能由于儿子而叨光共宠；儿子也不能由于父亲而牵连受累。到那时，富豪者的金钱帮不了自己的忙，强暴者的威力对自己无济于事，善辩者的言语无法为自己辩护。只有自己的行为才能对自己做出有利或无利的见证。到那时，整个客观存在的事实都将平等地会集到一起。你的主不会冤枉任何人，你们只有按你们所做的得到报应。

穆罕默德曾把这一思想传授给圣门弟子，这一思想占据了他们的心房，成了他们的信仰。他怎能担心害怕他们受蛊惑呢！穆罕默德受人称赞的人品是他们的榜样。有的人热爱穆罕默德胜过热爱他们自己，胜过热爱他们自己的儿子和亲属。在这种情况下，穆罕默德怎会担心害怕他们受蛊惑呢。穆罕默德把这一信仰看得比占有大地、苍穹、太阳、月亮都重。他曾对他伯父说：“指安拉为誓，就是他们把太阳放到我右边，把月亮放到我左边，让我抛弃这一事业，我也决不舍弃它。或是安拉使这一事业大获全胜，或是我捐躯殉教。”

穆罕默德除谦逊、仁慈、友善和具有怜恤之心外，他已用信仰、智慧、公正和真善美之光给人们照亮了道路。因此，他很放心这些圣门弟子们迁徙到阿比西尼亚去。圣门弟子在阿比西尼亚国王身边安然地生活，他们能够在与自己没有任何血缘关系的居民中心安理得地信仰自己的宗教，这些使古莱什人——他们是圣门弟子的族人，是他们的亲戚，是同宗之人——感到他们对圣门弟子的迫害是不公正的，是一种犯罪，是不道德的可耻行为。他们感到处心积虑地迫害他们是太过分了。

但圣门弟子们的精神境界远远超脱于这种迫害之上。这种罪恶行为损害不了他们，他们把忍受这种困苦看成是接近安拉，求得安拉谅解的一种途径。

欧麦尔·本·哈塔布成为穆斯林

欧麦尔·本·哈塔布当时正值壮年，他的年龄在三十岁到三十五岁之间。他身强力壮，具有顽强的反抗精神，脾气暴躁，容易动怒，嗜酒贪玩。但除这些外，他对自己的亲人很恭敬，很温厚。此人原来对穆斯林伤害最严重。当他看到一些圣门弟子迁徙到阿比西尼亚，并受到国王保护时，也由于同这些圣门弟子们离别，他感到很寂寞。他看到他们离开了自己的祖国，感到很痛苦。

有一天，穆罕默德在赛法旁边的一间房子中同没有迁徙的穆斯林聚会。其中有穆罕默德的叔父哈姆扎，有他的堂弟阿里·本·艾比·塔利卜、艾布·伯克尔·本·盖亥法及其他圣门弟子。当欧麦尔知道他们在聚会时，为了让古莱什人过上安静日子，为了把古莱什人重新团结起来——他认为由于穆罕默德责难他们的神灵，才导致古莱什人的分裂——就想闯进聚会的圣门弟子地方，把穆罕默德杀掉。在路上，他遇到了努艾姆·本·阿卜杜拉。当努艾姆知道他要行凶时，就对他说："指安拉为誓，欧麦尔！你自恃自误了！如果你把穆罕默德杀了，阿卜杜勒·麦纳夫子弟能放过你吗？赶快回家去吧，你去看看你的亲人在干什么？"

当时欧麦尔的姐姐法蒂玛和姐夫赛义德·本·栽德已归信伊斯兰教。欧麦尔从努艾姆那里知道了他俩的事后，立即返回到他俩那去了。他进门时听到有人在给姐姐和姐夫读《古兰经》。他们听到有人进来时，读《古兰经》的人藏匿起来了，姐姐法蒂玛也赶忙加以掩饰。欧麦尔问道："刚才我听到有人在读什么？"

当他俩矢口否认时，欧麦尔大叫起来，他说："我知道你们已归信穆罕默德的宗教了。"

然后，就要动手打姐夫赛义德。法蒂玛起来保护丈夫，欧麦尔就把姐姐打了一顿，打得她头破血流。这时，赛义德和法蒂玛也火了，他俩对着欧麦尔也大喊起来：“是的，我们已归信了伊斯兰教，随你的便吧！”

欧麦尔看到姐姐头上鲜血直流，顿觉束手无策。这时，他的善良和温厚的感情又占了上风，他悔悟了，他求姐姐向他展现他们刚刚朗诵的《古兰经》。在诵读了《古兰经》后，他脸色变了，深深地忏悔了。他被《古兰经》奇迹般的语言、威严和崇高惊呆了。这时，他的善良之心占了主导地位，他放心了，二话没说走出了家门，直奔穆罕默德聚会的场所。当场宣布自己归信伊斯兰教。欧麦尔和哈姆扎两人的归信对穆斯林起了很大的保护作用。

欧麦尔归信伊斯兰教后，古莱什人的力量为之削弱。因此，古莱什人再次集会商议对策。是的，欧麦尔归信伊斯兰教给圣门弟子们增添了新的力量，使古莱什人与圣门弟子之间的形势变得与以前不一样了。以致双方各自采取了酿成了一系列事件和牺牲的新政策，也导致了迁徙，导致先知穆罕默德成了政治家。

第六章 “阿拉尼格”[1]的故事

迁徙者从阿比西尼亚归来

迁徙到阿比西尼亚的圣门弟子们在那儿居住了三个月。在这期间，欧麦尔·本·哈塔布归信了伊斯兰教。这些迁徙者们获悉，欧麦尔归信伊斯兰教后，古莱什人不再迫害穆罕默德及其跟随者了。一些史书记载，这些迁徙者们大部分返回到了麦加。另一些史书记载，全部迁徙者都回到了麦加。但当他们回到麦加时，见到古莱什人又重新开始迫害圣门弟子，而且古莱什人对他们的敌意情绪比过去甚至更变本加厉了。于是，有的又返回到了阿比西尼亚，有的悄悄地，或在邻居的保护下到了麦加。据说，这次又有一部分圣门弟子同曾迁徙到阿比西尼亚的圣门弟子一起迁徙到阿比西尼亚去了。他们一直在阿比西尼亚住到圣门弟子迁徙到叶斯里布，在那里安定下来时才返回。

高高的“阿拉尼格”

是什么原因使迁徙到阿比西尼亚去的圣门弟子，仅在阿比西尼亚住了三个月就回来了呢？这里应该讲一讲伊本·赛尔德在他的《众先知和国王们》一书中提到的有关“阿拉尼格”的观点。很多穆斯林注释家和史学家提到了这一观点，一些东方学家还采用了这一观点，并且很

① “阿拉尼格”是一种水鸟的名字。

长时间支持这一观点。

有关“阿拉尼格”的传说是，穆罕默德看到古莱什人回避他、并迫害他的支持者时，他说：“但愿不降示使他们憎恶我的启示。”他主动去接近他的族人，族人也来接近他。有一天，他坐到天房克尔白附近族人聚会的地方。他给族人吟诵了“星宿”章。他诵道：

> 他们告诉我吧！拉特和欧萨，以及排行第三，也是最次的默那，怎么是安拉的女儿呢？(《古兰经》53：19—20)

接着他又诵道，那些高高的“阿拉尼格”，她们的求情是有希望的。接着他诵完了“星宿”章。诵毕，做了礼拜，所有族人一起做了礼拜。古莱什人宣布他们对先知朗诵的感到满意。他们说：“我们已知道，安拉能使人生，能使人死，能创造，能给以生活资源。但我们的神灵能在安拉那儿为我们求情。你能给我们的神灵一定的地位，我们跟随你。”

这样，他和他们之间的分歧消失了。这件事在人们中传开了，直传到阿比西尼亚。迁徙到阿比西尼亚的圣门弟子说：“我们的族人是我们最可爱的人。”

于是，他们离开了阿比西尼亚，回麦加来了。在某日的白昼，还差一个时辰他们就要到麦加了，这时他们遇到基纳奈族的一个驼队。圣门弟子向基纳奈族人打听麦加的情况，他们回答说，穆罕默德为他们的神灵说了些好话，所以他们公开跟随他了。后来穆罕默德收回了他的话，又重新责骂起他们的神灵来了，所以古莱什人又跟他敌对起来。这些穆斯林商量该怎么办，他们由于急于要会见自己的亲人，所以就进了麦加城。

关于穆罕默德收回了他对古莱什人的神灵说的好话一事，好几种书籍都肯定了这一消息。古莱什人说的“你能给我们的神灵一定的地位，我们跟随你”的话，对于穆罕默德来说是很有分量的。他坐在家里思考这件事，晚上天使吉卜利勒降临了。先知把“星宿”章呈给了他。吉卜利勒说：“我带给你这两句话了吗？”他指的是“那些高高的‘阿拉尼格’，她们的求情是有希望的。”穆罕默德说：“我说了安拉所没说的！”此后，安拉的启示又降给了他：

> 他们确已使你几乎违背我所启示的教训，以便你假借我的名义，而捏造其他的教训。那么他们就会把你当朋友。要不是我使你坚定，你几乎已倾向于他们了。如果那样，我必使你在生前尝试加倍的刑罚，在死后尝试加倍的刑罚，使你不能找到任何人帮助你来对抗我。（《古兰经》17：73—75）

穆罕默德又开始贬斥古莱什人的神灵了。而古莱什人，则又开始同他敌对起来，又开始迫害他的支持者了。

“阿拉尼格”之说的虚弱性及其支持者的论据

有关“阿拉尼格”之说，不只是一种史书作者提到它，也不只是一位注释家讲到它，而且很多东方学家对它进行了很久的研究。这一传说是很虚弱的，也经不起推敲。另外，这个传说能够把先知为了完成主的使命而进行的全部活动否定掉。奇怪的是，一些史书作者和穆斯林注释家接受了这一传说。伊本·伊斯哈格在被问到这一传说时，毫不犹豫地说道，这是伪信者的捏造。但一些接受这一传说的人想为其辩解，并想以下面这些《古兰经》章节为依据。

> 他们确已使你几乎违背我所启示的教训，以便你假借我的名义，而捏造其他的教训。那么他们就会把你当朋友。（《古兰经》17：73）

在你之前我所派遣的使者和先知，没有一个不是这样的：当他愿望的时候，恶魔对于他的愿望，有一种建议，但安拉破除恶魔的建议，然后，安拉使自己的迹象成为坚确的。安拉是全知的，是至睿的。〔他这样做〕以便他以恶魔建议的事考验有心病的人和心硬的人。不义者必陷于长远的分裂之中。（《古兰经》22：52—53）

一些人把上面这一节中的“愿望”解释为“读”，还有的人把它解释为“希望”。这些人及支持他们意见的东方学家认为，多神教徒对先知的支持者的迫害，使先知很为难。这些多神教徒杀害圣门弟子，把一些圣门弟子扔到火热的太阳下面，并在他们身上压上很重的石头，就像折磨比拉勒那样折磨他们。先知只好允许他们迁徙到阿比西尼亚。同时，族人对先知的疏远和冷淡，也使先知很伤脑筋。为了使圣门弟子能继续信仰伊斯兰教，摆脱偶像崇拜者的迫害，先知去接近族人，并给他们朗诵了“星宿”章，同时增加了有关“阿拉尼格”的话。当他做礼拜时，族人同他一起做了礼拜。由于他给了他们的神灵在安拉那里一定的地位，族人向他表示了愿跟随他的意向。

瓦里姆·穆威尔先生为部分史书和注释谈到的这一传说提供了论据。他自己认为这是证明“阿拉尼格”讲话正确的有力论据。这一论据是，迁徙到阿比西尼亚的圣门弟子们，在那里得到了阿比西尼亚国王良好的待遇，但他们仅在那儿生活了三个月。如果他们没有得到穆罕默德同古莱什人和好的消息，那么便没有其他能使他们回来同亲人和族人团聚的理由。当时穆罕默德在麦加势单力薄，他的支持者无力保护自己免遭古莱什人的迫害和折磨。如果不是穆罕默德去谋求同古莱什人和解，和解是不会实现的！

对这些论据的批驳及穆斯林从阿比西尼亚返回的原因

认为“阿拉尼格”之说是正确的理由是不充足的，是经不起推敲的。让我们首先批驳东方学家瓦里姆·穆威尔的论据。促使迁徙到阿比西尼亚的穆斯林返回的原因有两个。第一是在这些圣门弟子们迁徙到阿比西尼亚不久，欧麦尔·本·哈塔布归信了伊斯兰教。他以他原来用以反对伊斯兰教的热情归信了安拉的宗教。他没有隐瞒他归信伊斯兰教这件事，而是当众宣布了它，并且声明为了这一宗教他将与反对者做斗争。他对圣门弟子为了避免古莱什人的迫害而悄悄到麦加山间小路上去做礼拜而愤愤然。他一直同古莱什人争斗，后来他来到天房克尔白做礼拜，圣门弟子也同他一起在天房克尔白做礼拜。这时古莱什人体会到，他们对圣门弟子的迫害将会招致一场旷日持久、胜负难料的内战。古莱什人各个部落，各个家族中都有人归信了伊斯兰教。如果他们中任何一个人被杀害，他的部落或家族将起来报复，尽管这些部落或家族并不信仰伊斯兰教。因此，他们必然要寻求避免这种危险的同穆罕默德斗争的办法。古莱什人同意和圣门弟子休战，所以他们在这期间没有迫害任何一个圣门弟子。这一情况传到了迁徙到阿比西尼亚去的圣门弟子那儿，才使他们考虑返回麦加。

当时这些圣门弟子是否要回来，还在犹豫不决。正在这时出现了使他们一定要回来的第二个原因，那就是在阿比西尼亚爆发了反对国王的革命。国王所信仰的宗教及他对圣门弟子表现的同情，是当时在全国范围内反对他的因素。圣门弟子们热切希望安拉会默助国王战胜他的对手。但由于他们是在阿比西尼亚居住不久的外国人，所以没有介入这一革命。当时，他们已经了解到穆罕默德和古莱什人已停止争斗，这使圣门弟子们摆脱了原来古莱什人对他们的迫害。那么最好是离开是非之地，去同亲人们团聚。所有迁徙的圣门弟子，或是部分人这样做了。但当他们快要到麦加时，古莱什人在如何对待穆罕默德及其支持者的问题上进行了协商。协商后，他们签订了同哈希姆子弟们断绝往来的誓约。古莱什人不同哈希姆子弟们通婚，不同他们做生意。这样，双方又恢复了过去的那种残酷的斗争。返回来的圣门弟子们又回到了阿比西尼亚，而且能同他们一起走的圣门弟子都走了，这次他们遇到了古莱什人的阻拦。

东方学家瓦里姆·穆威尔所指出的和解，不是穆斯林返回来的原因。而是欧麦尔归信伊斯兰教及他热情地支持安拉的宗教，造成了古莱什人与圣门弟子之间停止争斗的局面，使他们返回了麦加。那么，用和解为论据来支持“阿拉尼格”之说是站不住脚的。

用某些章节反驳是颠倒是非

某些史书的作者及一些注释家曾用下面的《古兰经》来进行反驳。

> 他们确已使你几乎违背我所启示的教训……（《古兰经》17：73）
>
> 在你之前我所派遣的使者和先知，没有一个不是这样的：当他愿望的时候，恶魔对于他的愿望，有一种建议，但安拉破除恶魔的建议……（《古兰经》22：52）

这一反驳比瓦里姆·穆威尔先生的论据更为虚弱。我们只需引证《古兰经》中的这句话，就足以驳倒他们的反驳。

> 要不是我使你坚定，你几乎已倾向于他们了。（《古兰经》17：74）

我们可以看出，恶魔曾对使者的企求有一种干扰，使者几乎已偏向他们。但安拉使他坚定了，他没那样做。如果他那样做了，安拉必使他在生前尝试加倍的惩罚，在死后尝试加倍的惩罚。那么，用这些章节进行反驳是颠倒是非的反驳。“阿拉尼格”的故事是说，穆罕默德已偏向古莱什人，古莱什人确实诱惑穆罕默德了，所以他讲了安拉所没讲的。上面《古兰经》的章节告诉我们，安拉使他坚定了，所以他没有那样做。如果你能明白，《古兰经》这些章节不是围绕着“阿拉尼格”问题而降谕的，那么你就会看出，用这些章节为与违背众先知去完成他们的使命的决心，与穆罕默德整个历史相违背的事情进行反驳，是徒劳无益的。

至于“在你之前我所派遣的使者和先知……”这一节，则根本与“阿拉尼格”讲话毫无关系。我们不必再引用有关安拉把魔鬼的干扰摒弃，然后，安拉坚定了自己的旨意，安拉深知洞察，明哲无比，“（他这样做）以便他以恶魔建议的事考验有心病的人和心硬的人”这一节了。

“阿拉尼格”故事缺乏科学性

让我们用科学的方法去推敲一下这个故事，我们就会看到，它是站不住脚的。首先，这一故事的传说杂乱纷纭。前面我们已经看到，有人是这么说的：“那些高高的‘阿拉尼格’，她们的求情是有希望的。”一些人这样说：“高高的‘阿拉奈格’，她们的求情是有希望的。”还有一些人则这样叙述：“她们的求情是有希望的。”句中没提“阿拉尼格”或“阿拉奈格”。第四种提法是这样的：“她们，也就是高高的‘阿拉尼格’。”第五种提法是：“她们，也就是高高的‘阿拉尼格’。她们的求情确是有希望的。”在另外一些有关的书籍中，除这五种提法外，还有其他种种提法。在各种传说中提法的混乱证明，有关讲话的故事是客观存在的。但它正如伊本·伊斯哈格讲的那样，这个讲话的故事是伪信者捏造的。其目的是妄图怀疑穆罕默德传达安拉的使命的真实性。

“阿拉尼格”故事与“星宿”章的文理不符

另一个更有力的证据是：“星宿”章的文理说明“阿拉尼格”故事是不可能的。这几节的文理如下：

> 他确已看见他的主的一部分最大的迹象。他们告诉我吧！拉特和欧萨，以及排行第三，也是最次的默那，怎么是安拉的女儿呢？难道男孩归你们，女孩却归安拉吗？然而，这是不公平的分配。这些偶像只是你们和你们的祖先所定的名称，安拉并未加以证实，他们只是凭猜想和私欲。正道确已从他们的主降临他们。(《古兰经》53：18—23)

这几节经文清楚地表明，拉特和欧萨是拜偶像者和他们的祖先所定的名称，安拉并未加以证实。这几节的文理怎么会可能是“你们告诉我吧！拉特和欧萨，以及排行第三，也是最次的默那，怎么是安拉的女儿呢？那些高高的‘阿拉尼格’，她们的求情是有希望的。难道男孩归你们，女孩却归安拉吗？这是不公平的分配。这些偶像只是你们和你们的祖先所定的名称，安拉并未加以证实。”这样的排列，文理不通，逻辑混乱，而且前后矛盾。在连续四节里，先是赞扬拉特和欧萨，及排行第三，也是最次的默那。而后又责备他们。这是有头脑的人不能接受的，也不可能说这样的话。无疑，“阿拉尼格”讲话是伪信者们为了他们的目的而捏造的。只有那些追求荒诞无稽，神经紊乱逻辑不清的人才相信它。

语言方面的证据

另一个证据是已故教授穆罕默德·阿布笃在批判“阿拉尼格”故事时提出来的。这就是阿拉伯人无论是在他们的诗歌中，还是在他们的演讲中，从没用“阿拉尼格”这个词来形容过他们的神灵，而且也没听到任何人这样说过。“阿尔努格”和“阿尔尼格”是一种黑色或白色小鸟的名字，或是指翩翩美少年。这个词没有神灵的意思，阿拉伯人也从没用它来形容过神灵。

穆罕默德的诚实否定这一故事的正确性

另一个证明“阿拉尼格”故事的不可能的有力证据，是穆罕默德的为人。穆罕默德从幼年到青年从没说过谎，当他到二十五岁时，被人们称为“艾敏”(忠厚者)。他的诚实是被所有人公认的，是无可争议的事实。他为圣的那一天，问古莱什人：“如果我告诉你们，这山脚下有一匹马，你们相信我的话吗？”

古莱什人回答说：“是的，我们相信！你的为人无可非议，我们从没见过你撒过谎。”

穆罕默德从幼年到壮年在与人们相处中素以诚实著称，人们怎会相信，他说安拉所没说过的呢？这是绝对不可能的。穆罕默德为了真理坚定不屈，不阿谀奉承任何人。凡是对穆罕默德这一品德有所了解的人，都会相信这一故事何其荒唐。穆罕默德说过，就是古莱什人把太阳放在他的右边，把月亮放在他的左边，他也不放弃他的事业。他怎么会说安拉没有启示过他的内容呢？他怎么会说否定安拉让他用以指导世人的宗教基础的话呢？

穆罕默德何时又回到古莱什人那儿，去赞扬他们的神灵呢？难道是在他为圣十年之后？在他及他的支持者为了完成使命，忍受了各种各样迫害，做出了各种各样的牺牲之后？难道是哈姆扎和欧麦尔归信了伊斯兰教之后？是穆斯林在麦加兴起势盛之后？是圣门弟子们的消息传到所有阿拉伯国家，传到阿比西尼亚，传到世界各地之后吗？所以说，“阿拉尼格”讲话是一种呓语梦话，是一种弥天大谎。这一讲话的发明者已觉察到，这一谎言很容易不攻自破，所以他们想用下面的话加以掩饰。

他们说，穆罕默德刚一听到古莱什人说，他已给了他们的神灵在安拉面前替人求情的地位，马上感到问题的严重性。当晚上他在家时，天使吉卜利勒来到他面前，他在安拉面前悔罪了。但这一掩饰更容易被揭破。假若是穆罕默德听了古莱什人的话后，感到问题严重，他马上核对一下启示，不是更好吗？他马上把正确的启示再说一遍不是更好吗？总之，“阿拉尼格”问题纯属捏造，捏造者们是想对已渡过难关的伊斯兰教散布阴谋毒计而已。

这是对一神教的诽谤

奇怪的是，这些捏造者们竟敢对伊斯兰教核心问题———一神论——进行诽谤！对穆罕默德从为圣开始就把它传达给人们的问题进行诽谤！在这个问题上，从一开始穆罕默德就寸步不让，古莱什人用金钱或王位也没使他在这个问题上发生过动摇。古莱什人用金钱和王位引诱他时，他的跟随者还很少。古莱什人对其跟随者的迫害没能使他放弃他的主令其传达给人们的信仰。捏造者选择了穆罕默德立场最坚定的问题进行诽谤，这也证明，这帮人肆无忌惮已失去理性。同时也证明，那些轻易盲从他们的人，在任何人都不会受骗的问题上，已经上当受骗。

“阿拉尼格”问题是绝对不存在的。它与迁徙到阿比西尼亚的圣门弟子们的返回毫无关系。正如前面我们讲到的，他们是在欧麦尔归信伊斯兰教之后，他以从前反伊斯兰的热情来支持伊斯兰，从而使古莱什人被迫停止了对圣门弟子的迫害之后返回的。他们是在阿比西尼亚爆发了革命，而这些圣门弟子又对革命的后果感到忧虑时返回的。古莱什人得知这些圣门弟子回来了，他们更加害怕穆罕默德的势力会日益壮大。于是，他们聚会商讨，密谋对策。他们聚会的结果是订立了与哈希姆子弟不通婚、不通商、不往来的盟约。同时，他们做了内部决议，如果可能，就把穆罕默德杀掉。

第七章　古莱什人的丑行

欧麦尔归信伊斯兰教使古莱什人的力量为之削弱。他以原先强烈反对伊斯兰教的劲头归信了安拉的宗教。他对归信一事，既不隐瞒也不遮盖，而是当众宣布。并且声明将准备为捍卫伊斯兰教同反对者进行斗争。他对圣门弟子们为了躲避古莱什人的迫害到麦加山路上去做礼拜很痛心。他一直坚持同古莱什人进行斗争，结果赢得了同穆斯林一起到天房克尔白做礼拜的权利。古莱什人清醒地认识到，现在圣门弟子们有了诸如欧麦尔、哈姆扎和阿比西尼亚以及一切能保护他们的人们的支持。在这种情况下，他们仅靠对穆罕默德及其门弟子进行迫害的手段，是不能阻挠人们接受安拉的宗教的。他们重新谋划该如何办好。结果，形成了与哈希姆子弟和阿卜杜勒·穆塔里布子弟断绝往来的决议：古莱什人不与他们通婚，不与他们通商，并把这一决议贴在天房克尔白中间。古莱什人以为，用这种以断绝往来把人饿死的罪恶手段，会比敌视和迫害更为有效。当然，他们也没有停止对圣门弟子的敌视和迫害。古莱什人对圣门弟子，对哈希姆子弟，对阿卜杜勒·穆塔里布子弟封锁了两年或三年。他们欲在这期间把穆罕默德在族人中孤立起来。这样，他及他的传教活动就不会有什么危险了。

这一切使穆罕默德更加坚信安拉了，也使他的亲友和信仰他的人们更加增添了保卫他及安拉宗教的信心。这一切阻止不了伊斯兰教的传播。伊斯兰教原来局限在麦加周围，而现在它已超出麦加范围，传到了阿拉伯的各个部落之间。这一新宗教的消息已传到整个阿拉伯半岛，使古莱什人不得不认真考虑该如何对付这个背叛了他们、责骂他们的神灵的“异己”，该如何阻止他在阿拉伯各部落间的传教。因为，古莱什人是靠与这些阿拉伯部落的贸易往来而生存的。

宣传的武器

多年来，古莱什人同本部族及他们祖先留下来的宗教对叛逆者穆罕默德的抵制，以及为了铲除他所倡导的新宗教所付出的气力是难以估计的。他们威胁他及其亲属，讽刺他、嘲笑他的传教活动，挖苦他及跟随他的门弟子。古莱什人让他们的诗人们对他谩骂，造谣中伤。他们迫害穆罕默德，折磨跟他走的人。而且他们对他进行贿赂，用王位收买他，用人们所想要得到的东西引诱他。他们把他的支持者赶出故乡，破坏他们的贸易活动和生计。甚至想用战争恐怖来威吓他和他的支持者。现在，他们又开始对他们进行封锁了，想以此把他们饿死。尽管这样，穆罕默德始终号召人们信仰真理。面对这一事实，古莱什人是否该收场，去相信这位他们从他幼年就了解的诚实的人呢？还是他们另外谋取与上面不同的斗争办法呢？他们认为，他们能用这种新的办法在这场斗争中取得胜利，能够保持他们偶像的所谓神的地位。他们幻想要把麦加永远保持成为崇拜偶像的场所，这样就能保持麦加由此而得到的一切利益。

古莱什人没有收场，还不到他们服输的时候。但是，他们现在害怕穆罕默德的传教活动从麦加发展到阿拉伯各部落中间去。古莱什人还有一种对策，其实他们早已利用了它，并且他们仍妄想这一对策能起作用。这一对策就是宣传、狡辩、争论、争吵、散布流言蜚语，想方设法驳倒对方的论点，寻找理由压倒对方的证明。他们的宣传就是要攻击别人的信仰，诋毁信仰者，诬蔑信仰者，甚至诽谤信仰本身。他们不仅在麦加搞这种宣传，而且在阿拉伯各部落中间，在整个阿拉伯半岛上搞这种宣传。因为他们知道，阿拉伯各部落及半岛上的其他居民比麦加人更需要他们的宣传。因为在麦加可以用威胁、诱惑、恐怖和折磨来代替宣传，但在每年来麦加经商、朝觐的成千上万的阿拉伯人中间不能用这一套。

这些人首先聚集在欧喀兹、迈吉尔和济·迈贾兹市场，然后到天房偶像那儿去朝拜、去献牲、去寻求吉祥和神灵的饶恕。因此，当古莱什人对穆罕默德的敌对行为加剧时，古莱什人就考虑组织诋毁穆罕默德的宣传活动。当穆罕默德开始在这些朝觐者中号召信仰独一的安拉时，古莱什人的宣传活动更是变本加厉。穆罕默德为圣几年之后，他考虑了下面这个问题。

作为先知，从为圣到启示的降临，他就警告自己的族人和亲友。当他警告古莱什人时，一些人归信了伊斯兰教，但是还有一些人怙恶不悛，顽固不化，所以他现在应担负起号召他的族人，号召阿拉伯人，号召所有的人归信伊斯兰教的重任。

诬蔑穆罕默德用妖言骗人

当穆罕默德准备号召从阿拉伯各部落来麦加朝觐者们信仰安拉时，一部分古莱什人聚集在瓦利德·本·穆吉拉家中。他们在一起策划如何进行诋毁穆罕默德的宣传。在朝觐期间，应当怎样在来麦加的阿拉伯人面前攻击穆罕默德呢？首先应该统一口径，不能出现前后矛盾的话。一部分人建议把穆罕默德说成是僧侣，瓦利德不同意，因为在穆罕默德的言论中根本没有僧侣们那种玄妙的言辞；另一部分人主张把穆罕默德说成是个疯子，瓦利德也反对，因为在穆罕默德身上找不到任何疯子的迹象；又有人建议说穆罕默德会妖术，瓦利德仍然反对，因为穆罕默德从不说，也不做任何蛊惑人心的话和事。经协商，瓦利德建议他们在朝觐的阿拉伯人中间把穆罕默德说成是位能言善辩的人。他的话能使父子疏远，能让兄弟不和，能把夫妻拆散，能叫族人分裂。麦加原来是很团结的，但后来发生了分裂和争吵。这一情况能向阿拉伯人证明，他们的话是对的。朝觐期间，古莱什人四处活动，他们警告朝觐者不要听穆罕默德的花言巧语，以免阿拉伯各部落重蹈麦加的覆辙，否则整个阿拉伯半岛就会混乱起来。

奈达尔·本·哈里斯

古莱什人这样的宣传是站不住脚的。同时，也不能与人们所信仰的演说家的宣讲抗衡。再加上真理在这位能言善辩的演说家手中，那么还有什么东西能阻止人们去相信他呢？难道承认自己无能，承认对手的宣传比自己的宣传更高明吗？但是，古莱什人除上面所散布的宣传活动外还有另一种宣传手段，这手段是古莱什人从奈达尔·本·哈里斯那儿学来的。这位奈达尔·本·哈里斯是古莱什人中的鬼滑头。他曾到过希拉，在那儿学过波斯国王们的讲话，见过波斯人的各种宗教崇拜活动，领教过他们有关善恶和其他方面的说教。每当穆罕默德宣讲，号召族人信仰安拉，并用以前抗拒安拉的民族的下场警告他们时，奈达尔总是跟在穆罕默德后面捣乱。他对古莱什人讲解波斯人的谈话和信仰。然后，他又说："穆罕默德讲的比我讲的好在什么地方呢？他讲的和我讲的不都是前人们的神话吗！"为了同穆罕默德对人们提出的警告及他号召人们所信仰的宗教对抗，古莱什人到处宣传奈达尔的鬼话。

基督教徒杰卜尔

当时，穆罕默德常到住在麦尔卧，名叫杰卜尔的青年基督教徒那儿去。因此，古莱什人妄言，基督教徒杰卜尔教给穆罕默德的要比他从穆罕默德那儿得到的多。如果有人要背叛他的祖先遗留下来的宗教，那么，他应信奉基督教。古莱什人到处散布这一观点。为此，安拉降下了启示：

我的确知道，他们说过："这只是一个凡人所传授的。"他们所倾向的那个人的语言是化外人〔的语言〕，而这〔部经典的语言〕是明白的阿拉伯语。(《古兰经》16：103)

杜斯族人图费勒·本·阿慕尔

古莱什人利用诸如此类的宣传活动来对抗穆罕默德。他们希望，这种方法比以前他们使用过的迫害的方法更能折磨穆罕默德和他的支持者。但是，穆罕默德所宣讲的千真万确的真理比古莱什人的谬论更有威力。因此，伊斯兰教日益广泛地在阿拉伯人中间传播开来。一位叫图费勒·本·阿慕尔的杜斯族人来到麦加，他是位高尚而聪明的诗人。他到麦加后，古莱什人就警告他不要听穆罕默德的宣讲。他们对他说，穆罕默德的话像妖术一样，能使人与他的亲人离散，甚至能使人与他自己的灵魂分家。他们告诉他，他们担心如果他听了穆罕默德的话，他的族人就会像麦加人一样分崩离析。古莱什人劝他最好不要理穆罕默德，也不听他的宣讲。

有一天，图费勒来到天房克尔白，正巧穆罕默德也在那儿。他听了穆罕默德的几句讲演后，觉得他的话很好，很有道理。于是他自言自语地说："我真该死！我是一位须眉男子汉，又是诗人，难道我好坏不分，真伪莫辨吗？有什么能阻止我去听一听这位男子汉的话呢！如果他讲得好，我接受它，如果他讲得不堪入耳，我再鄙弃他也不算迟。"

于是，他跟着穆罕默德一起来到他家里。他把自己介绍了一下，并把自己的想法告诉了他。穆罕默德向他介绍了伊斯兰教，并给他吟诵了《古兰经》。图费勒马上信奉了伊斯兰教，并宣读了证词。他回去后，就开始号召族人信奉伊斯兰教。当时，一些人响应了他的号召，也有一些迟疑不决的。图费勒连续几年在族人中间宣讲，最后他的族人绝大部分信奉了伊斯兰教。在攻克麦加后，在伊斯兰教形成了一定形式的政体之后，图费勒及其族人归顺了先知穆罕默德的队伍。

图费勒只不过是很多例子中的一个例子而已。当时，不仅一些拜物教徒响应了穆罕默德的号召，就连一些信奉了基督教的人也都响应了他的号召。穆罕默德在麦加时，有二十名基督教徒慕名而来。他们找到了穆罕默德，听了他的讲解，响应了他的号召，归信了他。这样激怒了古莱什人，古莱什人责骂他们说："安拉会使你们失望的！你们的教友派你们来探听这个人的消息，你们刚一听他的话就背叛了你们原来的宗教，就相信了他的话！"

古莱什人的责骂没能阻挠这二十名基督教徒要信奉穆罕默德的宣讲，也没能使他们退出他们刚刚归信的伊斯兰教。因为这些人原来是基督教徒，他们在没听穆罕默德宣讲之前就信仰安拉。所以，古莱什人的责骂只能使他们更加信仰安拉。

艾布·苏富扬、艾布·贾海勒和艾赫奈斯

穆罕默德的威望与日俱增。这种崇高的威望使他在古莱什人中的劲敌们开始动摇了。他们曾自问，难道穆罕默德真的是在号召人们相信有一种有益的宗教？他对人们的许诺和警告是否也是对的？

有一天晚上，艾布·苏富扬·本·哈尔卜、艾布·贾海勒·本·哈希姆、艾赫奈斯·本·谢里格三人不约而同地来到穆罕默德家听他宣讲。他们三人各坐在一个地方，互不知道对方也前来听讲。当时，穆罕默德正在家诵读《古兰经》。他那悦耳的声音紧扣每个听讲人的心弦。天快亮了，听讲者各自向自己家走去，这三个人在回家的路上相遇了。于是，他们相互责怪起来：不能再来听了！否则，你们的人看到你们来听讲会削弱你们的势力，反而助长了穆罕默德的威风。但第二天晚上，这三个人像第一天一样又来了，好像他们的双腿不由自主似的又把他们带到了穆罕默德的家中。在那儿他们又听了穆罕默德诵读《古兰经》。天亮前，在回家的路上，这三个人又相遇了。他们像第一天晚上那样，

又相互责怪了一番。但这种相互责怪没能阻止他们三人第三天晚上又来到穆罕默德家里。当他们三人感觉到穆罕默德的宣讲已开始在他们的心中起作用时，就下决心不能像前三天那样再来了。如果任凭穆罕默德的宣讲在他们心中起作用，他们必然要对他们自己的旧观念和听到的新思想去进行衡量，那么他们必定会动摇。他们三人都是族人的首领，他们一旦动摇，族人就会动摇，就会全部跟着穆罕默德走。

有关“皱眉”与“转身离去”

是什么原因妨碍着古莱什人跟随穆罕默德呢？他一不想向他们索取钱财，二不想做他们的首领或部落族长。另外，他是位很谦逊的男子汉，又很热爱他的族人，对他们很敬重，并渴望能把他们指向正路。他非常注意自我反省，从不虐待可怜者和弱者，认为宽恕一切对他的迫害是他内心和良心上的欣慰。当时，曾发生过这样一件事：

有一次，穆罕默德同瓦利德·本·穆吉拉遇到一起，他想让瓦利德归信伊斯兰教，因为瓦利德是古莱什人首领之一。但是，这时盲人伊本·乌姆·麦克图姆走了过来，他要求穆罕默德给他诵读《古兰经》，而且要求很迫切，穆罕默德由于考虑到瓦利德的事，所以很为难，他只好皱眉转身离去了。当他一个人静下来时，他开始反省这件事，他自问道：难道我错了吗？这时安拉启示：

> 他曾皱眉，而且转身离去，因为那个盲人来到他的面前。你怎能知道呢？他也许能受熏陶，或听忠告，而蒙教益。至于自满者，你都逢迎他，他不受熏陶，于你何干？至于殷切地来请教你，而且心怀敬畏者，你却怠慢他。绝不然！这确是一种教训。谁欲记诵它，就叫谁记诵它吧。它在珍贵的册页里；那些册页，是被称扬的，是被涤净的，是在许多书记的手里的；那些书记，是尊贵的，是良善的。(《古兰经》80：1—16)

那么到底是什么原因妨碍着古莱什人跟随他，支持他的传教活动呢？尤其是当他们自己对他们自己的旧信条发生了动摇之际，岁月的流逝，应该使他们忘记由于对旧事物的保守而带来的思想上的僵化。他们看到穆罕默德的传教活动备受人们尊敬，他们仍不跟随穆罕默德原因何在呢？

妨碍古莱什人跟随穆罕默德的原因

很遗憾！岁月的流逝真的能使所有的人去掉他们的僵化，使他们放弃对旧事物的保守吗？这对于那些渴望完美的卓越者是肯定的。这些卓越者，他们一生都在探讨他们原来所信仰的事物，能及时地否定那些毫无价值的东西。这些人的心房和大脑像一座经常沸腾着的熔炉，它能接受投入它内部的一切新的见解，然后加以熔化，去掉糟粕，保留真善美的东西。这些人能在任何地方、任何事物中，向任何人去寻求真理。但是，他们毕竟是他们民族的，是他们所处时代的出类拔萃者。因此，他们常常是少数。他们往往会遭到那些有钱、有势、有地位者们的敌视。因为这些人害怕新事物夺了他们的金钱，破坏了他们的势力和地位。这些人在他们的生活中，除了金钱、势力、地位外，不顾其他任何显而易见的事实。除金钱、势力、地位外，一切能增加这三者的东西，他们都认为是真理；而凡是能稍微影响这三者的东西，他们则认为是荒谬。财主，对能使他们发家致富的事情认为是天经地义，而把影响他们发财的事物则看成是逆天悖理；把能用来满足他们欲望的宗教看成是绝对真理，而把影响和取消他们欲望的宗教认为不值得一提。有势力、有地位者同财主是一丘之貉。这些人出于对他们所害怕的新事物的敌视，动员所有从他们那儿得到生计的老百姓反对新事物的倡导者，动员这些老百姓去崇拜那些已没有灵魂的僵死的旧观念。他们对无辜的百姓伪称，诸如石块之类的旧东西是神圣的。老百姓往往会支持他们，因为老百姓首先考虑的是生计。他们不容易认识到：任何真理不可能被局限在某一种寺庙之内。真理的特点是，能吸引人，给人以营养。在它面前没有什么王子和奴隶之分，能赋予人类高尚的自由。任何权力，不管它是多么暴虐，也不管掌权者如何用暴力来维护这一特权，它都阻挡不住这种自由。他们可以偷偷地来听《古兰经》，而《古兰经》正是在很多事情上谴责了他们所犯的罪恶。《古兰经》对盲人和富翁一视同仁，它只是以是否廉洁对人们加以区分，《古兰经》对一切人的教诲是：

你们中最尊贵者，是你们中最敬畏者。(《古兰经》49：13)

像艾布·苏富扬这样的人，你怎能设想他们会信仰《古兰经》呢？艾布·苏富扬之流死守着他们祖先的宗教，并不是信仰它，或由于其中有什么真理，而是想维护他们建立的旧的宗教信仰，以为这样就可以保住他们的财路、势力和地位。可以说，他们的一生就是为金钱和权势而疲于奔命的。

忌妒与竞争

除上述原因外，忌妒、竞争也是妨碍古莱什人跟随先知的原因之一。伍麦叶·艾比·萨尔特在穆罕默德出现前就曾谈到在阿拉伯人中会出现先知，他自己也曾奢望成为先知。但是，当他看到启示没有降临到他自己身上时，他忌妒得要死。尽管他的诗歌中充满了哲理，但他不情愿跟随他认为是他的竞争者的人。

有一次，先知穆罕默德听了他的诗歌后说："伍麦叶的诗文已信仰真理，但他的心是不虔敬的。"

当时，瓦利德·本·穆吉拉就曾说过："难道启示仅降给穆罕默德，而不降给我这个古莱什人的首领，不降给塞基夫族首领艾布·麦斯欧德·本·欧麦尔吗？我们俩是这两个村的伟人。"

为此，安拉的启示降临了：

> 他们说："怎么不把这本《古兰经》降示两城中任何一城的要人呢？"难道他们能分配你的主的恩惠吗？我将他们在今世生活中的生计分配给他们……（《古兰经》43：31—32）

前面我们已经讲过，艾布·苏富扬、艾布·贾海勒和艾赫奈斯曾连续三个晚上去偷听《古兰经》，当他们听了以后，艾赫奈斯来到艾布·贾海勒家里，他问他："你对我们从穆罕默德那里听到的《古兰经》有什么看法？"

艾布·贾海勒回答说："你听到什么了？我们现在正和阿卜杜勒·麦纳夫后代争夺荣誉，他们向人们提供食品，我们也提供；他们担负了他们所担负的，我们也担负了我们所担负的；他们帮助别人，我们也帮助别人。他们说：我们有先知，启示能从天上降给他，谁知道，何时我们当中也会出现先知？指安拉为誓，我们绝不信仰穆罕默德，也不相信他的宗教。"

忌妒、竞争、格斗在这些游牧人的心中的影响是很深的，谁要是看不到这一点，或对它估计不足，谁就会对事情做出错误的判断。这种状况是根深蒂固的，要摆脱它需要进行长期的教育工作。应该使人们懂得理智应高于感情用事，要使他们达到这样的境界：真理就是真理，不管是你的对手还是敌人或是你的亲友说的，都应承认真理。你应该认识到，你一旦掌握了真理，那么你比你拥有可拉[①]的钱财，亚历山大大帝的权势和国王的地位更富有。这样的境界，只有安拉用真理陶冶了其心灵的人才能达到。而其他人，则盲目地追求金钱和财产，盲目地追求生活中瞬间的享受而达不到这种境界。人们为了金钱和财产及瞬间的享受往往相互争斗、厮杀，甚至扼杀真理，践踏公德。

---

① 以色列的反叛首领之一，以豪富著名。——译者

古莱什人看到支持穆罕默德的人日益增多，他们害怕穆罕默德宣扬的真理有朝一日会战胜他们，会战胜服从他们的人。那么这一真理就会传到阿拉伯半岛上所有的阿拉伯人中间去！为了防止这一点，他们不惜掉脑袋；为了制止这种情况的发生，他们对他们的敌手进行反宣传，断绝往来，实行封锁，进行迫害。

对复活、清算的惧怕

妨碍古莱什人跟随穆罕默德的第三个原因是他们对复活、对清算日进火狱受折磨的惧怕。你已经看到，古莱什人是麦加的一群吃喝玩乐之徒，他们把做买卖、放高利贷看成是能够玩乐的一种手段。他们中的富者从来不知道什么叫羞耻。他们妄称，他们崇拜的偶像能原谅他们的丑行和罪恶。他们在干一件事之前，到偶像胡白勒前去求签，然后按胡白勒“意志”决定的签的吉凶去行事。他们一旦干了丑事或犯下了罪恶，就给偶像献祭，这样偶像就一笔勾销他们的丑行和罪恶。只要他们能够用宰牲献牲的手段来“贿赂”他们的神灵，他们就把杀人、抢劫、犯罪、干下流的勾当视为合法的事情！正是穆罕默德向他们宣读了令他们张皇失措、胆战心惊的《古兰经》的有关章节。他告诉他们，他们的主正注视着他们，在复活日，他们将转生为一种新的动物，只有他们的行为才能为他们说情。

> 当震耳欲聋的轰声来临的时候，在那日，各人将逃避自己的弟兄、自己的父母、自己的妻子儿女；在那日，各人将自顾不暇；在那日，许多面目是光华的，是喜笑的，是愉快的；在那日，许多面目上，将有灰尘，黧黑将蒙蔽它。这等人，是不信道的，是荒淫的。(《古兰经》80：33—42)

震天巨响到来了：

在那日天像熔铜，山像彩绒。亲戚相见不相同。罪人愿意赎取那日的刑罚，即使牺牲他的儿女、他的妻子、他的弟兄，和那收容他的血族，以及大地上所有的人，但愿那能拯救自己。绝不然，那确是发焰的烈火，能揭去头皮，能召唤转身而逃避的人。他曾聚积财产而加以保藏。(《古兰经》70：8—18）

在那日，你们将被检阅，你们的任何秘密，都无法隐藏。用右手接受自己的功过簿的人将说："你们拿我的功过簿去读读吧！我确已猜想到我必遇见我的账目。"他将在愉快的生活里，在崇高的乐园里，那里面的水果伸手可得。"你们可以愉快地饮食，因为你们在过去的岁月中行过善。"以左手接过自己的功过簿的人将说："啊呀！但愿我没有接过我的功过簿，不知道我自己的账目！但愿尘世的死亡已了结我的一生！我的财产于我毫无裨益，我的权柄已从我的手中消失。""你们捉住他，给他戴上枷锁，然后把他投在烈火里，然后把他穿在一条七十臂长的链子上。"他生前确是不信仰尊大的安拉，不勉励人赈济贫民；故今日他在这里没有一个亲戚。除脓汁外，他没有食物。只有迷误的人们才吃脓汁。(《古兰经》69：18—37）

你读过这些吗？你听说过这些吗？难道你不感到可怕吗！这些仅仅是穆罕默德用以警告他的族人的几节经文。你以前读过，也听过关于火狱的情况，请你再听一听《古兰经》对火狱的描述吧：

在那日，我将对火狱说："你已填满了吗？"它将说："还有增加的吗？"(《古兰经》50：30）

……每当他们的皮肤烧焦的时候，我另换一套皮肤给他

们，以便他们尝试刑罚。(《古兰经》4：56)

读了这些以后，你可能会感到惊骇。那么，你就很容易理解古莱什人，特别是他们中沉湎于玩乐的人们，听了这些话后会是怎样的心情。同时你也就很容易理解他们反驳穆罕默德、敌视他、结伙反对他的程度了。他们当时不知道什么叫复活，也不承认他们从穆罕默德那儿听到这些事。他们中任何人都未曾想到，他们死后还将按今世的行为受到报应。他们仅仅是对他们生活前途恐惧担忧。他们害怕生病，害怕他们的金钱、子女、地位和权势受到损失。生活对他们来说，就是他们的生活目的，他们所关心的，就是获取一切能享受的因素和抵御一切他们所害怕的东西。前途对于他们来说是难以预料的，是捉摸不透的。他们内心已感到，他们的恶行可能在将来会给他们带来不幸。过去他们用求签，以石子占卦、惊鸟[①]的方法来判断吉凶。用给偶像献牲的手段抵御在生活中可能发生的可怕事情。什么死后的报应、复活、给敬畏者安排的乐园、给暴虐者设置的火狱，这一切他们谁也没去想它。他们在犹太教徒和基督教徒中对这些曾有所闻，但这些从来没有像现在通过穆罕默德的口降下的启示对其所描绘的这样形象、有力和可怕。如果他们继续沉湎于玩乐，如果他们继续利用剥削弱者，侵吞孤儿的财产，不怜惜不幸的人和放高利贷来发财致富，他们将永远在火狱中受折磨。每当他们听到对火狱的描述，他们就吓得胆战心惊。当看到这些人在离开今世到后世进入火狱，然后就是复活、毁灭，你的心情会是如何呢？

古莱什人和乐园

安拉应许给敬畏者们的乐园，是最美好的地方，那里有人们向往的

① 惊鸟判吉凶，这是古代阿拉伯人的习惯之一。用石头或用喊声把鸟惊飞。如果鸟从你的右方飞走，表示吉利；如果从左方飞走，表示凶兆。

一切。古莱什人对乐园表示怀疑，因为他们追求的只是今世的享受，不信什么报应，同时他们也不信有什么复活日。这些就使他们对乐园更加持怀疑的态度了。

善与恶的搏斗

在人类历史上，自古以来善恶之间的残酷争斗从来没有停止过。奇怪的是，阿拉伯人怎么会不相信对后世生活的描绘及在后世会得到报应呢？在穆罕默德为圣几千年以前，埃及人就为他们的死者准备后世生活所用的东西，在死者的殓衣中放入包括有诗歌和告诫内容的书籍，在他们的寺庙中画有包括公道、清算、忏悔和惩罚内容的绘画。

当时，印度人认为最大的满足存在于“涅槃”之中，毁坏人的灵魂将转世为受几千年、甚至几百万年折磨的其他生物。直到他认识了真理，纯洁了身心，改恶从善之后，才能达到“涅槃”的境界。

波斯的拜火教徒也不否认善恶及黑暗神与光明神之间的争斗。穆萨的宗教、尔撒的宗教对永生及耶和华（安拉）的喜怒也做了描述。难道阿拉伯人对这些一无所知吗？阿拉伯人是从事商业贸易的人民，在他们的经商活动中他们与上述民族都是有联系的。他们怎么会对这些一无所知呢？阿拉伯人是沙漠中的游牧民族，他们处在一望无际的荒漠之中，他们对宇宙间的各种神灵——善神、恶神最富有想象力。而且，他们认为他们用以接近安拉的偶像就是这各种神灵的所在地。他们怎会没有他们自己独特的精神观念呢？无疑，当时他们对他们的周围世界有一定的思想观念。但是，这些人是商人，他们最感兴趣的是现实的东西。同时，他们又是沉溺于酒色、玩乐之徒，因此他们竭力否定在后世有报应的说法。他们认为人在今世生活中所遇到的善与恶是他们行为的报应，但当他们离开了人世后就没有什么报应不报应之说了。

鉴于这种情况大部分有关警告和报喜的启示都是在伊斯兰教初期在麦加降下的，目的是拯救穆罕默德族人的精神。穆罕默德应该对他的族人所陷入的迷误敲一敲警钟，也应该把这些人从拜偶像的泥坑中拉到崇拜独一的、万能的安拉的轨道上来。

为了拯救众人

为了从精神上拯救穆罕默德的族人和全人类，穆罕默德及其众门弟子在精神上和身体上忍受了各种各样的迫害，做出了很多牺牲。离乡背井、亲人的敌视及前几章中所提到的那一切。好像这些人越迫害他、越敌视他，他越想拯救他们。有关复活、清算的章节是为了拯救他们，为了从拜物教、从罪恶中拯救他们必需的启迪。因此，几年中，启示不断地用这些内容警告他们，开导他们，但他们极力地否定这些。因此，他们和穆罕默德之间进行了长期的、残酷的斗争，这一斗争直到伊斯兰教在安拉的保护下取得胜利时才告结束。

第八章　从废除绝交书到穆罕默德夜行

在禁月号召阿拉伯各部落

古莱什人同穆罕默德断绝往来，对圣门弟子进行封锁的绝交书一直被实施了三年。这期间，穆罕默德及其亲属和他的门弟子都躲在麦加郊外的山路上。在那里，他们历尽了千辛万苦，有时甚至忍饥挨饿。这三年，除禁月期间外，穆罕默德及门弟子失去了同其他人接触和谈话的机会。只有在禁月，当阿拉伯各部落的人们纷纷来到麦加朝觐时，穆罕默德才能来到阿拉伯人中间，号召他们归信安拉的宗教，向他们以安拉的恩赐报喜，以安拉的惩罚警告。因为在禁月禁止相互为敌，不能仇杀，不能以强凌弱，不能侵犯别人，不能复仇。当时，穆罕默德为了宣讲安拉的宗教而遭到的各种艰难困苦，引起了很多人对他的同情，也使人们更愿意接受他的宣讲了。为了完成他的使命，他所忍受的古莱什人对他实行的封锁，使他赢得了除艾布·贾海勒及艾布·赖海卜这些顽固不化者之外的很多人的心。

穆斯林被困在山路及废除绝交书

穆罕默德和众门弟子都与古莱什人存在着这样或那样的亲属关系，比如兄弟之间、翁婿之间、堂兄弟之间等。古莱什人对穆罕默德及众门弟子长期的刁难和迫害，引起了一些人的不满。他们觉得古莱什人做得太过残酷绝情了。这样，在麦加有些人开始同情穆斯林了。如果没有这些同情者给圣门弟子往山路上送食品，也许他们可能会被饿死。当时，哈希姆·本·阿慕尔就是最同情圣门弟子的古莱什人。他有时在夜间把载有食品或小麦的骆驼赶到山路上去，当到达圣门弟子住地附近，他把骆驼的缰绳解下来，在骆驼屁股上加一鞭，让它自己跑到圣门弟子那儿去。当他对穆罕默德及圣门弟子所遭受的困苦实在看不下去时，他来到了祖海尔·本·伍麦叶那儿。祖海尔的母亲阿蒂凯[①]是阿卜杜勒·穆塔里布的女儿。哈希姆对祖海尔说："祖海尔！你现在丰衣足食，有儿能娶、有女能嫁。难道你能忍心看着你舅父家的人们受苦受难吗？不跟他们交往、不同他们通婚，你能心安理得吗？我指安拉为誓，如果他们是我儿子艾布·侯克姆舅舅家的人，你让他像古莱什人让你这样去对待他们，我绝不会答应你。"

两人经过一番争论后，决定秘密联络一些人，共同废除古莱什人与圣门弟子的绝交书。他俩联络了迈泰阿姆·本·阿迪、艾布·拜赫泰尔·本·哈希姆及扎姆阿·本·阿斯瓦德。五个人商议好，决心找机会废除绝交书。

有一天，祖海尔来到天房克尔白。他在那儿巡游了七圈，见机会到了，于是他向人们大声喊道："麦加的居民们，我们不与哈希姆子弟买卖，我们有吃有穿，难道我们能让他们饿死吗！我指安拉起誓，不废除这个不公平的绝交书，我决不善罢甘休！"

艾布·贾海勒听到他的话后就大叫起来："废话，指安拉为誓，决议书不能废！"

这时，扎姆阿、艾布·拜赫泰尔、迈泰阿姆、哈希姆·本·阿慕尔一起站起来反对艾布·贾海勒，支持祖海尔。艾布·贾海勒看得出来，废除绝交书的事已在暗中被商定，这些人是串通好来对付他的。如果

① 她是穆罕默德的姑妈。——译者

他违背他们的意志，会引起更大的乱子。他害怕了，退却了。这时，迈泰阿姆走上去，一把抓起绝交书撕掉了。其实，绝交书已快被虫子蛀完，只有开头的“以安拉的名义”几个字尚属完整。绝交书废除后，穆罕默德及众门弟子们从山路上回到了麦加城内，他们同古莱什人恢复了贸易关系。尽管双方表面上有了往来，但双方都在暗地里积累力量，准备在将来某一天战胜对方。

安拉以启示护佑穆罕默德

一些史学家认为，废除古莱什人与圣门弟子绝交书的人，当时仍是拜偶像者。这些人来到穆罕默德那儿，为了避免发生不幸的事，他们请求穆罕默德在一些事情上与古莱什人达成和解。比如说，穆罕默德对古莱什人的神灵可以表示满意，哪怕用他的一只手指头来表示也行。为了感谢他们的好意，穆罕默德内心中也有些倾向，他对自己说：“如果我这样做又有何妨呢？安拉知道我是虔敬的。”

还有另外一种说法，这些废除绝交书的人伙同其他一些人，在一天晚上同穆罕默德进行了谈话。他们一直谈到天亮。这些人恭维穆罕默德、奉承他，对他说“你是我们的首领，我们的首领呀”诸如此类的话。他们同他纠缠不休，几乎使他满足他们的部分要求。上面这两种说法，第一种是赛义德·本·祖拜尔谈到的，第二种是盖塔代谈到的。他们也提到，事情发生后，安拉护佑了穆罕默德。安拉给他下降了启示：

> 他们确已使你几乎违背我所启示的教训，以便你假借我的名义，而捏造其他的教训。那么他们就会把你当朋友。要不是我使你坚定，你几乎已倾向于他们了。如果那样，我必使你在生前尝试加倍的刑罚，在死后尝试加倍的刑罚，使你不能找到任何人帮助你来对抗我。(《古兰经》17：73—75)

这几节《古兰经》文，按照支持“阿拉尼格”传述人的观点，是围绕我们前面讲述过的那个被捏造的传述而降下的。而前面这两位圣训学家则认为，这几节《古兰经》文是围绕废除绝交书而降示的。根据阿塔转述的伊本·阿拔斯的观点，这几节《古兰经》文是围绕塞基夫人而降示的。他们要求穆罕默德把他们的河谷像麦加及麦加的树木、飞禽走兽一样，划为禁地。穆罕默德犹豫不决。这时，这几节《古兰经》文降示了。不管这几节《古兰经》文围绕哪件事或哪几件事降示的，但各种说法都说明一个事实，就是提示了穆罕默德内心世界伟大的一个方面，也有力地说明了穆罕默德的诚实。前面我们引述的有关《古兰经》“皱眉”章的几节及穆罕默德的历史都证明了这一点。这个事实就是，穆罕默德坦率地对人们说，他和他们一样都是凡人，只不过他的主把启示下降给他，指导他而已。如果没有安拉的护佑，他和他们一样都是会犯错误的。他躲避盲人伊本·乌姆·麦克图时犯了错误，《古兰经》“夜行”章下降时，他差点儿又犯错误，差点把安拉降示给他的启示记错。因此，启示提醒了他对盲人做的错事，提醒了他古莱什人使他差点儿出现的错误。他诚实地把启示传达给人们，实事求是地向人们传达使命。个人的面子、得失都不能影响他如实地向人们传达真理。如果说为了信仰，一些伟大人物能够忍受别人对他们的迫害，但承认自己差点儿出现的失误，不是一般人、甚至一些伟人所能做到的。人们会把这一类的事情隐瞒起来，顶多只是在自己心中默认，能够公开承认自己的失误是件了不起的事情。那么使人能够具备这一高尚情操，向人们揭示真理的动力更伟大。这一更伟大的动力就是先知穆罕默德的身份，它使安拉的使者穆罕默德能诚实地去传播真理之命。

艾布·塔利卜和赫蒂彻相继去世

废除古莱什人与圣门弟子绝交书之后，穆罕默德从山路回到麦加。他又重新开始在麦加人及禁月期间来麦加朝觐的阿拉伯各部落的人中间宣讲传播伊斯兰教。尽管穆罕默德在阿拉伯所有部落中早已闻名，尽管跟随他的门弟子已为数众多，但圣门弟子们仍没摆脱古莱什人的迫害。穆罕默德仍然无力去保护他们。

废除绝交书后仅过了几个月，也就是在那一年内，穆罕默德连续遭到了两件使他十分痛苦的不幸事件，这就是艾布·塔利卜和赫蒂彻的相继去世。艾布·塔利卜逝世时已年过八旬。当古莱什人听到他病危时，由于担心他们和穆罕默德之间的距离越来越远，也由于他们特别害怕圣门弟子中以强悍、鲁莽著称的哈姆扎和欧麦尔，于是他们的首领们来到艾布·塔利卜面前，他们对他说："艾布·塔利卜，你知道你在我们中享有的地位和威望。我们担心在你走后你和我们同样所担心的事情，你知道我们和你侄子之间的分歧。请你把他请来，看他对我们什么态度，也请你告诉他我们对他的要求。让他别管我们的事，我们也不管他的事。让我们信仰我们的宗教，我们也让他信仰他的宗教。"

正当这些人同穆罕默德的伯父交谈时，穆罕默德来了。当他了解到这些人的来意时，他对他们说："好！我只要求你们给我一句话，你们可以用它来掌握阿拉伯人，非阿拉伯人也会由于这一句话而顺从你们！"

艾布·贾海勒说："好！指你父亲为誓，十句话我们也给你。"

穆罕默德说："请你们朗诵：'除安拉外，绝无应受崇拜的。'并放弃你们除安拉外所崇拜的一切偶像。"

一些古莱什首领说："穆罕默德，你是想让我们信仰独一的安拉！"

他们相互交头接耳，但穆罕默德没有做任何妥协让步！于是，他们狼狈而去。艾布·塔利卜去世了。此后，穆罕默德与古莱什人之间的敌意加剧了。

艾布·塔利卜去世后不久，穆罕默德的妻子赫蒂彻也离开了人世。赫蒂彻钟爱、敬重穆罕默德，她内心纯洁而又虔诚，可以说，她当时是穆罕默德得力的贤内助，她给他排忧解难，她在他眼里可以说是慈祥的天使。他可以从她的眼光里，从她的嘴唇边看到能使他增强坚定信仰的自信心。艾布·塔利卜原来是保护穆罕默德免遭对手和敌人迫害的人，他去世了，赫蒂彻也去世了。这两件十分令人痛苦的不幸事件给穆罕默德心中造成了多么大的创伤啊！这样的痛苦足能使性格坚强的人发生动摇和绝望，能使性格坚强的人悲痛欲绝，陷于无穷的哀思之中，而无暇再考虑其他事情。

古莱什人对穆罕默德迫害的加剧

穆罕默德失去艾布·塔利卜和赫蒂彻这两位有力的支持者后，他看到古莱什人对他的迫害加剧了。最明显的是古莱什人中的愚昧小人常常对穆罕默德无理取闹，他们在路上见到了穆罕默德，公然把他拦住，往他头上撒土。穆罕默德满头尘土，不声不响地回到家里。

他到家后，女儿法蒂玛一边哭一边给父亲洗去头上的脏土。最使我们伤心的事莫过于听到我们的孩子们痛哭，特别是女儿的痛哭。女儿眼中流下的每一滴伤心泪，都好像是落入我们心房中滚烫的熔岩。我们会痛楚、会哀叹，会忧心如焚、会抽泣得语不成声。穆罕默德是最疼爱女儿的父亲，他对女儿们最慈祥。面对刚刚失去母亲的女儿的痛哭，而且是为自己受到别人的伤害而痛哭，穆罕默德该怎么办呢？女儿的痛哭使他的心与安拉更贴近了，也使他更加相信安拉会护佑他的。他对伤心落泪的女儿说：“孩子，不要哭！安拉会护佑你的。”

然后他反复地说：“安拉啊，艾布·塔利卜去世前，古莱什人还没能这样伤害我。”

穆罕默德出走到塔伊夫（公元618年）

打那以后，古莱什人对穆罕默德的迫害频繁起来，这使他对他们很厌烦。于是，他自己在任何人都不知道的情况下出走到了塔伊夫，想在那里的塞基夫族人中得到支持和保护，并希望塞基夫族人归信伊斯兰教。但他的希望没能成功。他要求塞基夫族人不要把他向他们求助的事张扬出去，以免古莱什人幸灾乐祸。但他们没听他的话，而且还怂恿一些愚昧的小人谩骂他、围攻他。穆罕默德只好到拉比阿两个儿子乌泰拜和沙伊拜家墙边躲避，那些混蛋们这才离去了。穆罕默德坐在葡萄架下，乌泰拜和沙伊拜见他非常忧愁和悲伤。穆罕默德安下心后，抬起头来，面向天空很难过地说道："安拉啊，我要向你诉说。我已力不从心，人们在欺侮我。至仁至慈的主啊，你是弱者之主，是我的养主。你把我交给谁呢？交给这些给我难看脸色的人，还是把我交给我的敌人？只要你没有对我失望，我无所顾忌。只有你能拯救我。求你保佑，不要对我发怒。责怪我吧，直到你满意。无能为力，别无办法，只靠你了。"

基督教徒阿达斯

拉比阿的两个儿子很长时间地注视着穆罕默德，他俩见他所遭受的不幸，不免产生了恻隐之心。于是就让他俩的仆人基督教徒阿达斯给他送去了一串葡萄。当穆罕默德接过葡萄时说道："以安拉的名义。"然后才吃起来。这时阿达斯吃惊地说："这个地方的人不说这话呀！"

穆罕默德问阿达斯家住哪里，什么信仰。当他得知他是奈以奈瓦[1]的基督教徒后，就对他说："你是优努斯·本·迈泰的同乡吗？"

阿达斯说："你怎么知道优努斯·本·迈泰？"

穆罕默德说："他是我兄弟。他是先知，我也是先知。"

听了穆罕默德的话后，阿达斯急忙走上前，吻了穆罕默德的头、双手和双脚。拉比阿的两个儿子看到这种情景后很奇怪。但是，这没能使他们离弃他们原来的宗教。

① 现在伊拉克的摩苏尔城。——译者

当阿达斯回来时他俩对他说：“阿达斯，别让这个人使你离弃你自己的宗教。你信仰的宗教比他宣讲的宗教要好。”

穆罕默德亲赴各部落及其反应

似乎穆罕默德遭到的不幸使塞基夫族人对他的不满有所缓和，但他们还是没有跟随他。当古莱什人知道穆罕默德在塔伊夫的塞基夫族人那儿碰壁后，就更加猖狂地迫害他了。但这些没能阻止穆罕默德宣讲安拉的宗教，他亲自来到阿拉伯各部落中，号召人们信仰真理，并告诉他们，他是安拉派来的先知，希望他们相信他。穆罕默德的叔父艾布·赖海卜一直跟穆罕默德捣乱。穆罕默德到哪儿，他就跟到哪儿，煽动人们不要听穆罕默德的话。但穆罕默德不仅在麦加朝觐期间对各部落进行宣讲，而且他亲赴一些部落的家乡。他到过基恩代族、开勒卜族、哈尼法族、阿米尔·本·萨阿萨阿族，但这些部落的人都没有响应他的号召，都很不礼貌地拒绝了他，尤其是哈尼法族最可耻。而阿米尔族人提出，如果穆罕默德能使他们取得胜利，他们要求在穆罕默德之后要称王，支配一切。穆罕默德告诉他们，事情要按照安拉的意愿去做。于是，他们也像其他族人一样拒绝了他。

这些部族反对穆罕默德，是否跟古莱什人反对他的原因同出一辙呢？我们已经提到，阿米尔族人妄图胜利后谋取王位。穆罕默德严加拒绝后，他们才反对他。住在塔伊夫的塞基夫族人有他们自己的特殊的原因。塔伊夫的气候条件好，那里有香甜的葡萄，它一直是麦加人避暑的胜地。同时，它也是拜偶像拉特和朝觐之地。如果塞基夫族人跟随穆罕默德，那么这里就要失去拜拉特的地位，他们与古莱什人之间必然会产生不和。这样就会直接影响他们夏季的经济利益。同样，每个部族都由于各自在经济方面的因素使之拒绝归信伊斯兰教，而固守族人及他们的祖先所信奉的宗教——崇拜偶像。

穆罕默德与阿伊莎订婚及与萨乌黛结婚

这些部族的反对使穆罕默德感到很孤独。古莱什人对他的门弟子也变本加厉地迫害，更增添了他的痛苦。这时赫蒂彻的丧期已过，穆罕默德考虑再次结婚。他渴望在妻子身上能得到像前妻赫蒂彻那样给予他的安慰。同时他也想用联姻的办法增进他与初期归信伊斯兰教的门弟子的关系。于是他同艾布·伯克尔的女儿阿伊莎订了婚。由于阿伊莎当时仅七岁，所以在订婚两年之后，即达到九岁时才完婚。在同阿伊莎结婚前，穆罕默德同一位曾迁徙到阿比西尼亚，后又回到麦加、在麦加去世的穆斯林的遗孀萨乌黛结了婚。读者在后文中会详细地了解到穆罕默德这两次婚姻的意义。

夜行（公元621年）

先知穆罕默德的夜行和升宵就发生在这一期间。夜行的那天晚上，他住在他伯父艾布·塔利卜的女儿杏德家里。杏德的尊称是乌姆·亥妮。杏德对夜行是这样描述的：

“安拉的使者那天晚上睡在我们家。他宵礼后我们都一起入睡了。第二天黎明，安拉的使者把我们叫醒。我们一起礼晨礼，这时他说：‘乌姆·亥妮，你看到了，昨天晚上我同你们一起在这儿做了宵礼，然后我到了耶路撒冷。我在那儿进行了祈祷。现在正如你所见到的这样，我同你们一起在礼晨礼。’

“我对他说：‘安拉的使者呀，你不要同人们说这话，否则他们会说你在骗人，他们会伤害你。’

“他说：‘指安拉为誓，我就是要告诉他们这件事。’”

夜行是灵魂夜游，还是躯体实践？

认为夜行和升宵是以穆罕默德的灵魂进行的人是以乌姆·亥妮的话和阿伊莎的话为依据的。阿伊莎当时曾说过，安拉的使者的躯体没有消失。是安拉让他的灵魂夜行的。当穆阿维叶·本·艾比·苏富扬在被问及使者夜行的事时，他说："安拉的梦启是真实可信的。"他们除上面提到的依据外，还引证了《古兰经》"夜行"章中的一句话：

> 我所昭示你的梦兆和在《古兰经》里被诅咒的那棵树，我只以这两件事物考验众人……(《古兰经》17：60)

另外一些人认为，先知从麦加到耶路撒冷的夜行是以他的躯体亲自实践的。他们的依据是，穆罕默德曾提到他夜行时，在沙漠中曾看到了一些事情，他所见到的这些事情马上就会有消息来证实。同时他们认为，升宵则是以穆罕默德的灵魂进行的。除这两种观点外，还有人认为先知穆罕默德的夜行和升宵都是以他的躯体进行的。在这个问题上的分歧，众说纷纭，曾发表过几千篇文章。

关于夜行，我有我自己的看法。我不知道我的看法是首创呢，还是以前就有人已持有这种看法。在发表这一看法前，也正是为了表达我的看法，我愿首先描述一下史书中记载的夜行和升宵的过程。

史书中有关夜行的描述

东方学家迪尔曼吉姆根据多种史书，用精彩的文笔描述了这一事件。这里我想转述一下他的描述。

那天午夜，大地一片寂静。飞禽走兽进入了巢穴，溪水声消失了，风声停止了。真是万籁俱寂。先知穆罕默德被呼唤声叫醒:“睡觉的人啊,起来吧!”

穆罕默德站起来,他看到天使吉卜利勒站在他面前。吉卜利勒的前额金光闪闪,脸像雪般的俊白,满头金发,穿着用珠宝和黄金装饰的衣服。他身体四周抖动着五颜六色的翅膀,手中牵着一头怪兽——飞马。飞马的两翼像雄鹰的翅膀那样矫健。飞马在穆罕默德面前低下头,骑上它,它像离弦之箭一样腾空而起。在这次夜行中,天使吉卜利勒一直陪伴着先知。飞马在安拉给穆萨训话的西奈山停了一下,然后又在尔撒的诞生地——伯利恒停了一下,然后又继续向前飞行。当时有一些微弱的叫声想使先知停下来。但他忠于自己的使命,认为除安拉外任何人都无权让飞马停下来。飞马驮着先知到了耶路撒冷。在那里,穆罕默德把飞马拴好,在苏莱曼、易卜拉欣、穆萨、尔撒的圣台前做了祈祷。此后,他就开始了升宵。穆罕默德站在叶尔孤白石上,他从石头上很快升入天空。第一层天是纯银的,上面用金丝系着星宿。每颗星宿前都有天使守护。他们防备着魔鬼,不让他们升到星宿之上,去窃听太空的奥秘。在这层天上穆罕默德向阿丹[1]致意问候。在这里还有各种生灵的形象,他们都在赞美他们的养主。在其他层天上,穆罕默德见到了努哈[2]、哈伦、穆萨、易卜拉欣、达乌德、苏莱曼、易德立斯、叶哈雅和尔撒。在那里他还见到了掌管死亡的天使阿兹拉伊勒,他负责索取人的性命,他两眼之间的距离足可让人走七万天。他管辖着十万群天使。他有一部巨大的生死簿,上面记载着所有出生者和死亡者的名字。他见到了泪神,泪神在那儿正为人类的罪孽而哭泣。他见到了控制着火种的坐在火焰上的铜面复仇神。他还见到了一半由火另一半由雪形成的巨神。巨神周围有众多的天使,他们不停地赞美安拉,并异口同声地说:“安拉啊!你创造了雪和火,你把你的一切崇拜者都置于你的法则之下。”

① 即亚当。——译者

② 即挪亚。——译者

在第七层天上，这是公正者的处所，有一位比整个大地还大的神。他有七万个头，每个头上有七万张嘴，每张嘴上有七万条舌头，每条舌头能讲七万种语言，每种语言中又有七万种方言。这些嘴巴和舌头都在赞美安拉。

正当穆罕默德仔细观看时，他突然升到了一棵大树之巅。大树耸立在天篷的右侧，树下有亿万位天使。瞬间穆罕默德穿过浩瀚的海洋，穿过光亮刺眼的区域，穿过漆黑的地方，又跨过数以百计，由黑暗、烈火、流水、大气、空间组成的障碍。每个障碍之间相距人要行走五百年的距离。然后穆罕默德又越过优美、完善、神秘、庄严、独尊五个关隘。五个关隘后面有七万群天使，他们都纹丝不动地做祈祷。这时穆罕默德觉得自己已升腾到了神圣至尊的境界。令他吃惊的是，在这里天和地汇聚到了一起，几乎辨别不出天与地的界线。天和地宛如是在广阔无垠的绿草碧野里的一颗芝麻粒，小得让人无法寻觅。

穆罕默德站在天篷前，觉得跟安拉很亲近，他以亲眼所见的现象证实安拉的存在。他还看到了一些人所不懂而又无法用语言表达的东西。一只至尊伟大者的手摸穆罕默德的前胸，另一只手抚着他的肩膀[①]。先知感到沁人心脾的由衷喜悦。他当时觉得就是马上为安拉而死也是心甘情愿的。

经过一番交谈后——仔细研究过的考古学书籍不承认这一谈话的神圣性——安拉令他的奴仆穆罕默德让所有的穆斯林每天礼五十次礼拜。当穆罕默德从天上往返时，遇到了穆萨。穆萨对他说："你怎能期望你的民族每天礼五十次礼拜呢？在你之前我曾考验过世人，我同以色列子弟们尽了我最大的努力。请相信我，回到我们的主那儿去，向主请求减少每天礼拜的次数。"

穆罕默德返回原地。安拉把每天礼拜的次数减少至四十次。穆萨仍认为四十次还是无法做到的。他仍让穆罕默德返回到安拉那儿，请

① 原作者用"手"抚摩的措辞，显然是使用修辞学中的拟人法，可以表达得更形象。尽管违反了安拉无形无象、无方无位的本质。——译者

求减少每天礼拜的次数。就这样穆罕默德来回往返了数次，最后确定每天礼五次拜功。

后来，天使吉卜利勒带着穆罕默德参观了为敬畏者在复活日预备的乐园，随后穆罕默德就回到了地上。穆罕默德解开飞马，骑上它，从耶路撒冷回到了麦加。

伊本·希沙姆对夜行的描述

上面转述的是东方学家迪尔曼吉姆对先知穆罕默德夜行和升宵的描述。在很多史书上都可以看到对这一事件的描述，但你也会发现这些史书在描述某些细节上或多或少都有一些不同。比如伊本·希沙姆以先知穆罕默德的口述这一事件就是如此。

当穆罕默德在第一层天见到阿丹后，先知说：

“然后我看到了一些男人，他们长着像驼唇一样的嘴，在他们手中有像石块一样的火球。他们把火球吞进嘴里，火球又从他们屁股下喷出来。我说：‘吉卜利勒，这些人是谁啊？’

“吉卜利勒说：‘这些是不道德地侵吞孤儿钱财的人。’

“然后，我看到一些长着我从未见过的怪肚子的男人，他们躺在法老家族走向火狱的路上。法老家族的成员像疯驼一样践踏他们。但他们毫无动弹挣扎之力。我说：‘吉卜利勒，这些人是谁？’

“他回答说：‘这是食高利贷者。’

“然后，我又看到了一些男人，他们手边放着味美的肉和发臭的肉。但他们吃的是那臭肉，而把味美的肉扔掉。我说：‘吉卜利勒，这些人是谁？’

“他回答说：‘这些是离弃了安拉给予他们合法女人，而去找安拉禁止他们的不合法的女人的人。’

“然后，我看到了一些乳房被吊起来的女人，我说：‘吉卜利勒，这些女人是谁？’

“他回答说：‘这些人是跟不是自己孩子父亲的人私通的女人……’

“然后，他把我带进了乐园。在那儿我见到了一位美丽的女仆——我见到她时，她使我很惊奇——我问她是属于谁的？她回答说：‘是属于栽德·本·哈里斯的。’”

安拉的使者把这一喜讯告诉了栽德·本·哈里斯。

你在伊本·希沙姆以外的其他史书中，还会看到与上面提到的这些不同的其他细节。史学家有权考查这些细节的真实性，有权问哪些是先知真正做的，哪些是苏非派信徒及其他人想象虚构的。这里没有余地对这些进行推敲和推断。在这里我也不能断言升宵和夜行究竟是先知的躯体亲身实践的，还是升宵是魂游，夜行是躯体实游的，还是升宵和夜行都是灵魂进行的。但无疑的是，发表这些不同观点的学者们都有各自的依据。持这种观点而不同意那一种观点都是无可指责的。认为夜行和升宵都是灵魂梦游者，正如我们前面所述是有它的根据的。同时通过先知之口而转述的《古兰经》中也多次指出：

> ……我只是一个同你们一样的凡人，我奉的启示是：你们所应当崇拜的，只是一个主宰，故谁希望与他的主相会，就叫谁力行善功，叫谁不要以任何物与他的主受同样的崇拜。(《古兰经》18：110)
>
> 安拉必不赦宥以物配主的罪恶，他为自己所意欲的人而赦宥比这差一等的罪过……(《古兰经》4：48)

持这种观点的人比其他人更为迫切地提出夜行和升宵的哲理是什么呢？这正是我们所要表达的观点。我不知道其他人在这之前发表过类似的观点没有。

夜行与存在的统一性

夜行与升宵在穆罕默德精神生活中具有极其崇高的意义。它比一些人描绘的，比教义学家们掺杂了不少想象意义的要崇高得多。在夜行和升宵时，达到了完美境界的整个存在，都展现在了穆罕默德那敏锐的灵魂之中。而时间、地点的界限，以及其他使我们的智慧在生活中受到局限的种种障碍，当时在穆罕默德的脑海和灵魂中都消失了。在他的眼前出现了整个宇宙。他领悟了宇宙的奥秘，他设想了在安拉的引导下，通过真、善、美、德战胜伪、恶、丑、缺，宇宙的统一向全美阶段发展的过程。这种崇高的境界只有超越人类气质的力量才能想象得到。穆罕默德的众门弟子们，任何人都不能达到他思想的崇高境界，也达不到他对宇宙完美统一性的洞察力，以及他那种为了通达这一完美性而勤奋不懈的精神。这是不足为奇的，也是无可挑剔的。人类的优秀者们及天才人物们的能力是不尽相同的，是有差异的。我们对真理的探求往往会遇到我们的能力无法超越的一些障碍。提到这些差异，使我们想起了《盲人摸象》的故事：盲人想了解大象，象是什么样的呢？一个盲人说，象好似一根绳，这是因为他摸到了象的尾巴；另一个说，象好似树干，这是因为他摸到了象腿；第三个说，象好似尖锐的矛，这是因为他摸到了象牙；第四个说，象好似一根经常活动、能弯曲的圆管，这是因为他摸到了象鼻子。盲人对象的初次认识与明眼人对象的初次认识相比是有差异的。

这一差异，正如一些人对夜行和升宵哲理的认识，与穆罕默德对宇宙和存在统一性的认识，以及他对夜行和升宵描绘的差异是一样的。在时间上，穆罕默德从阿丹之前一直想到了复活日。场所地点的概念已在他的脑海中消失。他站在乐园最高处的大树之巅俯视整个宇宙，宇宙在他面前变成了一片星云。而其他人则停留在某些细节上。这些细节与整个宇宙相比就好像人体上的某些细胞与整个肌体相比一样。肌体缺几个细胞，它的整体不会受到什么影响。几个细胞与肌体的生命，与心脏的跳动，与灵魂的闪光，与大脑的思维，与肌体充满的那种无限的生命力相比能算得上什么呢？

认为夜行是以灵魂进行的，同认为夜行和升宵都是以灵魂进行的是一样的，都具有崇高的意义。这是对自存在之始到其终了精神统一性的有力描述。穆罕默德夜行中，在安拉给穆萨训话的西奈山停留，在尔撒的诞生地伯利恒城停留，以祈祷的方式把穆罕默德、尔撒、穆萨、易卜拉欣统一在一起的精神会晤，这都是充分显示宗教生活的统一性，也表明了宗教生活是使宇宙向完美阶段发展的一个支柱。

夜行与现代科学

我们这个时代的科学承认夜行和升宵是以灵魂进行的。在我们这个时代，科学承认思想理论的各种观点，同时也承认声音通过以太利用收音机可以传播，也承认图像可以传播。这些，在以前却被认为是幻想。现代科学几乎每天都发掘到现在仍然隐藏在宇宙间未被揭晓的能力。那么，穆罕默德精神灵魂所达到的那种力量和威力，安拉让其从麦加禁寺夜行到耶路撒冷远寺，让其领略安拉的奇迹，对于这些科学也是应该承认的。这一事件的哲理具有完美的崇高意义。这清楚地描绘了穆罕默德对精神统一性和宇宙统一性的认识。任何一个人，如果他能尽力使自己摆脱生活的幻想，尽力使自己认识真理的本质，认识他自己及整个世界在真理中所处的位置，他就能认识到穆罕默德对精神统一性和宇宙统一性的描述。

古莱什人的怀疑和部分圣门弟子的动摇

麦加的阿拉伯人没能认识到夜行的意义。当穆罕默德把他夜行的事告诉他们后，他们马上以世俗的观点对夜行及其真实性议论起来。甚至连过去跟随穆罕默德，相信他的人对夜行的话也产生了怀疑。很多人说，这件事很明显，商队从麦加到叙利亚，需要一个月的时间，回来也需要一个月的时间。穆罕默德难道在一个晚上能从麦加到那儿，再从那儿返回来吗？很多原来归信伊斯兰教的人也有所动摇。对夜行有怀疑的人来到了艾布·伯克尔那儿，他们把穆罕默德关于夜行的话告诉了他，艾布·伯克尔说："你们是在诽谤他。"

他们说："不是。他自己现在还在清真寺向人们讲这件事。"

艾布·伯克尔说："指安拉起誓，如果他真的自己讲了这件事，那他的话是事实。如果他告诉我，安拉的启示在某一个晚上，或某一个白天会从天上降下来，我也会相信的。这不比你们现在奇怪这件事更深奥吗？"

说着，艾布·伯克尔来到先知那儿。他听穆罕默德如何叙述耶路撒冷的情况，因为以前他曾到过耶路撒冷。当先知把耶路撒冷远寺的情况叙述完后，艾布·伯克尔说："安拉的使者呀！你讲得完全对。"从那天以后，穆罕默德把艾布·伯克尔称作"萨迪格"[①]。

认为夜行是穆罕默德以躯体进行的人，把下面这件事作为他们的论据。

当古莱什人听到夜行的事后，他们还有一些过去信仰他的要让他拿出证据来。因为他们认为以前从未听到过类似这样的事。穆罕默德告诉他们，他在夜行的路上曾遇到一个驼队，驼队中的一头骆驼走失了。他曾指引驼队的主人找到了这头走失的骆驼。他还告诉他们，他曾在另一个驼队中喝过水。他喝完水后，曾把器皿的盖子重新盖好。古莱什人找到了这两个驼队，驼队的主人证实了穆罕默德讲的话是事实。

你可能会问，认为夜行是以灵魂进行的，对这一事实持何看法呢？

① 意为"忠贞的人"。——译者

我认为他们对这一事实不会感到奇怪。在我们这个时代，科学能够利用某种方法来发现遥远的某些具体事物。能够通晓整个宇宙精神生活的灵魂，由于安拉给予的力量，能领悟从宇宙之始直到其终的生命的奥秘。你对这一事实又该有怎样的感想呢？

第九章　两次阿盖白誓约

夜行发生后部分圣门弟子的动摇

前面我们已经讲到，古莱什人没能认识到穆罕默德夜行的意义，很多已经归信了伊斯兰教的人甚至也没能理解夜行的意义，致使一部分跟随穆罕默德多年的门弟子离开了他。古莱什人借机进一步加紧对穆罕默德及门弟子的迫害，圣门弟子的处境十分窘迫。穆罕默德在塔伊夫的塞基夫族人，在基恩代族人、开勒卜族人、阿米尔族人、哈尼法族人拒绝跟随他之后，已不再希望这些部族能支持他了。他也不再奢求今后把任何一个古莱什人能引向真理了。

除古莱什族外，处在麦加附近及来麦加朝觐的其他阿拉伯国家的部族，眼看穆罕默德处境孤立，眼看古莱什人与他处处作对，眼看古莱什人把所有支持穆罕默德的人视同仇敌，他们便对穆罕默德更加疏远了。尽管穆罕默德有哈姆扎和欧麦尔的支持，尽管他知道有哈希姆子弟和阿卜杜勒·穆塔里布子弟对他的保护，古莱什人不敢比以往更疯狂地迫害他，但他认识到，安拉的使命如果仅局限在少数跟随他的门弟子之中，如果安拉不进一步佑助他，不给他出路，再由于圣门弟子人数少、力量弱，他们可能会被消灭，或脱离他们的信仰。穆罕默德在族人中很孤立，古莱什人又倍加仇恨他，他经历了一段漫长而又艰难的岁月。孤立的日子是否会使他动摇呢？是否会削弱他的意志呢？

穆罕默德的坚定立场

孤立的日子没能使穆罕默德气馁，也没能削弱他的意志。相反，对安拉用其指引给他真理的信仰，使他能够超脱于这种艰难之上。这些艰难可以使凡夫俗子消沉，但它只能使出类拔萃之人更加坚定。他跟他的众圣门弟子，在备受孤立的情况下，始终坚信安拉会支持他们，会使伊斯兰教得到比其他任何宗教更崇高的地位。别人的仇恨又算得了什么呢，它绝不能动摇他的意志。穆罕默德整整一年没有离开麦加。他毫不吝啬地动用前妻赫蒂彻和他积蓄下来的钱财，即便弄得手头拮据他也在所不顾。他所乞求的唯一目标就是安拉将会给他带来胜利，他对此毫不怀疑。

朝觐季节到来了，半岛各部落的人聚到了麦加。穆罕默德来到他们中间，向他们宣讲真理。尽管他们拒绝他、疏远他、不礼貌地对待他，但他对此毫不在意。在他向人们传达安拉的使命时，古莱什人中的一些愚蠢下流之辈对他肆意挑衅，极尽讽刺挖苦之能事。但他们的丑行没能动摇他对将来必胜的信心。至高无上的安拉给了他真理，毫无疑问，安拉会支持这一真理的。安拉曾向他启示，让他以最好的方式同人辩论：

> ……你应当以最优美的品行去对付恶劣的品行，那么，与你相仇者，忽然间会变得亲如密友。（《古兰经》41：34）

并让他对人们讲和蔼的话，这样他们就有所觉悟。忍耐吧！安拉是同坚忍者在一起的。

来自叶斯里布的胜利之望

穆罕默德坚忍了几年之后，终于在叶斯里布城出现了胜利的希望。穆罕默德与叶斯里布城的关系，不是一般的商业贸易关系。首先，他与这里的伊本·纳加尔家族有着血缘关系。他祖父阿卜杜勒·穆塔里布的舅父们就是这个家族的成员。另外，他父亲阿卜杜拉·本·阿卜杜勒·穆塔里布就葬在这里。他母亲去世前，每年都要带他到叶斯里布去墓地游坟。忠于自己丈夫的阿米娜，想念自己儿子的阿卜杜勒·穆塔里布都对穆罕默德父亲的坟墓念念不忘。穆罕默德六岁时，曾陪母亲到过叶斯里布。两人到父亲的墓地探望后就回麦加了。在路上母亲阿米娜病倒了，她去世后，就葬在了位于叶斯里布和麦加之间的艾布瓦村。所以胜利的希望首先出现在与穆罕默德有这样特殊关系的城市是不奇怪的。他当时礼拜的朝向是穆萨和尔撒的肃穆之地耶路撒冷远寺，正好是朝向叶斯里布，也是不奇怪的。命运安排叶斯里布作为穆罕默德取胜之地，作为伊斯兰教成功传播之城也是不奇怪的。

奥斯族人、海兹拉吉族人和犹太人

奥斯族人、海兹拉吉族人原来是多神教徒，他们在叶斯里布与犹太人为邻。这两个部族与犹太人之间充满了仇恨，两者之间时常发生仇杀。据史书记载，叙利亚的基督教徒是跟随东罗马帝国的。由于他们认为是犹太人把基督钉死在十字架上，所以他们对犹太人异常憎恨。基督教徒曾到叶斯里布来袭击过犹太人，但袭击没能成功。于是，他们求助奥斯族人和海兹拉吉族人把犹太人骗出城来，结果他们杀死了大批犹太人。这一事件后，犹太人失去了他们原有的控制叶斯里布的地位。而奥斯族和海兹拉吉族的阿拉伯人则摆脱了他们原来只能当苦力的不利地位。这以后阿拉伯人曾设法进一步削弱犹太人的地位，控制城市的农业和水源，他们取得了某种程度的成功。后来犹太人千方百计地削弱阿拉伯人的地位。犹太人对奥斯族人和海兹拉吉族人恨之入骨，而奥斯族人和海兹拉吉族人也对犹太人恨得要命。但穆萨的这些信徒们已看到，如果奥斯族人和海兹拉吉族人同其他信仰同一宗教的阿拉伯人联合起来对付他们这些有经典的信徒，就可能会导致他们自己的灭绝。于是，他们便采取了不在战场上拼杀的计划，而用了离间阿拉伯人的计谋。他们离间奥斯族人和海兹拉吉族人，给他们之间制造仇恨，最后使两者仇杀起来。这样犹太人用计谋摆脱了两个敌人，而自己则坐收渔翁之利。犹太人发展贸易，增加收入，恢复了他们原来失去的政治地位，也收回了往日失去的土地和不动产。

犹太人的精神影响

犹太人与属于阿拉伯人的奥斯族人和海兹拉吉族人在叶斯里布杂居共处，在他们之间除发生了权利之争外，犹太人在精神方面给这两个族人带来了很深的影响。犹太人在精神方面给予这两个族人的影响要比给予半岛上其他部落的阿拉伯人的影响深得多。犹太人是“有经人”，他们是一神教论者。因此，他们责备他们多神教论者的邻居把偶像作为接近安拉的手段，并警告他们，先知即将到来，他会同犹太人站在一起消灭他们这些多神教徒。犹太人的宣传之所以没能把这里的阿拉伯人犹太化，是由于两个原因：

第一，当时基督教徒与犹太教徒之间常常发生战争。这使叶斯里布的犹太人除追求平安的生活，从而能顺利经商外，不敢有更高的奢望。

第二，犹太人认为自己是安拉的“选民”，他们不愿意其他民族跟他们并驾齐驱。因此，不主张其他民族信奉他们的宗教，也不愿意让他们的宗教超出以色列子弟这个范畴。

尽管有上面这两个因素，但由于犹太人和奥斯族人及海兹拉吉族人同居共处，也由于两者之间的贸易联系，使这两个阿拉伯族的人比其他阿拉伯人更多地听到了有关精神和其他宗教事宜方面的宣传。叶斯里布的阿拉伯人之所以比其他地方的阿拉伯人能较快地响应穆罕默德的号召，就证明了这一点。

苏韦德·本·萨米特

苏韦德·本·萨米特是叶斯里布很有名望的大人物。由于他具有坚强的毅力，写一手好诗、有名望、出身高贵，族人都叫他凯米尔[①]。这时苏韦德来到麦加朝觐。穆罕默德约见了他，劝说他归信安拉，信奉伊斯兰教。

苏韦德对穆罕默德说："但愿你所说的这些与我所掌握的知识是一致的。"

穆罕默德说："你所掌握的知识是什么呢？"

他回答说："鲁格曼的哲理。"

穆罕默德要求他把这一哲理讲给他听。穆罕默德听完后说："这一哲理很好，但我所掌握的比这更好。我所掌握的是安拉启示给我，并用以指引我光明的《古兰经》。"

接着穆罕默德给他朗诵了《古兰经》的有关章节，并再次劝说他归信伊斯兰教。苏韦德对他听到的《古兰经》章节很满意，他说："这些很好。"

他离去了，并对穆罕默德给他讲解的进行了认真考虑。他的族人说，当海兹拉吉族人把他杀害时，他是作为穆斯林而死的。

① 意为完善的人。——译者

易亚斯·本·穆阿兹

苏韦德·本·萨米特不是唯一能证明由于犹太人和阿拉伯人在叶斯里布同居共处，因而在精神文明方面给阿拉伯人带来了影响的人。在前面你已经读到，由于犹太人的挑拨，在奥斯族人与海兹拉吉族人之间产生了不和。双方都想在其他阿拉伯部落中寻求同盟者与对方拼死一搏。为了同古莱什人结盟反对海兹拉吉族人，奥斯族人艾布·哈萨尔·阿斯·本·拉菲阿带领一伙阿卜杜·艾什海勒家族中的年轻人来到了麦加。这些青年中有易亚斯·本·穆阿兹。穆罕默德听到这件事之后，就来到了他们中间。他同他们进行了座谈，动员他们归信伊斯兰教，并给他们朗诵了《古兰经》。易亚斯·本·穆阿兹听了穆罕默德的讲解后说："族人啊！我敢以安拉的名义起誓，这要比你们来的目的强多了。"

这伙人回叶斯里布去时，易亚斯归信了伊斯兰教。而其他人，则忙于为迫在眉睫的布阿斯仇杀做准备去了。这一仇杀在艾布·哈萨尔及其同伙回叶斯里布后不久便发生了，但穆罕默德的话在他们心中起了作用。这次仇杀以后，奥斯族人和海兹拉吉族人都来找穆罕默德，都承认他是先知、使者，都把他看作是同盟者和领袖。

布阿斯仇杀

艾布·哈萨尔一行回叶斯里布后不久便爆发了布阿斯仇杀。奥斯族人与海兹拉吉族人在这场仇杀中，由于长期的相互仇恨，进行了殊死的拼杀。双方在仇杀之前都议论说，如果自己一旦取胜，是怜悯对方呢，还是把对方斩尽杀绝。奥斯族人由艾布·艾塞德·侯代尔·凯泰卜率领，他对海兹拉吉族人最仇视。

战斗一开始，奥斯族人失利。他们向内志方向逃去，海兹拉吉族人在他们后面破口大骂。侯代尔听到他们的骂声后异常气愤，他用长矛刺伤自己的大腿，坐在地上大喊："杀回去！我要一直战斗到阵亡！奥斯族人啊，如果你们想救我，那就杀回去吧！"

奥斯族人回过头来，怀着满腔的愤怒，同海兹拉吉族人殊死搏斗。结果他们打败了海兹拉吉族人。奥斯族人战胜后，他们焚烧对方的树木、房屋。这时，艾什海勒家族的赛尔德·本·穆阿兹站出来保护了海兹拉吉族人。侯代尔想把海兹拉吉族人的房屋全部烧光，把海兹拉吉族人全部杀光。但艾布·盖斯·本·艾斯莱特制止了他。他劝他应该同情信仰同一宗教的人，并对他说："以他们为邻要比同狐狸为伴好。"

伊斯兰教在叶斯里布之始

两个部族仇杀之后，犹太人恢复了他们原来在叶斯里布的地位。而仇杀中的获胜者奥斯族和败北者海兹拉吉族都尝到了仇杀的苦果。他们认真考虑了仇杀的后果，想在两族中树立一位首领来管理两族的事宜。他们选中了战败的海兹拉吉族中的既有崇高地位，又有远见卓识的阿卜杜拉·本·穆罕默德，但事态的发展阻止了这件事的实现。一伙海兹拉吉族人在朝觐季节来到了麦加。穆罕默德见了他们，他询问了他们的情况，了解到他们是犹太人的同盟者。叶斯里布的犹太人曾对他们讲，先知降临的时间即将到来，如果他们同犹太人不能协调一致，犹太人就会同先知一起，像灭绝阿德族和伊拉姆族一样灭绝他们。当先知同他们交谈、号召他们归信安拉时，他们相互交换了一下眼色，然后说："安拉啊，他不就是犹太人曾提及的先知吗？千万别让犹太人先于我们同他建立关系。"

于是，他们响应了穆罕默德的号召，归信了伊斯兰教。他们对穆罕默德说："我们已脱离我们的部族，也就是奥斯族和海兹拉吉族，因为生活在敌视和邪恶之中的部族是没有希望和出路的。但愿安拉能通过你把族人团结在一起。如果安拉能使他们团结在你周围，那么没有任何人比你更高尚了。”

这批人回到了叶斯里布①。其中两人是穆罕默德祖父阿卜杜勒·穆塔里布舅父家，也就是伊本·纳加尔家族的成员。他们回去后，把他们归信伊斯兰教的事告诉了族人。人们渴望着能使他们像犹太人，甚至比他们更好地团结在一起的宗教。奥斯族人和海兹拉吉族人每家每户都在谈论着穆罕默德。

首次阿盖白誓约

旧的一年过去了，到麦加朝觐的日子——禁月又来临了。这次从叶斯里布来了十二名男子。他们与先知穆罕默德在阿盖白进行了聚会，并向他宣誓：不以任何物匹配安拉，不偷盗，不淫乱，不杀害儿童，不做伪证，不违背他指引的善功。

忠于上述誓言者入乐园；违背其中任何一点者，听凭安拉处置，或宽恕，或惩罚。为了向他们传授《古兰经》和伊斯兰教教律，穆罕默德给他们派去了穆苏阿卜·本·欧麦尔。这次誓约之后，伊斯兰教在叶斯里布更迅速地发展起来。穆苏阿卜生活在奥斯族和海兹拉吉族中的穆斯林中间，他高兴地看到奉行安拉旨意和真理的辅士②日益发展壮大。次年禁月，他回到了麦加。他向穆罕默德汇报了叶斯里布穆斯林的情况及他们的实力，并告诉他，在朝觐季节将会有更多的人来麦加，他们信仰安拉的信念比以前更坚定了。

① 先知穆罕默德迁徙到那里后便改为麦地那，即先知城。——译者

② 阿拉伯语“安萨尔”的意译，原意为“辅助者”。即指早期麦地那的圣门弟子，与“迁士”对称。——译者

穆罕默德对迁徙的考虑

穆苏阿卜带来的消息使穆罕默德深思起来，在叶斯里布他的支持者们日益增多并强大起来。麦加的穆斯林受到了古莱什人的威胁，而叶斯里布的穆斯林没有遭受到犹太人和多神教徒的迫害。叶斯里布比麦加更富足，那里有农作物、枣椰树和葡萄。麦加的圣门弟子们迁徙到叶斯里布的穆斯林兄弟那儿去，在那儿安全地生活不是很好吗？这样不就可以避免古莱什人对他们的迫害了吗？穆罕默德在考虑这一问题时，想到了那些首先归信伊斯兰教的叶斯里布人，他们曾谈到了奥斯族和海兹拉吉族之间的仇视，他们也曾说过，如果安拉能通过他使他们团结在一起，那么没有任何人比他更高尚的了。现在安拉已通过他使这两个部族的人团结起来了，那么他自己也迁徙到那儿去不是很好吗？同时他也知道，他当时的力量比古莱什人的力量还弱；哈希姆子弟和穆塔里布子弟能保护他不受侵犯，但他们不会支持他去对抗别人，他们也不会保护他的众门弟子免受古莱什人的侵犯和各种各样的迫害。因此，他当时还不想去回击古莱什人的丑行。

如果说信仰是一种强有力的精神支柱，那么它可以使我们蔑视一切，可以使我们甘心情愿地为了自己的信仰牺牲钱财和自由，甚至生命。如果说受迫害本身能使信仰者激发出更大的热情，但要经常考虑如何应付迫害和做出牺牲也可能妨碍信仰者认真仔细地去思考真理，妨碍信仰者把自己的信仰向深度和广度发展。穆罕默德曾让初期的门弟子迁徙到信仰基督教的阿比西尼亚。阿比西尼亚原是信义之邦，它的国王不欺凌任何人。现在那些圣门弟子们不是更应该迁往叶斯里布吗？在那里不仅可以得到自己同伴们的保护，也可以相互支持，共同抵抗可能遭遇的邪恶。这样他们就会得到信仰和传教的自由，从而可以保障宗教的最后胜利。当然宣传宗教不是强迫别人，宣传需是奠基于和蔼，令人心悦诚服，并善于同别人探讨问题。

第二次阿盖白誓约

公元 622 年，从叶斯里布来麦加朝觐的人确实很多。他们中有七十三位男穆斯林和两位女穆斯林。穆罕默德得知他们到来的消息，准备让他们进行第二次宣誓效忠。这次宣誓不能仅局限于号召他们归信伊斯兰教。在过去十三年中，他一直和蔼而又耐心地号召人们归信伊斯兰教，为此他忍受了各种痛苦，做出了很大牺牲。这次应向前发展一步了，应该使穆斯林结成同盟，以便他们能针锋相对地同敌人进行斗争。

穆罕默德秘密地同他们的头领进行了联系，他知道他们已做好了充分的准备工作。他与他们约定，在某一天的深夜，他将在阿盖白再次会见他们。叶斯里布的穆斯林对同来的多神教徒一直保守这一秘密，他们等待着同先知约定的那一天。为了避免秘密被泄露，深夜时他们才悄悄离开他们下榻的地方。到达阿盖白，包括两名女穆斯林在内他们全都爬上了一条山路，在那里等待着先知穆罕默德的到来。

穆罕默德在他叔父阿拔斯 · 本 · 阿卜杜勒 · 穆塔里布陪同下来到了阿盖白。他叔父阿拔斯当时仍是多神教徒，但他从侄儿那里知道这次约见事关结盟大事，这样很可能就会引起战争。他想到他曾同哈希姆子弟和穆塔里布子弟们一起承担了保护穆罕默德的责任。为了侄儿和本族子弟免遭危险，他也担心一旦战事爆发，这些叶斯里布人不支持他们，所以他陪同穆罕默德来到了阿盖白。

到达后，阿拔斯首先发表了讲话，他说："海兹拉吉族人！穆罕默德在我们中间的地位你们是知道的。我们家族中与我观点一致的人是保护他的。他在他的族人中，在自己的家乡是安全的。现在他已倾向于你们，想跟你们在一起。如果你们坚持忠于你们对他的誓言，保护他不受敌视者的伤害，那么你们就勇于承担起为此而产生的一切责任。

如果你们现在顺从了他，而当他到达你们那儿后又背叛他，那么现在就请你们离开他。”

叶斯里布人听了阿拔斯的话后说：“你说的话我们听到了。现在让安拉的使者讲话吧！为了你，为了你的主，有什么要求你就吩咐吧！”

穆罕默德首先朗诵了《古兰经》经文，而后又讲解了伊斯兰教。接着他说：“我要求你们发誓，你们要像保护你们的妻子儿女一样来保护我。”

族长伯拉乌·本·马阿鲁尔在首次阿盖白誓约后就归信了伊斯兰教，他遵守伊斯兰教教规，认真履行一切功课。但他把麦加当成了礼拜的正向。那时，穆罕默德和其他穆斯林礼拜的正向还是耶路撒冷远寺。由于在礼拜朝向上他与其他穆斯林有分歧，所以当他们来到麦加后，就要求先知穆罕默德为此做出裁决。穆罕默德劝阻伯拉乌不要把麦加作为礼拜的朝向。现在穆罕默德要求叶斯里布的穆斯林要像保护他们的妻子儿女一样保护他。伯拉乌伸出手说：“安拉的使者，我们宣誓！指安拉为誓，我们是经受过战斗考验的人……”

伯拉乌的话还没讲完，艾布·海赛姆·本·泰汉插话说：“安拉的使者，我们同犹太人是有信约的，现在我们废弃它。如果我们这样做了，尔后安拉启示你回到你的族人中来，你是不是要抛弃我们呢？”

穆罕默德微笑着回答说：“不会的。我们要同生死、共患难。你们的仇就是我的仇，我的仇也是你们的仇。你们中有我，我是属于你们的。我将视你们的仇敌为仇敌，也将待你们的好友为好友。”

这时他们想立即宣誓，但阿拔斯让他们等一等。他说：“海兹拉吉族人！你们知道你们在向他宣誓的目的吗？你们是在向他宣誓要同各种肤色的人交战。一旦你们的钱财耗尽，你们中有地位的人战死了，如果你们认为这是一种灾难，并为此而背叛先知，它将是你们今生和后世中的耻辱。那么，最好现在你们就离开他。如果你们为了忠于他的号召而不吝啬你们的钱财，你们中有地位的人把生死置之度外，那么你们把他带走吧。这是你们今生和后世中的功德。”

人们回答说："我们要他，绝不吝惜钱财，绝不顾及我们中有地位者的性命。安拉的使者呀！如果我们忠实于你，我们将得到什么？"

穆罕默德心平气和地说："是乐园！"

他们向穆罕默德伸出了手，穆罕默德也伸出手来。他们向他宣誓效忠。宣誓结束后，穆罕默德对他们说："在你们中给我推选十二名首领作为你们的负责人。"

他们从海兹拉吉族中选出了九名，从奥斯族中选出了三名。先知对这些首领说："你们要像基督门徒对麦尔彦的儿子尔撒负责一样，对你们族人负起责任来。我也要对我们族人中的穆斯林负责。"

第二次阿盖白誓约的誓词是："我们宣誓，无论是在顺利时，还是在困难时，无论是遇到令我们高兴的事，还是遇到令我们沮丧的事，我们都完全唯命是从！无论在什么地方我们都讲真理。为了安拉，我们对任何辱骂和诽谤都无所畏惧。"

上面发生的这一切，都是夜深人静时，在偏僻的阿盖白山路上进行的。他们自信除安拉外其他人谁也不会知道他们所进行的事情。但他们刚刚把事情办完，就听到有人对古莱什人喊叫起来："穆罕默德同叛逆者们已商定要对你们宣战了。"

喊叫的人是这样的，他出来办事，偶然听到了一点儿风声。他为了败坏他们的事业，为了吓唬他们，让他们误认为他们深夜做的事已经暴露，所以故意大喊大叫。海兹拉吉族人和奥斯族人没有害怕。赛尔德·本·欧拜岱当听到有人喊叫时，就对穆罕默德说："指安拉为誓，如果你同意，明天就让我们拿起刀剑，向麦加人开战吧！"

穆罕默德回答说："安拉没令我们这样做。你们回去吧。"

他们回到下榻处，一直睡到天亮。

古莱什人与阿盖白誓约

第二天，天刚刚亮，古莱什人就听到了关于阿盖白誓约的消息。他们很吃惊。古莱什人怒气冲冲地来到了海兹拉吉族人的驻地，责问他们说：“古莱什人不想同你们交战，你们为什么要同穆罕默德结盟与古莱什人为敌？”

这时，海兹拉吉族的多神教徒站出来，以他们的神灵发誓来否认此事。穆斯林看到古莱什人倾向于相信这些多神教徒的话，他们则沉默不语。古莱什人半信半疑地离去了。但事关重大，他们开始认真调查此事。在古莱什人尚未弄清事情真相之前，叶斯里布人打起行李回家去了。当古莱什人了解到阿盖白誓约的真相时，就急忙去追赶叶斯里布人。他们只抓到了赛尔德·本·欧拜岱一人，古莱什人把他带回麦加，残酷地折磨他，是祖拜尔·本·穆塔伊姆·本·阿代和哈里斯·本·伍麦叶救了他。因为，赛尔德·本·欧拜岱在叶斯里布曾救过为他俩做生意的人。

双方的立场

古莱什人没有过分惊慌，也没有进一步去追究向穆罕默德宣誓与他们为敌的人。从穆罕默德为圣起已经十三年了，在这十三年中，他们已了解了他。古莱什人对他实行的消极抵抗使双方疲惫不堪。他们知道这位依靠安拉，坚信真理的人是不会妥协的。他不怕他们的迫害，甚至对他们要杀害他也毫不畏惧。古莱什人对他及其众门弟子千方百计地进行迫害，把他们困在山路上，使麦加人不敢跟他走。古莱什人认为他们就要战胜他了，他们可以把他的传教活动局限在跟随他的那些门弟子的范围之内，穆罕默德及其门弟子处于孤立状态，很快就要向他们屈服了。

今天，新的结盟有可能给穆罕默德及其门弟子带来胜利的希望，至少可以给他们带来宣传他们信仰、指责偶像及其崇拜者的自由。现在叶斯里布的奥斯族和海兹拉吉族已支持他们，这两个族已使他们处于不受侵犯的安全地位，并给他们提供了进行宗教活动，扩大信徒行列的自由。谁能预料今后这些人在阿拉伯半岛上会发展成什么样的情景呢？如果古莱什人不能把这一运动扼杀在摇篮里，那么对前途的担心一直会缠绕着他们，惧怕穆罕默德会战胜他们的心理一直会使他们寝食难安。

为了消灭这一新的运动，古莱什人开始盘算如何挫败穆罕默德所建立的同盟。另一方面，穆罕默德比古莱什人考虑的也不少。安拉给他打开了使他们的宗教、真理胜利的大门。今天，他与古莱什人展开的这场战斗，是他为圣以来最激烈的战斗。这场战斗对双方来说都是生死之争。无疑，胜利将属于诚实正义的一方。那么让自己抖擞精神，依靠安拉，准备迎接古莱什人策划的一切阴谋活动吧！让自己勇敢向前吧！但必须像政治家和周密的军事家那样认真、仔细、小心谨慎地去行动。

穆斯林迁徙叶斯里布

穆罕默德决定让麦加的众门弟子迁到叶斯里布辅士那儿去。为了不引起古莱什人的注意，他让他们分批离开麦加。门弟子或单独地，或三五成群地开始迁离麦加，但古莱什人还是发觉了这一行动。他们企图把能赶回麦加来的人都赶回来。他们逼迫圣门弟子背离他们的宗教，折磨他们，对他们进行惩治处罚。如果门弟子的妻子是古莱什人，他们竟强迫他们离散，不让她们跟丈夫同行。如果不服从，他们就把她们扣押起来。但是，古莱什人也只能做到这一步。因为，他们杀害任何部落中的任何人，都会引起部落间的内战。圣门弟子们继续向叶斯里布迁徙，而穆罕默德则按兵不动。谁也不知道他是迁往叶斯里布还是决心留在麦加。因为，以前他曾让门弟子迁徙到阿比西尼亚，而他自己则一直留在麦加动员人们归信伊斯兰教。有一次，艾布·伯克尔向他要求迁徙到叶斯里布去，他仅回答说：“不要急，安拉会安排的。”

古莱什人与先知的迁徙

古莱什人为防范先知迁往叶斯里布做了充分的准备。叶斯里布的穆斯林日益增多，他们几乎在那儿占了优势。现在从麦加来的迁士[①]又加入了他们的行列，这样一来，他们的力量就更加强大了。穆罕默德是位坚定、沉着、胸有成竹、目光远大的人。如果他再到了他们当中，古莱什人害怕有朝一日叶斯里布人会来毁坏麦加，或切断他们通往叙利亚的商路。这样，古莱什人就要忍饥挨饿。古莱什人以前曾同圣门弟子断绝过来往，他们逼着圣门弟子在山路上忍饥挨饿达三十个月之久。如果穆罕默德被迫留在麦加，而他本人又想迁走，那么叶斯里布人为了保护他们的先知必然要采取措施，这样古莱什人会遭到不幸。看来只有把穆罕默德杀掉才能一劳永逸。杀掉穆罕默德又怕哈希姆子弟和穆塔里布子弟为他报仇，就会导致麦加的内战，这比叶斯里布人可能给他们带来的不幸更可怕。

为了这件事，为了防止可怕的事情发生，古莱什人召开了会议。有人提议，像对待以往那些放荡不羁的诗人们那样，把穆罕默德关押起来，紧锁门户，严密监视，直到他得到与这些诗人同样的命运。但这个意见没被采纳。又有人提议，把穆罕默德从他们之中，从麦加赶出去，从此再不过问他的事。但他们又害怕穆罕默德迁徙到叶斯里布后，会发生他们所担心的事情。最后他们商定，每个部落选派一名青年人，分别发给他们利剑，动员这些青年人一起去杀掉穆罕默德，所有部落共同承担杀人的责任。这样，阿卜杜勒·麦纳夫子孙们就无力去跟所有的部落对抗搏斗了。他们只好满足于让这些部落交付杀人的罚金。这样，

① 阿拉伯语“穆哈吉伦”的意译，原意为“迁徙者”“迁移者”，与“辅士”对称。即指伊斯兰教早期为逃避麦加多神教徒的迫害而迁居到麦加以外的穆斯林，主要指622年迁徙到麦地那的穆斯林。——译者

古莱什人就可以一劳永逸地摆脱这位分裂古莱什人的人了。

他们对这条毒计很得意，于是选派了青年人。他们满以为穆罕默德的事业可以就此结束，他连同他的传教活动几天之后就会销声匿迹。迁徙到叶斯里布去的族人不久就会返回麦加，他们就会重新信奉古莱什人的宗教和他们的神灵了。被破坏了的古莱什之间的团结将得以恢复，几乎被动摇了的古莱什人的地位也将会重新稳固。

第十章　先知的迁徙

受命迁徙

古莱什人害怕先知穆罕默德迁往叶斯里布，害怕他在叶斯里布崛起，害怕他迁往叶斯里布后可能会使麦加遭受损害，使麦加与叙利亚的贸易萧条冷清，所以要杀害他。先知得知了这一消息。当时，任何人都不怀疑穆罕默德将会找机会迁往叶斯里布。但由于他一直守口如瓶，谁也不了解他的秘密。就连艾布·伯克尔对这件事也知道得很少。他曾向先知表示要迁往叶斯里布，先知让他等一等再说。

从那时起，艾布·伯克尔就准备好了两峰骑驼。当先知了解到古莱什人要杀害他，大部分圣门弟子都已迁往叶斯里布时，他仍留在麦加。他等待着安拉的命令，直到安拉启示让他迁徙时。这时，他来到艾布·伯克尔家里，告诉他安拉已允许他迁徙，并要求他与自己同行，艾布·伯克尔欣然从命。

阿里在先知的床上

这里发生了有史以来，为了真理、为了信仰而冒险的最惊心动魄的故事。艾布·伯克尔已备好了两峰骑驼，他把骑驼交给阿卜杜拉·本·艾赖盖特饲养。当他们两人决心离开麦加时，他们知道古莱什人肯定会追赶他们。因此先知穆罕默德决心走人所不熟悉的路，选择人所料想不到的时间离开麦加。为了防止穆罕默德“逃走”，古莱什人选派的准备杀害他的那些青年们夜间把他的住房包围起来。在决定离开麦加的那天晚上，先知穆罕默德悄悄地让阿里·本·艾比·塔利卜穿上他那件蓝色哈达拉毛式大衣，睡在他的铺上，并要求他在自己走后留守在麦加，替他处理其他人存放在他家里的东西。监视穆罕默德的古莱什青年们不断从门缝里窥探先知睡觉的地方。他们看到床铺上有人，就放心了，认为穆罕默德没有“逃走”。到了后半夜，先知乘他们不注意时溜出了家门。他来到艾布·伯克尔家里，然后两人从院落后面的便门走了出去。他们向麦加南方的骚尔山洞走去。从麦加往南是奔也门去的方向，先知穆罕默德向南走这是人所预料不到的。

在骚尔山洞里

除艾布·伯克尔的儿子阿卜杜拉·本·艾比·伯克尔和阿卜杜拉的两姊妹阿伊莎、艾斯玛及他家的仆人阿米尔·本·富海拉外，任何其他人都不知道先知穆罕默德和艾布·伯克尔藏在山洞里。阿卜杜拉白天在古莱什人中间探听消息，晚上悄悄到山洞去，把了解到的情况告诉先知穆罕默德和他的父亲。阿米尔仍像过去一样，给艾布·伯克尔家放羊。晚上他赶着羊群到他俩藏身的山洞里，使他俩便于喝奶、吃肉。当阿卜杜拉从山洞回麦加时，他就赶着羊群，跟在他后面，让羊群把他的脚印踩掉，他俩在山洞里躲了三天。在这三天中，古莱什人到处寻找他俩的踪迹。他们怎能不去寻找呢？如果他们找不到穆罕默德，不能阻止他到叶斯里布去，他们认为他们将面临危险。先知穆罕默德在山洞里不停地向安拉祈祷，他的一切都听命于安拉。而艾布·伯克尔则非常警惕地听着山洞外面的动静，细心地去判断古莱什人是否找到了他俩的踪迹。

古莱什青年们，有的手拿宝剑，有的手提棍棒四处寻找穆罕默德。他们在骚尔山洞附近遇到了一位牧羊人，问他看到穆罕默德没有。牧羊人回答：“我虽没有看到任何人进这个山洞，但他俩也可能藏在里面。”

艾布·伯克尔听到了牧羊人的回答，顿时出了一身冷汗。他害怕他们闯进山洞来，他一动不动地屏息静听，把自己的命运交给了安拉。有几个古莱什青年爬到了山洞边，但走在最前面的人马上离去了。他的同伴们问他：“你为何不到山洞里去看看？”

他回答说：“山洞口密布着蜘蛛网，这蜘蛛网看来好像是穆罕默德出生前就结成了。而且在洞口还有两只野鸽子，洞里肯定没有人。”

先知穆罕默德内心里祈祷。艾布·伯克尔非常担心，他靠近先知，把自己的身体紧紧贴着他。先知在他耳边小声说：“不要忧愁！安拉确是和我们在一起的！”

在有关圣训的辑录中有这样的描述：当艾布·伯克尔听到寻找他们的古莱什人走到洞边时小声说：“如果他们中有人低头看一下，他们就会发现我们了。”

先知回答他说：“艾布·伯克尔！你不要认为这里只有我们两个人，安拉是我们俩以外的第三者。”

另外，古莱什人看到山洞口有一棵树，树枝已把洞口封死，如果想进洞就必须把树枝砍去。这更使古莱什人认为洞内无人了。古莱什人离开了洞口，藏在洞内的两个人听到他们喊叫着沿原路返回了。从此，艾布·伯克尔更相信安拉和安拉的使者了。这时先知说道：“赞颂全归安拉，安拉是至高无上的。”

山洞中的奇迹

洞口的蜘蛛网、两只野鸽子、大树是史书讲述先知穆罕默德藏在骚尔山洞时提到的奇迹。在先知进洞前，洞口没有蜘蛛网、野鸽子及大树。在先知和艾布·伯克尔进到洞里避难后，蜘蛛在洞口很快地织了网，这样人的眼睛就看不到洞内的东西；两只鸽子飞来并在洞口下了蛋；树并不是新树，但瞬间长满了树枝。东方学家迪尔曼吉姆曾对这件奇事发表了看法。他说："这三件事是伊斯兰教史认真讲述的唯一奇迹。但蜘蛛织网、鸽子下蛋、树木长枝三件奇事并不稀奇，它在安拉的大地上每天都在发生着。"

一些史书对奇迹的忽视

史学家伊本·希沙姆的著作中没有提这件奇迹。这位史学家对骚尔山洞的奇迹是这样记述的："他们向骚尔山洞奔去。骚尔山是麦加下游的一座山，两人进了山洞……安拉的使者在山洞中过了三天。先知穆罕默德失踪后，古莱什人决定：谁能把穆罕默德找回来赏骆驼百头。阿卜杜拉·本·艾比·伯克尔白天混在古莱什人中间，探听他们对安拉的使者及艾布·伯克尔说什么及将采取什么措施，然后到晚上再把消息告诉他们俩。阿米尔·本·富海拉——艾布·伯克尔的仆人——同麦加牧羊人们一起放牧。到晚上，他把艾布·伯克尔的羊群赶到他俩那儿，让他俩喝奶、吃肉。阿卜杜拉·本·艾比·伯克尔离开他俩回麦加时，阿米尔·本·艾比·伯克尔赶着羊群，跟在他后面，让羊群把他的脚印踩掉。三天过去了，古莱什人寻找穆罕默德的热情也冷了下来。这时为他俩饲养骑驼的人牵来了三峰骑驼。两头给穆罕默德和艾布·伯克尔，一峰给他自己……"

上面就是史学家伊本·希沙姆对骚尔山洞故事的记述。我们这里仅转述到他俩离开山洞为止。关于古莱什人追杀先知穆罕默德及骚尔山洞的故事，安拉曾降下了如下的启示：

> 当时，不信道的人对你用计谋，以便他们拘禁你，或杀害你，或驱逐你；他们用计谋，安拉也用计谋，安拉是最善于用计谋的。(《古兰经》8：30)
>
> 如果你们不相助他，那么，安拉确已相助他了。当时，不信道的人们把他驱逐出境，只有一个人与他同行，当时，

他俩在山洞里，他对他的同伴说："不要忧愁，安拉确是和我们在一起的。"安拉就把宁静降给他，而且以你们所看不见的军队扶助他，并且使不信道者的言辞变成最卑贱的；而安拉的言辞确是最高尚的。安拉是万能的，是至睿的。(《古兰经》9：40)

向叶斯里布迁徙

第三天，当先知穆罕默德和艾布·伯克尔知道古莱什人不再到处寻找他俩时，为他俩饲养骑驼者牵来了三峰骑驼。艾布·伯克尔的女儿艾斯玛给他们送来了食品。他俩临出发时，发现没有绳子把食品和水袋系在骆驼上。艾斯玛把腰带撕成两段，一段用来系食品和水袋，另一段系在腰上。因此，艾斯玛被称作"有两根腰带者"。

三个人各自骑上自己的骆驼，带好食品就上路了。艾布·伯克尔身上还带有五千迪尔汗（古希腊银币名）。他俩在小山洞躲藏了三天后变得更加警惕了。他们确信古莱什人必将来追赶他们，所以他们选择了一条人们所不熟悉的通往叶斯里布的路。向导阿卜杜拉·本·艾比·赖克特（一位杜伊勒族人）带着他俩在麦加下游先向南，而后在红海岸附近向帖哈麦方向奔去。然后沿红海岸向北，并慢慢离开了海岸。他们俩走的这条路是很少有人走的。他们两人及向导不辞劳累、夜以继日地赶路。

古莱什人企图阻挡他们去为了安拉、为了真理而想到达的目的地。有什么样的辛苦能比让古莱什人的阴谋得逞更可怕的呢！是的，先知穆罕默德毫不怀疑安拉会护佑他。但是，自己也不能白白地去送死。安拉的奴仆只要自己尽力去保护自己，去保护自己的兄弟，安拉就能护佑他安全无恙。他俩已安全地度过了山洞中的日子，但古莱什人为能抓到或找到他俩而悬赏的奖金，颇有诱惑力。这些物质利益甚至能使一些人利用犯罪的方式来达到他们的目的。古莱什人把先知穆罕默德视为敌人，这些奸诈的古莱什人常常刺杀手无寸铁的人，他们也经常欺压那些无力自卫者。所以他们俩必须时刻睁大双眼、竖起双耳，百倍地警惕。

苏拉格的故事

他们俩没有猜错，果然有一个人到古莱什人那里报信去了。他告诉他们，他看到了一个由三人组成的驼队，在他面前向某某方向奔去了。他认为这三个人就是穆罕默德和他的两个同伴。当时苏拉格·本·马立克·本·米阿舒姆在场。他为了独得一百头骆驼的赏金，故意蒙骗这个人说，这是某某家族的子弟，不是穆罕默德。他稍坐了一会儿，就离开人群回家了。回到家后，他马上全副武装起来。为了不让别人发现他的行动，他叫人先把他的马牵到河谷深处，然后他悄悄来到河谷，骑上马向那个人指点的方向奔去。那时，先知穆罕默德正和同伴在一块大石头下休息。为了恢复体力，他们正在喝水吃饭。

太阳开始下山了，先知和艾布·伯克尔正准备骑驼出发，突然苏拉格出现在他们的视线范围之内。苏拉格的坐骑在到达这里之前，由于过于劳累曾两次失蹄跌倒。苏拉格认为自己马上就要成功了，马上就能捉到他俩了。他将把他们俩带回麦加，如果他们俩企图自卫，那就把他们俩杀掉。他忘记了他的坐骑曾两次跌倒。为了一举成功，他使劲儿用马刺刺马。坐骑向前飞奔时，突然马再失前蹄，把苏拉格摔出很远。他带着武器在沙地上滚了好几个滚儿。苏拉格很害怕，他认为这是神灵在阻止他达到他想达到的目的。如果他想再次爬起来去实现他的企图，就会遭到更大的危险。他停下了，并对他们俩喊起话来。他喊道："我是苏拉格·本·米阿舒姆，请等一等，我有话同你们讲。我不会打扰你们，也不会让你们接受你们所讨厌的事。"

他们俩站在那里看着他。他要求穆罕默德给他写几个字，作为他与穆罕默德间的见证。艾布·伯克尔受先知之命，在一块骨头上，或在一块瓷片上写了几个字，扔给了他。苏拉格拿起它，沿原路返回了。此后，他故意去迷惑那些追赶这位伟大的迁徙者的人们去了。

路途上的炎热

先知穆罕默德和艾布·伯克尔又出发了。他们跨过酷热的帖哈麦沙漠，越过无数小丘和深谷。在大部分时间里，他们找不到任何用以遮挡火热阳光的东西，也找不到任何躲避周围恶劣环境的地方，同时又担心会有什么意外情况发生。他们只有忍耐，只有靠对安拉的信仰，靠对安拉给予使者的真理的信仰。在这种恶劣的环境中，他们连续坚持了七天。炎热时坐下来休息，晚上乘沙漠之舟前进。在满天星斗的夜晚，万籁俱寂，他俩的心也平静极了。当他们到达萨海姆部落时，首领布赖代前来向他们问候。这时他俩才松了一口气，在安拉的护佑下可以放心了。叶斯里布已近在咫尺。

叶斯里布的穆斯林等待使者的到来

先知穆罕默德和艾布·伯克尔正处在艰苦的旅途中时，先知和他的同伴向叶斯里布迁徙，即将与这里的穆斯林会合的消息已经传到了叶斯里布。这里所有的穆斯林都以渴望的心情等待着先知的到来。他们渴望见到他，渴望听到他的讲演。他们中很多人都还没见过他，仅听说他善于演讲，毅力过人。叶斯里布的头人以前没见过穆罕默德，当他们听到一些虔诚的穆斯林向他们介绍情况后，马上跟随了他们。

伊斯兰教在叶斯里布的传播

有一天，赛尔德·本·祖拉拉和穆苏阿卜·本·欧麦尔在扎法尔族子弟住宅的围墙下，同已经归信伊斯兰教的人们讲话。两位族长赛尔德·本·穆阿兹和赛尔德·本·侯代尔看到了他们。赛尔德·本·穆阿兹对赛尔德·本·侯代尔说：“你看，这两个人在我们的住地愚弄我们族人中的懦弱者呢，你快过去制止他们去。赛尔德·本·祖拉拉是我的表兄弟，我不好去同他发脾气。”

赛尔德·本·侯代尔走过去，呵斥他俩。但穆苏阿卜·本·欧麦尔对他说：“你先别急，请坐下来听一听。如果你满意就欣然接受，如果你厌烦，也不必过于急躁。”

赛尔德·本·侯代尔说：“说得有理。”

他把刀插在地上，坐在他们俩旁边。他倾听了穆苏阿卜·本·欧麦尔的讲解，便站起来表示归信伊斯兰教。他回到赛尔德·本·穆阿兹那儿时，兴奋的脸色取代了先前怒气冲冲的脸色。这使赛尔德·本·穆阿兹大发雷霆。他亲自来到赛尔德·本·祖拉拉和穆苏阿卜·本·欧麦尔那儿。结果他听了他俩的讲解后，和赛尔德·本·侯代尔一样，也归信了伊斯兰教。他归信伊斯兰教后，马上来到族人中间。他对他们说：“阿卜杜·艾什海勒族子弟们，你们觉得我的为人怎样？”

他们回答说：“你是我们的头人，比我们有见解，有理智。”

他又说：“那好，从现在起，无论是男人还是女人，谁不归信安拉和他的使者，今后就别同我讲话。”

阿卜杜·艾什海勒族人不分男女，全都归信了伊斯兰教。

先知到叶斯里布之前，伊斯兰教在这儿传播之广、力量之强是麦加的圣门弟子们所想象不到的。他们力量之强使年轻的穆斯林敢于戏弄多神教徒信奉的偶像。在赛莱迈族中有一位叫阿慕尔·本·贾穆哈的首领。他在族人中是位很有名望的人。他和族人中其他有名望的人一样，在家里供奉着一尊叫默那的木制偶像。赛莱迈族中很多青年人已经归信了伊斯兰教。这些年轻的穆斯林晚上来到阿慕尔·本·贾穆哈家，悄悄把偶像搬走，然后把它头朝下扔到大便坑中。

第二天，阿慕尔发现偶像不见了，就到处寻找。找到它后，他赶快把它冲洗干净，然后把它放回原处。他对人们大发雷霆，并说了一些威胁的话。赛莱迈族中年轻的穆斯林像这样多次戏弄阿慕尔·本·贾穆哈的默那偶像。阿慕尔·本·贾穆哈每天早上都要冲洗它。他无可奈何，最后把自己的宝剑系在偶像上，对它说："如果你真有什么用途，你自己来抵抗这些人吧。现在宝剑已交给了你。"

第二天，他发现偶像同一只死狗拴在一起，被扔到了井里。它身上的宝剑也不翼而飞了。族人同他谈了很多话，他自己也亲身体会到，偶像确实不值得人去信仰，供奉它只不过是愚昧和迷信。所以他从那以后，也归信了伊斯兰教。当你看到这一事实后，就能很容易地体会到叶斯里布伊斯兰教势力强大的程度。叶斯里布人得知先知穆罕默德已从麦加启程向叶斯里布迁来时，他们焦急地等待着他的到来。当时正是七月，天气异常炎热。但他们晨礼后就来到郊外，一直等到太阳下山。先知穆罕默德到达了离叶斯里布两法尔萨赫（约 12.5 千米）远的库巴，他同艾布·伯克尔在那里休息了四天。在这四天中，他在这儿修建了一座清真寺。他们在库巴休息期间，阿里·本·艾比·塔利卜也赶到了这里。他完成了先知穆罕默德交给他的任务后，也就是归还了麦加人存放在先知穆罕默德家里的东西后，离开了麦加，步行向叶斯里布赶来。他白天休息，晚上赶路。为了同穆斯林兄弟们相会，他忍受着旅途的辛苦，整整步行了两周。

穆罕默德进入叶斯里布

有一天，穆斯林像往日一样，正在等待先知穆罕默德到来时，一位了解他们心情的犹太人喊道："格伊勒族子弟们，你们等的人到了！"

这一天正是主麻日，先知穆罕默德就在叶斯里布拉努那河谷的清真寺做礼拜。穆斯林赶来了，每个人都想见他，都想靠近他。他们中大部分人以前没见过他，但他们内心中充满了对他的热爱，充满了对他使命的信仰。他们每天礼拜时都多次提到他的名字。现在他来了，都想尽快地一饱眼福。叶斯里布的首领们为他准备好了一切生活用品，并向他提出让他住在他们家里，但他婉言谢绝了。他骑上骆驼，并撒开缰绳，任凭它向前走去。在穆斯林的簇拥下他进城了。犹太人、多神教徒都前来观看这一壮观的场面。他们知道，穆罕默德的到来将给叶斯里布带来新的生活。他们都想看一看这位把昔日是仇敌的奥斯族人和海兹拉吉族人团结起来的伟人。在这历史的天平发生变化的时刻，他们任何人都没料到，命运已给叶斯里布带来了永存的崇高地位。骆驼向前走，一直走到两位纳加尔族孤儿简陋的草舍前停了下来。先知穆罕默德下了骆驼，他问道："这草舍属于谁所有？"

穆阿兹·本·阿富拉回答："属于阿慕尔的两个儿子萨海勒和苏海勒的。"

他们俩是孤儿，穆阿兹·本·阿富拉将给他俩另安排住处，并建议先知在这里修建清真寺，先知接受了。他命令在这里修建清真寺和他的住处。

第十一章　在叶斯里布初期的业绩

叶斯里布人欢迎先知的原因

叶斯里布人获悉先知穆罕默德迁徙的动向，他们知道古莱什人耍阴谋要杀害他，了解到他在帖哈麦沙漠和岩石中间经受尽了千辛万苦，他们便不分男女，或成群相约，或单独行动，全都出来迎接他。他们纷纷出动迎接他，一是由于渴望见到他，二是由于他传教的消息已遍及整个半岛，而且他所传播的宗教是要消除半岛上居民们世代沿袭的，在他们心目中具有神圣地位的旧信条。但是，除了上面这两个因素以外，他们之所以出来欢迎他，更重要的是因为他从麦加迁到了叶斯里布，而且要居住在这里。先知穆罕默德的定居将给叶斯里布每一个家族、每一个部落在政治社会方面带来各种不同的影响。后面这一因素显然比前面两个理由更能吸引人们出来欢迎他。他们要出来看一看这位大人物，看一看他的外貌和神态是否同他们想象的相吻合。因此，多神教徒和犹太人都像穆斯林的迁士和辅士们一样，积极走出来迎接先知。他们都簇拥着他，但由于各种人的情况不同，所以对于这位伟大人物的到来各自的心情也不一样。先知穆罕默德把骑驼的缰绳撒开，任它向前走去。先知穆罕默德为了树立奠基于宇宙的观察和探求真理的“认主独一论”，曾同叶斯里布人订立了阿盖白誓约，离开了家乡，离开了亲人，忍受了十三年的迫害。现在每个人都想靠近看一看他，都想仔细端详一下这位伟大的人物。所以人们挤得水泄不通，毫无秩序地簇拥着他。

修建清真寺和使者的住房

先知的骑驼在阿慕尔的两个孤儿赛海勒和苏海勒的草舍前卧下了，所以先知就把这间草舍买了下来，决定在此建立清真寺。建寺期间，他住在辅士艾布·艾优卜·哈立德·本·栽德家里。穆罕默德亲自动手修建清真寺，迁士和辅士们都前来同他一起劳动。建好清真寺后，他们又在清真寺旁边为使者搭建了住房。根据先知穆罕默德的指示，清真寺和住房都很简陋、朴素，所以没费多大气力。清真寺是座空旷的大院，四周的墙壁用土坯砌成，一边用枣椰树叶修了顶子，另一边则是露天的，并且指定一个角落专让那些无家可归的贫困者居住。在清真寺里，晚上只是在礼拜时才点燃一些秸秆做照明之用。像这样一直持续了九年。九年之后，他们才在顶棚的立柱上挂上了一盏油灯。先知的住房与清真寺相差不多，只不过比清真寺严实一些罢了。

先知穆罕默德建好清真寺和他的住房后，就从艾布·艾优卜家搬了进去。他定居后，就开始着手规划展现在他面前的，使他的传教活动向前迈进了一大步的新生活。他发现在叶斯里布各部落间存在着麦加所没有的争执和冲突，同时他也发现叶斯里布各个部落、各个家族都渴望安定的生活，渴望避免过去使叶斯里布陷入四分五裂的冲突和仇杀。这种安定的生活能使叶斯里布在将来比麦加更富足、更有地位。对于叶斯里布的财富和地位，先知穆罕默德有所考虑，但这不是他首先考虑的问题。他最关心的是安拉让他完成的使命。从先知穆罕默德为圣到他迁往叶斯里布期间，麦加人一直顽固地反对这一使命。人们由于害怕古莱什人的迫害，所以就妨碍了他们对这一使命的信仰。

保证信仰的自由

迫害和敌视妨碍着人们对真理的信仰。穆斯林或其他人都应该相信，谁追求真理、谁归信安拉的宗教都应处于不受迫害的地位。这样，信仰者就会更坚定信念，犹豫不决者、顾虑重重者、软弱无力者就能接受信仰。先知穆罕默德在叶斯里布定居后，首先考虑的就是这个问题，他所制定的政策也着眼于这个方面，他一生中的言行都表达了这个信念。他没有考虑去占有财产、金钱，也没有考虑去经商营利。他的全部心血都用来给支持他使命的人提供安全，给他们提供信仰的自由，让他们像其他人一样有信仰的自由。穆斯林、犹太教徒、基督教徒都应该一样有信仰的自由，有发表意见、宣传自己信仰的自由。自由是使真理获胜，是使世界在崇高的认主独一论基础上向完美方向发展的唯一保障。一切反对自由的战争，都是对企图在人们的心目中消灭真理之光的谬误和暴虐的支持。真理之光，从宇宙之始到其终结，是联结人类和宇宙间整个存在的纽带。这是一条协调、仁爱、统一的纽带，而不是相互厌恶和毁灭的纽带。

先知穆罕默德厌恶战争

上面这个观点，是先知穆罕默德迁到叶斯里布后所受到的启示。这一信念使他力求和平、厌恶战争，而且为了这一信念奋斗了一生。除了捍卫自由、宗教和信仰之外，他决不诉诸武力。在进行第二次阿盖白誓约时，当叶斯里布人听到有人向古莱什人喊叫，想告诉他们穆斯林的秘密时，叶斯里布人曾对先知穆罕默德说："指安拉为誓，如果你同意，明天我们就拿起刀剑同麦加人交战。"

先知的回答是："安拉没让我们这样做。"有关战争的第一个启示是：

被进攻者，已获得反抗的许可，因为他们是受压迫的。安拉对于援助他们，确是全能的。(《古兰经》22：39)

之后又启示：

你们要与他们战斗，直到迫害消除，一切宗教全为安拉……(《古兰经》8：39)

先知穆罕默德考虑要达到的唯一崇高目的就是保障信仰和言论自由。为了这唯一的目的才允许战争，为了捍卫它才允许抵抗侵略者。这样，人们才不至于为了自己的宗教信仰受迫害，为了自己的信仰和言论而遭受欺压。

叶斯里布人的考虑

当先知穆罕默德正在思索如何安排叶斯里布的事情，如何保障在这里有信仰自由的时候，这个城市曾出来迎接他的人们也在思索，但是每一部分人都有各自的打算。当时，在叶斯里布有由迁士和辅士而组成的穆斯林，有属于奥斯族和海兹拉吉族的多神教徒，还有犹太人。犹太人盖努加阿族住在市内，古赖祖人住在法代克，奈迪尔族住在法代克附近，海白尔族住在法代克北面。伊斯兰这一新的宗教信仰已把迁士和辅士们紧密地团结起来。但是，穆罕默德仍然担心部分穆斯林之间的旧的仇恨会爆发，所以他在寻找一种消除任何可能导致这种爆发的因素。先知穆罕默德的这一考虑具有极其深远的意义。奥斯族和海兹拉吉族的多神教徒已经认识到，过去他们之间发生的仇杀已使他们在穆斯林和犹太人面前成为弱者。所以他们极力地在穆斯林和犹太人之间散布阴影。至于犹太人，他们认为他们能够把穆罕默德拉到他们一边去，让他与他们结成联盟，并借助他联合阿拉伯半岛上的居民去反对基督教。因为基督教徒把他们这些所谓的安拉的优等居民从巴勒斯坦——安拉许诺给他们的土地——从他们的故乡赶了出来。所以，犹太人开始很热情地迎接了穆罕默德。总之，每一方都有自己的盘算，都在为实现自己的目的创造有利的条件。

穆斯林结为兄弟

先知穆罕默德生活中一个新的阶段开始了，这是以前任何一位先知和使者所没有经历过的。这一阶段的生活，先知穆罕默德是作为一位政治家而度过的。他在这一阶段生活中所表现出来的本领、能力和智慧，令人惊奇和折服。他到达叶斯里布——他的新家乡后，他把他最大的精力用来建立统一的宗教制度。这种统一的制度虽然很早以前就在也门出现过，但在整个希贾兹地区却未曾有过。为此，他曾同他的两位重臣艾布·伯克尔和欧麦尔——当时人们就这样称呼他们俩人——进行了协商。很自然，他首先考虑的就是整顿穆斯林队伍，加强他们的团结，消除任何可能引起他们旧怨重新爆发的导火线。为了实现这一目的，他号召穆斯林（迁士和辅士），每两个人在安拉面前结拜为兄弟。他同阿里·本·艾比·塔利卜结为兄弟。他叔父哈姆扎同他的仆人栽德结为兄弟。艾布·伯克尔同哈里杰·本·栽德结为兄弟。欧麦尔·本·哈塔布同海兹拉吉族的伊特班·本·马立克结为兄弟。先知穆罕默德迁徙到叶斯里布之后，原来留在麦加的穆斯林都迁徙来了，所以叶斯里布的迁士为数很多。每一位迁士同一位辅士结为兄弟。在先知穆罕默德的引导下，穆斯林间的兄弟情谊如同同宗同胞的手足之情。这种兄弟之情进一步加强了穆斯林之间的团结。

迁士在叶斯里布经商和务农

辅士给他们的迁士兄弟们提供了慷慨的帮助。开始，迁士们很高兴地接受了这一帮助。因为他们离开了麦加，也损失了在麦加的钱财和用具。他们进入叶斯里布时，很多人都没有糊口之资。只有奥斯曼·本·阿凡手头富裕一些，其他大部分人都两手空空地离开了麦加。先知的叔父哈姆扎曾有一次饥肠辘辘，只好到这儿告急寻食。阿卜杜·拉赫曼·本·奥夫和赛尔德·本·拉比阿是结拜兄弟。阿卜杜·拉赫曼在叶斯里布一无所有，赛尔德·本·拉比阿向他提出，两人平分自己拥有的财产。但阿卜杜·拉赫曼拒绝了他的好意。他请他把自己带到市场上去，他在市场上开始卖起奶油和奶酪来了。他靠自己的经商本领，在很短的时间内富了起来。他在叶斯里布定了亲，给女方付了彩礼，购买了经商用的驼队。除阿卜杜·拉赫曼外，很多迁士都像他一样经起商来。这些麦加人都熟悉经商本领。曾有人这样评论过他们中的一个人：凭他那经商的本领，可以把荒漠中的沙粒变成黄金。

他们中没有经商的人，例如，艾布·伯克尔、欧麦尔、阿里·本·艾比·塔利卜等，他们的家庭则在辅士们的土地上，同种田人一起务农。没有经商和务农的人，他们的生活极其艰难，但他们拒绝充当仰赖别人生活的附庸，他们自己去干那些非常辛苦的差事。尽管如此，他们尝到了他们在麦加所没有享受到的安定生活和信仰自由的甜头。还有一些来叶斯里布归信伊斯兰教的阿拉伯人，他们一贫如洗，有的人甚至连住处都没有。先知穆罕默德只好让他们住在清真寺的凉棚下面（清真寺中有顶棚的地方），因此，他们被称为凉棚人。同时，先知穆罕默德鼓励能丰衣足食的迁士和富足的辅士们捐款赈济那些一贫如洗的穆斯林。

先知穆罕默德与犹太人建立睦邻关系

先知穆罕默德利用结拜兄弟的办法加强了迁士和辅士之间的团结，他对此很满意。这个办法无疑是项具有远见卓识的英明的政治措施。后面我们将会看到一些伪信者企图离间奥斯族和海兹拉吉族穆斯林，他们企图挑拨迁士和辅士间的关系，那时我们将会看到这一措施的威力。但另一项更英明的宗教措施是在坚实的信仰自由和结盟的基础上，通过同犹太人达成某种协议的手段，实现了叶斯里布的统一，建立了叶斯里布的宗教制度。前面我们已经看到，犹太人为把先知穆罕默德拉到他们队伍中去，曾热情地迎接了他。当然先知也对他们以礼相待，也愿意同他们建立密切的关系。他常同犹太人的头领们交谈，他们也常常接近他。鉴于犹太人是一神论“有经人”，所以先知同他们建立了友好的关系。当时，在犹太人斋戒日，先知也封斋，他礼拜的朝向仍然是他们及所有以色列子弟向往的地方——耶路撒冷远寺。一天天过去了，先知与犹太人的关系越来越友好和亲密。同时，他所具有的谦虚、仁慈、诚实及同情贫穷者和不幸者的品行，更增添了他对叶斯里布的控制能力。这一切导致了他和犹太人签订了尊重信仰自由的友好同盟条约。我们认为，这一条约是值得赞佩的历史性文献。先知穆罕默德这一阶段的生活经历是以前任何一位先知和使者所没经历过的。尔撒、穆萨及他俩以前的众先知，都仅仅致力于传教，仅仅是利用争辩的方法或靠奇迹来把宗教传达给人们，而后让政治家们或有权势的人物靠政治势力去传教，去保护人们的信仰自由。为此，他们哪怕动用武力或发动战争。基督教就是靠尔撒之后的使徒们传播的。使徒们及跟随他们的人一直受迫害，直到出现了一位接受这一宗教的皇帝，是这位皇帝保护和传播了基督教。世界东西方的其他宗教也都是如此。至于先知穆罕默德，安拉想通过他来完成传播伊斯兰教，让真理取胜的大任，并想让他成为一位先知、政治家、战士和开拓者。这一切都是为了安拉，都是为了赋予先知穆罕默德的真理。他在这各个方面都表现得很出色，不愧是位伟大的人物。先知穆罕默德称得起是人类完美的典范。

先知穆罕默德为迁士和辅士制定了与犹太人结盟、尊重犹太人宗教信仰、承认犹太人财产的盟约。盟约规定了犹太人应遵守和应享受的条件。盟约书（也称《麦地那宪章》）如下：

奉至仁至慈的安拉之名

此系先知穆罕默德——愿安拉赐福给他，并使他平安——为古莱什族与叶斯里布城之众信士、穆斯林及其随从者、共同奋斗者订立之约书。彼等对外皆属统一之整体。古莱什族众迁士将沿袭惯例旧章，承担杀人罚金，并依据信士之间慈善公正之原则赎回战俘。奥夫族亦应按其既有惯例，承担杀人罚金；其每一集团均应恪守信士之间慈善公正之原则赎回战俘。萨伊代、哈里斯、朱舍姆、纳加尔、阿慕尔、奈比特和奥斯等众家族亦然。众信士不得视同人中之贫穷者于不顾，而应以慈善助其赎身或缴付杀人罚金。信士不得与信士之仆私结盟约。诚笃信士对其同人中的横行无忌者、侵犯他人者、伤风败俗者，应群起反对之，即使该徒为某信士之爱子。信士不得为异教徒而杀害信士，亦不得辅助异教徒反对信士。安拉之庇佑，于众信士一律平等，于其中地位低下者甚之。对他人而言，众信士彼此互为亲朋盟友。对追随我辈之犹太人，应襄助慰藉之，使之不受欺凌，切忌伙同他人反对彼等。众信士应同安共乐，在为安拉而征战时，不得瞒着同人私自与他人媾和，除非该项媾和于信士公平有利。凡随我辈出征者，均当前赴后继。众信士应为安拉而消除彼此昔日之仇冤。诚笃信士确已蒙受最佳和最正确之引导。多神教徒不得庇护古莱什人之生命财产，亦不得阻挡信士查抄其财产。凡无故杀害信士而有确凿佐证者，非经被害者家属宽恕，均须偿命。全体信士务须精诚团结，惩办元凶。凡承认此盟书所列条款、笃信安拉与末日之信士，对犯罪者均不得纵容姑息、窝藏庇护。凡纵容、庇护者，在复生日必遭安拉之谴斥，其任何赎金均不被接受。汝辈无论何事发生歧疑争端，均须听从尊严的安拉和穆罕默德判断裁决。犹太人作为战士，应与众信士共同担负战争费用。与奥夫家族结盟之犹太人，与众信士同属一个整体。犹太人及其支持者可保持其自身之宗教信仰，穆斯林亦有其自身之宗教信仰。暴虐和犯罪者，唯害其自身及其家属。与纳加尔、哈里斯、萨伊代、朱舍姆、奥斯、塞阿莱拜各家族结盟之犹太人，享有与奥夫家族结盟的犹太人之同等权利与义务。暴虐和犯罪者，唯害其自身及其家属。塞阿莱拜家族之支系，有如该家族本身。舒泰拜家族享有与奥夫家族结盟的犹太人之同等权利与义务。宜行善，勿作恶。视塞阿莱拜人之支持者，与塞阿莱拜人相同；视犹太人之同盟者，与犹太人同。缔约者中之任何人，未经穆罕默德允许，不得擅自出走。不得强迫任何人参与复仇行为。杀人犯罪者，除被杀害者本属不义之徒外，凶手本人及其家属应承担罪责。安拉满意于此盟书之至为公正。犹太人应承担由其支付之费用，穆斯林亦然。缔约者应同心协力抗击与之交战者，彼此应互进忠言。宜行善，勿作恶。任何人对其同盟者均不得有犯罪行为。襄助属于受害者。犹太人作为战士，应与众信士共同担负战争费用。叶斯里布者，禁城也，其腹地属缔约者所共有。邻居有如自身，既不能受到伤害，亦不能犯罪于人。任何私有财产非经其主人允许，不得妄自保管。缔约者之间发生任何可能导致严重后果之分歧与争吵，均须服从尊严的安拉及其使者穆罕默德判断裁决。安拉满意于此盟书条款之至为敬畏和公正。不得保护古莱什人及其支持者。缔约者应同心协力抗击进犯叶斯里布之敌。若对方呼吁和解，缔约者可与之和解；若向对方呼吁和解，则必有利于对方，而不利于众信士，唯为教而战者可免受其害。缔约者各方均当履行各自之义务。与奥斯族结盟之犹太人及其支持者，享有与缔约者同等之地位，彼此应和睦相处。宜行善，勿作恶，作恶者唯害其自身。安拉满意于此盟书条款之至为诚挚和公正。此盟书绝不保护暴虐者和犯罪者。凡离开或留居此城者，均可获安全，唯暴虐或犯罪者除外。安拉确系廉洁、敬畏者之近邻，穆罕默德确系安拉之使者。

宗教生活中的新纪元

此盟约书是一千三百五十年前先知穆罕默德制定的宗教政治文献，它主张信仰和言论自由，承认城市、生活、财产的不可侵犯性，并禁止犯罪行为。此盟约书可谓开辟了当时世界政治生活文明生活中的新纪元。那时，专横、霸道、暴虐在世界上横行无忌。那时，古赖祖族、奈迪尔族、盖努加阿族的犹太人虽然没在此盟约书上签字，但不久后，他们也与先知签订了类似的盟约。这样，整个城市及城的四周成了居民们的不可侵犯的地方，居民们应该保卫城市，应该抵御任何敢于侵犯城市的人。而且，居民们相互保证尊重此文献所规定的各项权利和自由。

先知同阿伊莎完婚

先知对这一结果感到心满意足。穆斯林能够安心从事他们的宗教活动了。他们或集体地或单独地去完成自己的宗教功课，不再害怕有人来迫害他们了。在这种情况下，先知穆罕默德同艾布·伯克尔的女儿阿伊莎结婚了。阿伊莎当时十岁或十一岁。她是位身材苗条、美丽动人的姑娘，她已从童年渐趋成熟。她天真活泼，身体发育很好。她刚搬到先知这儿来时，住在清真寺附近萨乌黛隔壁的房间里。她看到先知穆罕默德既是位慈父，又是位温存的丈夫。他不干预她的爱好和兴致。这样，他就能经常考虑并集中精力于重大事件，周密地制定在叶斯里布的政策，从中得到一定的快慰。

宣　礼

在穆斯林能够安心地从事宗教活动的这个时期，伊斯兰教规定了天课和斋戒制度，并制定了刑罚制度。这样，伊斯兰教在叶斯里布发展壮大起来。先知穆罕默德初到叶斯里布城时，在礼拜的各个时辰，穆斯林不用别人喊叫就都聚到他这儿来礼拜。先知曾考虑像犹太人那样，用号角来召唤穆斯林来礼拜。但他又否定了用号角的办法，命令用钟声。于是铸了大钟，想像基督教那样用钟声来召唤人们做礼拜。根据一些史书记载，在同欧麦尔和其他穆斯林商议后，也有的史书说在得到安拉的启示后，先知又否定了用钟声的办法，而改用宣礼的办法来召唤穆斯林做礼拜。先知对阿卜杜拉·本·栽德·本·塞阿莱拜说："到比拉勒那儿去，把宣礼词教给他，让他去宣礼，他的声音比你的声音洪亮。"在清真寺旁边住着一位纳加尔家族的妇女，她的住房比清真寺高，比拉勒每天登上她的住房去宣礼。叶斯里布全体居民每天清晨都能听到比拉勒那清脆悦耳的宣礼声。宣礼声传遍城市的四面八方。"安拉至大！安拉至大！我作证：除安拉外，绝无应受崇拜的！我作证：穆罕默德是安拉的使者！快来礼拜吧！快来获得成功吧！安拉至大！安拉至大！除安拉外，绝无应受崇拜的！"

这样穆斯林以往那种担惊受怕的心情变成了安全感，叶斯里布成了先知之城，非穆斯林居民也感受到了穆斯林的力量。这是一种来源于为了信仰做出了牺牲，饱尝了各种迫害的人们内心深处的力量。穆斯林今天尝到了忍耐的甜果，享受到了信仰的自由。伊斯兰教律规定，任何人不能成为另外一个人的主子，宗教属安拉独有，应崇拜唯一的安拉，人们在安拉面前一律平等，人们只能按他们各自的表现及支配这一表现的心意得到报偿。

先知穆罕默德施教的领域扩大了，他要用自己的行为树立教律的最好典范，从而为伊斯兰文明奠定了基础。

兄弟情谊是伊斯兰文明的基石

伊斯兰文明的基石就是人类的兄弟情谊。他使人认为，人只有做到了己所意欲的才能施于他的兄弟。人不仅对弱者或不幸者，而是对所有的人都讲善言和行仁慈，人只有这样才算全备了信仰。

有人问先知穆罕默德，什么是伊斯兰教的优良品德？他说："向人们施舍食物，向你认识或不认识的人道安问好。"

他在叶斯里布第一次讲演时曾说："谁哪怕用半颗椰枣能保持他的体面，他就要保持它。如果他一无所有，那就要说客气话，说客气话能得到十倍的报偿。"

他在第二次讲演时说："你们要崇拜安拉，勿以任何物与安拉做匹敌。你们要虔诚地敬畏安拉，在安拉面前讲诚实善良之话，你们要以安拉的精神互爱，安拉会降怒于失约之人。"

先知穆罕默德就是用诸如此类的言论教导穆斯林的。他在他的清真寺，背靠着用枣椰树干做成的顶棚立柱给人们讲演。后来，他让人给他修建了有三级台阶的讲坛。他站在第一级台阶上讲演，坐在第二级台阶上同人们交谈。

穆罕默德同穆斯林间的兄弟友情

先知穆罕默德不是仅用言论去号召这一作为伊斯兰文明基石的兄弟情谊，而且他的实践为这一兄弟情谊做出了最完美的典范。他是安拉的使者，但他从不以任何形式表现出自己像位君主、国王或执政者。他曾对门弟子们说："你们不要像基督教徒赞美麦尔彦的儿子一样赞美我；我是安拉的仆人，你们就叫我安拉的仆人和他的使者吧。”

有一次，他拄着拐杖来到一伙穆斯林中间，他们站起来向他问候，他说：“不要站起来，不要像殊域异邦人那样，一些人见了另一些人站起来表示尊重。”

如果他来到穆斯林中间，他很随便地找一个地方跟他们坐在一起。他也同穆斯林开玩笑、交际、聊天和逗他们的孩子玩。他请他们到他的房间去坐坐，同时也答应自由人、奴仆、弱者和贫民对他的邀请。他到城市很远的地方去看望病人，宽恕别人，接受别人的歉意。见到人后，他首先道安问好，主动和他见到的穆斯林握手。他做礼拜时，如有人有事找他，他可以简做礼拜，先满足来者的要求后，再重新礼拜。除《古兰经》降示时、他劝诫时、他讲演时之外，他平素为人很善良，常常面带笑容。他在家里也常帮助家人做家务活：洗补自己的衣服，挤羊奶，修理自己的鞋，照顾自己，照看骆驼，同仆人一起用餐。对弱者、不幸者、可怜者，总是有求必应。如果有人向他要求某一样东西，虽然他家里这一样东西不多，他宁肯自己或家人不用，也要去满足别人的要求。他不为自己的将来储备什么东西。他去世时，他的铠甲为了家眷的生计仍留在犹太人手里。他真的极为谦逊、诚实。

有一次，阿比西尼亚国王派来了代表团，他亲自招待他们。穆斯林对他说：“你够辛苦的了。”

他回答说：“他们以前慷慨地招待过我们的人，我要报答他们。”

每当有人提到赫蒂彻，他总是提及她的好处。阿伊莎曾说：“我每当听到他谈到赫蒂彻的好处时，我就妒忌她，就吃醋。我还从未这样妒忌过任何一位女人。”

如果有位妇女来看望他，能使他高兴，当她离去时，他会说：“跟赫蒂彻在一起的日子又回到我身边了。”不忘过去对自己有好处的人，也是信仰的组成部分。先知穆罕默德善良、仁慈。他做礼拜之际，外孙们也敢亲昵地逗他。有一次，他背着他的外孙女艾玛麦——他女儿栽娜卜的女儿——做礼拜，他叩头时放下她，站起来时背起她。

先知对动物也讲仁慈

善良和仁慈是伊斯兰文明的基石——兄弟情谊的支柱，先知穆罕默德不仅施善良和仁慈于人类，同样地把善良和仁慈也施于动物。他亲自为逃到他家来的狗开门，他亲自看护生病的公鸡，他用自己的衣袖给他的骏马擦身。

有一次，阿伊莎骑一头骆驼，骆驼很吃力，她仍催赶骆驼前进。先知对她说：你应该怜恤它。先知穆罕默德怜恤一切需要他怜恤的生灵。

公正、仁慈的兄弟情谊

仁慈和善良不仅是对弱者或不幸者而言，仁慈和善良也不是让别人记着你的恩德或显示你的威严。仁慈和善良应是先知穆罕默德和一切与其有联系的人所表现出来的那种为了安拉的兄弟情谊。伊斯兰文明的基础与其他文明的基础有所不同。伊斯兰把公正放在比兄弟情谊次要的地位。它认为兄弟情谊包括了公正的含义。没有公正的内容，兄弟情谊就称不上兄弟情谊。

> ……谁侵犯你们，你们可以同样的方法报复谁。(《古兰经》2：194)
>
> 有理智的人们啊！你们在抵罪律中获得生命……(《古兰经》2：179)

应该仅仅是精神上的动力、绝对自由的毅力及对安拉的渴望，而不是别的任何其他东西才能是兄弟情谊及兄弟情谊所主张的善良和仁慈的源泉。这种兄弟情谊应来源于坚强的心灵，这一坚强的心灵只是为了顺从安拉，它不是软弱，也不会绝望，它除在犯罪的情况下，毫无畏惧。人的心灵一旦被其他事情所控制，一旦被世俗欲望所控制，它绝不会是坚强的。先知穆罕默德和他的门弟子们为了不受古莱什人的控制，他们迁出了麦加，古莱什人的迫害没能削弱他们中任何人的意志。人的心灵一旦被世俗的欲望所控制，如果肉体控制了精神，如果欲望战胜了理智，那么就意味着我们让外在生活环境控制了我们自己内心世界的生活。实际上，我们应是具有控制权力的主人。

先知穆罕默德所具备的支配生活的能力和力量可谓是最高典范，他所具备的这一力量使他从不拒绝把自己的所有慷慨地送给别人。有人曾这样说过，先知穆罕默德宁愿自己受穷，也要对别人慷慨解囊。为了不让生活中的任何东西支配他，而使自己支配生活，去洞察生活，了解生活的奥秘，追求生活中的真理，他在物质生活方面异常清苦。他睡觉的地方仅铺有一个塞满枣椰树纤维的皮袋。他吃饭时，从不过饱。他从不连续两天吃白面馍馍。炒面是他的正餐，另外就吃些椰枣。他及他的家属从不多吃肉食。他不止一次地挨过饿，饥肠辘辘时，他就勒紧自己的裤腰带。他的饮食是众所周知的。当然这不否定他有时改善伙食。他最爱吃的是羊肘子、菜葫芦、蜂蜜和甜食。

他在衣着方面如同饮食一样，也是很朴素的。有一次，一位妇女给了他一件自己很需要的衣服。正巧有人向他要一件殓衣，他毫不犹豫地就把这件衣服给了那个人。他常穿的衬衣和裤子都是当地出产的用毛、棉、麻织成的。当然在需要时，在某种场合他也不拒绝穿也门出产的高级衣服。他常穿便鞋。只是在阿比西尼亚，国王送给了他一双软底靴和几条裤子，他只穿过一次靴子。

他生活这样清苦，不追求任何物质享受，不是为了节俭而节俭，也不是教律一定要求他这样。《古兰经》曾这样指出：

……你们可以吃我所供给你们的佳美食物……（《古兰经》2：57）

你应当借安拉赏赐你的财富而营谋后世的住宅，你不要忘却你在今世的定分。你当以善待人，像安拉以善待你一样。（《古兰经》28：77）

有这样一个谚语："为你的今生耕耘吧，就好像你永远活在这个世上；为你的后世行善吧，就好像你明天就要离开人间。"但是先知穆罕默德想在支配生活的力量方面为人们做出最高表率，支配生活的力量应是不知疲倦的，这种力量不该成为追求享乐、财富、权力的奴隶，或成为任何除安拉之外能支配他的东西的奴隶。具有先知穆罕默德做表率的某些方面的兄弟情谊是一种诚实的、崇高的、毫无虚情假意的兄弟友爱。这一兄弟情谊既讲公正又讲仁慈。只有具有信仰的人才能具备这一兄弟情谊。伊斯兰把公正与仁慈相提并论，把宽恕和公正相提并论。但强者的宽恕应该是坦率正确的，其目的是使人真正地弃恶从善。

先知穆罕默德的格言

先知穆罕默德为他建立的新的文明所奠定的基础体现在他的格言中。据阿里·本·艾比·塔利卜讲，他有一次问先知，他的格言是什么？他回答说："知识是我的资本，理智是我的信仰，友爱是我的根本，渴望是我的交通工具，感念安拉是我的安慰，信心是我的宝藏，忧虑是我的伴侣，学习是我的武器，忍耐是我的衣服，知足是我的战利品，清贫是我的荣誉，修身是我的职守，确信是我的力量，诚实是我的护身之宝，服从是我的功勋，勤奋是我的禀性，礼拜是我的喜悦。"

犹太人的恐惧之始

先知穆罕默德的教诲，他的示范作用给人们带来了巨大的影响，从而使很多人归信了伊斯兰教，使叶斯里布穆斯林的势力和力量大大增强。这时候，犹太人开始重新考虑他们对先知穆罕默德及穆斯林的立场了。犹太人曾同先知穆罕默德签订了盟约。他们曾妄图使先知穆罕默德加入他们的队伍，以增强他们对付基督教的实力。但先知穆罕默德比他们，比基督教徒们都更高明，他的教义日益稳固。他开始考虑如何来对付古莱什人，考虑怎样对古莱什人把他、把穆斯林赶出麦加，阻碍穆斯林进行宗教活动这件事做出反应。犹太人能满足仅仅与穆罕默德和平相处，发展他们的商业、赚取更多的利益，而看着他的传教活动和精神势力日益扩展吗?

犹太人不承认以色列子弟之外的任何先知。如果先知穆罕默德的传教活动不扩展到犹太人中间去，或许他们能满足上面提到的状况。但是有位著名的犹太人学者，他就是阿卜杜拉·本·萨莱姆，与先知穆罕默德建立联系后不久，就归信了伊斯兰教，而且他的所有家属都归信了伊斯兰教。

阿卜杜拉担心犹太人会指责他，所以在任何人都不知道他归信伊斯兰教之前，他请求先知向犹太人提出一个问题:“阿卜杜拉的为人如何?”

犹太人的回答是:“他是我们的先生，是我们先生的儿子，是我们的学者。”

阿卜杜拉来到犹太人面前，向他们宣布了自己的所作所为，并号召他们也归信伊斯兰教。这时，犹太人害怕了，他们害怕阿卜杜拉的事情将引起的严重后果。犹太人开始诽谤阿卜杜拉，开始在所有犹太人居住区说他的坏话。这些犹太人商议好要暗算先知穆罕默德，要否定他的先知地位。这时，奥斯族和海兹拉吉族的多神教徒及他们中那些伪信者们，为了得到什么好处，或由于偏见和愚昧很快就同犹太人同流合污了。

先知穆罕默德与犹太人的论战

先知穆罕默德与犹太人之间的论战比他与麦加古莱什人之间的论战更激烈，更有策略。在这次发生在叶斯里布的论战中，什么耍阴谋、欺骗人等都出现了。而且论战还牵扯到以前众先知和使者们的情况。犹太人沆瀣一气，在论战中伙同攻击先知穆罕默德，攻击他的使命，攻击迁士和辅士。犹太人让一些表面上顺从先知穆罕默德，能同迁士和辅士们坐在一起，有敬畏之意的犹太学者们到迁士和辅士们中去，他们在他们中间散布对先知穆罕默德的怀疑，并向先知穆罕默德提出一些他们认为足以使迁士和辅士对相信先知穆罕默德、相信先知穆罕默德所主张的真理发生动摇的问题。一些伪信而归信伊斯兰的奥斯族人和海兹拉吉族人也加入了犹太人的行列，他们也开始说三道四，并挑拨迁士和辅士之间的关系。犹太人甚至纠缠到否认《讨拉特》（《摩西五经》）的程度。以色列子弟也好，把拜偶像看成是接近安拉的一种手段的多神教徒也好，他们都是承认安拉的。但他们竟问穆罕默德："如果说安拉创造了一切，那么谁创造了安拉呢？"先知穆罕默德借《古兰经》的话这样回答他们：

> 你说：他是安拉，是独一的主；安拉是万物所仰赖的；他没有生产，也没有被生产；没有任何物可以做他的匹敌。（《古兰经》112：1—4）

挑拨奥斯族人与海兹拉吉族人之间关系的企图

迁士和辅士洞察到他们的敌意，了解了他们的目的。有一天，迁士和辅士们看到他们在清真寺交头接耳，窃窃私语，先知穆罕默德便下令把他们强行赶出清真寺。但这并没有阻止他们企图挑拨迁士和辅士之间的关系的阴谋活动。

有一次，一位叫沙斯·本·吉斯的人，他看到一伙奥斯族人和海兹拉吉族人坐在一起亲切地交谈。他们之间的和睦使他很不自在。他在心里说：有盖莱族子弟在这块土地上的存在，就不会有我们的发言权。于是，他授意一位常与迁士和辅士在一起的犹太青年找机会在他们中间谈论布阿斯仇杀及奥斯族在仇杀中战胜海兹拉吉族的旧事。犹太青年这样一说，遂使他们提起了他们仇杀的日子。他们争执起来，而且有人说：如果你们愿意，咱们再较量下。这件事让先知穆罕默德知道了，他带着一些迁士和辅士到这些人中间。他告诉他们，伊斯兰教已使他们团结一心，已使他们结成互爱的兄弟。这些人听了先知穆罕默德的话后，相互拥抱，失声痛哭，并祈求安拉宽恕他们。

《古兰经》一些章节见证了先知穆罕默德与犹太人之间论战的激烈程度。“黄牛”章从开始到第八十一节，“妇女”章的大部分都提到了这些有经典的犹太人，提到了他们对他们自己经典的否认，并指责了他们的这一亵渎行径。

> 我确已把经典赏赐穆萨，并在他之后继续派遣许多使者，我把许多明证赏赐给麦尔彦之子尔撒，并以玄灵扶助他。难道每逢使者把你们的私心所不喜爱的东西带来给你们的时候，你们总是妄自尊大吗？一部分使者，被你们加以否认；一部分使者，被你们加以杀害。他们说：“我们的心是受蒙蔽的。”不然，安拉为他们不信道而弃绝他们，故他们的信仰是很少的。当一部经典能证实他们所有的经典，从安拉降临他们的时候〔，他们不信它〕。以前他们常常祈祷，希望借它来克服不信道者，然而当他们业已认识的真理降临他们的时候，他们不信它。故安拉的弃绝加于不信道者。（《古兰经》2：87—89）

凡哈斯的故事

犹太人与穆斯林之间的争论异常激烈，尽管他们之间签订了信约，但是他们争论激烈时常常动起拳头来。艾布·伯克尔素以性情温和、能容忍、有肚量而著称。有一次，他同一位叫凡哈斯的犹太人交谈，他号召他归信伊斯兰教。凡哈斯回答说："指安拉为誓，艾布·伯克尔，我们还没有穷到需要安拉的地步，而是安拉穷得需要我们。如果他不需要我们，他就不会像你们的主人所说的那样，需要向我们借债了。你们的主人禁止你们放高利贷，而把它给了我们，如果安拉不需要我们，他就不会把高利贷给我们了。"凡哈斯的话是针对《古兰经》中这句话而说的：

> 谁以善债借给安拉？他将以许多倍偿还他。(《古兰经》2：245)

艾布·伯克尔不能容忍这样的话。他发怒了，并狠狠地打了凡哈斯的脸。他对凡哈斯说："指安拉为誓，如果我们和你们之间没签订信约，安拉的敌人呀，我一定会砸你的脑袋！"

凡哈斯来到先知面前诉苦，并否认他对艾布·伯克尔说的亵渎安拉的话，《古兰经》中有这样的记载：

> 安拉确已听见有些人说："安拉确是贫穷的，我们确是富足的。"我要记录他们所说的话，和他们枉杀众先知的行为。我要说："他们尝试烧灼的刑罚吧。"(《古兰经》3：181)

犹太人不仅挑拨迁士和辅士、奥斯族人与海兹拉吉族人的关系，鼓动穆斯林退出伊斯兰教回到多神教徒行列中去，想使他们犹太化，而且还想做穆罕默德本人的工作。犹太人的学者、有名望者、头人们有一次来到穆罕默德那儿，他们对穆罕默德说："你知道我们这些人的地位，如果我们在座的这些人跟随你，犹太人不会违背我们的意志，他们会全都跟你走的。我们和一部分族人之间有些不和，今天特来让你给我们判决一下。这样我们就跟随你，信仰你。"安拉为了这些人曾有这样的启示：

> 你当依安拉所降示的经典而替他们判决，你不要顺从他们的私欲，你当谨防他们引诱你违背安拉所降示你的一部分经典。如果他们违背正道，那么，你须知安拉欲因他们的一部分罪过，而惩罚他们。有许多人，确是犯罪的。难道他们要求蒙昧时代的律例吗？在确信的民众看来，有谁比安拉更善于判决呢？（《古兰经》5：49—50）

把礼拜的朝向转向天房克尔白

犹太人对穆罕默德无能为力，于是就想对他搞阴谋活动。他们想像古莱什人用迫害的手段把穆罕默德和他的门弟子赶出麦加那样，让穆罕默德离开叶斯里布。犹太人对穆罕默德说，以前的使者们都是到耶路撒冷圣寺，他们的肃穆之地都在耶路撒冷。如果穆罕默德是真正的使者，他应该和他们步调一致，应该把叶斯里布作为他从麦加到耶路撒冷圣寺去的中间站。穆罕默德对他们的议论无须多加思考就明白了他们的阴谋和险恶用心。那时，也就是他在叶斯里布定居十七个月时，安拉启示他要把礼拜的朝向转向易卜拉欣和伊斯玛仪住过的地方——麦加禁寺。安拉的启示是这样的：

> 我确已见你反复地仰视天空，故我必使你转向你所喜悦

的朝向。你应当把你的脸转向禁寺。你们无论在哪里，都应当把你们的脸转向禁寺……(《古兰经》2：144)

犹太人想否定穆罕默德的行为，他们妄图再次诱惑他。他们说如果他把礼拜的朝向扭回到原来的方向，他们就会跟随他。为此安拉降下启示：

一般愚人将说："他们为什么要背弃他们原来所对的朝向呢？"你说："东方和西方，都是安拉的，他把他所意欲的人引上正路。"我这样以你们为中正的民族，以便你们作证世人，而使者作证你们。我以你原来所对的方向为朝向，只为辨别谁是顺从使者的，谁是背叛的。这确是一件难事，但在安拉所引导的人，却不难……(《古兰经》2：142—143)

奈季兰基督教使团

正当穆罕默德和犹太人激烈论战的时候，从奈季兰来了由六十名基督教徒组成的使团，他们当中有一位很有名望，学习过他们的经典，掌握了他们的教律的人。罗马历代皇帝是基督教徒，这些皇帝们曾给这位知名人士荣誉，给他权力，为他建了教堂并很尊重他。这些人可能是在得知穆罕默德和犹太人产生了分歧后，才来到先知居住的城市的。他们想加剧这一分歧，造成两者间的敌视对立，这样基督教徒就能在犹太人和阿拉伯人相互敌视的情况下安住在叙利亚和也门交界的地方。这个使团的到来使有经典的三大宗教聚到了一起。犹太教、基督教和伊斯兰教之间进行了激烈的史诗性的论战。犹太人固执地否定尔撒和穆罕默德的使命，他们声称奥宰拉是安拉的儿子。基督教徒则主张三位一体，并承认尔撒的神性。穆罕默德则号召认主独一，号召世界自始至终都归于一个统一的精神力量。犹太人和基督教徒问穆罕默德信仰哪些使者，他回答说：

> 我们信我们所受的启示，与易卜拉欣、伊斯玛仪、伊斯哈格、叶尔孤白和各支派所受的启示，与穆萨和尔撒受赐的经典，与众先知受主所赐的经典；我们对他们中任何一个，都不加以歧视，我们只顺安拉。(《古兰经》2：136)

穆罕默德断然否认他们提出的一切有损于认主独一论的言论。他向他们指出：他们已曲解了他们自己的经典上提到的关于他的地位的话；他们已提出了他们所承认的众先知和众使者所没有提出的主张；尔撒、穆萨及他们以前的众先知所主张的与穆罕默德所主张的没有丝毫的不同。以前的众先知所带来的是永恒的真理，这一显豁的、伟大的真理对于所有仅崇拜安拉的人来说是显而易见的，这一真理对于那些不追求片刻之欢、不贪图世俗荣华、不沉湎于物质享受、不盲目崇拜先辈们所崇拜的错觉，认为宇宙是相互联系的一个整体的人们来说也是明白无误的。

三大宗教的聚会

叶斯里布所经历的这次聚会是一次最伟大的聚会，是至今对世界命运仍在起作用的三大宗教的聚会。三大宗教为了最崇高的思想、最崇高的目的走到了一起！这不是一次经济会议，也不是为了我们今天这个世界所追求的任何物质利益而进行的会议。这次聚会的宗旨是为在精神生活领域方面达到一定的目的。当然一些富翁和部分有权势的人也想利用基督教和犹太教的精神力量去实现他们的政治野心。但穆罕默德在这次聚会中采取了纯人道主义的立场。他用安拉降于他的启示对犹太人、基督教徒和全人类说道：

你说："信奉天经的人啊！你们来吧，让我们共同遵守一种双方认为公平的信条：我们大家只崇拜安拉，不以任何物配他，除安拉外，不以同类为主宰。"如果他们背弃这种信条，那么，你们说："请你们作证我们是归顺的人。"(《古兰经》3:64)

基督教徒使团的退却

犹太人、基督教徒以及其他人们对于这种主张能说什么呢？他们只能崇拜安拉，不以任何物配他，除安拉外，不以同类为主宰！诚实的灵魂，只有理智、富于感情的人才能信仰这一主张。但在人类生活中，除精神生活一面外，还有物质生活的一面。物质生活往往使他人用金钱收买我们的灵魂，使他人成为我们的主宰。在人类生活中还存在着能损伤人的尊严，伤害人的感情，窒息人的理智之光的一些虚伪的东西。就是这一体现在金钱、体面及各种骗人的名誉地位方面的物质生活使奈季兰基督教徒中最有知识的艾布·哈里哈发生了这样的事情。他对他的同伴说，他已信服穆罕默德所说的哲理。他的同伴问他："既然这样，你为什么不跟随他呢？"

他回答说："族人给予我们的待遇使我们不能这样做。他们给了我们荣誉、钱财、尊重，他们不同意我们与他达成一致的意见。如果我跟随了他，族人就会剥夺你看到的、我们享有的这一切。"

穆罕默德动员犹太人和基督教徒信仰他提出的这一主张，或与基督教徒相互诅咒。因为他与犹太人之间有和约存在。基督教徒经协商后向他宣布：他们不与他进行互骂，让他信仰自己的宗教，而他们自己回去后，仍信仰他们的宗教。他们看到穆罕默德为人公正，他的众门弟子也以他为榜样，于是请他派一个人同他们一起回去，去给他们在言论上的分歧做判决。穆罕默德给他们派去了艾布·欧拜岱。

考虑如何对待古莱什人与麦加城

穆罕默德用他的教诲和实际行动为新的文明奠定了基石。这期间，他和迁士们自迁出麦加后无时无刻不在考虑这样一个问题：对古莱什人应采取什么样的立场，应如何对待他们。他们之所以考虑这个问题，原因是多方面的。易卜拉欣居住过的地方——天房克尔白在麦加，这是他们及全体阿拉伯人的朝觐之地。他们在离开麦加之日前一直尽这项神圣的责任，他们现在能放弃它吗？

在麦加城有他们想念的亲人，他的门弟子对他们仍信奉多神教很惋惜。他们的财产和商业都抛在了麦加。他们离开麦加时古莱什人禁止他们把这些东西带出来。另外，他们到叶斯里布时正赶上传染热病，他们中很多人都染上了。他们中很多人当时带病奋斗，甚至只能坐着做礼拜，这使他们更加怀念麦加。他们离开麦加是被迫的，这好像是他们被别人打败后才离开似的。古莱什人的性格是不能忍受他人对自己的欺压的，他们也不会认输而不考虑为自己报仇。除以上这些理由外，还有特别重要的一个因素在激励着他们，这就是对家乡的怀念。他们怀念自己出生、成长的地方，他们怀念那里的土地、平川、高山和水源。他们生在那里，长在那里。他们的心，他们的感情连着麦加。他们可以用他们的力量、他们的财产，甚至他们的生命来保护它。他们愿死后葬在他们出生的这块土地上。怀念家乡在迁士们的心目中比其他因素更突出。

这一因素使迁士们时时刻刻都在考虑古莱什人的问题，都在考虑对他们应采取什么立场。当然，他们不可能采取投降和屈服的立场。他们已在麦加忍受了十三年之久。他们为之忍受迫害、为之迁离家乡的宗教不会甘居软弱的地位。这一宗教憎恶侵犯他人，号召兄弟友爱。但它也主张自卫，主张捍卫尊严和信仰自由，主张保卫家乡。正是为了这一捍卫行为穆罕默德才同叶斯里布人签订了第二次阿盖白之约。迁士们将如何为了安拉，为了禁寺，为了他们的家乡——可爱的麦加来履行他们应尽的捍卫义务呢？穆罕默德同他的门弟子将为了这一目的而制定他们的具体方针策略，一直到光复麦加，安拉的宗教和真理在那里取得胜利。

第十二章　武装分队和初期冲突

穆斯林在麦地那的政策

先知穆罕默德和迁士们到叶斯里布几个月之后，逐渐安居下来了，据说就在公元622年的9月将叶斯里布改为“麦地那·奈比”，即“先知之城”。这时，迁士们开始怀念起麦加来。他们怀念留在麦加的亲人，挂念留在麦加的财产。同时，也回顾起古莱什人对他们的迫害。他们现在能做些什么呢？很多史学家认为，迁士和辅士，首先是穆罕默德，这时已考虑为他们自己向古莱什人报仇了。他们要向古莱什人首先发起进攻和发动战争。而且有部分史学家认为，迁士们刚到麦地那时就开始考虑进行这一战争了。他们之所以没这样做，是由于他们当时忙于准备住房和安排生活。这些史学家以穆罕默德在第二次阿盖白誓约时曾提到了要与各种肤色的人交战作为他们的论据。他们认为，由于古莱什人发觉了这件事，并惊慌地向奥斯族人和海兹拉吉族人询问这件事。那么很自然，古莱什人便成了穆罕默德和他的门弟子首先要对付的人。

首批武装小分队

这些史学家引用的论据是穆罕默德和迁士在麦地那定居八个月后发生的事件。那时，穆罕默德派他叔父哈姆扎·本·穆塔里布带领仅由三十名迁士组成而没有辅士参加的小分队由赖伊斯方向来到了红海岸。

在那里，他们遇到了由艾布·贾海勒·本·哈希姆带领的三百名麦加人。当时哈姆扎想与古莱什人拼杀，但朱海尼族人迈吉迪·本·阿慕尔把双方分开了。迈吉迪与双方都有友好关系。这样双方没有对垒就各自离去了。穆罕默德又派欧拜岱·本·哈里斯带领仅由六十名迁士组成而没有辅士参加的小分队来到希贾兹地区拉比格河谷的水源处。在那里他们遇到了由艾布·苏富扬带领的二百名古莱什人。双方仍没有交战而各自离去了。但据说当时赛尔德·本·艾比·瓦嘎斯射了一箭。这一箭是“伊斯兰射出的第一箭”。穆罕默德又派赛尔德·本·艾比·瓦嘎斯带领八十名迁士，也有人说是二十名，来到了希贾兹地区。但他们没有达到预定的目的地就返回去了。

先知亲自挂帅

这些史学家同样也把下面这一事件作为他们的论据。先知在麦地那定居的第十二个月之初，他把麦地那的事务托给赛尔德·本·奥巴代代管，自己亲自挂帅来到了艾布瓦和瓦丹。他希望能遇到古莱什人和他们的盟友代姆拉族人，但没能如愿。一个月之后，他又带领由二百名迁士和辅士组成的队伍来到布瓦特。他想在那里截击伍麦叶·本·海莱夫带领的有百名武装人员护送的，由两千五百头骆驼组成的古莱什人驼队。但是由于这支驼队走的是另一条其他驼队所不走的路，穆罕默德没能截住。他从布瓦特回来两三个月之后，又把麦地那的事务托给艾布·赛莱迈·本·阿卜杜·艾塞德代管，自己亲自带领二百多名穆斯林来到叫欧谢拉的一泉水处。他在那儿停留了近两个月（伊历2年5月至6月间，也就是公元623年10月），想在那儿截击由艾布·苏富扬带领的古莱什人驼队，但又没截住。此行的收获是他与姆德莱吉族人及其同盟者代姆拉族人媾和了。穆罕默德回到麦地那刚过十天，与麦加和古莱什人有联系的法海利族人在库尔兹·贾卜尔的带领下袭击了麦地那的驼群和羊群。穆罕默德把麦地那的事务托给栽德·本·

哈里塞代管后，亲自带人追赶他们。一直追到白德尔方向的萨夫万河谷，但没有追上他。史学家们称此次事件为“首次白德尔之战”。

史学家们对初期冲突的看法

上面的这一系列事件难道说明了迁士们，首先是先知穆罕默德，在考虑他们向古莱什人报仇雪恨之前，首先要对古莱什人发动袭击和进行战争？史学家们认为，这一系列的事件至少可以说明迁士和辅士派小分队出击要达到这两个目的：第一，在夏季经商活动中，截击到叙利亚或从叙利亚返回的古莱什人驼队，尽量夺取驼队所带的钱财和货物；第二，通过与处在麦地那和红海沿岸间各部落结盟、媾和的办法来斩断古莱什驼队通往叙利亚的道路。这样，当迁士们袭击这些驼队时，驼队得不到这些部落的保护，迁士和辅士就容易成功。穆罕默德派出的由哈姆扎、欧拜岱、赛尔德·本·艾比·瓦嘎斯带领的小分队，以及他与代姆拉族人、姆德莱吉族人结的同盟都说明了第二个目的，也就是迁士和辅士想截断麦加人通往叙利亚的商路。

我们对小分队的观点

先知穆罕默德的门弟子在麦地那定居六个月后组织了仅有迁士参加的小分队。如果认为他们想用这些小分队对古莱什人进行战争和袭击他们的驼队，这种观点是值得怀疑和思考的。哈姆扎带领的小分队不超过三十名迁士；欧拜岱带领的小分队不超过六十人；赛尔德带领的小分队，有人说是八十人，有人说是二十人。而护卫古莱什人驼队的人数一般是小分队人数的几倍。而且自从先知穆罕默德在麦地那定居后，自从他与麦地那及麦地那附近的各部落结盟之后，古莱什人增加了驼队护卫人员的人数和装备。尽管率领迁士组成的小分队的领导人员，比如哈姆扎、欧拜岱、赛尔德都很勇敢，但小分队的人数不足以使他们去进行战争。他们只不过是想利用小分队对古莱什人进行威胁，而不想与古莱什人进行拼搏。据说，当时只是赛尔德射过一箭。

威胁古莱什人的商业

古莱什人的驼队由麦加人护卫着，他们中很多人与迁士有着血缘关系。双方不会很轻易地进行拼搏和相互仇杀。双方也不会很轻易地使麦加和麦地那之间进行内战。从穆罕默德为先知到他迁往麦地那，圣门弟子们与多神教徒在麦加虽然对立了十三年之久，但是双方避免了内战。圣门弟子们知道，阿盖白誓约是防御性质的。奥斯族人与海兹拉吉族人起誓要保护先知穆罕默德，但他们没有向先知穆罕默德，也没向同先知穆罕默德在一起的任何人保证同他们进行侵略性的战争。在先知穆罕默德逝世近两个世纪之后，一些史学家才开始给他写传记。鉴于上面的情况，人们很难同意这种看法，即认为小分队及初期发生的冲突的目的真的是为了战争。那么，对于小分队的活动必然有一种合理的、符合迁士和辅士定居麦地那初期政策的解释，这一解释也一定要符合先知穆罕默德当时的方针。他当时的方针是同所有部落达成和解，以保证宗教信仰自由和建立睦邻关系。

我认为小分队活动的目的是让古莱什人明白，要想维护他们的利益，就必须同被迫离开麦加的迁士们达成谅解，双方应避免敌视和憎恨。这样，迁士们可以得到传教的自由，而麦加人则可以得到叙利亚通商的安全。当时，从麦加和塔伊夫出发及从南方来麦加的商业贸易活动，规模相当可观。一些商队的骆驼可达两千峰，货物价值五万第纳尔（金币）。每年从麦加发出的货物，据东方学家西林吉尔估计，价值可达二十五万第纳尔，约合十六万英镑。如果古莱什人能认识到他们的商业贸易已面临来自迁徙麦地那的迁士们给他们带来的威胁，他们就会考虑同迁士们达成谅解。这样迁士们就可以得到他们渴望的传教自由，就可以自由地到麦加去朝觐天房。如果古莱什人认识不到迁士们有能力截断他们的商路，那么双方达成谅解就是不可能的。我认为只有这样理解才能解释为什么当哈姆扎率领由迁士组成的小分队在海岸遇到艾布·贾海勒·本·哈希姆时，哈姆扎很快接受了迈吉迪·本·阿慕尔的调解而返回了。只有这样理解才能解释为什么尽管小分队的人数不足以进行战斗，而迁士中的小分队仍多次到麦加人的商路去进行骚扰。同样，只有这样理解才能解释为什么当古莱什人表示出自恃并怀疑迁士们的力量时，先知决意同居住在商路附近的各部落媾和与结盟，并让这一消息传到古莱什人那儿去。先知这样做是为了让他们有所收敛并能考虑同迁士达成谅解。

辅士与进攻性的战斗

我上面的看法还有更充分的论据。那就是当先知带领小分队到布瓦特和欧谢拉时，随行人员中有不少麦地那的辅士。辅士们曾向先知宣誓保卫他，但他们没有向他宣誓要同他一起去进攻别人。在白德尔之战前夕，我们将清楚地看到这一点。是否进行白德尔之战，先知穆罕默德曾犹豫不决，只是当麦地那人同意和先知穆罕默德一起投入战斗时，先知才下了决战的决心。如果说辅士们不认为先知穆罕默德同其他人结盟是违背了他们之间的誓约，那这并不是说他们将同先知穆罕默德去同麦加人进行战争。

按阿拉伯人的道德观念，按他们之间关系的准则，双方还不存在必须交战的缘由。尽管先知穆罕默德与一些部落结盟是为了加强麦地那的地位，是为了削弱古莱什人的商业，但这些措施与宣布进行战争和谋求战争还相差甚远。如果说哈姆扎或欧拜岱·本·哈里斯或赛尔德·本·艾比·瓦嘎斯率小分队出去是为了同古莱什人开战，从而称他们的小分队是侵略性的，我们尚且不能接受。那么，说先知穆罕默德率小分队到艾布瓦村、布瓦特、欧谢拉也是侵略性的活动，那就太过分了。

上面我已提出了异议。史学家们对先知穆罕默德的指责只能这样理解：他们在伊历 2 世纪末给先知穆罕默德撰写历史时，受到了白德尔之战之后一系列战事的影响，从而把白德尔之战之前不是为了战争而发生的冲突，也看成辅士们在先知时代所进行的战争了。

麦地那人的特性

虽然很多东方学家在他们的著作里没有提出我所提出的异议，但看上去他们已觉察到这一点。我之所以这样怀疑，是因为虽然他们随声附和一些穆斯林史学家提出的关于迁士们，首先是先知穆罕默德，在定居麦地那之初就想同麦加人开战的论点，但他们同时指出，这些小分队目的是抢劫商驼队，因为抢劫是沙漠居民们的特点之一。但如果认为麦地那人违背阿盖白誓约，想同先知穆罕默德一起去抢劫，这种说法是站不住脚的。因为麦地那人同麦加人一样，他们不是靠抢劫为生的沙漠中的居民。他们与靠农业为生的居民一样，喜欢安定。除非有充足的理由，否则他们便不会去厮杀。迁士们有权收回被古莱什人霸占的属于他们的钱财，但是在白德尔之战之前，他们还顾不了这一点。这构不成他们派遣小分队的缘由。

另外，当时按伊斯兰教观点看，发动战争还不是合法的。先知穆罕默德及圣门弟子们也不会像那些东方学家想象的那样，为了抢劫——这一游牧民们的特点——而去进行战争。后来之所以把战争合法化，先知穆罕默德和他的门弟子们之所以投入战争，是为了不让任何人破坏他们的宗教信仰，是为了获得他们所渴望的信仰自由。后面我们将清楚地看到这一点及其根据。那时我们就会一清二楚地看到，先知穆罕默德所结成的同盟的目的是加强麦地那的地位，不让古莱什人对其抱有野心，不能让古莱什人像从前对待迁徙到阿比西尼亚的穆斯林那样来对待迁徙到麦地那的迁士。在这同时，如果古莱什人让人们自由地去信仰安拉的宗教，先知穆罕默德不会拒绝同古莱什人达成和解。

威吓犹太人

先知穆罕默德派遣小分队进行武装活动或许还有另外一个目的。那就是威吓居住在麦地那及其附近的犹太人。读者已看到，这些犹太人在先知穆罕默德初到麦地那时，曾妄想让先知穆罕默德加入他们的行列。因此，他们同先知穆罕默德订立了有关自由传教和自由进行宗教活动的盟约。但当犹太人看到先知穆罕默德的事业日益稳定，伊斯兰力量日益壮大时，他们便翻脸了，并开始诽谤他了。犹太人由于害怕如果在麦地那人之间爆发内战使他们的商业利益会受到损失，所以他们还没敢公开与先知穆罕默德抗衡。尽管这样，他们已开始不择手段地来破坏迁士和辅士间的团结，在迁士与辅士之间制造仇恨，利用谈论布阿斯仇杀来挑起奥斯族人与海兹拉吉族人间的旧怨。

迁士与辅士已觉察到他们的阴谋活动。因此把他们列入伪信者（穆纳菲格）行列之内，而且认为他们比伪信者更坏。迁士与辅士把他们强行赶出清真寺，不同他们坐在一起，不同他们谈话。先知在用各种理由劝说他们之后，也开始不信任他们了。但是，如果纵容犹太人去搞阴谋活动，事态就会严重起来，他们就会挑起他们梦寐以求的战乱。按过去单纯提防的做法已无济于事。现在必须让他们体会到，迁士与辅士有力量去熄灭他们要挑起的任何乱子。而达到这一目的的最好办法是派遣小分队到各个不同的地方去进行活动。但必须保证，在活动中迁士与辅士的力量不遭受犹太人及古莱什人所期望的失败。前面提到的小分队的活动，就是根据这样的策划进行的。像哈姆扎这样脾气暴躁、易动肝火之人，如果不是按着明确的预定方针去行事，在双方已经接触，然后在调解人的劝阻之下马上停止拼杀，这是根本不可能的。这一既定方针就是前面提到的：一方面威胁犹太人；另一方面，力求同古莱什人通过不进行战争和拼杀的方法达成有关传教自由、信仰自由的协议。

伊斯兰教与战争

上面的这一观点不是说伊斯兰教否定自卫性的、捍卫信仰的、抵制外来干扰破坏的战争。不是！伊斯兰教主张进行自卫。也就是说，伊斯兰教过去是，现在和将来仍是否定侵略性的战争。

……你们不要过分，因为安拉必定不喜爱过分者。(《古兰经》2：190)

如果说迁士有理由索取在他们迁离麦加时被古莱什人扣压的钱财，但抵御阻挡信士们进行宗教活动的阴谋在安拉和他的使者看来更为重要。正是为了这一崇高的目的，伊斯兰教才使战争合法化。

阿卜杜拉·本·杰赫什小分队

上面观点的论据是安拉为艾塞德族人阿卜杜拉·本·杰赫什率领的小分队降示的《古兰经》某些章节。安拉的使者在伊历2年7月派他率领一些迁士去执行任务。行前先知交给他一封信，并命令他出发两天后才能拆阅。他按先知的命令执行了。两天后阿卜杜拉打开了信件。信中写道："阅信后，即前往奈合莱[①]侦察古莱什人的动向，并将所搜集的情况及时报告我。"所有队员了解了他们的任务，并看到阿卜杜拉不强迫任何人一定要同他前去执行这一任务。除赛尔德·本·艾比·瓦嘎斯和乌特拜·本·盖孜旺外，全体队员都奔向奈合莱去了。

赛尔德·本·艾比·瓦嘎斯和乌特拜由于去寻找他们的骆驼而迷

① 麦加和塔伊夫之间的一个地方。——译者

了路，后被古莱什人所俘虏。古莱什人的商驼队在阿慕尔·本·哈达拉米的护卫下过来了。当时是旧历 7 月最后一天。阿卜杜拉·本·杰赫什和同来的迁士们想起了古莱什人对他们的迫害，想起了古莱什人扣压他们的钱财。他们在一起商讨起来。有的说："今天晚上如果让他们跑了，他们就会进入禁地。那么，我们就抓不到他们了。如果我们杀了他们，那就是说，我们是在禁月中杀人了。"

他们犹豫不决，但最后还是鼓起了勇气。他们一致决定，对这些古莱什人能杀则杀，能俘则俘。一位迁士射中了阿慕尔·本·哈达拉米，他当场毙命。同时，迁士们俘虏了两名古莱什人。

迫害比杀戮更残酷

阿卜杜拉·本·杰赫什带着骆驼和两名战俘回到麦地那使者那儿。他们把战利品的五分之一留给了先知穆罕默德。当先知穆罕默德见到他们后，对他们说："我没有命令你们在禁月内进行战争。"同时，他拒收任何东西。阿卜杜拉·本·杰赫什及其同伴们很尴尬。其他圣门弟子们也指责他们的行为。古莱什人利用这件事到处煽风点火。他们说："先知穆罕默德和他的门弟子们破坏了禁月的习惯。他们在禁月杀人、抢钱和抓俘虏了。"

当时仍住在麦加的迁士回击说，他们的迁士兄弟们是在旧历八月进行的这次战斗。犹太人落井下石，也对这件事大加非议。这时安拉启示：

> 他们问你禁月内可以作战吗？你说："禁月内作战是大罪；妨碍主道，不信安拉，妨碍（朝觐）禁寺，驱逐禁寺区的居民出境，这些行为，在安拉看来，其罪更大。迫害是比杀戮还残酷的。"如果他们能力充足，势必继续进攻你们，务使你们叛教……（《古兰经》2：217）

迁士对安拉降示的《古兰经》文关于此事的内容很高兴。先知也接过了骆驼和两名战俘。古莱什人想从先知穆罕默德手中把两名战俘赎回去。但先知穆罕默德对他们说："我们现在不能把他俩还给你们。我们的两个人——赛尔德·本·艾比·瓦嘎斯和乌特拜·本·盖孜旺——回来后才行。我们担心你们会对我们的这两个人下毒手。如果你们杀了这两人，我们就把你们的这两个人杀掉。"当赛尔德和乌特拜回来后，先知穆罕默德把两名战俘交还给了古莱什人。一名是哈克姆·本·凯桑，他归信了伊斯兰教，并留在了麦地那。第二名则返回了麦加，他死守着他及他的父兄信奉的宗教，在麦加离开了人世。

对阿卜杜拉·本·杰赫什率领的小分队及为这一小分队的活动而降示的这节《古兰经》文，我们应讨论一下。我认为这件事是伊斯兰教形势的一个转折点，这是前所未有的一个事件。《古兰经》回答了多神教徒提出的关于在禁月进行战争的问题。它是件严重的事件吗？是的，是严重的事件。但还有比这更为严重的事情，阻碍安拉之道，对安拉背叛，比在禁月内进行战争更严重。妨碍（朝觐）禁寺，驱逐禁寺区的居民出境比在禁月内进行战争和杀戮更严重。利用威胁利诱和折磨的手段迫害居民，迫使他们离开自己的宗教信仰比在禁月或非禁月内进行战争更严重。责骂先知的众门弟子在禁月进行杀戮的古莱什人及多神教徒，他们为了让圣门弟子离开他们自己的信仰，从来没有停止对他们的杀戮。古莱什多神教徒犯下了阻碍安拉之道、背叛安拉、驱逐禁寺区的居民出境，逼迫迁士与辅士放弃自己的信仰的大罪。那么深受其害的人，即使在禁月杀人犯罪也没什么过错。当然，在禁月如果枉杀无辜也是大罪。

《古兰经》与战争

迫害比杀戮还要残酷。任何一个人看到其他人企图迫使他背离自己的宗教，企图阻碍安拉之道，他有权，而且应该为了安拉而战，直到他不受迫害，直到安拉的宗教取得胜利为止。对此，东方学家、传教士声嘶力竭地喊叫说："你们看到了吗！先知穆罕默德为了他的宗教正在主张进行战争和发动圣战，他在用宝剑威逼着人们归信伊斯兰教。"难道这不正是偏见吗？基督教是否定战争，憎恶战争，主张和平，号召宽容，号召为了安拉和基督，人与人之间应建立兄弟关系的。为了同这些人探讨问题，我不得不引用《福音书》中的这句话："你们不要想，我来是叫地上太平；我来并不是叫地上太平，乃是叫地上动刀兵。"[①]这句话的意思是什么呢？迁士与辅士正如《古兰经》指出的那样，承认尔撒的宗教。我之所以引用上面的话，发表自己的见解是为了驳斥他们所说的"先知穆罕默德为了他的宗教正在主张进行战争和发动圣战"这句话。这句话完全是谎言。《古兰经》中下面这些话足可以驳倒其谎言。

> 对于宗教，绝无强迫；因为正邪确已分明了……（《古兰经》2：256）
>
> 你们当为主道而抵抗进攻你们的人，你们不要过分，因为安拉必定不喜爱过分者。（《古兰经》2：190）

为安拉而战

为安拉而战，这句话的意思，在上面我们引用的《古兰经》章节及围绕阿卜杜拉·本·杰赫什小分队而降示的《古兰经》章节中已表达得很清楚。为安拉而战，也就是同那些逼迫迁士与辅士背离自己宗教信仰的人、阻碍安拉之道的人进行战争，是为了自由地号召人们归信安拉，自由地号召人们为归信安拉的宗教而战。按我们现代的说法就是，

① 《新约全书·马太福音》10：34（和合本，新国际版）；亦译"你不要以为我来，是为把平安带到地上；我来不是为带平安，而是带刀剑"（中国天主教教务委员会，思高圣经学院，香港版）。——译者

思想家要用一切战斗的方法来捍卫自己的思想。如果有人用宣传或说理的办法，而不是用暴力、贿赂或惩治的办法想迫使思想家背离他的思想，那么思想家就要用批判的方法来捍卫自己的思想。但是，如果有人想用武力来迫使思想家背离自己的思想，那么思想家一旦有条件，就要用武力来对付武力。人的尊严可用一句话来概括：即他的信念。信念在懂得人生道德价值的人看来，它比金钱、地位、权势，甚至比生命都更有价值。它比人和动物都能享受的物质生活更有价值。人的物质生活仅表现于吃、喝、增强体质，而信仰则是人与人、人与安拉间的精神联系。人所具有的信念使人与其他有生命的动物区别开来了。也正是信念才能使人把自己所喜欢的施予他的兄弟，使人在困难中关心不幸者、贫穷者和可怜者胜于关心自己的亲人，使人为了宇宙达到安拉所规定的完美程度而不倦地工作。

如果一个人树立了这一信念，当其他人企图逼迫他背弃自己的信仰，而他又无力自卫时，他只好像迁士在迁往麦地那以前那样，忍受敌视、迫害、侮辱和饥饿。但是，饥饿和任何压迫也不能使他放弃自己的信念。早期迁士和早期基督教徒就是这样做的。但能够为了信念而忍受者不是人类的多数，而是人类中的出类拔萃者。安拉赋予了他们保护信念的力量。在这一力量前，任何迫害和压迫都是微不足道的。这一力量可以使磐石变为齑粉。按《新约》的说法，这一力量可以移山倒海。你如果能够用武力抵御企图逼迫你的人，你如果能够反抗企图用各种手段阻碍安拉之道的人，那么你就应该去反抗他。否则，就说明你信仰不坚定。先知穆罕默德和他的众门弟子在定居麦地那后就是这样做的。基督教徒的势力在罗马和拜占庭占了上风之后，在罗马帝国一些皇帝同情基督教之后，基督教徒就是这样做的。

基督教与战争

基督教传教士声称：基督教精神是绝对否定战争的。我不愿去探讨这一说法正确与否，但摆在我们面前的基督教史是公正的见证，摆在我们面前的伊斯兰教史也是公正的见证。从基督教有史以来到今天，世界上很多国家都由于以耶稣的名义为借口而被染上了鲜血。罗马帝国是这样，欧洲各民族也都是这样。十字军战争是基督教徒挑起来的，而不是穆斯林挑起的。十字军假借十字架之名连续几年内源源不断地从欧洲来到东方伊斯兰国家，他们在那里烧杀抢掠。每一次罗马教皇——耶稣的继承人——都为前来占领耶路撒冷、占领基督教圣地的十字军祝福。是这些罗马教皇无知呢，还是他们的基督教精神是虚假的呢？或这些罗马教皇都是不知道基督教精神是绝对否定战争的愚昧者呢？有人会说，那是在黑暗的中世纪发生的事，不能用此作为指责基督教的口实。就算他们的说法有某些道理，但我们生活的这个被称为人类文明的最高时代的 20 世纪不是也经历了发生在黑暗的中世纪的事情吗？英国、法国、意大利、罗马尼亚、美国这些同盟国的一位代表，在第一次世界大战后期，当他们在 1918 年占领了耶路撒冷之后，不是在耶路撒冷曾说过“今天十字军战争才告结束”吗？

伊斯兰教和基督教的圣徒们

如果说在各个时代，在基督教徒中出现过否定战争、理解了人类友谊的最高意义，而且认识了整个宇宙中所有成员间友谊的最高意义的教徒的话，那么在穆斯林中也有达到这一境界的圣教徒。但是，这些教徒无论是基督教徒，还是穆斯林，尽管他们描绘了一幅最美好的图景，但他们毕竟不能代表仍处在不断向完美阶段发展的人类生活。人类生活的这一完美阶段，我们曾力图把它描绘出来，但我们的智力和想象力没能使我们做到这一点。先知从麦加迁徙到麦地那已过去一千三百五十七年了。但是，人们在其间的各个时代，从没停止过战争和制造准确的毁灭性武器。制止战争、取消军备这些言辞只不过是在每一次摧残了一些民族的战争之后的侈谈，或是人们无法实现的宣传。

谁知道呢？也许人类任何时候都不能在这方面实现任何有意义的事情，他们任何时候都不能用真正的和平、体现友谊和公正的和平来代替潜伏着的新的战争，隐藏着新的灾难的、用武力控制着的和平。

伊斯兰教是天赋的宗教

伊斯兰教不是幻想的宗教，也不是只靠某个人去号召实现人类完美阶段的宗教，它是天赋的宗教。所有的人，单个人或集体，本能地喜爱它。伊斯兰教是真理之教，是自由和纪律之教。战争常表现为人的本性暴力的一面，那么进行思想教育，把这一本性局限在人道主义的范围之内，这就是我们要达到的目的。思想教育的最好结果是：只有为了自卫，为了捍卫信仰，为了言论自由才能进行抵御性的或者防御性的战争。这就是伊斯兰教的一贯主张。前面我们已看到了这一点，下面我们还会看到这一点，这也是《古兰经》所教导我们的。我在前面已引用了《古兰经》有关章节，下面在适当的情况下，我还将为读者引用有关的章节。

第十三章　白德尔之战

艾布·苏富扬率领的商队

阿卜杜拉·本·杰赫什小分队的行动，是伊斯兰政策的一个转折点。在这次行动中，瓦吉德·本·阿卜杜拉·台曼米用箭射死了阿慕尔·本·哈达拉米。他是圣门弟子中被杀死的第一个人。为此，安拉降示了前面引用的《古兰经》有关章节。此后，对阻挠圣门弟子进行宗教活动者，对妨碍主道者进行战争已然合法化。这一小分队的活动，也是圣门弟子对古莱什人政策的转折点。此后，双方展开了真刀真枪的拼杀。从此以后，迁士与辅士们开始考虑，要用战争的手段夺回被古莱什人扣压的钱财。古莱什人想以迁士与辅士在禁月内杀人为由，发动整个阿拉伯半岛起来反对先知穆罕默德和他的门弟子。到这时，先知穆罕默德已确信，再想同古莱什人修好或达成某种协议已没有任何希望了。在伊历 2 年秋初，古莱什人艾布·苏富扬率领庞大的商队到叙利亚经商去了。先知率领小分队到欧谢拉去时，圣门弟子们就想截击这支商队。但圣门弟子们到达欧谢拉时，艾布·苏富扬的商队已过去两天了。因此，穆斯林决定在商队回麦加时再截击它。当先知穆罕默德听到商队已从叙利亚动身时，他派泰勒哈·本·奥拜德拉和赛义德·本·栽德前去进一步探听商队的消息。他俩来到豪拉村的凯什德·杰海尼那儿。在那儿，他俩住在帐篷里等待着商队。当他俩探听到商队已经到来时，急忙返回到先知穆罕默德那儿汇报了商队的情况。

圣门弟子们奔赴白德尔

先知穆罕默德派往豪拉的两名侦探返回汇报之前，他已经得到消息：艾布·苏富扬率领的商队是支庞大的商队。麦加人不分男女，凡是有能力者都入股了。商队的货物价值全计五万第纳尔。先知穆罕默德担心，如果他坐等消息，商队在回麦加的路上会像前往叙利亚时那样溜掉。因此他来到众门弟子中间，对他们说：“这是古莱什人的商队，你们赶快去把它截住！安拉会恩赐你们的。”一些人很积极，另一些人则不愿前往。还有一些没信奉伊斯兰教的人，妄想得到战利品，也想同圣门弟子们前去，但先知拒绝了他们。除非他们先归信伊斯兰教，在信仰安拉的使者以后，才能同使者的门弟子们并肩作战。

艾布·苏富扬派人向古莱什人求救

艾布·苏富扬在率领着商队向叙利亚进发时，就听到先知穆罕默德想截击商队的消息。这次经商，他赚了很多钱，他很担心商队返回麦加时受到穆斯林的拦截。所以他到处探听关于穆斯林的消息。他曾问过先知穆罕默德的两名侦探人员到过的豪拉村的凯什德·杰海尼。虽然杰海尼没有把实情告诉他，但他正如穆罕默德已探听到的消息那样，已经了解到穆罕默德和迁士、辅士要拦截他的消息。保卫商队的仅有三十至四十名古莱什人，商队一旦被截，后果不堪设想。艾布·苏富扬害怕了。于是，他雇用了代姆达姆·本·阿慕尔·盖法里，让他急速赶回麦加，动员古莱什人们前来保护自己的钱财，并告诉他们穆罕默德带领人马已前来拦截商队了。代姆达姆赶到了麦加河谷。他在见到古莱什人之前先砍掉了骑驼的耳朵和鼻子，并把自己的衣服前后都撕破，把骑驼拴好后，他站到骆驼身上喊叫起来：“古莱什人们哪，快去保护你们的钱财吧！你们交给艾布·苏富扬的钱财遭到穆罕默德和穆斯林的截击了，你们可能见不到这些钱财了。快去救你们的商队吧！”

艾布·贾德勒听到他的喊声后，马上到天房动员人去了。艾布·贾德勒是位敏捷、无情、善辩而又有见识的人。实际上古莱什人也用不着谁去动员他们，因为他们每个人在商队中都有股份。

由于古莱什人的逼迫，穆斯林先是迁徙到阿比西尼亚，而后又迁徙到麦地那。有一些麦加人觉得古莱什人太欺负他们的同宗穆斯林了。究竟是前去保护自己的钱财呢，还是袖手旁观企望商队不受什么损失呢？这些人当时犹豫不决。这些人想到麦加人与基纳奈人曾有过血仇。如果麦加人为了保护商队前去与穆罕默德拼搏，他们担心基纳奈人的伯克尔子弟会从后面袭击他们。这一理由几乎使主张坐等的人占了优势。但这时，基纳奈人中的一位名人马立克·本·朱阿舒姆·穆德里吉来到了麦加。他对麦加人说：“我向你们保证，基纳奈人绝不在你们后面捣乱。”

这使艾布·贾海勒、阿慕尔·本·哈达拉米等主张前去同穆罕默德及穆斯林战斗的人占了上风。这样，所有能参加战斗的人再没有理由留下不去，或没有理由不派人代他去战斗了。古莱什人的名流们都准备好出发了，但唯独艾布·赖海卜安然不动。他派阿斯·本·海夏姆·本·穆吉拉代他前去。因为阿斯欠艾布·赖海卜四千迪尔汗的钱，他破产后一直无力归还这笔借款。伍麦叶·本·海莱夫是位老成稳重的长者，他决意不去同穆罕默德厮杀。但欧格白·本·艾比·穆伊特和艾布·贾海勒找他来了。欧格白拿着香炉和香，艾布·贾海勒拿着化妆瓶和妇女用来涂眉的笔。欧格白把香炉放在伍麦叶的面前，对他说：“艾布·阿里，烧香吧！你真是位女人。”艾布·贾海勒说：“艾布·阿里，拿起笔来画你的眉吧，你真是位女人。”

伍麦叶急了，他说道：“在河谷里给我买一头最好的骑驼来。”

他只好同人们一起出发了。凡是能参加战斗的人都统统离开了麦加。

穆斯林大军向前挺进

先知穆罕默德于伊历2年9月8日率领穆斯林离开了麦地那。他留阿慕尔·本·乌姆·马克吐木在麦地那带领人们做礼拜，并从鲁哈召回艾布·莱拜白，让他留在麦地那代管政务。在穆斯林队伍前面，有人高举着两面黑旗。他们轮流骑乘七十峰骆驼。或两人，或三人，或四人轮流骑一峰骆驼。艾布·伯克尔和欧麦尔及阿卜杜·拉赫曼·本·奥夫三人轮流骑一峰骆驼。这次随先知穆罕默德出征的队伍共三百零五人，其中八十三名迁士，六十一名奥斯族人，其余是海兹拉吉族人。他们担心艾布·苏富扬再次溜掉，所以他们迅速向前推进，并边走边探听他的消息。正当他们汗流浃背地前进时，遇到了一位游牧人。他们向他探听艾布·苏富扬商队的消息，但他一无所知。穆斯林队伍到达了宰法兰河谷，并在那里驻扎下来。这时他们才得到了古莱什人已离开麦加前来保护商队的消息，事态起了变化。现在摆在穆斯林面前的已不是无力抵抗他们的由三四十人卫护的商队，而是前来保护商队的，在首领们率领下的所有麦加人。就算穆斯林能赶上艾布·苏富扬率领的商队，能战胜商队的护卫人员，能把他们俘虏过来，把驼队及驼队的货物缴获过来，但在数量和装备上都胜过穆斯林的古莱什人为了夺回他们的钱财，必定会马上追上来，他们会与穆斯林进行殊死的战斗，或是夺回他们的钱财，或是为了他们的钱财而战死。但是，如果穆罕默德原路退回，那只能增加古莱什人和麦地那犹太人的气焰。日后，穆罕默德只有采取迎合、讨好各方的立场，穆斯林也只好像过去在麦加受古莱什人的迫害时那样受麦地那犹太人的欺负。这样的立场绝不能使真理的声音占上风，绝不能使安拉的宗教取得胜利。

辅士的态度

先知穆罕默德把古莱什人的情况公之于众，并征求他们的意见。艾布·伯克尔和欧麦尔发表了意见。然后，米格达德·本·阿慕尔站起来说道："安拉的使者，请按安拉所指引你的去干吧，我们同你在一起。指安拉起誓，我们不会像以色列子弟对穆萨说的那样对你说：'你和你的主去战斗吧，我们要坐在这里等待。'"

人们默不作声。这时先知说道："人们啊，请把你们的意见告诉我吧。"

先知的这句话是针对辅士讲的。辅士在阿盖白曾起誓要像保护自己的妻子儿女一样来保护先知穆罕默德。但他们没有向他起誓，要随他在麦地那之外去进攻别人。当辅士觉察到先知穆罕默德是想听他们的意见时，他们的掌旗者赛尔德·本·穆阿兹转向先知穆罕默德说："安拉的使者，你是否在等待我们表态？"

他说："正是。"

赛尔德说："我们信赖你，相信你，我们见证你所带给我们的是真理，我们已向你保证完全服从你。你按你的意愿去干吧，我们同你在一起。指安拉起誓，你就是把我们带到这大海前面，只要你敢往下跳，我们也一定义无反顾地同你一起往下跳。我们这些人，一个也不会退缩。明天你就带我们同敌人战斗吧。在战斗中我们一定既坚定，又勇敢。安拉会让你看到：我们的行动会使你满意。在安拉的保佑下率领我们前进吧。"

赛尔德的话刚说完，先知穆罕默德的脸上就露出了微笑，他精神抖擞地说："前进！安拉已应许你们两伙人中的一伙。指安拉起誓，好像我现在就看到了古莱什人的尸体。"

队伍开始向前挺进。当他们到达白德尔附近时，先知穆罕默德亲自来到一位阿拉伯长者面前。他向他询问古莱什人的消息，也故意向他询问穆罕默德及穆斯林的消息。从这位长者口中先知穆罕默德了解到古莱什人已来到白德尔附近。

对情况进行仔细分析

先知穆罕默德了解到这些情况后回到了队伍中。他又派阿里·本·艾比·塔利卜、祖拜尔·本·阿瓦姆及赛尔德·本·艾比·瓦嘎斯带领一小支队伍到白德尔水源处了解情况。小分队归队时带回了两名当地的青年人。先知穆罕默德从他俩口中了解到古莱什人就驻扎在河谷边上沙包的后面。两位青年人不清楚古莱什人的人数是多少。先知就问他俩古莱什人每天宰食几峰骆驼。他俩回答说，有时宰九峰，有时宰十峰。先知以此断定，古莱什人大约有九百到一千人。先知从两位青年口中了解到古莱什人的首领们全都到来了。这时他对信士们说：“麦加已把它所有精干子弟派来同你们战斗了。”面对着在数量上是自己三倍的劲敌，先知穆罕默德和穆斯林一定要下定决心，鼓起勇气，准备迎接残酷而又激烈的战斗，而且要树立必胜的信念。

艾布·苏富扬带领商队逃遁

在阿里率领的小分队带回两名青年人及从他俩身上得到有关古莱什人的消息的同时，两名圣门弟子来到白德尔。他们俩把骑驼伏卧在水源旁的小丘上，便拿起器皿到水边打水喝。他俩在水边喝水时听到一位女仆向另一位女仆讨债。第二个女仆回答说：“明天或后天商队就过来了，我将为商队的主人们干活，我挣下钱后就还债。”两位圣门弟子马上回去，把听到的话告诉了先知穆罕默德。

艾布·苏富扬怎样呢？他也担心穆罕默德走到他前面，把住路口。所以他走在驼队前面也来探听消息。当他来到水源处时，遇到了迈吉迪·本·阿慕尔。艾布·苏富扬问他看到了什么人没有。迈吉迪回答说，他看到了卧在小丘上的两峰骆驼，并指给了他骆驼卧的地点。艾布·苏富扬来到那儿，在骆驼的粪便中发现了枣核。他知道骆驼肯定是吃了从麦地那带来的饲料。于是，他赶紧回到同伴中，立即改变了原来的路线，沿着海岸疾行而去，一直逃到距先知穆罕默德很远很远的地方。他竟然逃脱了。

是否还要战斗

第二天，迁士们、辅士们等待着艾布·苏富扬商队的到来。但他们得到了商队逃遁的消息。不过，前来保护商队的古莱什人仍留在他们附近。迁士、辅士中希望获取战利品的人泄了气。他们同先知嚷着要回麦地那，不愿同这些古莱什人交战。为此，安拉曾降下了如下的启示：

> 当时，安拉应许你们两伙人中的一伙，你们要的是没有武装的那一伙，而安拉欲以他的言辞证实真理，并根绝不信道的人。(《古兰经》8：7)

古莱什人的商队逃脱了，他们还要不要战斗呢？让迁士们、辅士们空手而归，而他们也原路退回不是很好吗？艾布·苏富扬是这样想的。因此，他派人对古莱什人说："你们是前来保护你们的商队、人员钱财的。现在神灵已拯救了你们的商队和钱财，你们返回麦加吧。"

不少古莱什人同意艾布·苏富扬的意见。但艾布·贾海勒听到这话后马上喊叫起来："指神灵起誓我们不能回去，我们要到白德尔去驻扎三日，宰驼摆宴，饮酒行乐。让所有的阿拉伯人都知道我们的厉害，日后让他们永远惧怕我们。"

白德尔是阿拉伯人节日聚会的地方。艾布·贾海勒认为，在古莱什人的商队逃脱后，如果古莱什人马上离去，阿拉伯人就会认为古莱什人惧怕穆罕默德和穆斯林。这样会提高穆罕默德的声望，也会促使伊斯兰教进一步发展。特别是前不久，阿卜杜拉·本·杰赫什率领的小分队刚刚截击了古莱什人的驼队，杀了阿慕尔·本·哈达拉米，俘虏了两名古莱什人，缴获了古莱什人的商品。

穆斯林进驻白德尔

古莱什人是跟随艾布·贾海勒去战斗，还是退回麦加呢？不跟贾海勒去战斗，怕人说是胆怯；去吧，他们的商队已经得救了。古莱什人犹豫不决。最后，宜海拉家族子弟们，在听取了艾赫纳斯·本·夏里格的忠告后退回了麦加，其余古莱什人跟着艾布·贾海勒进入了阵地，开始做战斗准备，商量如何对付穆斯林。古莱什人在一个沙丘后面安营扎寨，想把沙丘作为他们的屏障。穆斯林没有截住古莱什人的商队，现在他们决心同敢于同他们交战的敌人进行厮杀。他们开始向白德尔水源处进发。这时天上降下一阵甘霖，地上的浮土被雨一淋，穆斯林走起路来方便多了。当他们来到白德尔水源下游时，先知穆罕默德停了下来。侯巴卜·本·孟泽尔·本·贾穆哈很了解地形地利。当他看到先知停下的地方后说道："安拉的使者啊，这个地方是安拉让你驻扎之地，不容我们靠前，也不容我们靠后呢，还是你出于战斗的策略和考虑而自己选择的地方呢？"

先知穆罕默德说："这是我出于战斗和策略的考虑，自己选择的地方。"

侯巴卜说："安拉的使者，这个地方可不是驻扎的地方，请你把人们带到比古莱什人离水源更近的地方，驻扎在那儿。然后，派人把所有的井都填死，再挖一个水池蓄够我们饮用的水。这样我们同古莱什人战斗时，我们有水喝，而他们找不到饮水。"

先知穆罕默德认为侯巴卜说的正确，就采纳了他的意见，并宣布，自己和他们一样都是人，遇事应该一起商量。他绝不会在他们的协商之前决定任何事情。他迫切需要他们中有见解的人出谋献策。

为先知建凉棚

穆斯林挖好水池后，赛尔德·本·穆阿兹对先知穆罕默德说："安拉的使者，让我们先给你搭个棚子吧，你要站在棚子里，并在棚内备好你的坐骑，然后我们再与敌人交战。若安拉襄助我们战胜敌人，这是我们所期望的，但如果发生了意外情况，你乘上坐骑，到留在我们后方的人中去。安拉的使者呀，我们留在后方的人和我们一样热爱你。如果他们知道你是来打仗的，他们是不会不来的。安拉将通过他们来保护你，他们是忠于你的，是会与你一起奋战的。"

先知穆罕默德赞扬了赛尔德，并为他祈福。于是，穆斯林为先知修建了棚子。这样，即使穆斯林不能取胜，他也不至于落到敌人手中，而能够转移到麦地那的信士中间去。

穆斯林坚定的信仰

先知穆罕默德的门弟子所表现出来的对先知的热爱及对他所负使命的信仰，是令人佩服的。虽然他们知道古莱什人在数量上是他们的三倍，但他们仍下定决心要同古莱什人交战；虽然他们看到古莱什人的商队逃遁了，他们不会再获得物资方面的战利品了，但他们仍然同先知站在一起，支持他进行战斗。他们期望取得胜利，但也担心遭到失败。尽管如此，他们首先想到的是保护穆罕默德，保护他不落入敌人之手，并为他撤回到麦地那穆斯林中间去做好了准备。还有什么样的立场比这种立场更令人敬佩呢？还有什么样的信仰比这种信仰更能保证胜利呢？

古莱什人进入了阵地，然后他们派人去探听穆斯林的消息。他们得知，穆斯林仅三百人左右，他们既无伏兵，也无后援，但他们将拿着他们的宝剑进行殊死的战斗。他们中任何人在消灭很多人之前，绝不会死去。迁士原有古莱什人的精华，现在全部站到了他们的面前。因此，古莱什人中一些有头脑的人担心迁士将会以少胜多，从此之后麦加的地位将一蹶不振。同时，他们又害怕艾布·贾海勒说他们是胆小鬼。尽管这样，乌特拜·本·拉比阿还是站出来对古莱什人说道："古莱什人们啊！指安拉起誓，不管你们能把穆罕默德及其他的门弟子们怎么样，就算你们能击败他，也不会对你们有什么好处。我们都是堂兄弟，或表兄弟，或同宗同族的成员，谁杀了谁都会引起报复的。你们还是退回吧，把穆罕默德交给其他阿拉伯人去管吧。如果其他阿拉伯人战胜了他，这是你们所期待的；如果他战胜了其他阿拉伯人，他也不会前来报复我们。"

当艾布·贾海勒听到他的话后，非常气愤。他派人到阿慕尔·本·哈达拉米那儿，对他说："你的这位同盟者想把人们带回去，去拿他为你兄弟报仇吧。"

阿慕尔起来，大喊着把穆斯林挖的水池毁掉。这时，先知的队伍中哈姆扎·本·阿卜杜勒·穆塔里布迎上去，挥刀砍断了他的腿。他从坐骑上跌下来，血流不止。哈姆扎又一刀在水池前结果了他的性命。没有任何东西比鲜血更能激起冲杀，没有任何事情能比见到自己的人死在敌人刀下更能激起人的战斗情绪。

艾斯沃德刚倒下，乌特拜·本·拉比阿在弟弟沙伊拜和儿子瓦利德·本·乌特拜的伴随下出来叫阵。麦地那的几位青年出来迎战。乌特拜看到他们后说："我们没必要同你们打，我们想与原来属于我们的那些人较量。"

古莱什人中有人喊道："穆罕默德！让我们族人中那些能人们出来。"他们的话音刚落，哈姆扎·本·阿卜杜勒·穆塔里布、阿里·本·艾比·塔利卜、欧拜岱·本·哈里斯三人冲了出来。哈姆扎挥刀斩了沙伊拜，阿里杀了瓦利德，而后他俩前去给正在与乌特拜苦战的欧拜岱助战。古莱什人看到这种情况后，全都扑了过来。这样，两军在伊历的9月17日，星期五清晨开始了全面交锋。

两军会战和先知的祈祷

先知穆罕默德指挥着穆斯林厮杀，并不断调整队伍。他看到古莱什人的数量多，自己人的数量少，与这些多神教徒相比，穆斯林的装备也不占优势，他便同艾布·伯克尔回到了棚子里。他很担心那天战斗的结局。如果穆斯林不能在战斗中取胜，将来伊斯兰教的前景就不甚乐观。穆罕默德面朝天房克尔白方向伸出双手，全神贯注地向安拉祈祷。他祈求安拉实现对他的许诺，他呼喊安拉默助他胜利。他祈祷说："安拉啊！这些古莱什人自命不凡地来到这里，妄图证明你的使者是在骗人。安拉啊！你曾许诺给我佑助。安拉啊！如果这些信士战亡，日后没人来崇拜你了。"他面朝着天房克尔白方向伸着双手，一直不停地向安拉祈祷。他的衣服从肩上滑下来，艾布·伯克尔帮助他把衣服披在肩上，并对他说："安拉的使者，你已向安拉祈求了很长时间，安拉一定会实践支持你的承诺。"但穆罕默德仍全神贯注地向安拉祈祷，他祈求安拉帮助穆斯林来应付他们原来所没有预料到的、也没有做充分准备的局面。他全神贯注，甚至小睡过去。在小睡中他看到安拉的佑助。这时他高兴地清醒了，他来到人们中间，鼓励他们说："指安拉起誓，今天在与多神教的战斗中，谁英勇奋战，毫不退缩而牺牲，安拉将使他入乐园。"

精神的力量与先知的鼓励

先知穆罕默德内心中激荡着安拉赋予他的压倒一切的力量。他的这一坚强精神感染了信士们，增添了他们的决心，使他们以一当二，甚至以一当十。你可能感受到，精神力量的增加是可以大大提高人的士气的。犹如保卫祖国就能提高人的士气一样。充满了爱国心，为保卫受到威胁的祖国而战斗的战士，他们的士气会由于他们对祖国的热爱而成倍增长。他们的精神力量会由于害怕祖国遭受侵略者的蹂躏而成倍增长。正是为了这一目的，世界各民族都在她的儿女们幼小的心灵中树立爱祖国、为了祖国而不惜牺牲生命的崇高思想。对真理、公正、自由、人类崇高情操的信仰，比物质力量更能提高人们的精神力量。

人们记得，在世界大战期间，同盟国为反对德国进行了大规模的宣传活动。这一宣传的基调就是为自由和真理而战，为反对武装军事化的德国法西斯，为建立和平、光明的时代而战。因为他们知道，鉴于当时世界大多数民族的感情，这样的宣传能提高同盟国士兵的士气。热爱祖国，热爱和平事业与先知穆罕默德所号召的相比，能算得上什么呢？是的，热爱祖国，热爱和平事业与信仰安拉相比，与为了抵抗逼迫信士们背离安拉，抵抗妨碍主道者相比是算不上什么的。如果热爱祖国，热爱人类和平事业能增加多神教徒的精神力量，那么对整个存在，对存在的创造者的信仰更能增强信士的精神力量。可以说这种力量能移山倒海，能扭转乾坤。这种精神力量可以压倒一切，可以成倍提高人的士气。如果说在双方交战之前，由于穆斯林之间的分歧而使这种精神力量没有达到完美的程度，那么，由于先知穆罕默德在穆斯林中间所进行的鼓舞，是信仰的力量发生了威力。它弥补了穆斯林人员少、装备差的不利局面。也正是在先知和穆斯林处于这种状况下，安拉启示了：

> 先知啊！你应当鼓励信士们奋勇抗战，如果你们中有二十个坚忍的人，就能战胜二百个敌人；如果你们中有一百个人，就能战胜一千个不信道的人；因为不信道者是不精明的民众。现在，安拉已减轻你们的负担，他知道你们中有点虚弱，如果你们中如有一百个坚忍的人，就能战胜二百个敌人；如你们中有一千个人，就能本安拉的意旨而战胜两千个敌人。安拉是与坚忍者同在的。(《古兰经》8：65—66)

比拉勒斩杀伍麦叶·本·海莱夫

由于先知穆罕默德对穆斯林的鼓励，由于他与他们并肩战斗，由于他对他们高喊乐园是属于坚忍不拔、英勇杀敌者的，穆斯林的士气大振。由于古莱什人的首领和头人们在麦加迫害折磨过穆斯林，由于他们不让穆斯林到禁寺去朝拜，由于他们妨碍主道，穆斯林便把仇恨集中到这些人头上。比拉勒看到了伍麦叶·本·海莱夫，一些在麦加遭受过他那阴险手段的穆斯林也发现了他。伍麦叶折磨过比拉勒。他曾把他弄到麦加那烫人的沙地上，使他仰面朝天，并搬来一块大石头，放在他的胸口上。想以此来让他背弃伊斯兰教。当时比拉勒只是高喊："独一的安拉，独一的安拉！"现在比拉勒看到伍麦叶，他对他大叫："伍麦叶！你这个渎神者的元凶，今天放过谁，也不能放过你！"一些穆斯林想活捉他，不想让比拉勒杀掉他。但比拉勒大叫："安拉的辅士们，伍麦叶是渎神者的元凶！绝不能让他得救。"比拉勒直到杀了伍麦叶才算解恨。这时穆阿兹·本·阿慕尔·本·杰穆哈杀了艾布·贾海勒·本·哈希姆。哈姆扎、阿里和其他穆斯林英雄们也在进行殊死的战斗。在战斗中他们每个人都忘记了自己，忘记了他们的人数少，忘记了敌人的人数多。战场上尘土飞扬，天空都被遮盖得昏暗不清。古莱什人被吓破了胆。穆斯林士气更加旺盛，他们高喊着："独一的安拉，独一的安拉！"在穆斯林的面前，时间、地点的观念消失了，好像安拉派来了天使援助他们，给他们鼓气，坚定他们的信念，就好像穆斯林举刀向敌人脖子砍去时，安拉在挥动着他的手。

先知穆罕默德在激战中

先知穆罕默德亲临战场指挥，当时就好像死神在切削多神教者的脖子。他抓起一把石子，投向古莱什人说："砸歪他们的脸！"并命令信士们说："用石子砸他们。"当时穆斯林人数仍比古莱什人少。但那些穆斯林个个抓起安拉赏赐的石子向敌人砸去。安拉赏赐的石子不仅增加了穆斯林的士气，也增加了他们在物质方面的力量，否则他们是不会杀败敌人，也不会俘虏他们的。《古兰经》中是这样记载的：

当时，你的主启示众天神："我是与你们同在的，故你们当使信道者坚定。我要把恐怖投在不信道的人的心中。"故你们当斩他们的首级，断他们的指头。(《古兰经》8：12)

安拉又说：

你们没有杀戮他们，而是安拉杀戮了他们；当你射击的时候，其实你并没有射击，而是安拉射击了。(《古兰经》8：17)

当先知见安拉已实践了对他的许诺，看到安拉已使穆斯林取胜时，他回到了棚中。古莱什人逃跑了，穆斯林开始乘胜追击。他们俘虏了没有被杀而无处逃生的敌人。

穆斯林不杀善待过他们的人

白德尔之战之后，穆斯林的势力在阿拉伯半岛稳步发展起来。白德尔之战可以说是整个阿拉伯半岛统一在伊斯兰旗帜之下的前奏，是疆域辽阔的伊斯兰国家成立的前奏。白德尔之战为给世界生活带来巨大影响的文明奠定了基础。在激烈的战斗中，先知穆罕默德为他的门弟子鼓舞士气，他希望根除安拉的敌人和自己的敌人。但是，从战斗一开始先知就要求的圣门弟子不要杀害哈希姆子弟，不要杀害部分古莱什人首领，尽管这些人参加过杀害圣门弟子的活动，他们还会杀害在战场上他们能够杀害的圣门弟子。读者可能会奇怪。但你不要认为这是先知穆罕默德在袒护他的亲属或与其有亲属关系的人。先知穆罕默德那崇高的心灵不会受这关系的影响。他之所以这样做，是由于他想到了从他为圣到他迁徙到麦地那期间，哈希姆子弟对他长达十三年的保护，是由于他想到了在阿盖白誓约的那天夜里，伯父阿拔斯一直伴随着他。同时他也想到了古莱什人曾订立了同先知的门弟子断绝一切往来的绝交书，从而使他们生活在大山路上。在那困难的日子里，一些哈希姆子弟之外的古莱什人，尽管当时他们仍信奉多神教，但竭力要求废除这一绝交书。先知穆罕默德认为哈希姆子弟及要求废除绝交书的那些古莱什人的善举应该得到同样的报偿，而且应该得到十倍的奖励。所以在战斗中，先知穆罕默德在门弟子中为他们讲情。但这些古莱什人部分拒绝了穆罕默德的宽恕。比如曾要求废除绝交书的艾布·拜赫泰拉就是这样。他拒绝了穆罕默德的宽恕，最后被处死了。

坑中之人

麦加人神情沮丧，愁眉苦脸地逃走了。由于他们得到的可悲下场，他们羞愧得几乎谁都不敢看谁。而穆斯林一直留在白德尔战场，傍晚，他们把被杀的古莱什人的尸体集中起来，挖了一个大坑，把他们的尸体统统掩埋在坑中。那天夜里，先知穆罕默德和门弟子打扫战场，收集战利品，看管俘虏。天黑后，先知穆罕默德开始考虑，穆斯林人数虽少，但安拉使他们胜利了；古莱什人人数虽多，但他们没有正确信仰的支持却失败了。他一直在深思这个问题。圣门弟子听到他说道："坑中之人呀！乌特拜·本·拉比阿！沙伊拜·本·拉比阿！伍麦叶·本·海莱夫！艾布·贾海勒·本·哈希姆！"他一个一个地叫着被埋在坑中之人的名字。"坑中之人呀！你们看没看到你们的神灵许给你们的，而我确已看到安拉许给我诺言了。"

圣门弟子们说："安拉的使者呀！你在呼喊这些尸体发臭的人们！"

先知穆罕默德说："我对他们讲的话，他们比你们听得更清楚，但他们已不能回答我了。"

这时，安拉的使者看到乌特拜的儿子侯宰法·本·乌特拜脸色很难看。于是说道："侯宰法，看上去，你在为你父亲伤心啊！"

侯宰法回答说："不，不是，安拉的使者呀！我指安拉起誓，对父亲及他的阵亡我毫无怨言。但我知道我父亲是位有见解的人，我曾希望这能使他走上信仰伊斯兰教的道路。我看到他阵亡后，想起了我对他的希望没实现，他作为多神教徒而死，这使我难过。"

穆斯林对战利品的分歧

天亮了，穆斯林该回麦地那了。这时，他们开始议论战利品应归谁的问题。收集战利品的人说，战利品是我们收集的，应归我们。追击敌人的人说，如果没有我们，你们也不会收集到战利品，我们更应该得到它。而那些负责保卫先知穆罕默德，不让敌人接近他的人则说，不是你们，也不是他们，而是我们更应得到这些战利品。如果不是我们保护先知，我们也会在战场上杀敌，获取战利品。但是我们担心敌人袭击安拉的使者，所以我们才在先知周围保护他。先知穆罕默德命令人们把手中的战利品全部交出来，把它运走后再听候他的意见或安拉对此事做决断。

平分战利品

先知穆罕默德派阿卜杜拉·本·拉瓦哈和栽德·本·哈里塞先回麦地那向人们报告安拉给予穆斯林胜利的喜讯。他和穆斯林押着俘虏和获得的战利品也向麦地那走去。战利品由阿卜杜拉·本·克阿布看管。当队伍走过萨夫拉狭路时，穆罕默德停在一个沙堆上。就在沙堆上，他把安拉给予穆斯林的战利品平分给了他们。一些史学家说，穆罕默德先拿出五分之一的战利品之后，才把剩余的战利品平分给了他的门弟子——迁士、辅士。他这样做是根据安拉的启示进行的：

> 你们应当知道：你们所获得的战利品，无论是什么，都应当以五分之一归安拉、使者、至亲、孤儿、赤贫、旅客，如果你们确信安拉和两军交锋而真伪判分之日，我所启示我的仆人的迹象。安拉对于万事确是全能的。（《古兰经》8：41）

但是，多数史学家，特别是近代史学家认为，上面这节《古兰经》文是在白德尔大战之后，是在平分了白德尔战斗中获得的战利品之后降示的。先知穆罕默德把战利品分给了所有的穆斯林，参战的步兵同骑兵分得同样份额的战利品，在白德尔战斗中牺牲者的后代，战斗时留在麦地那负责事务的成员，那些有正当理由没有参战而拥护穆罕默德前来作战的穆斯林都分到了战利品。因为战斗的胜利不仅是参战者的功劳，那些为这次战斗在火线或后方工作的人们都是有功劳的。

胜利的喜讯传到麦地那

先知和他的众门弟子到达麦地那的前一天，他的两位使者栽德·本·哈里塞和阿卜杜拉·本·拉瓦哈到达了麦地那。到达后，他俩从不同的方向进了城。进城后，阿卜杜拉骑着骆驼向人们大声欢呼安拉的使者和穆斯林所取得的捷报，并把被杀的多神教徒的名字告诉人们。栽德·本·哈里塞骑着先知那峰名叫“格素瓦”的骑驼也把这一喜讯告诉了人们。穆斯林兴高采烈，他们走出家门，聚在一起，为这一伟大胜利欢欣鼓舞。而多神教徒和犹太人听到这一胜利消息后很不高兴。他们妄图使他们自己，也使留在麦地那的穆斯林相信，这一消息是不确切的。他们喊道：“肯定是穆罕默德被杀了，穆斯林失败了。我们都认得，这是穆罕默德的骑驼。如果他胜利了，他的骑驼也一定会跟他在一起。栽德是吓坏了，是在胡言乱语。”

不过，穆斯林很快从两位使者那儿肯定了胜利的喜讯。胜利的喜讯使他们异常高兴。但是，就在这时发生了一件给他们的喜讯埋下了阴影的事件。那就是先知的女儿鲁卡娅病故了。鲁卡娅在先知前往白德尔战场时就已病倒，所以她让她的丈夫奥斯曼·本·阿凡留在麦地那看护她。当多神教徒及伪信者了解到穆罕默德的胜利是事实时，他们很尴尬。他们觉得日后在穆斯林面前只有卑躬屈膝了。当时一位犹太人的首领曾说过这样的话：“人们中那些高贵者，他们的首领、阿拉伯人的首领，禁地的居民遭难了，现在死了的埋在地下，要比活在地上的好。”

关于白德尔之战中的俘虏

穆斯林返回麦地那一天之后，俘虏也被押回城来。当时先知之妻萨乌黛正好也从麦纳哈的阿夫拉族人那儿回来。当她看到战俘艾布·耶济德·苏亥勒·本·阿慕尔两手被绳捆在脖子上时，她情不自禁地对他说：“艾布·耶济德，你们投降了，束手就擒了。你们为什么不壮烈战死呢？”

先知穆罕默德在房间里喊道：“萨乌黛！你在鼓动他们反对崇高的安拉和他的使者吗？”

她回答说：“安拉的使者！指安拉为誓，我是看到艾布·耶济德的双手被绳捆在脖子上时，情不自禁地说了我说的那些话。”

先知穆罕默德把战俘们分散到穆斯林当中去了。他对他们说：“你们要优待他们。”

此后，他开始考虑该如何处置这些战俘们。究竟是杀掉他们好呢，还是收取赎金后释放他们好呢？这些战俘当中，有的在战场上异常凶狠，有的在白德尔战败被俘后内心里对先知穆罕默德充满了仇恨。如果收取赎金释放他们，他们还会同他作战。如果把他们杀掉，那就会在他们的古莱什亲属当中激起更强烈的憎恨。收取赎金释放他们，反而会平息一下这一憎恨。

艾布·伯克尔、欧麦尔在战俘问题上的争议

先知穆罕默德把如何处理战俘的问题向众门弟子提了出来。他要征求他们的意见，让他们做出选择。他们从战俘中已了解到，战俘们想活命，并准备交付赎金。这些战俘们商量说："我们要派人到艾布·伯克尔那儿去说情。艾布·伯克尔是最能同情我们的人，他最具有怜悯之心。同时，我们也找不到其他的在穆罕默德那儿有影响的人了。"

于是，他们派人来到艾布·伯克尔那儿。他们对他说："艾布·伯克尔，我们之间，有的是父子关系，有的是兄弟、叔侄关系，最远的也是近邻关系。请在穆罕默德面前替我们求求情吧，让他施恩我们，或让我们赎身吧。"

艾布·伯克尔给了他们很好的回答。但战俘担心欧麦尔·本·哈塔布坏了他们的事，于是他们又来到欧麦尔那儿。他们对欧麦尔又说了他们对艾布·伯克尔说的话。欧麦尔瞟了他们一眼，没说什么。先知穆罕默德的两位重臣来到先知那儿。艾布·伯克尔开始劝解他，请他赐恩于这些战俘。他说："安拉的使者呀，你手下的人，有的与这些战俘是父子，有的是叔侄，有的是兄弟，他们中与你最远者是近邻。赐恩他们吧，安拉会赐恩你的。或让他们赎身吧，安拉通过你救他们出火狱。这样你可以从他们中收取能够壮大穆斯林力量的赎金。但愿安拉能使他们悔过自新。"

先知穆罕默德一言未发。于是，艾布·伯克尔站起来退走了。这时欧麦尔进来，他坐到艾布·伯克尔刚才坐的地方。他说："安拉的使者，他们是安拉的敌人，他们诽谤你是骗子，同你交战，并把你赶出家乡。杀掉他们吧。他们是亵渎安拉的元凶，是迷误的温床。让安拉把

他们作为伊斯兰的绊脚石，用他们使多神教丢脸吧。”

先知穆罕默德还是一言不发。艾布·伯克尔又回来解劝，求情。他希望这些战俘如果能保留性命的话，能走上正路。欧麦尔也第二次来到先知那儿，他像一位铁面无情极其严厉的法官一样。当艾布·伯克尔和欧麦尔讲完之后，先知站起来走进了内屋。他在屋内停留了个把时辰后又走了出来。他看到人们在为战俘问题而争论。一些人支持艾布·伯克尔，而另一些人则支持欧麦尔。他同人们商量该如何处置这些战俘。为此，他举例评论了艾布·伯克尔和欧麦尔。艾布·伯克尔像天使米卡勒一样，他把安拉的欣悦和宽恕降给了安拉的崇拜者。同时他又像先知易卜拉欣一样。他对他的族人很宽容。他的族人把他抛进烈火，他只是说：

> 呸，你们不崇拜安拉，却崇拜这些东西，难道你们不理解吗？(《古兰经》21：67)

他还说：

> 谁顺从我，他确是我的同道；谁违抗我，那么，你是至赦的，是至慈的。(《古兰经》14：36)

艾布·伯克尔还像先知尔撒。尔撒曾说过：

> 如果你要惩罚他们，那么，他们是你的奴仆(由你惩罚)；如果你赦宥他们，那么，你确是万能的，确是至睿的。(《古兰经》5：118)

欧麦尔像天使吉卜利勒一样，他把安拉的愤怒和仇恨降于安拉的敌人们。同时，欧麦尔像先知努哈一样。努哈曾说过：

我的主啊！求你不要留一个不信道者在大地上。(《古兰经》71：26）

欧麦尔也像先知穆萨一样。因为穆萨曾说过：

我们的主啊！求你毁掉他们的财产，求你封闭他们的心。但愿他们不信道，直到看见痛苦的刑罚。(《古兰经》10：88）

先知穆罕默德接着说道："你们都有家庭负担。这些俘虏，你们一个也别放过他们，或收取赎金，或杀他们的头。"

俘虏当中有位诗人，他叫艾布·阿宰·阿慕尔·本·阿卜杜拉·本·欧麦尔·杰马黑。当他看到穆斯林之间产生了分歧后，他急于要解救自己，于是说道："我有五个女儿，她们一无所有。穆罕默德，请把我施舍给她们吧。我向你保证，永不同你打仗，也永不说你的坏话。"

先知给了他安全，没收他的赎金就放了他，他是唯一一位这样获得安全的战俘。但没过多久他就食言了，一年之后，在吴侯德之战中，他又来同穆斯林打仗了。在吴侯德之战中他被俘，被杀掉了。穆斯林经充分讨论后，一致同意收取赎金。关于他们接受赎金一事，安拉曾降下启示：

先知在大地上重惩敌人之前，不该有俘虏。你们欲得尘世的浮利，而安拉愿你们得享后世的报酬。安拉是万能的，是至睿的。(《古兰经》8：67）

与东方学家商榷

不止一位东方学家对处理这些白德尔战俘们及处死奈达尔和欧格白一事进行了研究。他们说：这些事实不是证明了这一新的宗教渴望杀人吗？否则的话，奈达尔和欧格白不会被杀。如果穆斯林在战场上取胜之后，满足于获得的战利品而把战俘送回去，他们不是显得更高尚吗？他们之所以提出这一问题，是为了在人们的心目中激起当时绝不可能存在的同情心。他们是想在白德尔之战及后来的几次战斗发生了的一千年之后，利用这件事作为损害这一宗教及其先知的手段。但是，如果我们把处死奈达尔和欧格白两人这件事与在具有基督教色彩的、占统治地位的西方文明控制下世界上今天或明天发生或将要发生的事相比，东方学家的提问是不值一驳的。与在殖民主义统治下的国家内，以镇压革命的借口，不顾人民的反对所发生的事件相比，处死两名战俘能算得上什么呢？与世界大战中所发生的屠杀相比，处死两名战俘算得上什么呢？与法国革命中所发生的事件相比，与在欧洲各民族的历次革命中所发生的事件相比，处死两名战俘又能算得了什么呢？

对拜物教的革命

毫无疑问的是，先知穆罕默德和他的门弟子所进行的事业，是先知奉安拉之命对拜物教及多神教徒进行的强有力的革命。这次革命是从麦加开始的。先知和他的众门弟子为了这一革命忍受了十三年的迫害和折磨。然后全部迁徙到麦地那，在那里他们会合在一起，他们的力量壮大起来。但是，当时的革命原则仍留在他们心中，也影响着古莱什人。穆斯林迁徙到麦地那，同麦地那的犹太人订立和约，白德尔之战前小分队的活动，白德尔之战，这一切都是革命的策略，而不是他的原则。革命者所采取的策略，是为安拉的使者所确定的最崇高的原则服务的。革命策略是一回事，革命原则是另一回事。革命中采取的具体做法，有时往往与这一做法的目的完全不同。伊斯兰教把兄弟情谊作为他们文明的基础。

圣巴托罗缪惨案

穆斯林对白德尔之战的处理，与一切具有正义感的革命者们在革命中所发生的事件相比，可谓是仁慈的典范。对白德尔战俘的处理与以基督教的名义进行的多次屠杀相比是根本不同的。比如圣巴托罗缪惨案，这次惨案是基督教历史上的耻辱，在伊斯兰教历史上绝没有类似的事件发生。这次惨案是在阴暗的角落内策划的。在这次惨案中，天主教徒背信弃义，厚颜无耻地在巴黎和法国杀害了大批的新教徒。穆斯林在白德尔之战中俘虏了五十名古莱什人，他们仅仅杀了其中的两个人。这些人原来在麦加曾残酷迫害穆斯林达十三年之久。穆斯林这样处置他们是过分仁慈了，也过分追求既得利益了。安拉为此曾启示：

> 先知在大地上重惩敌人之前，不该有俘虏。你们欲得尘世的浮利，而安拉愿你们得享后世的报酬。安拉是万能的，是至睿的。(《古兰经》8：67)

失败的消息传到麦加

由于安拉恩赐的胜利和战利品，穆斯林正沉浸在一片欢乐之中时，哈苏曼·本·阿卜杜拉·胡扎伊正急急忙忙地向麦加赶去。他是第一个回到麦加把古莱什人失败及其首领们遭难的消息告诉麦加人的。整个麦加震惊了，开始人们甚至不敢相信会有这一消息。当他们听到他们失败了，他们的首领和显贵们遭难了，他们怎么会不震惊呢？哈苏曼没有胡说，他比古莱什人还悲痛。他那悲痛的样子证明他说的话是真实的。当人们确信哈苏曼的话确凿无疑时，他们一个个都惊呆了。艾布·赖海卜甚至身发高烧，七天之后就死去了。

古莱什人商议如何是好，他们一致同意，谁也不许哭他们的死者，以免穆罕默德和他的门弟子幸灾乐祸。同时，他们也不派人去看望他们的被俘人员，以免穆罕默德和穆斯林过高地向他们索取赎金。时间一天天过去了，古莱什人忍受着痛苦，等待着赎回他们被俘人员的机会。米克拉兹·本·哈夫斯前来赎苏海勒·本·阿慕尔。欧麦尔·本·哈塔布觉得，如果不处罚一下苏海勒就让他被赎走，自己不甘心。于是对先知穆罕默德说："安拉的使者，让我敲掉苏海勒的两颗门牙吧，以免他回去再攻击你。"

先知的回答是："我既然身为先知，我就不能丑化他的形象，否则安拉也会使我丑化的。"

赎艾布·阿斯·本·拉比阿及其归信伊斯兰教

先知的女儿栽娜卜也送来了赎其丈夫艾布·阿斯·本·拉比阿的赎金。赎金中包括他们俩结婚时赫蒂彻送给她的项链。当先知看到这条项链时，对女儿产生了怜悯之心。他对门弟子们说："如果你们愿意为她把他放了，并把她送来的赎金退还给她，那你们就这样去做吧。"

然后，他同艾布·阿斯达成协议：艾布·阿斯离开栽娜卜，是伊斯兰教把他和她分开了。先知穆罕默德派栽德·本·哈里塞同另一个人到麦加把栽娜卜带到了麦地那。

艾布·阿斯在这次被俘后不久，带着古莱什人的钱财到叙利亚去经商，在离麦地那不远的地方他又遇到先知穆罕默德派出的小分队。小分队人员缴获了他带的钱财。他星夜跑到栽娜卜那儿要求庇护，栽娜卜保护了他。穆斯林把钱财归还给他以后又放他回麦加去了。他回到麦加后，把古莱什人的钱财如数退还原主。这之后他对古莱什人们说："古莱什人们啊！我这儿还有没有你们中任何一位的钱财？"

他们回答说："没有了！神灵会给你赐福，你确是诚实高尚之人。"

于是，他宣布："我作证：除安拉外，绝无应受崇拜的；穆罕默德是安拉的奴仆和使者。指安拉起誓，如果不是怕你们认为我要吞食你们的钱财，我在先知穆罕默德那里就归信了伊斯兰教。现在安拉已把钱财送还了你们，你们的钱财已与我无关了。我宣布归信了伊斯兰教。"

这之后，他回到了麦地那。先知把栽娜卜送还给了他。古莱什人仍然在赎他们的被俘人员。每个俘虏的赎金是一千至四千不等的迪尔汗。但是对一无所有的战俘，先知穆罕默德也给了他们自由。

古莱什人哭他们的死者及杏德和艾布·苏富扬

这些没能减轻古莱什人由于失败而带给他们的痛苦，也没能使他们想与先知穆罕默德和好，同时也没能使他们忘掉他们所遭受的失败。在这之后，古莱什妇女剪去头发，对她们的死者整整哭了一个月。她们把战死者曾骑过的骆驼或战马牵过来，围着它们大哭一场。只有乌特拜的女儿，也就是艾布·苏富扬的妻子杏德与一般妇女不同。有一天，其他古莱什妇女问她："你难道不为你死去的父亲、兄弟、叔父及家人们哭一哭吗？"

她回答说："我如果哭，穆罕默德和穆斯林会幸灾乐祸，海兹拉吉族妇女也会对我们幸灾乐祸。不，我不哭。指神灵起誓，我要向穆罕默德和穆斯林报仇！在报仇之前我绝不食腥！如果哭能带走我心中的痛苦和悲伤，我早就哭了。我在亲眼看到报仇雪恨之前，痛苦绝不会消失。"

她不食腥，不靠近艾布·苏富扬的床头。他一直在鼓动人们去报仇，直到爆发了吴侯德之战。艾布·苏富扬在白德尔战后也发誓：在打击穆罕默德之前不用水洗头。

第十四章 白德尔之战与吴侯德之战之间

白德尔之战在麦地那的影响
（公元624年1月）

白德尔之战给麦加带来了深刻的影响。麦加人在伺机向先知穆罕默德和他的众门弟子报仇雪恨。但是白德尔之战给麦地那带来的影响更明显，更与先知穆罕默德和他的门弟子的生活有直接的关系。白德尔之战后，犹太人、多神教徒及伪信者感到穆斯林的力量更加强大了。他们看到，这个两年前从麦加迁徙到他们这儿来的外乡人的权势在与日俱增。现在他不仅在穆斯林当中说话算数，而且在整个麦地那几乎成了举足轻重的人物。读者已经看到在白德尔之战前犹太人已经牢骚满腹，他们已经开始同穆斯林发生小规模的冲突了。如果双方以前没有签订睦邻条约，肯定会发生更多更大的冲突。

穆斯林刚刚从白德尔战场上胜利归来，麦地那的各种势力就纷纷搞起了阴谋活动。他们甚至利用诗歌的形式煽动人们去反对圣门弟子。这样一来，革命的战场从麦加转到了麦地那，从宗教领域转到了政治领域。一些人所反对的已经不仅仅是穆罕默德的传教活动，现在他的地方权势也已成为他们心目中的隐患。这也是一些人搞阴谋反对他，想暗杀他的缘由所在。这一切都瞒不过先知穆罕默德，他对一切想反对他的阴谋活动都了如指掌。穆斯林与犹太人之间的仇恨情绪一点一滴地不断加深，双方都在寻找机会狠狠打击对方。

穆斯林斩杀艾布·阿法克和艾斯玛

穆斯林在白德尔之战胜利之前，对麦地那的居民仍有惧怕的心理，他们也不贸然去侵犯那些侵犯他们的人。当穆斯林从战场上胜利归来后，沙里木·本·欧迈尔就处决了艾布·阿法克（阿慕尔·本·奥夫的儿子）。因为，他利用诗歌诽谤先知穆罕默德和穆斯林，并鼓动他的族人来反对他们。白德尔之战后，他仍然煽动人们去反对穆斯林。一天夜里，正当艾布·阿法克在家酣睡时，沙里木手持宝剑来到他那儿。沙里木用剑直刺他的肝脏，由于用力过猛，剑穿透肝脏后刺进了床里。

艾斯玛是麦尔旺（伍麦叶·本·栽德之子）的女儿。她污蔑伊斯兰教，诽谤先知，并鼓动人们反对先知。白德尔之战后，她仍怙恶不悛。一天深夜，欧麦尔·本·奥夫来到她家，只见她周围睡着一帮孩子。有的孩子还正在吃奶。欧麦尔视力不好，他想用手摸一下刀的部位，但摸到了吃奶的孩子。孩子一哭把艾斯玛惊醒了。欧麦尔急忙手起刀落，把她斩成两截。欧麦尔把这一消息告诉了先知。当他从先知那里出来时，看到艾斯玛的一群孩子正在掩埋她的尸体。孩子们见到欧麦尔后，围了过来，他们对他说："欧麦尔！是你杀了她吗？"

他回答说："是的，你们要怎样。指安拉起誓，你们如果胆敢与她一样说诽谤先知的话，我就跟你们刀兵相见。或是你们杀掉我，或是我杀掉你们。"欧麦尔的勇敢行为使伊斯兰教在赫达麦族人中发展起来。艾斯玛的丈夫就是这个家族的成员。这个家族中原来秘密入教的人也公开地站到了穆斯林的行列。

克阿布·本·艾希拉夫之死

除上面两个例子外，我们再说一下克阿布·本·艾希拉夫之死就够了。当他听到麦加的首领们在白德尔战场上被杀的消息曾说过：“这些人都是阿拉伯人的头面人物。指安拉发誓，如果穆罕默德真的把他们杀了，埋在地下真比活在世上好。”当他弄清这是事实时，他特意来到麦加，用诗歌鼓动人们来反对先知穆罕默德，悼念被埋在坑中的古莱什人。他返回麦地那后，又开始戏弄起穆斯林的妇女来。读者知道阿拉伯人的禀性和品质，也知道他们把贞操和尊严看得比什么都重要。他们为了贞操和尊严可以做出强烈的精神反应的。穆斯林看到他戏弄自己的妇女时愤怒极了，他们决定要除掉他。他们中的几位聚在一起商量好除掉他的办法。一位先知的门弟子来到克阿布·本·艾希拉夫家里，他故意用攻击先知穆罕默德的话来把他引诱出来。于是对他说：“这个人[1]的到来，对于我们来说简直是灾难。他来到之后，我们成了阿拉伯人的众矢之的。生路断了，连家小都无法养育了，真让人吃苦难受啊。”

当他让克阿布对自己归附之后，他向克阿布提出要用他及伙伴们的铠甲与他换些钱用。克阿布欣然同意，让他们日后来找他。克阿布的住所离麦地那城有一段距离。一天深夜，艾布·纳伊莱（圣门弟子之一）来到克阿布的住所来叫他。尽管克阿布的新娘警告他不能在这个时候出去，但他还是出来了。两个人出来后，一直来到艾布·纳伊莱的同伴们跟前。到这时克阿布仍很放心，一点儿也没害怕。他们一边走一边聊，一直走到离克阿布住所很远的地方。他们向他述说他们的情况及其生活的艰难，这使克阿布更放心了。他们走着走着，艾

① 指穆罕默德。——译者

布·纳伊莱把手放到了克阿布的头上，并低头闻了闻他的头说："真香呀，我从没闻到过像今天晚上闻到得这么香的东西。"直到这时，克阿布才清醒了。但艾布·纳伊莱抓住了他的鬓发，并说道："杀掉这个安拉的敌人。"其他人抽出宝剑一起向他刺去，就这样很容易地结束了他的生命。

犹太人的惧怕及他们的挑衅

上述事件使犹太人惧怕起来。犹太人都对自己的生命提心吊胆。尽管如此，他们仍然没有停止对穆罕默德及穆斯林的诽谤。这一来搞得人人自危。一位阿拉伯妇女来到犹太人盖努加阿族人开的市场上。她拿着首饰来到一位犹太人首饰匠那儿。一群犹太人围过来想让她揭掉面纱，她拒绝了。这时一位犹太人从她背后悄悄走过来，用一根针把她裙子的下摆别到了她的背上。当她站起来时，她的羞体露了出来。犹太人哈哈大笑，她呼喊起来。这时一位先知的门弟子扑过来把犹太人首饰匠杀死了。围观的犹太人一拥而上，把这位圣门弟子也杀害了。被杀的圣门弟子家属向穆斯林大喊要报仇。穆斯林与犹太人盖努加阿族人欲打起来。先知穆罕默德要求这些犹太人停止对穆斯林的挑衅行为，要求他们遵守他们与穆斯林签订的和约，否则他们会遭到古莱什人同样的下场。但犹太人没有把穆罕默德的话放在心里，他们回答说："穆罕默德啊！你不要认为你面前的是一群没有战争经验的民众，从而有什么可乘之机。指安拉起誓，如果我们真的同你打起来，你会知道我们才是厉害的人。"

这一来，双方已没有调和的余地了。穆斯林或是同他们战斗，或是在麦地那的势力受到影响，从而招来古莱什人的耻笑。而在昨天，却是穆斯林使古莱什人成为阿拉伯人的笑柄。

围困犹太盖努加阿族人及把他们赶出麦地那

穆斯林开始行动了。他们把盖努加阿族人围困在自己的家中。整整十五天不让任何人出来，也不让任何人给他们送食粮。这样他们只好低头，只好服从先知穆罕默德的决断，他们投降了。先知穆罕默德同一些门弟子的重要人员商议后，决定把这些犹太人全部处死。这时阿卜杜拉·本·乌班耶·本·萨鲁勒站了出来，他既是犹太人，也是穆斯林的同盟者。他对穆罕默德说："穆罕默德，请宽恕我的同盟者吧。"

先知穆罕默德迟迟不回答阿卜杜拉的请求，但阿卜杜拉死死纠缠。先知想避开他，但他抓住了先知铠甲的衣袋。先知生气了，对他说："放开我！"

只见先知怒容满面，用气愤的声调再次说："你这该死的家伙，放开我！"

阿卜杜拉·本·乌班耶说："不，指安拉为誓，你不宽恕我的同盟者，我不放开你！四百名无盔甲者和三百名全副武装的人在做我的后盾！指神灵为誓，我是怕发生灾难啊。"

当时阿卜杜拉在奥斯族和海兹拉吉族中的多神教徒中间仍拥有一定的权势。尽管由于穆斯林的力量的增强，使他们的势力有所减弱，但他们毕竟还有势力。先知看到阿卜杜拉纠缠得不肯罢休，他平静下来。他为了感动这些人，决定把这个人情送给犹太人的同盟者阿卜杜拉和多神教徒。但是，作为对这些犹太人的处罚，必须把他们赶出麦地那。阿卜杜拉想再次同穆罕默德交涉，让这些犹太人留在麦地那。但是一位圣门弟子挡住了他。他同这位圣门弟子动手打了起来，被打破了头。盖努加阿族人见此情景就对他说道："伊本·乌班耶，指安拉为誓，我们不能再居住在你的头被打破、我们却不能保护你的这座城市了。”

他们屈服之后，抛弃了一些武器和他们自己制作的金首饰，在欧拜岱的率领下离开了麦地那，来到了古拉河谷。他们在古拉河谷居住了一段时间之后，又搬起行李向北方走去，一直来到叙利亚边界地区的艾孜利阿。他们在那儿定居了下来。他们很想到过去和现在犹太人一直很向往的、处在北方的安拉许给他们的土地上去居住。

麦地那的统一

犹太盖努加阿族人离开麦地那之后，犹太人在麦地那的势力大大减弱了。当时属于麦地那的大部分犹太人居住在麦地那郊外的海白尔和古拉河谷。削弱犹太人的势力，这正是先知穆罕默德把盖努加阿族人驱逐出麦地那的最终目的。这是一项很英明、很有远见的宗教政治措施。是先知穆罕默德为今后扩大宗教影响而采取行动计划的前奏。对于任何一个城市来说，部落派系斗争最能损害它的统一。如果这种派系斗争必不可免，它肯定是以其中的一个派系战胜其他派系，从而占据主导地位而告终的。

一些史学家曾指责过先知穆罕默德和他的门弟子对犹太人采取的措施。他们说，关于到犹太人首饰匠那儿去的女穆斯林受侮辱的事件，是可以很容易结束的。死了一位男性穆斯林，也死了一位犹太人，这件事就算完了。我们要驳斥这种论调。死了一位犹太人，也死了一位穆斯林，但这不足以平息犹太人戏弄妇女所引起的愤怒。这个问题对于阿拉伯人来说，比对于其他民族都更严重。为了这一类的问题，可能引起暴乱，也可能引起两个部落或两个派系旷日持久的仇杀，在阿拉伯历史上诸如此类的事件是屡见不鲜的。读过阿拉伯史书的人是了解这些的。我还可以举个例子。

女穆斯林受辱事件导致了围困犹太盖努加阿族人，以致最后把他们赶出了麦地那。这同 1914 年奥地利王被杀导致了整个欧洲都卷入了世界大战是一个道理。这个事件如同火星，它点燃了早已在穆斯林及犹太人心中形成的怒火。实际上，犹太人、多神教徒、伪信者同穆斯林共同居住在麦地那，这是产生分歧的客观原因。从世俗社会方面讲，这已使麦地那成了一座必然要爆发的活火山。围困犹太盖努加阿族人及把他们驱逐出麦地那，只不过是总爆发的一个迹象而已。

“炒面”之战

很自然，把犹太盖努加阿族人驱逐出麦地那之后，麦地那的多神教徒的势力削弱了，他们都有所收敛。如同一场飓风之后出现的平静一样，这一事件之后，麦地那表面上呈现出一派和平的气氛。和平的气氛持续了整整一个月，如果不是发生了下述事件，和平气氛还会持续更长的时间。

麦加人在白德尔之战惨败后，艾布·苏富扬一直想恢复古莱什人在阿拉伯半岛居民中的威信。他想让阿拉伯人重新认识到古莱什人仍然有力量，仍然有能力去战斗。为此，他在麦加再也待不住了。他聚集了两百名麦加人，也有的记载说是四百人，悄悄离开了麦加。黎明时，他们来到麦地那附近的欧赖德。麦加人在那儿发现了一名辅士和他的同伴一起在耕地。于是他们把这两人杀了，并烧毁了欧赖德的住房和枣椰树。这时，艾布·苏富扬认为自己要侵犯穆罕默德的誓言已经实现。他担心穆罕默德和穆斯林前来与他算账，他便转脸率麦加人逃之夭夭。先知穆罕默德知道这一情况后，马上把穆斯林集合起来。他亲自率领他们跟踪追击，一直追到盖尔盖拉库德尔。艾布·苏富扬及同他一起来的麦加人狼狈逃窜。在惊恐万状之中，他们把自己带的炒面袋都扔了。穆斯林追过来时，发现了这些炒面，他们缴获了这些炒面。先知穆罕默德看到麦加人不顾一切地逃跑了，于是他带领穆斯林返回到了麦地那。艾布·苏富扬本来想利用这次偷袭使古莱什人在白德尔之战惨败后抬起头来，但是他们这样一逃，困境更难摆脱了。由于麦加人在这次行动中扔了炒面袋，所以这次事件在历史上被称为“炒面”之战。

沿海岸通叙利亚商路受威胁之后

先知穆罕默德率穆斯林追击麦加人的消息在所有阿拉伯人中很快传播开来。穆斯林在白德尔之战之前，也就是几个月之前，逃难而迁徙来到麦地那。今天他们可以与古莱什人抗衡了。他们把犹太盖努加阿族人驱逐出麦地那，他们使麦地那多神教徒的首领阿卜杜拉·本·乌班耶胆战心惊，他们追击艾布·苏富扬带领的麦加人，他们开创了前所未有的新局面。离穆斯林较远的部落，当时仍过着原来的日子，很少关心穆斯林的事情。而离麦地那较近的部落，则看到先知穆罕德及穆斯林的力量已经开始威胁到他们的命运了，已经感到穆斯林与麦加人力量上的势均力敌可能导致的严重后果。沿红海通叙利亚的商路是人们习惯走的通衢。麦加的商队通过此路给当地的部落带来了很多经济上的实惠。穆罕默德已经同处在海岸附近的很多部落签订了合约。这条路已经受到了威胁，夏季的通商活动充满了危险。这样古莱什人的商队很可能被迫放弃这条路而走别的路。古莱什人的商队不走此路后，这些部落会遭到什么样的损失呢？这些部落的居民如何能在这不毛之地忍受艰苦的生活呢？穆罕默德和穆斯林迁徙到麦地那之前，这些部落没遇到这一类问题。穆斯林在白德尔之战取胜之前，这些部落的居民的生活没有受到这样的威胁。因此，这些部落的居民有理由对他们的命运担心，也有理由考虑他们可能会遇到的困难。

阿拉伯人对穆斯林的惧怕

白德尔之战使这些部落的居民们都感到害怕了。他们敢于袭击麦地那，去同穆斯林交战吗？还是做些其他什么事呢？先知穆罕默德听说盖特芳和苏莱姆两个部落的一伙人决心来侵犯穆斯林。他马上率穆斯林来到盖尔盖拉库德尔，想袭击他们。当他们来到那里后，一个人也没见到，只发现了一群牲畜。先知穆罕默德派出一伙穆斯林到河谷上游，他在河谷内等待消息。这时他遇到了一位叫叶赛尔的小伙子。他向小伙子探听消息后才知道，那些想侵犯穆斯林的人已逃到上游有水的地方去了。穆斯林缴获了他们发现的牲畜。按照《古兰经》中的规定，先知穆罕默德分取了五分之一后，剩下的平均分给了众门弟子。据说，他们缴获了五百峰骆驼。先知分取了五分之一后，每人分到了两峰骆驼。先知穆罕默德又得到有关一伙住在艾马拉的塞阿莱拜人和穆哈利布人想袭击穆斯林的消息。他马上率领四百五十名门弟子前去迎击。他们遇到了一位塞阿莱拜人。先知穆罕默德向他询问情况。他把那些人原来所在的地方告诉了先知穆罕默德，并对他说："穆罕默德，他们听到你率人前来的消息后，早就逃到山顶上去了。我带你去找他们。"

那些想袭击穆斯林的人，当听到先知穆罕默德带人追来时，又从山顶上逃匿无踪了。先知穆罕默德又听到消息：很多住在巴林的苏莱姆人准备同他交战。于是他又率领三百名门弟子出击了。当他们到达巴林的前一天晚上，先知穆罕默德遇到了一位苏莱姆人。他告诉先知穆罕默德说，这些人已四散溃逃了。这些既惧怕先知穆罕默德又对自己命运担心的阿拉伯人，他们想袭击他，但是一旦听到先知穆罕默德前来同他们交战时，马上被吓得魂不附体。

犹太人的惧怕

上面我们已讲过，在这期间穆斯林斩杀了犹太人克阿布·本·艾希拉夫，这使犹太人惧怕起来。他们怕遇到克阿布遭到的下场，怕得连家门都不敢轻易出了。发生了导致围困犹太盖努加阿族人事件后，先知穆罕默德允许随便杀害犹太人，这更使犹太人惧怕了。犹太人来到先知穆罕默德面前，向他诉说他们的困境，并向他提到，克阿布无缘无故被谋杀了。先知穆罕默德这样回答了他们："他伤害我们，用诗歌攻击我们。如果他像其他人一样安分守己，他不会遇到不幸。"

经过双方交谈之后，先知穆罕默德让他们与他一起签订了双方共同遵守的公约。犹太人尽管日后对先知穆罕默德表现出了不满，但当时还是屈服了。

古莱什人选择经伊拉克通叙利亚的商路

穆罕默德已经切断了古莱什人商队通往叙利亚的通道，古莱什人该如何办呢？麦加是靠商业贸易为生的，如果它的商业找不到出路，就会像其他类似的城市一样遭受到严重的危机。而先知穆罕默德，他就是要围困麦加，要在阿拉伯人心中消除麦加享有的地位。

有一天，萨夫瓦·本·伍麦叶对古莱什人说："穆罕默德和穆斯林毁了我们的商业，我们不知道该如何对付这些穆斯林。他们经常出没在海滨，而居住在海滨的各部落居民又已同他们媾和，加入了他们的行列。我们真不知道该到哪儿去。如果我们待在家里坐吃山空，我们的财产用不了多久就会消耗殆尽。我们在麦加过日子，就是要靠夏季到叙利亚经商，冬季到阿比西尼亚做买卖。"

艾斯沃德·本·阿卜杜勒·穆塔里布向他提出："我们放弃沿海这条路，取道伊拉克到叙利亚去。"

他并把伯克尔·本·瓦伊勒族人夫拉特·本·哈扬推荐给他做向导。夫拉特对古莱什人说，经伊拉克的这条路，穆斯林都没走过。这条路经过的都是高原和荒野。因为当时是冬季，商队所需用水不会多，所以萨夫瓦不害怕走这条经过荒野的商路。萨夫瓦备好价值十万迪尔汗的银两和货物准备出发了。在古莱什人商议这件事时，有位麦地那人（努尔曼·本·麦斯欧德·艾希贾阿）住在麦加，他回到麦地那后讲了这件事。这一消息很快传到穆罕默德耳中，他马上派栽德·本·哈里塞率一百名骑兵前往盖尔达（地处内志的一个有水的地方）去截击古莱什人的商队。古莱什人吓跑了，穆斯林缴获了驼队，这是穆斯林缴获的第一批有价值的战利品。栽德带着战利品回到了麦地那。穆罕默德分取了五分之一后，把余下的战利品分给了参战人员。夫拉特·本·哈扬被俘，他被押送到麦地那。穆斯林向他提出，希望他归信伊斯兰教，这样就能保命。他归信了伊斯兰教，并得救了。

先知同欧麦尔之女哈芙赛完婚

发生了这一切之后，先知穆罕默德是否认为大局已定、安全无恙了呢？今天的胜利是否使他忘记了明天的斗争呢？各部落对他的惧怕，他从古莱什人中缴获了战利品，这些是否使他认为安拉及其使者的事业已稳操胜券，可以高枕无忧了呢？先知穆罕默德相信安拉会护佑他取胜，他也相信一切全由安拉来安排。这能否使他让事情的发展听其自然，不去劳神筹划了呢？不能，完全不能这样。是的，事情全由安拉安排，安拉的法规是不可替代的，安拉赋予人们的本性是不可否定的。古莱什人原来在阿拉伯人中占据着主导地位。失败后，他们会不遗余力地顽抗到底。萨夫瓦·本·伍麦叶带领的商队被穆斯林截击后，他们更加处心积虑地去报仇。

先知穆罕默德对于这一切了如指掌。他目光远大，深谋远虑，制定策略准确无误。尽管伊斯兰提高了穆斯林的意志，使他们团结起来了，但是先知穆罕默德还要使他们更加紧密地团结在他周围。这样才能使他们更加坚强，才会更有力量。这就需要进一步加强他同他们之间的纽带。因此，与过去他同艾布·伯克尔的女儿阿伊莎结婚的目的一样，他又同欧麦尔·本·哈塔布之女哈芙赛结了婚。哈芙赛原是一位早期归信伊斯兰教的名叫胡奈斯的信士之妻。胡奈斯去世七个月后，她同先知穆罕默德结了婚。先知穆罕默德同哈芙赛结婚，加深了他同欧麦尔的关系。为了同一目的，先知穆罕默德把自己的女儿法蒂玛嫁给了堂弟阿里。阿里自幼最爱戴先知穆罕默德，最忠实于他。先知穆罕默德的女儿鲁卡娅去世后，他又把自己的另一个女儿乌姆·库勒苏姆嫁给了奥斯曼·本·阿凡。这样他通过翁婿关系，把四位苏哈白（伙伴）中最有影响的人物艾布·伯克尔、欧麦尔、奥斯曼和阿里牢牢地团结到他的周围，从而使穆斯林的力量进一步增强。在战斗中穆斯林缴获了战利品，他把这些战利品公平地分给他们。这是穆斯林在为安拉的征途上，从多神教徒手中缴获的战利品。这就更进一步鼓舞了他们敢于参战的士气。

这期间，先知穆罕默德周密地探听古莱什人的消息，并严密地注视着他们采取的一切行为。古莱什人准备伺机报仇，他们要为他们自己打开通往叙利亚的商路，以免麦加的商业和宗教地位一落千丈。

第十五章　吴侯德之战

古莱什人为白德尔之战的惨败而伺机复仇及备战

白德尔之战后，古莱什人没有善罢甘休。“炒面”之战以后，他们一如既往，无所改变。而在穆斯林截击了古莱什人经伊拉克到叙利亚去的商队之后，古莱什人的复仇情绪更增加了，这也使他们想起了他们在白德尔之战中死难的人。古莱什人怎么能忘记这些死难者呢？他们都是麦加的显贵和慷慨豁达的首领。古莱什妇女仍在痛苦她们在白德尔之战中死去的儿子、兄弟、父亲、丈夫及亲人，他们怎么会忘记这些死难者呢？这是一方面。另一方面，艾布·苏富扬·本·哈尔卜率领的商队是引起白德尔之战的直接原因。

在商队从叙利亚回到麦加之后，在参加白德尔之战的幸免于难的麦加人回到麦加之后，古莱什人把商队运回的商品放到了议事厅。古莱什人的首领们——祖拜尔·本·穆塔伊姆、萨夫瓦·本·伍麦叶、伊克里迈·本·艾比·贾海勒、哈里斯·本·哈希姆、侯韦达布·本·阿卜杜·欧宰等一致决定：把商品卖掉，获得的利润用于购买装备；动员各部落组成一支大军，与先知穆罕默德决一死战，向穆斯林报仇雪恨。古莱什诗人艾布·阿宰曾在白德尔之战中被俘，后被先知赦免。这次古莱什人又把他动员起来随军出征了。同时，他们也动员了曾跟随他们的阿比西尼亚人也一起前去同穆斯林拼搏。

古莱什妇女坚持同征战者一起奔赴战场。对这件事，古莱什人进行了商讨。有的说:"有她们跟你们在一起,能激发你们的斗志,能使你们牢记白德尔之战中的死难者。这样我们就会拼命厮杀,不报仇雪恨绝不回家园。或以雪恨而获胜,或为复仇而牺牲。"也有人说:"古莱什人们啊!把你们的女人放到敌人面前,绝非上策。你们一旦失败,她们就没有安全可言了。"

正当他们讨论这件事时,乌特拜之女、艾布·苏富扬之妻杏德对反对妇女随军出征者喊道:"你在白德尔之战中逃脱了生命,回来见到你的女人了。是的,我们就是要随军出征,亲临战场。白德尔之战时,当妇女们到达朱哈法(从麦加到麦地那路上的一个村落,距麦加有三四天的路程)时,她们被赶了回来,这次谁也别想把我们赶回来。我们的亲人在白德尔之所以被杀,就是由于缺少给他们鼓气的人。"古莱什人出发了。他们的女人们在杏德的带领下,也随军出发了。在白德尔交战那天,杏德的父亲、兄弟都被杀了,所以她的复仇心最强。

古莱什人在议事厅把军队分成三路之后,即向麦地那进发了。最大的一路是由泰勒哈·本·艾比·泰勒哈率领,由三千人组成。这三千人中有一百名是塞基夫族人,其他人是麦加的首领及其仆人和阿比西尼亚人。这支队伍中有两百名骑兵、三千峰骆驼、七百名穿有铠甲的勇士。他们带有充足的粮草和武器。

古莱什人向麦地那进军

古莱什人万事俱备后,准备进军了。先知的叔父阿拔斯·本·阿卜杜·穆塔里布冷静地观察着古莱什人的行动,掌握了有关他们准备的一切情况。尽管当时阿拔斯仍信奉祖先留下来的和族人所遵循的宗教,但他对先知穆罕默德怀有偏爱和敬佩之感。同时他仍牢记着先知穆罕默德在白德尔之战中对他的优待之情。这种偏爱和敬佩曾使他陪伴着先知穆罕默德参加了阿盖白誓约。在誓约进行之前他对奥斯族和海兹拉吉族人讲过,如果他们不能像保护他们妻子儿女一样去保护先知穆罕默德，就让先知穆罕默德留在他的亲人之中，因为他的亲人们会像过去一样保护他。同样，也是这一偏爱和敬佩之感，使他在看到古莱什人组织大军准备进犯麦地那之前，给先知穆罕默德写了一封信。他在信中叙述了古莱什人的行动，包括他们的装备和出征的人数。阿拔斯把信交给了一位盖法拉男人，让他在三天之内把信带到麦地那，交给先知。古莱什人在向麦地那进军的路上，经过了艾布瓦村。在这个村里他们发现了阿米娜[1]的坟墓。对先知穆罕默德的嫉恨使一些轻浮鲁莽之徒想把阿米娜的坟挖掉。但是，古莱什人的首领们担心这样做会在阿拉伯人中造成一个恶劣的影响，所以他们制止了这一行动。首领们叮嘱，谁也不准再提这件事。如果他们这样做了，伯克尔家族和胡扎阿族人也会挖掘他们的祖坟。古莱什人经过艾布瓦村后继续向前进军。而后经过阿吉格，来到距麦地那八千米的吴侯德山脚下，并在那儿驻扎下来。

阿拔斯的密使觐见先知及先知同麦地那人协商

阿拔斯·本·阿卜杜勒·穆塔里布派出的密使盖法拉人带着他修的书信赶到了麦地那。密使在库巴厄看到了先知穆罕默德。当时先知正骑着驴停在清真寺门口。密使走过来，把信交给了他。艾布·本·克阿布给先知读了阿拔斯的来信。先知吩咐他务必严守机密。而后，他回到了麦地那。

先知回到麦地那后，来到了赛尔德·本·拉比阿家里。他把阿拔斯来信的内容告诉他，要求他保守机密。但是赛尔德的妻子当时待在家里，她听到他俩的谈话。她把这一切机密泄露了出去。先知派法达莱的两个儿子艾奈萨和穆厄尼萨前去探听古莱什人的消息。他俩在麦

① 阿米娜是穆罕默德的母亲。——译者

地那附近发现了古莱什人，他俩看到古莱什人正在麦地那周围的庄稼地里放马放骆驼。继他俩之后，先知又派出了侯巴卜·本·孟泽尔·本·贾穆哈前去探听消息。当他回来，把古莱什人的消息告诉先知后，他进一步证实了阿拔斯送来的情报。这时，先知也有些迟疑了。萨莱麦·本·萨拉麦出去再探时，看到古莱什人的前锋几乎兵临城下了。他赶紧回城，把这一消息告诉了人们：古莱什人准备发动的这场战争，可以说是历来最有准备的一场战争。奥斯族人、海兹拉吉族人及麦地那所有居民都有些担心害怕了。甚至连手持武器护卫在清真寺前的麦地那穆斯林对先知的安危也有所担心。麦地那人通宵达旦布设了岗哨。

第二天，先知把所有的人，甚至是那些假装归信伊斯兰教的也就是那些在《古兰经》中形容的伪信者中的据说有见识的都召集起来，同他们共商对敌之策。

主张固守麦地那者

先知主张穆斯林应固守麦地那，要拒古莱什人于城门之外。如果他们攻城，麦地那人就能够击败他们。阿卜杜拉·本·乌班耶·本·萨鲁勒支持先知的见解。他说："安拉的使者呀，我们可以在城内同敌人交战。让妇女和儿童到堡垒去，给他们在堡垒内堆放石头。我们把麦地那所有的建筑都变成防御工事，这样到处都是堡垒。敌人胆敢进城，妇女和儿童就用石块砸他们。然后我们拿起宝剑，到大街小巷去斩杀他们。先知呀，这样一来，我们的城市就固若金汤了。敌人进来一个，我们斩一个，而他们动不了我们一根毫毛。安拉的使者呀，别把他们放在心上，在这件事上请采纳我的意见吧。我是从我们中有见解的人们那儿学来的。"

主张出城迎敌者及其勇敢、献身精神

阿卜杜拉·本·乌班耶·本·萨鲁勒的这一见解得到了使者周围迁士和辅士中有头脑者的支持，同样，先知也同意这一意见。但是有些没有参加白德尔之战的血气方刚的青年人，以及参加了这一战争，并在战争中安拉使之战胜了敌人，内心中充满了必胜信念的人们认为，没有任何力量可以战胜他们，所以他们主张出城杀敌，到敌人驻扎的地方去同他们搏斗。否则，他们担心古莱什人会嘲弄他们不敢去，只能胆怯地据守而怕同他们交锋。另外，他们还认为，今天的局势同那天白德尔之战有所不同。白德尔之战那天，穆斯林远离麦地那，人们对战况一无所知，而今天，他们都在同麦地那城外的敌人交战。所以说，今天的穆斯林比白德尔之战那天的力量强大。这时，有人说："我不愿让古莱什人回到麦加对人们说我们把先知穆罕默德围困在麦地那的堡垒工事中去了。这样会助长古莱什人的气焰。现在古莱什人正在践踏我们的庄稼，我们能不去保卫自己的果实吗？如果他们在这里停留一年，把河谷中的阿拉伯人及跟随他们的阿比西尼亚人全都召到这里来放马牧驼，难道能让他们把我们围困在自己家里和堡垒之中吗？难道我们不让他们受到任何损失扬长而去吗？如果我们这样做，就会使他们更加嚣张，以后就会不断地来袭击我们、骚扰我们。那样我们就没有出路了。"主张出城迎敌者的情绪慷慨激昂。他们都说，如果安拉能使他们战胜敌人，这是众所希望的，也是安拉许给使者的诺言。如果他们失败了，牺牲了，那么等待他们的是乐园。

这种具有勇敢献身精神的谈话鼓舞了人们。几乎使人人主张要出城迎敌，个个高谈这一慷慨激昂的调子。当时，这些站在先知穆罕默德周围，内心充满了对安拉、对安拉的使者、对安拉的经典及其敬畏和爱戴的人们，好像看到他们已把敌人击败，他们用宝刀已把敌人杀得七零八落、东逃西窜，用弓箭已把敌人射得落荒而逃；好像他们手中已拿到了敌人丢下的战利品；好像他们已抓住了敌人的家眷；好像乐园的大门已为他们中阵亡者而敞开，他们看到了乐园中那些奇珍异宝，并在乐园中看到了在白德尔之战中殉教的战友。

> 他们在乐园里，听不到恶言和谎话，但听到说："祝你们平安！祝你们平安！"（《古兰经》56：25—26）

主张出城迎敌者的优势

海赛麦·艾比·赛尔德·本·海赛麦当时曾说过这样的话："但愿安拉能使我们战胜他们，或让我们以身殉教。白德尔之战时我就一心想参战，然而因故没能参加，但我让儿子去了。我儿子在战场上中箭，以身殉教了。我在梦中见到了我的儿子白立哈，他对我说：'你真应该到乐园陪伴我。'我见到了安拉应允我的诺言了。安拉的使者呀，我真想到乐园陪伴他啊。我已上了年纪，已老朽了，我多么愿意去。"

当主张出城迎敌者已明显占了多数时，先知穆罕默德对他们说："我担心你们会遭到失败。"尽管如此，情绪高昂的人们仍主张出城迎敌。这样，先知只好同意了他们的意见。因为协商是先知一生所遵循的基本原则。除安拉启示他的以外，他从不随便自作主张和自由行事。

协商的制度

那一天正是聚礼日。先知在礼拜后告诉人们，只要坚忍，胜利就属于信士们，并命令他们做好迎敌准备。晡礼后，先知走进了自己的家门。艾布·伯克尔和欧麦尔也跟了进去，他们俩帮先知穿好铠甲，系上宝剑。人们在先知离去时又议论起来。主张在麦地那城内固守的艾塞德·本·侯代尔和赛尔德·本·穆阿兹对主张出城迎战者说："你们已经看到，安拉的使者是主张在麦地那固守的，但你们固执己见，逼着他出城迎敌。这是他所不愿意走的一步棋，你们赶快收回你们的意见，让他去决定如何做吧。他命你们如何做，你们就应如何做。你们觉得他的见解正确，就应服从他的命令。”

主张出城迎敌者们听了这话后，认为他们自己违背了使者决定的，而且安拉已有启示的事情。当先知穿着铠甲，系着宝剑走过来时，他们围了过来。他们说：“我们决不违背你的意志，请按你的意愿行事吧，我们不应强你所难。应该按安拉和你的意志行事。”

先知穆罕默德回答说：“我已同你们讲了这话，但你们不听。先知一旦穿上了铠甲，在安拉未给他和他的敌人们做出最后裁决之前，他不能脱下铠甲。请注意我的命令，按我的命令行动。只要你们坚忍，胜利就是你们的。”这样，先知定下了协商的制度。经协商后，多数人通过的决议，不能为了某一爱好或目的随便取消多数人的决议。决议应在负责人的指导下去执行，直到实现决议的目的。

穆斯林出城迎战

先知穆罕默德率领穆斯林向吴侯德进发了。当他们在谢汉休息时，先知穆罕默德发现了一支他所不熟悉的人马跟随着他们。他问部下这些人是谁，有人告诉他，他们是阿卜杜拉·本·乌班耶·本·萨鲁勒的犹太人同盟者。先知穆罕默德指示说，与多神教徒作战，无须求助异教徒。于是，他让这些犹太人返回了麦地那，在返回时，这些犹太人对阿卜杜拉·本·乌班耶说：“你已经劝过他[①]，也给他指出了你从你父兄那儿得到的计谋，而且他原来的见解同你的意见也是一致的，但他没有接受你的意见，而听从了那些跟他在一起的青年人的意见。”

犹太人的话引起了阿卜杜拉·本·乌班耶的注意。第二天，他带

① 指穆罕默德。——译者

领他的人马也撤回去了。这时，留下来同先知穆罕默德在一起的只有七八百名真正的穆斯林。而他们的对手则是自白德尔之战以来就充满了仇恨情绪的三千名古莱什人和麦加人。

先知布阵

清晨，穆斯林到达了吴侯德山。他们穿过山路，来到了山前。这时先知穆罕默德开始布阵。他把五十名弓箭手部署在山路之上，并对他们说："你们要保护我们的背后。我们所担心的就是敌人抄我们的后路。你们要固守你们的阵地，不准擅自离开。如果你们看到我们杀败了敌人，即使我们冲进他们的军营，你们也不能离开阵地。如果你们看到我们受挫，有的人战死了，也不需你们前来助战和护卫我们。你们应该用箭来射敌人的马队，马队是不能冒箭前进的。"同时，他命令其他人，在未接到命令之前，谁也不许出战。

古莱什人及其妇女们

古莱什人也摆好了阵势。哈立德·本·瓦利德率右翼，伊克里迈·本·艾比·贾海勒率左翼。阿卜杜·欧宰·泰勒哈·本·艾比·泰勒哈掌战旗。古莱什妇女手拿铃鼓在队伍中穿来走去鼓舞士气。她们在乌特拜之女、艾布·苏富扬之妻杏德的带领下，忽而阵前，忽而阵后，高声朗诵道：

啊！阿卜杜·达尔的子弟兵！
啊！捍卫后方的群英！
要尽力勇猛地冲锋！

她们还朗诵着：

如果你们能冲锋陷阵，
等待你们的是拥抱和亲吻，
是铺展的衾枕；
如果你们逃遁，
我们就跟你们疏远离分，
决不与你们亲近。

艾布·代贾纳与他的拼命巾

双方都做好了厮杀的准备，每一方都在给自己的战士鼓舞士气。古莱什人也提起了白德尔之战及该战中他们的遇难人员。而穆斯林则诵起了安拉及安拉的护佑。先知穆罕默德亲临前线鼓动。他向穆斯林指出，坚忍者必胜。他举起了一把剑，说道："谁懂得这把剑的意义，谁就有权使用它！"一些人过来要抢剑，但先知穆罕默德没有给他们。这时，伊本·萨阿代的兄弟艾布·代贾纳·希马克·本·赫拉夏站了出来。他说："安拉的使者呀！剑的意义何在？"

先知穆罕默德说："你要用它砍敌人的脑袋，直到他们低下头为止。"

艾布·代贾纳是位勇敢的人。他有块红头巾，他一旦把头巾拿出来，并把它缠在头上，人们就知道他要拼命。这时他拿出了红头巾，并把它缠在头上，双手接过了宝剑，像以往一样，他大摇大摆，趾高气扬起来。先知穆罕默德看到他这种趾高气扬的样子，说道："如果不是在这种场合，安拉是厌恶这种态度的。"

哈姆扎、艾布·代贾纳、阿里的英勇精神

双方布好阵势后，第一个出战者是奥斯族的艾布·阿米尔·阿卜

杜·阿慕尔·本·塞菲。艾布·阿米尔已离开麦地那搬到了麦加。他在麦加四处活动，鼓动古莱什人同先知穆罕默德交战，但他没参加白德尔之战。这次他率领五十名奥斯族人和麦加人的仆人们参加了吴侯德之战。艾布·阿米尔声称，如果他在阵前招呼同穆罕默德并肩作战的奥斯族穆斯林，他们就会响应他的号召，同他站在一起帮古莱什人打仗。艾布·阿米尔来到阵前，他喊道："奥斯族人，我是艾布·阿米尔。"

奥斯族的穆斯林回答说："你这个不知好歹的，安拉是不会给你赐福的！"

于是，双方交起手来。处在左翼的古莱什人的仆人们及伊克里迈·本·艾比·贾海勒从左翼攻击穆斯林，但穆斯林用石块把他们砸回去了。这时，哈姆扎·本·阿卜杜勒·穆塔里布喊出了吴侯德之战的战斗口号："血战到底！"

他高喊着口号，向古莱什人军中冲了过去。麦加人的掌旗官泰勒哈·本·艾比·泰勒哈也喊叫道："谁敢与我交锋！"

阿里·本·艾比·塔利卜与他挑战。两人在阵前交手了。阿里手起刀落，斩下了泰勒哈的头。先知喜形于色，穆斯林尽情欢呼。这时艾布·代贾纳手拿先知给他的宝剑，头缠拼命巾也杀了过来。他见一个砍死一个，见两个砍死一双，把多神教徒的阵脚冲乱了。他看到一个人正在痛打古莱什人的耳光，于是高喊着举起宝剑砍去，声若霹雳。他突然看到这是乌特拜之女杏德。他珍视先知的宝剑，担心它被女人的血污染，便赶紧收回武器离开了她。

殉教者之首哈姆扎遇难

古莱什人怀着为在白德尔之战中死难的首领们复仇的情绪参加了这次战斗。两支在数量上、装备上相差悬殊的军队激战着，数量多的一方，动力是为白德尔之战复仇，而数量少的一方的动力有两个：一是捍卫信念、信仰和安拉的宗教；二是捍卫自己的家乡及家乡的权益。复仇者人多势众，而且还有女眷在他们背后鼓动。很多女眷向他们的仆人许下诺言：他们如果能为在白德尔之战中死难的父亲、兄弟、丈夫或亲人报仇雪恨，他们将得到重赏厚报。哈姆扎·本·阿卜杜勒·穆塔里布是阿拉伯人中伟大、勇敢的英雄之一。在白德尔之战中，他杀了杏德的父亲乌特拜和她兄弟，而且还惩处了她的很多亲人。在吴侯德之战中，他仍像在白德尔之战中那样地英勇，不愧为安拉的雄狮和锋利的宝剑。他斩了艾尔塔·本·阿卜杜·舒拉哈比勒，杀了西巴阿·本·阿卜杜·欧宰·古卜沙尼。凡遭到他宝刀的人，没有一个能逃脱的。乌特拜之女杏德向祖拜尔的仆人——一位阿比西尼亚人许下诺言：如果能杀死哈姆扎，她一定会重重报答他。同在白德尔之战中死去了叔父的祖拜尔也对他说："你如果能杀死穆罕默德的叔父哈姆扎，你就是自由人了。"

这位野蛮的阿比西尼亚人自己有过这样的叙述："我同人们一起参加了战斗。我是阿比西尼亚人，我会以阿比西尼亚人的手法掷标枪，而且掷得很准。当人们交战后，我到处寻找哈姆扎。只见他像一峰灰驼一样在人群中冲锋，他举着宝刀在砍杀他们的头。我掂了掂我的标枪，当瞄准他后，猛然向他投去，标枪中了他的下腹，肠子从他两腿间流了出来。我看着他死去了。然后，我走过去，拿回了我的标枪。于是，我返回了兵营，我不需要再去同其他人交战了。我杀了他，我自由了。当我回到麦加后，我被解放了。"

在为捍卫家乡的战者中，有诸如像伪信者古兹曼一类的人。当穆斯林出发到吴侯德来时，古兹曼留在了麦地那。扎法尔妇女们见到他后，讥笑说："古兹曼，你不害羞吗？你真像老娘们儿。你的同胞们都去参战了，而你留在家享福。"

古兹曼羞愧得面红耳赤。他赶紧回到家里，牵出战马，背上箭囊，系上刀出发了。古兹曼是以勇敢著称的。当先知布阵时，他赶到了阵前。他分开人群，站到了最前面。交战后，他也是一马当先，首先向敌人冲去。交战开始，他就斩杀了很多的敌人。后来又砍伤了七名古莱什人。傍晚，他宁肯自杀，也不逃跑。他自杀后，艾布·盖达格遇到了他，当他在气息奄奄弥留之际，艾布·盖达格对他说："古兹曼，你以身殉教了，祝贺你！"

古兹曼回答说："以安拉起誓，我不是为了宗教而来战斗的，我是为了不让古莱什人靠近我们，不让他们闯进我的家园，不让他们践踏我们的庄稼而来战斗的。我是为了我的同胞们的利益而来的，否则我是不会来参战的。"

真正的信士们，他们只不过才七百人。他们是在与三千名敌人交战。读者从哈姆扎及艾布·代贾纳的形象中可以看到，信士们所具有的精神力量。这种力量就像尖竹一样，打乱了古莱什人的阵脚。那些古莱什英雄在这一力量面前退却了。古莱什人在阿拉伯人中是以勇猛著称的，他们的掌旗者一旦倒下，另一个人会立即上来，重新举起战旗。阿里斩杀了古莱什人掌旗者泰勒哈·本·艾比·泰勒哈之后，奥斯曼·本·艾比·泰勒哈又举起了他们的战旗，哈姆扎又杀了第二位掌旗者。接着，艾布·赛尔德·本·艾比·泰勒哈又举起了古莱什人的战旗，而且高喊道："你们说你们的死者会进乐园，我们的死者必进火狱！指神灵为誓，你们是在说谎，如果你们真相信这种说法，那就上来比试比试吧。"

他的话刚落，阿里，一说是赛尔德·本·艾比·瓦嘎斯，斩下了他的脑袋。阿卜杜·达尔子弟们，一个接一个高举着古莱什人的战旗。他们中九位子弟为掌旗而被杀。最后一位掌旗者是阿卜杜·达尔子弟中的青年人苏阿卜·哈巴什。古兹曼斩下了他的右手，他用左手举起战旗，古兹曼又砍下他的左手。于是，他用双臂把战旗搂在怀中，并大声喊道："阿卜杜·达尔的子弟们，我给你们丢脸了吗？"古兹曼，一说是赛尔德·本·艾比·瓦嘎斯，杀了他。当这些掌旗者被杀后，多神教徒就溃不成军了。他们的妇女被围住了，他们用骆驼驮来的偶像也被踏在了脚下。

穆斯林清晨的胜利及信仰的力量

吴侯德之战当天清晨，穆斯林的胜利确是战争史上的奇观。部分人把这一胜利归功于先知穆罕默德的指挥艺术和才能。他把弓箭手放在山路之上，他们用箭射住了敌人的马队，这样马队既冲不上来，也不能抄穆斯林的后路。这种见解是对的。但是，六百名穆斯林，与在数量上是其五倍、装备上大大超过他们的敌人拼杀，能取得这一战争奇迹的原因，除了先知的指挥艺术和才能外，不能忽视的是，穆斯林相信真理在他们那一边。相信真理的人，再强大的物质力量也吓不倒他们，任何非正义的力量，哪怕这些非正义的力量全部聚在一起，也动摇不了他们的决心。难道仅仅是由于先知穆罕默德的指挥艺术和才能就决定胜负吗？难道放在山路上的那五十名弓箭手就能起决定作用吗？假若敌人派二三百人去攻击这五十名弓箭手，那么这些少量的弓箭手是抵挡不住的。起决定性作用的力量，是思想上的力量，是信仰的力量，是相信最高真理的力量。相信真理的人，只要知道为真理而战，那么相信最高真理的力量是不可战胜的。因此，三千名古莱什骑兵，在六百名穆斯林的攻击下溃败了，他们的妇女几乎全部被俘。穆斯林手持武器开始追击敌人，占领了敌人的军营，缴获战利品。战利品多得不计其数！为缴获战利品，为贪得这些世俗浮财，竟使他们中的一些人忘了乘胜攻击敌人。

弓箭手违背先知的命令及战况的逆转

先知曾命令弓箭手们坚守岗位，即使他们看到先知穆罕默德和他的门弟子被杀，也不准擅离他们处的山路。但是，当他们看到一些门弟子们在缴获战利品时，他们眼馋了，简直可以说是垂涎三尺。这时，他们一部分人对另一部分人说:“你们为何空待在这儿?安拉已挫败了你们的敌人。你们的兄弟在搜索敌人的军营,你们也到军营去吧,去同他们一起搜吧。”

有人说道:“难道安拉的使者没有告诉你们,即使看到他们被杀,也不准前去支援,也不准擅离职守吗?”

那一部分人又说:“安拉的使者没有想叫我们在安拉挫败多神教徒后,仍留在这儿啊。”

弓箭手们发生了分歧。他们的首领阿卜杜拉·本·祖拜尔说:“不准违背使者的命令。”但大部分弓箭手没有听他的话,纷纷前去缴获战利品了,剩下的不足十人。这些弓箭手像其他的门弟子一样,全力以赴地去搜寻战利品去了。麦加人骑兵部队的首领哈立德·本·瓦利德抓住了这个机会。他率领他的人马占领了穆斯林的弓箭手原来占据的地方,并把剩下的弓箭手赶跑了。由于一些穆斯林忙于缴获战利品,忘记了一切。他们没有察觉哈立德的这一行动,正当他们四处寻找战利品时,哈立德率古莱什人从穆斯林背后杀了过来,溃逃的麦加人也回来参战了。这一行动使穆斯林受到了严重的损失,战况发生了逆转。穆斯林赶紧扔下手中的战利品,拿起武器又投入了战斗,但已为时晚矣。他们的阵势崩溃了,人心涣散了。古莱什人的队伍就像汪洋大海一般淹没了穆斯林。原来穆斯林内心充满了信心,在统一指挥下与敌人战斗,而现在他们是在为逃命、为逃避耻辱在进行抵抗。原来他们团结一心、众志成城,而现在他们是一盘散沙。原来他们是在英明有力的指挥之下进行战斗,而现在他们已失去了指挥。混战中连穆斯林也不能自相辨认了,他们有时不免自相残杀起来。这时有人喊道:“穆罕默德被杀死了!”这更增加了穆斯林队伍的混乱。他们竟毫无知觉地自己人杀起自己人来。在混战中,他们误杀了自己的穆斯林弟兄侯宰法之父侯赛勒·本·贾比尔。除阿里·本·艾比·塔利卜之类的俊杰外,其他的都只顾逃命了。

先知负伤

古莱什人听到穆罕默德被杀的消息后，像潮水似的都涌向他原来所处的位置，这些多神教徒都想亲自去凌辱他的尸体，以便让自己的子孙后代引以为荣。靠近先知穆罕默德的门弟子们把先知围了起来。他们拼命保护着他。当穆斯林看到古莱什人用石块砸了他之后，更加拼起命来。先知的门牙被砸掉了，脸和嘴唇都在流血，他头盔面具上的两个铁片，刺入了他的腮。用石头砸伤先知的人是乌特拜·本·艾比·瓦嘎斯。先知坚忍地同门弟子一起行动，突然他掉进了艾布·阿米尔为穆斯林挖的陷坑中。阿里·本·艾比·塔利卜赶紧拉住了先知的手，泰勒哈·本·奥拜德把他推出了陷坑。先知同他的门弟子继续向前走。为了甩掉敌人，他们匍匐而行，爬上了吴侯德山。

信士们拼死保卫先知

穆斯林聚集到先知穆罕默德周围，他们以不可战胜的气魄拼死保卫着他。辅士阿马尔之母，早上就担着水来到了战场。她在战场上给战士们送茶倒水。当穆斯林失利后，她扔下水担，拿起刀和弓箭投入了保卫先知穆罕默德的战斗，直到受伤身亡。艾布·代贾纳用自己的背挡住敌人射来的箭，以身护卫安拉的使者。赛尔德·本·艾比·瓦嘎斯站在先知穆罕默德身前，向敌人射箭。先知穆罕默德一边给他递箭，一边说："射吧！我愿为你献身。"

这之前，先知穆罕默德亲自向敌人放箭，直到累得手拉不动弓弦为止。那些以为先知穆罕默德身亡的人，其中包括艾布·伯克尔和欧麦尔。他们躲到山上后，不知所措了。阿斯·本·纳德尔看到他们这样后，就对他们说："你们为什么坐在这儿？"

他们回答说："听说安拉的使者身亡了。"

他说："今后怎么办呢？起来，为了他为之牺牲的事业去进行殊死的战斗吧。"

他说着就向敌人冲去。与敌人展开一场殊死的搏斗，身体负伤七十处后，英勇就义。他牺牲后，他姐姐凭他的手指才认出了他。

先知及随从们脱险

古莱什人真的以为穆罕默德身亡了，所以他们兴高采烈。艾布·苏富扬开始在死难者中寻找穆罕默德的尸体。护卫先知的穆斯林，按着他的指示，为防止古莱什人向他们围杀过来，谁也没有去否认他被杀的消息。

但是，当克阿布·本·马立克来到艾布·代贾纳及其他同先知处在一起的穆斯林中时，他从先知头盔下那炯炯有神的眼神中，认出了先知穆罕默德。他禁不住高声喊道："信士们！喜讯。这就是安拉的使者。"先知示意他闭嘴。但穆斯林听到这一消息后，马上护卫着先知向山路上走去。在先知周围的有艾布·伯克尔、欧麦尔、阿里·本·艾比·塔利卜、祖拜尔·本·阿瓦姆及其他圣门弟子。克阿布的喊声也传到了古莱什人那里，是的，大部分古莱什人不相信他的喊声。他们认为他之所以这样喊，是为了给穆斯林打气壮胆。但也有些古莱什人在先知穆罕默德身后跟了上来。艾布·本·海莱夫追上了穆斯林。他喊道："穆罕默德在哪儿？今天有我没他！"

先知拿起哈里斯·本·萨迈的矛向他刺去。他痛得在马上直不起腰，只好夺路而逃，结果死在了路上。当穆斯林退到路口时，阿里用他的皮制盾牌打来水。先知穆罕默德用它洗去了脸上的血迹，并冲洗了一下头。艾布·欧拜岱·本·贾拉哈用牙叼出了刺进先知脸部的头盔用具上的两个铁皮。为此，他掉了两颗门牙。当时，哈立德·本·瓦利德率领的骑兵处在穆斯林的高处。欧麦尔·本·哈塔布带领穆斯林把他们赶走了。当穆斯林爬到山的更高处时，都已经精疲力竭了。先知由于负伤，只好坐着做了礼拜。其他的人也在他后面坐着做了礼拜。

穆斯林遇难者的尸体被凌辱

古莱什人为他们取得的胜利高兴起来。他们觉得他们已报了白德尔之战惨败的仇。艾布·苏富扬高喊道："今天报了白德尔之战的仇，来年再见。"而他妻子乌特拜之女杏德，似乎感到古莱什人取得的胜利及杀害哈姆扎·本·阿卜杜勒·穆塔里布仍不能使她解恨。她同其他古莱什妇女们开始凌辱起那些遇难的穆斯林的尸体来。她们割下他们的耳朵和鼻子，杏德把它们贯穿成项圈和耳环戴在自己身上。然后，杏德剖开了哈姆扎尸体的胸膛，用双手挖下了他的肝，把它放在嘴里大嚼起来，只是未能把它咽下去。杏德与杏德一起的古莱什妇女及其他人们的恶行简直令人发指，连艾布·苏富扬都想推脱这一丑恶行径的责任，尽管他参与了这一丑恶行径，但他声称他没下令这样去干。他对一位穆斯林说："是的，你们遇难者的尸体是被毁身破容了。指安拉为誓，我不愿她们这样干，但她们这样干时，我没有表示愤怒，也没有加以禁止，我更没命令这样干。"

先知对哈姆扎遇难的悲痛及掩埋遇难的穆斯林后返回麦地那

古莱什人掩埋了他们自己人的尸体后撤走了。古莱什人离去后，穆斯林回到了战场。他们开始掩埋自己已殉教者的遗体。先知穆罕默德到处寻找他的叔父哈姆扎。当他看到叔父的尸体被剖开胸膛、被肢解后，悲痛万分。他说道："从没见过像你受的这种凌辱。我从来未遇到像这样令我愤恨的事！"然后他又说道："指安拉为誓，有朝一日安拉使我们战胜他们时，我要用阿拉伯人从没见过的残酷的手段来凌辱他们。”为此，安拉降下启示：

> 如果你们要报复，就应当依照你们所受的伤害而报复。如果你们容忍，那对于容忍者是更好的。你应当容忍——你的容忍只赖安拉的佑助——你不要为他们而悲伤，不要为他们的计谋而烦恼。（《古兰经》16：126—127）

安拉的使者宽容了，他忍耐了，并否定了以牙还牙的见解。他用自己的外衣遮盖哈姆扎的尸体，为他做了祈祷。哈姆扎的妹妹阿卜杜勒·穆塔里布之女索菲娅来到自己兄弟尸体面前，她看了哥哥一眼，为他也做了祈祷。哈姆扎的尸体被埋葬了。先知命令把其他遇难的穆斯林就地掩埋。他们掩埋了七十位遇难者的尸体后，在先知穆罕默德的率领下返回了麦地那。穆斯林在清晨取得了胜利，而且是从未有过的胜利。但是由于弓箭手们违背了先知的命令，由于一些穆斯林只顾缴获战利品忘了乘胜追击敌人，结果遭到了惨败。这使穆斯林异常悲痛。

为恢复穆斯林的威信而采取的措施

先知回到自己家里，他开始考虑该如何去做了。麦地那城里的犹太人、伪信者及多神教徒，为先知穆罕默德及穆斯林遭到的失败而眉飞色舞、幸灾乐祸。穆斯林在麦地那的势力本来已相当稳固，谁也不敢与其抗争了，而现在又出现了面临被动摇的局面。阿卜杜拉·本·乌班耶·本·萨鲁勒本来带领一伙人也出城来想同古莱什人交战，但他以先知没采纳他的意见，或先知斥退了他的犹太人同盟者为借口，没有参加战斗而返回了麦地那。如果吴侯德的失败是穆斯林与古莱什人间的最后结局，那么先知穆罕默德和穆斯林的威信就会在阿拉伯人当中丧失，他们在麦地那的势力就会有所动摇，古莱什人就会在整个阿拉伯半岛嘲笑他们、蔑视他们。如果真的这样，多神教徒、拜物教徒就会在安拉的宗教面前肆无忌惮起来。这对于先知穆罕默德和他的门弟子们来说将是极大的灾难。所以，必须要采取果敢的行为，以消除因吴侯德之战失败而造成的影响。要使穆斯林重新鼓起士气来，让犹太人和伪信者们有所恐惧，使先知和穆斯林在麦地那的势力恢复到原来的程度。

吴侯德之战的第二天穆斯林出城追赶敌人

吴侯德之战的第二天，也就是伊历 10 月 16 日星期日，先知的宣礼员对穆斯林宣布要追赶敌人，并动员他们去追击，但只有参加吴侯德之战的穆斯林才能前去。穆斯林出城跟踪追击。

艾布·苏富扬听到穆斯林带着新的人马从麦地那追了上来时，他害怕了。他害怕再次与他们交锋。先知穆罕默德带着人马赶到了哈姆拉·艾萨（离麦地那 12 千米的地方）。艾布·苏富扬的人马驻扎在鲁哈。这时，迈阿拜德·胡扎阿来到了艾布·苏富扬驻扎的地方。他刚刚从穆罕默德的驻地来到这儿。艾布·苏富扬问他关于穆斯林的情况。当时仍信奉多神教的迈阿拜德回答说："穆罕默德率领着穆斯林追上来了，他们人数之多真是前所未见。原来未参战的这次全出战了，他们个个满腔怒火，要向你们报仇。"

艾布·苏富扬心想，古莱什人在取得吴侯德之战胜利之后，如果不再同穆斯林交锋会造成什么后果呢？艾布·苏富扬曾希望阿拉伯人嘲笑穆罕默德和穆斯林。如果古莱什人不敢再与迁士、辅士交战，阿拉伯人会不会讥笑古莱什人呢？假设他再次与穆罕默德交战，而又被穆罕默德和穆斯林击败，那么古莱什人永远别再想抬起头来。他左思右想，决定使一个计谋。他要派人给穆罕默德送信，要去恐吓一次穆罕默德。他要告诉他，古莱什人要回来再次同穆斯林交手，要彻底根除他们。送信人哈姆拉·艾塞德把信交给了先知穆罕默德。但这并没有动摇先知的意志和决心。穆斯林仍留在驻地，先知命令连续三天点燃篝火，以向古莱什人显示：穆斯林决心等待与他们再次交战。

最后艾布·苏富扬和古莱什人们低头了。他们想保住吴侯德胜利的名声，也就再没敢与穆斯林再次交战返回了麦加。先知穆罕默德也率穆斯林返回了麦地那。这样，穆斯林在很大程度上挽回了由于吴侯德之战失利而气馁不利的局面。但伪信者还是有所抬头。他们讥笑穆斯林说："如果白德尔之战，是安拉护佑穆罕默德使命的奇迹的话，那么吴侯德之战又做何解释呢？"

第十六章　吴侯德之战的影响

吴侯德之战后先知穆罕默德的战略

艾布·苏富扬认为，古莱什人在吴侯德之战的胜利，洗刷了他们在白德尔失败的耻辱。所以他们兴高采烈、踌躇满志地回到了麦加。其实，胜利的消息早已传到了麦加。艾布·苏富扬到达麦加时，他没有回家，而是直奔天房克尔白。在天房他向古莱什人最大的神灵胡白勒进行了祈祷和感恩。然后刮了刮脸，才回家去了。以此他实践了不战胜穆罕默德绝不亲近妻子的诺言。前一章我们已经提到，吴侯德之战的第二天，穆斯林曾出城追击古莱什人，并在驻地停了三天。古莱什人虽在前一天战胜了，但他们没敢回来同穆斯林再战。尽管如此，当穆斯林回到麦地那时，还是发现麦地那有很多变化。虽然先知穆罕默德在麦地那的势力仍是至高无上的，但他还是感到局势有些微妙和棘手。这种局势，不仅是在麦地那可以感触到，甚至在本来已惧怕了先知穆罕默德的各阿拉伯部落中也能觉察到。吴侯德之战又使他们乘机抬头，要蠢蠢欲动了。为了振奋起穆斯林原有的荣誉和势力，先知穆罕默德密切注视着麦地那人和其他阿拉伯人的动向，以便采取适当的措施。

艾布·萨勒玛·本·阿卜杜·艾塞德小分队的行动

吴侯德之战两个月后，先知穆罕默德得到消息：艾塞德族人的首领泰勒哈和萨勒玛·本·胡韦利德在鼓动他们的族人及服从他们的人要来攻打麦地那，袭击穆斯林及掠夺在麦地那四周放牧的穆斯林的牲畜。他们之所以敢这样，是由于他们认为，吴侯德之战之后穆斯林的元气还没有恢复。先知得到这一消息后，马上把艾布·萨勒玛·本·阿卜杜·艾塞德召来，把一支由一百五十人组成的小分队交给他率领。小分队成员有艾布·欧拜岱·本·贾拉赫、赛尔德·本·艾比·瓦嘎斯、艾塞德·本·侯代尔。先知命令他们夜行昼宿，沿一条人们所不熟悉的道路以突然袭击的方式去打击敌人。艾布·萨勒玛执行了先知的命令。当他带着人马赶到敌人的驻扎地时，敌人毫无作战准备。黎明前，他率小分队包围了敌人。他鼓励小分队英勇奋战，结果很快打败了敌人。他又把小分队分成了两组，一组追击敌人，去缴获战利品，另一组同他留在原处。追击者带着战利品回来了，他们把战利品的五分之一给了安拉的使者、不幸者及过路人后，把余下的平分给了参战者。然后，他们胜利返回了麦地那。这样穆斯林在吴侯德之战失败后丧失的威信得到了一定的恢复。但是，在这次行动后不久，艾布·萨勒玛就与世长辞了。艾布·萨勒玛在吴侯德之战中身负重伤，后来伤口只是表面愈合。在这次行动中，由于他用力过猛，伤口重新发作，以致为此而殉教。

阿卜杜拉·本·艾奈斯的行动

没过多久，先知穆罕默德又听说居住在纳赫莱或欧拉纳的胡扎利族人哈立德·本·苏富扬·本·努拜哈在聚集人马，企图进犯麦地那。于是，先知派阿卜杜拉·本·艾奈斯前去侦探详情。阿卜杜拉到了那儿，恰好遇到哈立德在给自己的女眷们收拾房子。哈立德见到他后问他从何而来。他回答说："我是个阿拉伯人，听说你在聚集人马去进攻穆罕默德，所以才来到你这儿。"

哈立德毫不隐瞒地告诉阿卜杜拉，他是在征招聚集人马要去进攻麦地那。阿卜杜拉看到周围除他的女眷外，没有任何男人，便设法把他以散步为名约了出去。阿卜杜拉看准机会，拔出宝剑，手起剑落，斩了哈立德。阿卜杜拉乘他的女眷只顾在痛哭之中，赶紧返回到了麦地那，把这一情况如实地告诉了安拉的使者穆罕默德。胡扎利族列哈彦子弟，在他们的头人哈立德被杀后一度沉默。后来，他们处心积虑要寻机报仇。

拉吉阿日（公元625年）

胡扎利族邻近部落的一伙人来到先知穆罕默德那儿，对先知说："我们族人中有些人想归信伊斯兰教。请你派一些穆斯林随我们到我们族人中去吧。请他们教我们伊斯兰教教规和诵读《古兰经》。"

为了完成这一崇高的宗教任务，为了把人们引上正道和真理之教，也为了增强先知穆罕默德和穆斯林与敌人做斗争的力量，在这个问题上，先知穆罕默德是有求必应的。在前面我们已经看到，阿盖白誓约之后，先知穆罕默德就曾派遣他的门弟子到麦地那去完成这一使命。因此，先知穆罕默德派了六位有影响的穆斯林随这伙人去了。

当他们走到希贾兹地区一个叫作拉吉阿的属于胡扎利族人所有的水井处时，这伙人叛变了。他们呼唤胡扎利族人帮助他们杀害这六位穆斯林。他们手持宝剑把这六个人团团包围起来。这六位穆斯林弟子只好抽剑与他们拼杀。但胡扎利族人对他们说："指神灵为誓，我们决不杀害你们。我们要把你们带到麦加去处置。"这六个人相互交换了一下眼色。他们知道，把他们带到麦加后，面临的处境将比现在更残酷。尽管他们知道自己一方势单力薄，寡不敌众，但他们还是拒绝了胡扎利人的要求，开始抵抗起来。胡扎利人当场杀害了三个人，其他三个人也被他们俘虏了。

胡扎利人押着他们向麦加走去，他们想把他们卖给麦加人。中途，一位被俘的叫阿卜杜拉·本·塔里克的挣脱了双手，夺了一把宝剑，向远处逃去。胡扎利人没有放过他，他们赶上他后，用石块砸死了他。而剩下的两名被俘的人，则被胡扎利人押到了麦加，并卖给了麦加人。

栽德和哈比卜遇难

栽德·本·代斯纳被卖给了萨夫瓦·本·伍麦叶。萨夫瓦·本·伍麦叶之所以买他，是为了给其父伍麦叶·本·海莱夫报仇。萨夫瓦·本·伍麦叶把栽德交给了他的奴仆奈斯塔斯去杀害。栽德遇难之前，艾布·苏富扬问他："栽德，你愿不愿意让穆罕默德现在处在你处的地位被杀头，而你回到你的亲人中去？"

栽德回答道："指安拉为誓，我不愿让先知穆罕默德受到任何伤害，而将我送回到我的亲人中去！"

艾布·苏富扬很震惊，他说道："我还没遇到过任何人能像穆罕默德的门弟子爱护穆罕默德那样爱护他。"

奈斯塔斯杀害了栽德。栽德为了自己的宗教，为了自己和先知而献身了。另一个被俘的哈比卜被绑了起来。他对麦加人说："希望你们能允许我礼两次跪礼拜做祈祷，请你们行个方便。"

麦加人同意了。他恭恭敬敬地向安拉礼了跪拜礼，然后回到麦加人那儿。他说道："指安拉为誓，如果不是怕你们以为我想晚死一会儿，我还要多向安拉礼几次跪礼拜。"

麦加人把他绑在了木桩上，他怒不可遏地对他们喊道："安拉啊，要一个一个地记住他们，要把他们全部处死，一个也不能放过。"

麦加人听到他的喊声后，害怕了。他们怕他对他们的诅咒应验，赶紧扭过头去，急忙杀死他。哈比卜同栽德一样，为了安拉，为了安拉的宗教，为了安拉的使者而壮烈牺牲了。两位信士纯洁地入了乐园。如果他俩愿意放弃自己的宗教，出钱买他俩的麦加人是可以使他俩免遭杀害，不予杀戮的。但他俩对安拉、对伊斯兰教、对复生日坚信不疑。在复生日各自依照其所为而得到报应，任何人只能自负其责、自食其果。现在，他俩遇难了。人人都难免一死，但为了信念，为了信仰伊斯兰教而死得光荣。他们相信，他们留在麦加土地上的鲜血会激励着穆斯林兄弟们前来光复麦加、砸碎麦加的偶像，把一切拜物教的污秽除掉，恢复天房的本来面貌。在天房内，只有安拉应享有的被崇拜的地位，而不准在里面提安拉之外的任何名字。

一些东方学家，没有像他们重视被穆斯林处死的白德尔之战中两名古莱什人被俘人员一样，重视这一件事。这两名圣门弟子不是在战场上被俘的，而是中了阴谋诡计。他俩奉使者之命前去传教，而那些背叛了他们的人，在杀害了他们的其他同伴之后，把他俩卖给了麦加人。东方学家没有指责他们这一背叛行为，也没有谴责古莱什人对这两个手无寸铁的圣门弟子犯下的罪行。古莱什人对这两名穆斯林犯下的罪行如同毫无理由地侵犯无辜人那样可耻。指责处死白德尔之战中两名被俘的古莱什人的东方学家，如果他们公正的话，他们更应该谴责古莱什人的罪恶，更应谴责背叛了先知和他的门弟子的那些人。他们不仅杀害了四位圣门弟子，而且把两名圣门弟子卖给了麦加人去杀害。而这六位穆斯林原是应他们邀请，前去教授他们教规，向他们传播真理的。

迈欧纳井日（公元625年）

穆斯林及先知穆罕默德，对六位由于胡扎利族人背信弃义，为了安拉而献身的穆斯林异常悲愤。诗人哈桑·本·萨比特用他的诗沉痛地悼念了哈比卜和栽德。先知穆罕默德更加认真考虑起穆斯林的前途来。他担心，如果此类的事件再次出现，阿拉伯人将会看不起他们。没有比别人瞧不起你更能丧失你的威信的事情了。正当先知穆罕默德认真考虑这件事时，艾布·拜拉厄·阿米尔·本·马立克·穆莱阿布·艾细纳来到了先知穆罕默德这儿。先知动员他归信伊斯兰教，他没有接受，但他也没有对此表现出敌意。他反而对先知说：“穆罕默德，你如果派些穆斯林到内志居民中去传教，我认为他们是很有希望响应你的。”

先知担心内志人会像胡扎利族人对待哈比卜等穆斯林那样对穆斯林背信弃义。他没有马上答应艾布·拜拉厄的请求。这时艾布·拜拉厄说道：“由我来保护他们，你派他们去传教吧。”

艾布·拜拉厄在族人中享有很高的威望，受他保护的人不用担心会有人侵害他。于是，先知穆罕默德派萨阿代的兄弟穆吉尔·本·阿慕尔率四十名有影响的穆斯林出发了。

当他们到达处在阿米尔族人和沙利姆族人领地之间的迈欧纳井旁时，穆斯林派哈拉姆·本·迈勒汉前往阿米尔·本·图费勒那儿转交穆罕默德给他的书信。但阿米尔没看先知穆罕默德的书信就把下书人杀了，并煽动阿米尔族人前来斩杀这四十人。当阿米尔族人拒绝破坏艾布·拜拉厄对穆斯林提供的保护信约时，阿米尔又去蛊惑其他部落的人来杀害穆斯林。这些部落的人们响应了他，同他一起把穆斯林包围起来。当四十名穆斯林看到这种情况后，马上抽出宝剑同他们针锋相对地搏斗。最后只有两名穆斯林幸免于难，一名是克阿布·本·栽德。当他负伤快断气时，阿米尔·本·图费勒扔下了他。但他活了过来，回到了麦地那；另一名是阿慕尔·本·伍麦叶，当他声称自己需要抚养老母亲时，阿米尔·本·图费勒放了他，阿慕尔·本·伍麦叶在回家的路上遇到了两个陌生男人，他误认为他俩是侵犯自己同伴那个族的成员。当那两个陌生人睡觉时，阿慕尔斩杀了他们，此后他继续赶路，直到回到麦地那。他回到麦地那后，把自己在路上斩杀两位陌生人的事告诉了先知，这时他才知道，被他杀害的那两个陌生人是艾布·拜拉厄族的两位阿米尔人。这两个人拿有安拉的使者给他们提供保护的信约。这样阿慕尔·本·伍麦叶就需要交付杀人罚金。

麦地那的犹太人及伪信者们

先知穆罕默德对穆斯林在迈欧纳井旁被杀事件很震惊，并且十分愤怒，他曾说过："这是艾布·拜拉厄干的'好'事，本来我就有所担心和顾虑。"

阿米尔·本·图费勒破坏艾布·拜拉厄的信誉使他十分难堪。艾布·拜拉厄的儿子拉比阿为给父亲出气，竟用长矛刺死了阿米尔·本·图费勒。先知很痛苦，在整整一个月的时间内，每天晨礼后，他都向安拉祈祷，要向杀害门弟子的人报仇雪恨。尽管门弟子都相信，遇难的教友是为安拉而献身的，他们都是入乐园的，但他们对此仍很伤感。

当麦地那城的伪信者及犹太人看到一些穆斯林在拉吉阿日及迈欧纳井日被杀后，又想起了吴侯德之战时古莱什人对穆斯林的胜利，从而使他们忘记了穆斯林斩杀阿萨族人的事实，也使他们忘记了穆罕默德和他的门弟子所进行的使他们害怕的行动。先知穆罕默德作为一位胸襟开阔、深谋远虑的政治家，充分估计了这一局势。当时对于穆斯林来说，没有任何事情比他们在麦地那居民中丧失威信更危险的了。阿拉伯各部落一旦看到麦地那居民已陷入四分五裂，快要爆发内战时，必定会来侵犯麦地那的。同时，先知穆罕默德已经觉察到，犹太人及伪信者们在伺机找他们麻烦。他认为最好的办法是引蛇出洞，戳穿他们的本来面目。由于犹太奈迪尔族人是阿米尔族人的同盟者，所以先知穆罕默德带领十名有地位的门弟子——其中有艾布·伯克尔、欧麦尔和阿里——来到古巴厄附近犹太奈迪尔族人的驻地。因为圣门弟子阿慕尔·本·伍麦叶错杀了两位阿米尔人，所以穆斯林应付罚金，先知穆罕默德想请犹太人对此给予帮助。

犹太人企图谋害先知

当先知穆罕默德把来意告诉了犹太奈迪尔族人时，他们表现出很高兴的样子，并表示愿意欣然从命。当部分犹太人同先知畅谈时，他马上觉察到其他犹太人在一个角落里诡秘地议论着什么，他又发现一个犹太人走到他们议论的角落里，好像是在谈论犹太人克阿布·本·艾希拉夫被穆斯林斩杀一事。当时先知背靠着一个房间的墙而立，他发现一个犹太人（阿慕尔）走进了这个房间。犹太人的行动引起了先知的怀疑。当听到犹太人在议论中提到了他的名字，并有要谋害他的意思时，他马上警惕起来了。他随即离开了他站的地方，没有同其他圣门弟子打招呼就走开了。圣门弟子认为他有事出去了。

先知走后，犹太人不知所措了。他们不知同在场的穆斯林讲什么好，也不知怎样来对待他们。如果他们谋害在场的穆斯林，穆罕默德肯定会严厉地惩治他们，或许穆斯林觉察到他们要谋害穆罕默德及穆斯林的阴谋。因此，如果他们把在场的穆斯林放走，那么他们与穆斯林之间的信约还能继续有效。他们选择了后者。于是，他们对穆斯林像客人一样说了很多好话，想以此打消可能引起的疑虑。穆斯林看到先知很久未归，赶紧出去找他，他们遇到了一位刚从麦地那来的人。他们从麦地那人的嘴里得知，先知已经到了麦地那，并进了麦地那清真寺。穆斯林马上赶到他那儿去了。当穆罕默德对他们一一讲述了引起他怀疑的犹太人的行为及他发现犹太人要谋害他时，穆斯林才领悟了他们看到的现象。他们凭使者犀利的目光和灵感得救了。先知派人把穆罕默德·本·穆斯里迈叫来，并对他说："你到犹太人奈迪尔族人那里去。告诉他们，安拉的使者派我来告诉你们，请你们离开我们的国土，由于你们想谋害先知穆罕默德而毁坏了你们同他签订的信约，他给你们十天的期限。十天之内，你们必须离开麦地那地区。十天之后，我们在此如果发现你们，无论是谁，都砍掉他的脑袋。”

犹太奈迪尔族人绝望了，他们无言可对。他们只好对穆罕默德·本·穆斯里迈说：“穆罕默德，我们也不清楚。这件事可能是奥斯族人干的。”

他们想以此暗示，奥斯族人在与海兹拉吉族人仇杀之前，曾是犹太人的同盟者。但穆罕默德·本·穆斯里迈告诉他们说：“早已今非昔比，人们与过去大不一样了。”

阿卜杜拉·本·乌班耶对犹太人的教唆

一连几天，犹太奈迪尔族人在紧张地做着撤离准备。这时，阿卜杜拉·本·乌班耶派来两个人，他俩对他们传达了他的口信：“你们不要离开你们的家园和财产，请赶快搬到你们的堡垒中去住吧。我的族人及听我调遣的阿拉伯人多达两千名，他们将同你们一起据守你们的堡垒同你们并肩战斗。在战斗中哪怕全部牺牲，也不能让穆斯林轻易闯进你们的堡垒。”

犹太奈迪尔族人对阿卜杜拉·本·乌班耶的口信进行了协商，结果他们更加不知所措了。因为他们中有人不信任阿卜杜拉·本·乌班耶。他们认为，他是在说空话。他以前就像今天这样，曾对犹太盖努加阿族人说过大话。但是到了关键时刻，他溜了，撒手不管了。他们也知道，犹太古赖祖族人不会前来支援他们，因为古赖祖族人与穆罕默德之间有信约，如果他们撤离家园，到海白尔或附近的地方去住，当椰枣成熟时，他们还能回到麦地那来摘收椰枣，然后再回住地去，这样他们不会遭受过多的损失。

但是他们的首领侯叶伊·本·艾赫达布说：“我们不能走，我们要派人到穆罕默德那儿去。我要告诉他，我们决不放弃我们的家园和我们的财产。让他看着办好了。我们要修补我们的堡垒。必要时，我们就搬进去。同时，我们也要改修我们的胡同，往堡垒中运些石块。我们存有足够我们吃一年的粮食，我们这儿的水源不会断绝。再说，穆罕默德也不会把我们围困一年的时间。十天过后，我们谁也别离开家门。”

围困犹太奈迪尔族人

穆斯林拿起武器，把犹太人围了起来，他们整整战斗了二十天。穆斯林每占领一所营房并把它毁坏后，犹太人就退往另一所营房，他们展开了步步紧逼的争夺。先知穆罕默德为了削弱犹太人为财产而战的斗志，他命令穆斯林砍伐犹太人的枣椰树，并把它烧掉。犹太人心疼了，他们喊道：“穆罕默德，你本是禁止作恶的，指责作恶者的。你今天为何要砍掉枣椰树？”为此安拉降下启示：

> 无论你们砍伐海枣树，或任其依然存在，都是安拉所允许的，他准许伐树，原为凌辱放荡者。(《古兰经》59：5)

犹太奈迪尔族人撤离麦地那

阿卜杜拉·本·乌班耶没有前来助战，任何阿拉伯人也没来援助他们。这些犹太人已确信如果他们再战斗下去，等待他们的将是更坏的命运。他们绝望了，只好乞求先知穆罕默德保证他们的生命、财产、后代的安全，让他们撤离麦地那。先知同意他们安全撤离，但只允许每三个人带走一峰骆驼，用它驮运他们的财产、食粮和饮水，其余财产一律不准带走。犹太人在他们的首领侯叶伊·本·艾赫达布的率领下，带着他们所能带走的财产撤走了。他们中有人在海白尔定居下来，而其他人则继续往北走，据说一直到了叙利亚境内的艾孜利阿地区。

犹太人撤走后，给穆斯林留下了很多粮食和武器，其中有五十副盔甲，三百四十把宝剑。在这次战斗中，穆斯林得到的最大的利益，莫过于犹太人留下的土地，但这些土地没有被当作战利品而平分给穆斯林，而是归先知直接支配。先知从这些土地中拨出一部分作为公用地，所产的粮食要施舍给贫民和不幸者，而余下的土地则分给了迁士，辅士没有分取。从此后，迁士不再靠辅士的帮助为生了。现在他们与辅士一样，也有了自己的土地和财产。辅士艾布·杜贾纳和萨海勒·本·侯尼夫例外。因为他两人特别贫穷，同迁士一样，也分得了土地。只有两名犹太奈迪尔族人，为了保护自己的财产而归信了伊斯兰教。

前面我已讲过先知曾分析考虑到，如果这些犹太人仍继续留在麦地那，他们会引起许多麻烦。每当穆斯林受到挫折，他们总是鼓动伪信者去闹事。这样，一旦穆斯林出征作战，麦地那就面临内乱的威胁。在了解了这一事实后，人们就不难理解穆斯林的这次胜利以及这些犹太人撤离麦地那的意义了。为犹太奈迪尔族人撤离麦地那，安拉曾在《古兰经》"放逐"章启示以下的内容：

> 难道你没有看见那些伪信者吗？他们对自己的朋友——信奉《圣经》而不信《古兰经》的人们说："如果你们被放逐，我们必定与你们一同出境，我们永不服从任何人的命令而放弃你们；如果你们被攻击，我们必援助你们。"安拉作证，他们确是说谎的。如果他们被放逐，伪信者不与他们一道出境；如果他们被攻击，伪信者不援助他们；即使援助他们，也必转身逃跑，使之不获援助。你们在他们的胸中确是比安拉还可怕的，那是因为他们是不明理的民众。(《古兰经》59：11—13)

这一章《古兰经》在后文又提到信仰及其威力。懂得自身价值和体面、信仰独一的安拉的人不会屈服于安拉之外的任何权势。

> 他是安拉，除他外，绝无应受崇拜的。他是全知幽玄的，他是至仁的，是至慈的。他是安拉，除他外，绝无应受崇拜

的。他是君主。他是至洁的，是健全的，是保佑的，是见证的，是万能的，是尊严的，是尊大的。赞颂安拉，超绝万物，他是超乎他们所用以配他的。他是安拉，是创造者，是造化者，是赋形者，他有许多极美的称号，凡在天地间的，都赞颂他，他是万能的，是至睿的。(《古兰经》59：22—24)

先知的秘书

犹太奈迪尔族人撤离麦地那之前，先知的秘书一直由犹太人担任。这样，他便能够用希伯来语和古叙利亚语同各方进行通信联络。当犹太人撤离麦地那之后，先知担心还没有归信伊斯兰的人会利用他的机密搞鬼。恰在这时，一位辅士年轻人，栽德·本·萨比特学习了上述两种语言。尔后，他成了先知的秘书。栽德·本·萨比特在艾布·伯克尔任哈里发时代整理了《古兰经》。在奥斯曼任哈里发时代，当对《古兰经》的诵读发生了分歧时，在他的监督下又重新对《古兰经》进行了校对整理。他整理了奥斯曼定本的《古兰经》后，就把其他一切版本全部销毁了。

犹太奈迪尔族人撤离后，麦地那安定了下来。穆斯林不再担心麦地那的伪信者闹事了。迁士们由于获得土地而高兴，辅士也由于不再给迁士提供生活帮助而减轻了负担。可以说，人人都松了一口气。在这一段安定的生活中，迁士和辅士皆大欢喜。吴侯德之战后，一晃一年过去了。这时，穆罕默德想起了艾布·苏富扬当时说过的话："来年在白德尔再见高低。"艾布·苏富扬是欲与先知在白德尔再次交战的，但这一年发生了灾荒。艾布·苏富扬想把交战日期推迟到下一年。他派努尔曼来到了麦地那。努尔曼对穆斯林说，古莱什人已征招聚集了庞大的军队。任何阿拉伯人的军队如果敢与之交战，肯定会遭到比穆斯林在吴侯德的失败还要惨。穆斯林为了避免遭到失败的危险，很多人胆怯了，他们表示出不愿前往白德尔去的意向。先知穆罕默德对这种胆怯很气愤。先知对他们发誓说，他一定要到白德尔去，哪怕只有他一个人，他也要去！

第二次白德尔行动

先知穆罕默德盛怒之后，穆斯林的胆战心理消失了，他们拿起武器向白德尔挺进。先知把麦地那的事务交由阿卜杜拉·本·乌班耶·本·萨鲁勒代管。穆斯林在白德尔安营扎寨后，准备迎战古莱什人。两千多名古莱什人在艾布·苏富扬的率领下，也离开了麦加。古莱什人行军两天之后，艾布·苏富扬改变了主意。他想不与穆斯林交战而原路退回到麦加去。他对古莱什人说："古莱什人啊，你们只能在来年进行战争。因为今年是荒年，我要退回麦加，你们也回去了吧。"

于是，古莱什人一轰而退走了，先知穆罕默德带领着穆斯林大军在白德尔一连等了八天。这期间，穆斯林做起了买卖。他们赚了很可观的利润后，返回了麦地那。关于第二次白德尔行动，安拉启示：

> 他们不肯参加战斗，却对自己的教胞说："假若他们顺从我们，他们不会阵亡。"你说："你们为自身抵御死亡吧，如果你们是诚实的。"为主道而阵亡的人，你绝不要认为他们是死的，其实，他们是活着的，他们在安拉那里享受给养。他们又喜欢安拉赏赐自己的恩惠，又喜欢留在人间，还没有赶上他们的那些教胞，将来没有恐惧，也不忧愁。他们喜欢从安拉发出的赏赐和恩惠，并且喜欢安拉不使信士们徒劳无酬。他们遭受创伤之后仍应安拉和使者的召唤。他们中行善而且敬畏的人，得享受重大的报酬。有人曾对他们说："那些人确已为进攻你们而集合队伍了，故你们应当畏惧他们。"这句话却增加了他们的信念，他们说："安拉是使我们满足的，他是优美的监护者！"他们带着从安拉发出的赏赐和恩惠转回来，他们

没有遭受任何损失，他们追求安拉的喜悦。安拉是有宏恩的。那个恶魔，只图你们畏惧他的党羽，你们不要畏惧他们，你们当畏惧我，如果你们是信道的人。(《古兰经》3：168—175)

第二次白德尔行动，彻底消除了穆斯林在吴侯德之战失败所留下的不利影响。这次行动使古莱什人遭受的耻辱，不亚于他们在第一次白德尔之战中所遭受的惨败之辱，古莱什人要消除耻辱只有再等一年了。

宰图·鲁盖阿之战

先知穆罕默德回到了麦地那。他感念安拉赐给他的胜利，同时为穆斯林的威信恢复而高兴。但他没放松对敌人的警惕，而是派人四处侦察。

这时，他得到的消息说，内志的一伙盖特芳人想聚集人马同穆斯林交战。先知制订了行动方案。他要在敌人未做好准备之前，以突然袭击的方式打击他们。先知率领四百名穆斯林突然出现在盖特芳族的穆哈利布人和塞阿莱拜人的集结地宰图·鲁盖阿。当这些人看到穆罕默德带领全副武装的穆斯林攻到了自己的家门时，他们只好丢下自己的妇女和财产而抱头鼠窜。穆斯林缴获了战利品，然后向麦地那撤去。他们担心敌人前来骚扰，所以日夜轮流担任警卫。在礼拜时，一部分人做礼拜，另一部分人进行警戒，但敌人没有胆量前来捣乱。

先知率领着穆斯林离开麦地那十五天之后，兴高采烈地凯旋了。

杜迈·金代勒行动

宰图·鲁盖阿之战后不久，先知穆罕默德又进行了杜迈·金代勒行动。杜迈·金代勒是希贾兹和叙利亚边境之间的一片绿洲。它处在从红海至波斯湾之路的中途，当时一些部落经常抢劫过往的商队。先知想在杜迈·金代勒绿洲截击这些部落，但穆斯林没能抓住这些部落的成员。因为当他们一听到穆斯林前来截击他们时，吓得扔下抢劫来的商品就逃跑了。从杜迈·金代勒绿洲所处的地理位置，可以看到穆斯林的势力范围及整个阿拉伯半岛对他们惧怕的程度。同时也可以看到，穆斯林在各次战斗行动中，所忍受的劳累、干渴及自我牺牲精神。他们之所以能有如此坚强的表现，主要是有精神力量在鼓舞着他们去争取胜利。这一精神力量就是：对独一无二的主——安拉的信仰。

这些行动之后，先知穆罕默德安定地在麦地那度过了几个月。他在等待来年，也就是伊历的第五年，同古莱什人交战日期的临近。他遵循安拉的欲意，来完善他们的社会制度。当时，在这一制度下生活的穆斯林仅几千人，尔后发展到几百万，甚至几亿人。他在遵循安拉的启示，认真、仔细地来完善这一宗教与世俗社会的制度。他在制定符合安拉的启示和教导的制度，他在制定穆斯林遵循的各项具体规章。

他当时制定的制度，在以后的几代人、几个世纪一直在沿用着。这些制度，当时没有、在他去世之后也没有被实践证明有什么可以挑剔的东西。

第十七章　先知的妻子

东方学家在栽娜卜·宾特·杰赫什问题上的议论

在前两章所讲述的事件中，先知穆罕默德始而同栽娜卜·宾特·胡宰迈，继而同乌姆·赛莱迈·宾特·艾比·伍麦叶·本·穆额拉，复而同栽娜卜·宾特·杰赫什三个女性结了婚。栽娜卜·宾特·杰赫什原是栽德·本·哈里塞之妻。栽德离弃她之后，穆罕默德同她结了婚。栽德是赫蒂彻的仆人叶赛尔为其买的奴隶，但先知解放了他，并把他收为义子。对于这个问题，东方学家和传教士横加指责。他们说："请看！穆罕默德变了。他在麦加时，主张知足，弃绝红尘和今世生活中的淫欲，而现在变成了个贪图女色的人。他原已同三个女人结了婚，后又娶了三个妻子，而现在又增添了三位新夫人。他不仅娶没有丈夫的女性，而且竟爱上了他的义子栽德·本·哈里塞之妻栽娜卜·宾特·杰赫什。"他们说，穆罕默德之所以爱上栽娜卜·宾特·杰赫什，是由于下面这件事引起的。

有一次，栽德不在家，穆罕默德来到他的家中。栽德的妻子栽娜卜穿着能露出女人美色的衣服招待了他。他对她的美色动了心。于是，他说："赞美安拉，真让人倾心呀！"当他离去时，他又多次重复了这句话。她听着他的话，并从他眼里看到了爱火在燃烧。她很得意，并把她听到的话告诉了她丈夫栽德。栽德马上来到穆罕默德那儿，并对他说，他准备离弃妻子栽娜卜。穆罕默德对他说："你应当挽留你的妻子，你应当敬畏安拉。”但栽娜卜从那之后再不与栽德共度和谐的日子了。栽德无奈，只好离弃了她。穆罕默德虽然心里爱着她，但他没有同她马上结婚。直到安拉降下了如下的启示：

当时，你对那安拉曾施以恩惠，你也曾对施以恩惠的人说：“你应当挽留你的妻子，你应当敬畏安拉。”你把安拉所欲昭示的，隐藏在你的心中，安拉是更应当为你所畏惧的，你却畏惧众人。当栽德离绝她的时候，我以她为你的妻子，以免信士们为他们的义子所离绝的妻子而感觉繁难。安拉的命令，是必须奉行的。(《古兰经》33：37)

这时，穆罕默德才同栽娜卜结了婚。婚后他才解除了爱情和渴望的折磨。东方学家说：“哪有这样的先知呢？他怎能放纵自己去干他所严禁他人干的事呢？他怎能不遵从他自己声称是安拉降给他的法度呢？他怎能打破这种‘违法’的先例呢？这种事只能使人想起荒淫无度的帝王，而不是德高望重的先知。更何况栽娜卜是他义子栽德的妻子，他怎能忍心使他们分离，而后自己娶她为妻呢？这种事情在蒙昧时代本来也是不允许的。而穆斯林的先知，为了满足他自己的欲望，为了适应自己的爱好，使这种事情成为正当合法的了。”

东方学家笔下的栽娜卜·宾特·杰赫什

传教士及东方学家们凭着他们的想象在谈论先知穆罕默德在婚姻问题上的历史。他们中有的人甚至说，当先知穆罕默德见到栽娜卜时，她几乎是半裸体地站在那里。她的黑发披在细嫩的皮肤上，具有令人心魂荡漾的魅力。还有人说，当栽德家的门被打开时，一阵风吹起了栽娜卜房间的窗帘。她当时穿着睡衣躺在床上。栽娜卜的姿色打动了这位情火炽烈的男人的心。类似的例子不胜枚举。这样的臆造在穆威尔、迪尔曼吉姆、瓦盛屯·伊尔费吉、拉孟斯及其他东方学家和传教士的著作里都可以看到。令人十分遗憾的是，所有这些人都只是靠拾取一些传奇色彩的小说故事和道听途说得来的虚构，再加上他们自己的想象，编造了有关穆罕默德与女人关系的著作。而且他们列举穆罕默德拥有多位的妻子来证实他们著作的真实性。他们有的说穆罕默德有九房妻子，还有的说穆罕默德的妻室超过了九房。

伟人多不受法则局限

可以概括地来批驳这种议论。即便传说的这些流言是正确的，那又能对穆罕默德的伟大、对他的先知地位、对他的使命有何损害呢？适用于一般人的法则，对伟人们来说未见得有效。那么，它对众使者和众先知来说，更不见得有约束力。穆萨看到分别属于本族的和敌对家族的两个人发生争执时，不是用拳头把一方的人打死了吗？

在非战时，或准非战时杀人是不允许的，是非法的。尽管如此，穆萨并没有拘泥于当时的法律。但他这样做，并没有损害他的先知地位、他的使命，也没有损害他的伟大。尔撒不同于正常法则的事例，比穆萨，比穆罕默德，比所有的先知和使者都多。尔撒的事情不仅表现在显而易见的事上，就连他的出生和生活都是违背自然法则的。尔撒的母亲麦尔彦受灵感孕生育了尔撒。她生下的是一位聪明的男婴。麦尔彦奇怪地说：“任何人没有接触过我，我也没有失节，怎么会有儿子呢？”

先知说：“安拉要以她为世人的迹象。”

当她感到阵痛时，她说：“啊！但愿我以前死了，而且已变成被人遗忘的。”

这时，有声音喊叫她说：“你不要忧愁，安拉已在你的脚下造化了一条溪水。”

她抱着婴儿来见她的族人，他们说：“你这确是一件奇事。”

尔撒在摇篮里对他们说：“我确是安拉的仆人……”

尽管犹太人否认这一切，他们认为尔撒是木匠优素福的儿子，利南之类的学者至今仍持有这一观点。但尔撒的伟大、他的先知地位、他的使命，充分证明了安拉在尔撒身上出现的奇迹，证明了安拉具有的超越宇宙和自然法规的能力。令人奇怪的是，基督教传教士号召人们相信有关尔撒违背宇宙法则的事情，而他们却在与此相比可以说是微不足道的事情上去指责先知穆罕默德。不拘泥于法则，这对任何伟人，或受法律尊重的国王、首脑都是允许的，可见他们都在这一问题上指责先知穆罕默德是别有用心的。

可以用这样的回答来驳斥上面的种种谬论。无疑，这样的回答是能够驳倒传教士和东方学家们的谬论的。尽管这样的回答有损于历史，有损于穆罕默德的伟大及其使命的崇高。他不像一些人所描述的那样，是个让私欲控制理智的人。他同上面提到的那些女人结婚，不是出于欲望和爱情的动机。如果说各个不同时代的穆斯林作家虽说了一些类似东方学家说的话，他们出于好心却给伊斯兰教的敌手提供了这样的论据，那是由于他们想在一切事物上都把先知穆罕默德描绘成是那么伟大，甚至在世俗欲望方面也是一位伟大者。这种描绘是错误的，是欠妥当的，是违背先知穆罕默德历史的。先知穆罕默德的全部生活都否定了这些描绘。

先知五十岁前除赫蒂彻外未同第二个女人结婚

先知穆罕默德二十五岁时同赫蒂彻结的婚。他当时是位英俊威武的壮实小伙子。在那个时代，一夫多妻在阿拉伯人中间是极普遍的。尽管如此，先知穆罕默德同赫蒂彻这一位妻子生活了二十八年。她去世时，他已超过了五十岁。另外，赫蒂彻给他生的男孩一个也没活下来。在那活埋女婴，认为只有生男孩才能传宗接嗣的时代，先知同赫蒂彻生活了二十八年。在他为圣前，两人生活了十七年，在为圣之后，两人又生活了十一年。这期间他未曾想过娶第二房妻子。至今从未有人提到过，在他同赫蒂彻共同生活的几十年期间，以及他俩结婚之前的岁月中，他是位能被女色所动心的人。在那个时代，女人不戴面纱，而且她们在男人面前，常常炫耀后来被伊斯兰教所禁止的女人所特有的姿色……先知已年过五十，赫蒂彻去世后，他先后同五位女人结了婚。其中有他一生中最喜爱的阿伊莎。在这种时候，有人说他对栽娜卜·宾特·杰赫什一见钟情，执着迷恋，并为此而日夜不安，这种说法是不合情理的。部分穆斯林作家及西方作家们描绘说先知在年过五十之后，五年期间同七位女人结婚，七年之间同九位女人结婚，全都是醉心于两性生活，这是不合情理的。这种不怀好意的描绘，对于一个凡夫俗子都不适合，更何况对于一位其使命能改变世界历史进程的伟大人物呢？

赫蒂彻给先知生儿育女

如果说上面提到的事是令人奇怪和不合情理的，那么，还有另一件令人奇怪的事。

先知五十岁之前，其妻赫蒂彻曾给他生了儿子和女儿。他六十岁时，埃及王奉献给他的婢女玛丽娅也给他生了一子——易卜拉欣。除这两人外，先知的其他妻子都没有给他生儿育女。这些妻子中有情窦初开的少女，无论从女方还是从男方方面来讲，都是正值生育的年龄，但没有生；其中也有三四十岁正处于生育高峰的，而且以前也是曾生育过的女性，但他们同先知结婚后都没有生育。这又如何解释先知生活中这一奇怪的现象呢？九位妇女身上都没有发生，如何解释这一不符合自然法则的怪现象呢？尽管先知由于自己享有的先知地位和肩负使者的使命，在精神领域中，他是穆斯林之父。但作为安拉的仆人，无疑，他也希望自己有子孙后代。

同萨乌黛·宾特·宰姆阿的婚事

按历史发展的逻辑和历史事件最能驳倒传教士与东方学家们在先知多妻问题上所发表的种种奇谈怪论。前面已经讲到，先知在同赫蒂彻生活的二十八年期间，没有娶第二房妻子。当她去世之后，他同塞克兰·本·阿慕尔·本·阿卜杜·夏姆斯的遗孀萨乌黛·宾特·宰姆阿结了婚。历史上没有任何人讲述过，先知同萨乌黛结婚不是由于她貌美或有钱财，或有地位。先知之所以同她结婚，只因为她原是一位初期归信伊斯兰教的穆斯林的遗孀。她先夫为了伊斯兰教忍受了各种迫害，并按先知的命令跨海迁徙到阿比西尼亚。萨乌黛本人也归信了伊斯兰教，并同丈夫一起迁徙到了阿比西尼亚。她同丈夫一样，曾忍受了千辛万苦和各种迫害。她丈夫去世之后，先知同她结了婚，从而担负起赡养她的重担，并把她提高到信士之母的地位。这是件值得大加赞扬的事。

先知的妻子阿伊莎和哈芙赛分别是他的两位重臣艾布·伯克尔、欧麦尔的女儿。他之所以同她俩结婚，是为了用翁婿关系把两位重臣紧密地团结在他周围。也正是出于这一目的，先知把自己的两位女儿嫁给了奥斯曼和阿里。如果说先知很钟爱阿伊莎，那么这种爱情是他们婚后才产生的，而不是结婚之时就有了的。他同阿伊莎的父亲为他两人签订婚约时，阿伊莎才仅仅九岁，两年之后，他俩才完婚。如果说在她这样小的年龄之时，先知就爱上了她，那是不符合逻辑的。他同欧麦尔之女哈芙赛结婚也不是出于爱情。这一点有哈芙赛父亲欧麦尔的话为证。欧麦尔曾经说过这样的话："在安拉降下的《古兰经》中有关妇女的章节及给予她们应享受的地位之前的蒙昧时代，人们根本不把女人放在眼里。"

他还说过："有一次，我同别人商量一件事时，我的女人对我说：'你假若怎样怎样！'

“我对她说：‘我商议的事与你何干，谁让你来干预我要做的事！’

“她对我说：‘伊本·哈塔布，你真怪！难道你不愿同我商议事情吗？你女儿就同安拉的使者商议事情，有时甚至使他整天不高兴！’”

欧麦尔接着说：“我拿起衣服，走出家门，来到哈芙赛那儿。我对她说：‘女儿啊，你真的干预安拉的使者的事情，有时竟让他整天不高兴？’

“哈芙赛说：‘指安拉为誓，我常常同他商议事情。’

“我对她说：‘你听着，你这样做，安拉会惩罚你，他的使者会向你发怒的。女儿啊，你不要认为自己漂亮，安拉的使者喜爱你……’”

欧麦尔还说道：“指安拉为誓，我知道安拉的使者并不爱你，如果不是看我的面子，他早就离弃你了。”

读了上面这些话之后，谁都能体会到，先知同阿伊莎，同哈芙赛结婚不是出于感情的冲动，而是为了通过加强同他的两位重臣的关系来巩固伊斯兰教穆斯林的力量。这同他与萨乌黛结婚的动机是一样的。

先知同栽娜卜·宾特·胡宰迈及乌姆·赛莱迈的婚事也可以充分说明以上的看法。栽娜卜·宾特·胡宰迈是吴侯德之战时牺牲的欧拜岱·本·哈里斯·本·穆塔里布的遗孀。栽娜卜长得并不漂亮，但她以仁慈著称，因此被称为“贫民之母”。她当时已过中年，与先知结婚一年或两年之后就离开了人间。除赫蒂彻外，她是在先知逝世之前唯一先去世的妻子。乌姆·赛莱迈原是艾布·赛莱迈的妻子，两人以前曾生养了几个孩子。前面已经讲过，艾布·赛莱迈在吴侯德之战中负了伤，尔后伤口表面愈合。此后，先知命令他率领小分队去对付艾塞德族人。他把艾塞德族人逐散并缴获了战利品后回到了麦地那。在战斗中他的伤口重新发作，不久便离开了人世。他临终前，先知来到他床前为他祈福。在先知的守护下，他闭上了双眼。在他去世四个月之后，先知同乌姆·赛莱迈定了亲。起初，她以负担重和自己已过中年为由谢绝了。但先知还是同她结了婚，从而负起了关怀和培养她孩子的重任。一些传教士和东方学家竟说是由于乌姆·赛莱迈长得漂亮，才使先知同她结了婚。就算她有几分姿色，但是，当时比她更漂亮、更年轻、更富有、更娇艳，同时又没负担的迁士和辅士的女儿多得很。先知之所以同她结婚，正如他同栽娜卜·宾特·胡宰迈结婚一样，都是出自同样高尚的动机。那就是要让迁士、辅士更紧密地团结在他的周围，让他们了解自己是名副其实的先知和使者，也是一切可怜者、贫穷者、弱者、不幸者的慈父，更是一切为了安拉而献身的穆斯林的慈父。

历史的检验及其结论

历史的检验应得出什么样的结论呢？历史事实是，先知主张，在一般的正常的生活中，应该是一夫一妻。他在同赫蒂彻生活的岁月里，就是这样做的。《古兰经》中也有如下的教诲：

> 你们可以择你们爱悦的女人，各娶两妻、三妻、四妻；如果你们恐怕不能公平地待遇她们，那么，你们只可以各娶一妻，或以你们的女奴为满足。这是更近于公平的。（《古兰经》4：3）
>
> 即使你们贪爱公平，你们也绝不能公平地待遇众妻；但你们不要完全偏向所爱的，而使被疏远的，如悬空中。如果你们加以和解，而且防备虐待，那么，安拉确是至赦的，确是至慈的。（《古兰经》4：129）

这些章节是在先知已经同他的众位妻子结婚之后，伊历8年年底降示的。这些章节限定一个男子最多只能娶四房妻子。这些章节降示之前，在阿拉伯半岛，男子娶妻的数量是不受限制的。这一事实足以驳倒那些散布的关于穆罕默德自己做而禁止别人做的事情的议论。安拉在《古兰经》的章节里赞扬了一夫一妻的优点，并指出了男子公平地对待众妻是件不易办到的事。先知同时也主张，在特殊的社会生活条件下，如果为了需要，可以娶四房妻子，但必须做到公平地对待她们。这一主张是在穆斯林经常参加战争，并不断有伤亡牺牲的历史背景下提出的。在战争、瘟疫和广传伊斯兰教事业中使几十万，甚至上百万男子丧生的情况下，你能断言一夫一妻制肯定比在这种特殊情况下允许的一夫多妻制好吗？在大战之后的年代里，欧洲人虽然在法律上主张一夫一妻，但他们能够保证一夫一妻制在他们的社会生活中真的被遵守了吗？大战之后社会混乱的原因，首先应归咎于缺乏建立在婚姻基础之上合法的两性关系。我不愿在这个问题上下什么断言。让那些思想家和专门研究这个问题的学者们去进一步探讨这个问题吧。但是我要说的是，在正常生活环境中，一夫一妻制最能保障家庭和民族的幸福。

关于栽娜卜·宾特·杰赫什

围绕着先知穆罕默德和栽娜卜·宾特·杰赫什的婚事，一些小说家、东方学家和传教士凭自己的想象杜撰了一个爱情故事。但历史说明，他们俩的结合，是件先知能够引以为荣的事，是信仰的尽美典范。在这件事上，先知实践了自己的话：完美的信仰，必须是把自己所喜欢的东西推广，使自己的弟兄也喜欢。先知穆罕默德以身作则，是为废除蒙昧时代的传统习惯，建立安拉所启示的指导世人的新制度而立榜样。下面这一事实足能从根本上否定那些恶意编造的有关爱情的传闻。

栽娜卜·宾特·杰赫什是安拉的使者的姑母艾米玛·宾特·阿卜杜勒·穆塔里布的女儿，是在先知关怀之下长大成人的。她对先知来说，可谓是女儿或小妹妹。他对她了如指掌。她是否漂亮，是否迷人，在她与栽德婚前，他知道得一清二楚。他看着她从童年长到少年，从少年长到少女，也是他为她与自己的义子栽德订的婚。如果你知道了这一情况，那么有关的一切胡编乱造的谰言在你眼里就会不攻自破的。什么栽德不在家时，他来到了他家中，看到栽娜卜的美色时说："赞美安拉，真让人倾心呀！"什么当栽德的家门被打开时，一阵风吹起了栽娜卜卧室的窗帘，他看到她穿着睡衣躺在床上，简直像位绝代佳人。于是他动了心，他忘记了萨乌黛，忘记了阿伊莎，忘记了哈芙赛，忘记了栽娜卜·宾特·胡宰迈，忘记了乌姆·赛莱迈。甚至也忘记了与赫蒂彻的旧情。阿伊莎曾说过这样的话，除先知提到赫蒂彻时她曾忌妒过外，她从来没有忌妒过先知的其他任何一位妻子。如果说先知真的有些爱她，他完全可以自己求亲聘娶，而不会让他的义子与她订婚。栽娜卜与先知的这一关系，以及我在上面讲述的事实，足以从根本上否定那些想入非非杜撰出来的闲言碎语。

先知为栽娜卜与栽德定亲及她的拒绝

历史事实是什么呢？历史事实是，先知穆罕默德把自己姑妈的女儿栽娜卜许配给了他的义子栽德。栽娜卜的兄弟阿卜杜拉·本·杰赫什拒绝把妹妹——古莱什哈希姆家族的一员、先知姑妈的女儿——下嫁给赫蒂彻买来的、由先知解放的奴隶。他认为，这对栽娜卜来说是莫大的屈辱。当时，在阿拉伯人看来，这确实是严重损伤体面的屈辱。贵族出身的小姐根本不可能嫁给一位奴隶，即使他被解放了，这也是不光彩的事。但是先知想取消人们心理中的这种偏见，让所有人懂得，除敬畏安拉外，阿拉伯人并不比非阿拉伯人优越什么。

……在安拉看来，你们中最尊贵者，是你们中最敬畏者。（《古兰经》49：13）

同时，先知又不愿逼迫与他非亲非故的女人来打破这一旧的观念。那么，就让自己姑妈的女儿栽娜卜·宾特·杰赫什来承担打破阿拉伯人传统习惯的先例吧。这样做，肯定会遭到诽谤诋毁。那么，就由他的义子栽德——按照阿拉伯人的风俗习惯，他已像其他子女一样，有权继承他的一切了——同栽娜卜结婚吧。同时也让他准备为伊斯兰教给义子们定的法规而做出牺牲。为了表示先知决心让栽娜卜及其兄弟阿卜杜拉·本·杰赫什接受栽德做她的丈夫，安拉降下了如下的启示：

当安拉及其使者判决一件事的时候，信道的男女对于他们的事，不宜有选择。谁违抗安拉及其使者，谁已陷入显著的迷误了。（《古兰经》33：36）

这一章节降示后，阿卜杜拉及其妹妹栽娜卜只有服从了。他俩说：“安拉的使者啊，我们同意了。”在先知替栽德付了彩礼后，栽德同栽娜卜结了婚。栽娜卜同他结婚后，对他并不温顺，而且对自己的出嫁仍耿耿于怀。她常常讥讽栽德，并以自己出身高贵，不是任人随便买卖的奴隶来奚落他。栽德不止一次地到先知那儿来诉苦，还不止一次地请先知同意让他离弃她。当时先知的回答是：“你应当挽留你的妻子，你应当敬畏安拉。”但是，栽德无法长久地忍耐她对自己的侮辱，所以离弃了她。

赞诵伟大的安拉，好像要废除当时阿拉伯人所遵循的，把义子在血统上与家庭联系完全等同的观念，要改变把儿子的权利和义务全部赋予义子，并把义子看成是家庭近亲的习惯。因此，安拉降下了如下启示：

……也没有把你们的义子当作你们的儿子。这是你们信口开河的话。安拉是说明真理的，是指示正道的。（《古兰经》33：4）

这就是说，义父不妨与自己义子离弃的妻子结婚。但是，如何来实行这一启示呢？先知能通过哪个阿拉伯人来废除阿拉伯人世世代代所遵循的习惯呢？尽管先知有魄力，也深知安拉启示的哲理，但当栽德离弃了栽娜卜后，要让先知与栽娜卜结婚，他自己也觉得有些伤体面。他曾想过，人们将会对这一件违背阿拉伯人心目中根深蒂固的常规旧习有什么舆论。安拉在启示中给他指明了这一点：

你把安拉所欲昭示的，隐藏在你的心中，安拉是更应当为你所畏惧的……（《古兰经》33：37）

先知穆罕默德是如何同栽娜卜结婚的

先知在安拉所命令的一切事情上，在安拉让他向世人传达的一切事情上都是人们的典范。在他与他义子栽德离弃的妻子结婚问题上，他不怕人们议论什么，惧怕世人与惧怕安拉相比，前者算不上什么。安拉要废除在义子问题上人们所遵循的习惯，那么就与栽娜卜结婚吧。他要以此给人们做出示范。为此安拉曾降下了如下的启示：

当栽德离绝她的时候，我以她为你的妻子，以免信士们为他们的义子所离绝的妻子而感觉繁难。安拉的命令，是必须奉行的。（《古兰经》33：37）

这是有关栽娜卜·宾特·杰赫什及先知同她结婚的历史事实。她是自己姑妈的女儿，他在她同栽德结婚之前就了解她，就知道她漂亮不漂亮。是他给她与栽德订的婚，当时妇女还没有戴面纱的习惯，所以她与栽德结婚后，他仍能看到她。另外，先知跟她本来就是亲戚，当时，她又是他义子的妻子，她也常常与先知保持着近亲之间正常的联系和来往。

围绕栽德与栽娜卜结婚、而后离弃她，后来先知又与她结为夫妇这些历史事实，安拉降示了上面引用的这些启示。这些启示把被解放的奴隶提到了有体面的自由人的地位。这些启示废除了当时阿拉伯人在有关义子问题上所遵循的旧习俗。读了这些史实后，难道东方学家及传教士们所杜撰的，穆威尔、伊尔费吉、希伯林杰尔、费迪、迪尔曼吉姆、拉孟斯等人在他们有关先知穆罕默德的书中所重复的种种故事还能站得住脚吗？自十字军战争以来，在一些人的心中产生了对伊斯兰教的怨恨。就是这一旧怨使这些人编造了有关先知婚姻，特别是有关先知与栽娜卜·宾特·杰赫什之间的种种奇谈怪论。他们歪曲历史，从一些毫无价值的道听途说中捞取诽谤先知穆罕默德的资料。

即便他们讲的故事有些实据，我也可以驳斥他们的种种谬论。历史伟人们是不拘泥于限规的。以前的穆萨、尔撒、优努斯都是或以诞生或以世上的生活凌驾于自然法则和社会法律之上的。但这些都无损于他们的伟大。先知穆罕默德按照安拉的启示制定了社会法律，他按安拉的命令去执行这些法律。在执行安拉的命令方面他堪称最高楷模和杰出榜样。西方传教士们难道要求先知穆罕默德像其他穆斯林一样，保留四位妻子，把其他与他已婚的妻子们都离弃吗？难道他只有这样做才能避免他们的议论批评吗？从上面我们引用的欧麦尔·本·哈塔布的话中，我们可以看到先知穆罕默德对待众妻的高尚态度。在下面各章节中我们仍可看到他的这一态度。这活生生的事实说明，任何人都没有像先知穆罕默德这样尊重妇女，任何人都没有像先知穆罕默德这样把妇女提到了她们应当享有的地位。

第十八章　壕沟之战及讨伐犹太古赖祖族人

阿拉伯人的本性及先知穆罕默德的警惕

穆斯林把犹太奈迪尔族人驱逐出麦地那，进行了第二次白德尔行动，袭击了盖特芳人和杜迈·金代勒之后，过上了稍微安定的日子。穆斯林开始规划他们的生活。尽管频繁的战斗生活使他们很少从事耕作和经商，但由于在战斗中缴获了战利品，他们的生活还是有所好转。在安定的日子里，先知穆罕默德仍没放松对敌人的警惕。他在半岛各个地区安排了侦察小队。这些人把阿拉伯人的动向及时向他报告，这就为保卫穆斯林的生命财产创造了条件。读者在前几章中已看到了古莱什人及非古莱什人对穆斯林干下的种种背信弃义的勾当，读者也了解到，当时及此后很长一段历史时期，各阿拉伯部落地区类似各自为政的部落城镇，每一个部落都实行各自部落的制度，都靠自己的传统习惯来保护自己。读者了解了这一情况之后，就会很容易理解先知警惕的必要性。阿拉伯人具有强烈的复仇本性，所以先知更应当百倍地提高警惕。古莱什人、犹太盖努加阿族人、犹太奈迪尔族人及住在盖特芳的阿拉伯人、胡扎利族人和处在叙利亚边境地区的各个部落，都在寻求攻击先知穆罕默德和穆斯林的机会，都想伺机为自己向先知穆罕默德报仇。先知穆罕默德在宗教信仰上，使阿拉伯人陷入了分裂，他势单力薄从麦加迁徙到麦地那。当时，除了他内心中的信仰之外，他所具有的力量微乎其微。但在五年期间，他的力量发展壮大起来，使最强大的阿拉伯城镇和部落对他都感到害怕了。

犹太人对先知的敌视

犹太人从先知穆罕默德的教导中，从他传教活动的结果中看出先知是他们的劲敌，他们最清楚地看到了穆罕默德的胜利将会给他们带来的损害。犹太人原来在阿拉伯各部落宣传认主独一论，他们与基督教徒争权夺利，并渴望在与他们的竞争中获胜。他们认为，闪族人的禀性就趋向认主独一论，而基督教所主张的三位一体论是闪族人所不容易接受的。他们的这一看法或许是正确的。先知穆罕默德是阿拉伯人，当然也是闪族人中的出类拔萃者，他也在宣传认主独一论。他所采用的言辞已打动人心，具有说服力，并把人的荣誉提高到了远远超越其同类的程度。现在他的力量发展壮大起来，已发展到能使他把犹太盖努加阿族人驱逐出麦地那，把犹太奈迪尔族人驱逐出他们家园的地步。是任凭穆罕默德发展壮大下去，自己退到叙利亚、退到自己的老家——安拉许诺给自己的土地耶路撒冷——去呢，还是把阿拉伯人纠集起来，一起向他报仇雪恨呢？

犹太人对古莱什族人派使节

纠集阿拉伯人反对先知穆罕默德的思想，在犹太奈迪尔族显贵们中酝酿已久。为了实现这一目的，他们派了一些人到麦加古莱什人中去游说。其中有侯叶伊·本·艾赫达布、沙莱姆·本·艾比·侯盖格和基纳奈·本·艾比·侯盖格。随行的还有一些瓦伊勒·海瓦扎·本·盖斯族人和艾布·阿马尔族人。他们来到麦加后，麦加人问侯叶伊他的族人在干什么。

侯叶伊回答说：“他们停留在海白尔和麦地那之间的某个地方，正等待着你们前去同他们一起进攻穆罕默德和穆斯林。”

麦加人又问他关于犹太古赖祖族人的情况。他回答说:“他们住在麦地那,正伺机暗算穆罕默德。你们到达后,他们会同你们一起去进攻穆罕默德。”

古莱什人除了信仰安拉这个问题外,对先知穆罕默德没有其他怨恨。他们是去还是不去?古莱什人犹豫不决。先知穆罕默德的主张日益深入人心,真理在他手中的可能性难道就不存在吗?古莱什人对犹太人说:“犹太人们啊,你们是信仰第一部经典的民众,你们知道我们同穆罕默德的分歧所在。究竟我们的宗教信仰好呢,还是他的宗教信仰好?”

犹太人回答说:“当然是你们的宗教信仰好。你们比他有真理。”

为此《古兰经》中有这样的经文启示:

> 难道你没有看见吗?曾受一部分天经的人,确信偶像和恶魔。他们指着不信道的人说:“这等人的道路,比信道者的道路还要正当些。”这等人,是安拉所弃绝的;安拉弃绝谁,你绝不能为谁发现他有任何援助者。(《古兰经》4:51—52)

关于犹太人对古莱什人采取的这一态度,也就是说他们认为古莱什人的拜物教优于穆罕默德的认主独一论的态度。以色列·瓦勒苏逊博士在其《阿拉伯国家的犹太史》一书中说了这样的话:“这些人不应犯这种荒唐的错误,不应在古莱什首领们面前公开声明崇拜偶像比伊斯兰教的认主独一论好。即使他们这样做可能会使古莱什人答应他们的请求,也不能去犯这种荒唐的错误。因为在几个世纪中,以色列子弟们一直以他们父兄的名义,在世界各信奉多神教民族中高擎着信主独一论的旗帜。他们的父兄在各个历史时期,为了信仰唯一的主,而遭受了包括杀头、受压迫等无穷的灾难。为了战胜多神论教徒,他们应该不惜牺牲自己的生命和宝贵的东西。他们不应为了求助拜偶像者而犯这种荒唐的错误。他们这是在反对他们自己，在违背《旧约》的教导。《旧约》教导他们要反对拜偶像者，要对他们采取敌视态度。”

犹太人鼓动纠集其他阿拉伯人

侯叶伊·本·艾赫达布及他同行的犹太人，为了动员古莱什人进攻先知穆罕默德，散布了古莱什人信奉的拜物教优于穆罕默德的认主独一论的论调，并同他们约定在几个月之后进攻穆罕默德的日期。这些犹太人不仅如此，而且还来到了居住在盖特芳的盖斯·艾兰族人、穆拉族人、法扎拉族人、艾西贾阿族人、苏莱姆族人、艾塞德族人及一切与穆斯林有仇的族人中。他们鼓动这些人报仇雪恨，告诉他们古莱什人将要跟随他们一起去进攻穆罕默德，他们赞扬他们信奉的拜物教，告诉他们这次一定能取得胜利。

犹太人组成了进攻穆罕默德和穆斯林的同盟军：古莱什人的军队由艾布·苏富扬率领，其中有四千名步兵、三百名骑兵、五百名驼兵。古莱什人在议事厅把战旗交给了奥斯曼·本·泰勒哈。他父亲是在吴侯德之战中死亡的古莱什人的掌旗官。法扎拉族人的军队由奥叶奈·本·哈森恩·本·侯宰法率领，由步兵和一千峰骆驼组成。艾西贾阿族和穆拉族各自派遣了四百名士兵。艾西贾阿族人由米斯阿尔·本·鲁海莱率领，穆拉族人由哈里斯·本·奥夫率领。居住在迈欧纳水井旁的苏莱姆人派来了七百人，再加上赛尔德族人和艾塞德族人，犹太人组织了约上万人的同盟军。大军在艾布·苏富扬的率领下浩浩荡荡地向麦地那杀来。当他们到达麦地那城下之后，各部落的首领们每人一天，轮流率军作战。

穆斯林的恐惧心理

先知穆罕默德及穆斯林在麦地那得到了同盟军前来进攻的消息，

他们有些担心害怕了。几乎所有的阿拉伯人都来了，要消灭他们，根除他们。浩浩荡荡的同盟军，无论在装备上，还是在数量上都是在阿拉伯半岛前所未有的。在吴侯德之战中，由于穆斯林出城迎战，也曾被古莱什人击败。当时古莱什人的军队，无论在数量上还是在装备上，远不如现在的同盟军。穆斯林如何对付这支由步兵、骑兵、驼兵，并用各式武器装备起来的，数量几近万人的大军呢？除按阿卜杜拉·本·乌班耶在吴侯德之战前指出的，要固守麦地那外，别无良策。但面对这样的大军，仅仅消极防守能行吗？

在麦地那周围挖战壕

赛勒曼·法里斯通晓当时在阿拉伯半岛还不被人所知的战术。他指出要围绕麦地那挖掘壕沟，并在城内布防。穆斯林接受了他的意见，并马上行动起来。先知身先士卒，亲自参加挖壕掘沟的工作。这大大鼓舞了穆斯林，使他们热火朝天地行动起来。犹太古赖祖人当时仍与穆斯林保持着友好关系，所以穆斯林从他们那儿借来了铁锹、镐头和土筐。他们连续苦干了六天，终于围麦地那城挖掘成了一条壕沟。在挖掘壕沟的同时，他们在面向敌方的房屋内一一布了防。布防的房子距壕沟约两法尔萨赫（约 12.5 千米）。居民全部撤离壕沟后面布防的房屋。他们又把妇女和儿童安排在这些房子里。随后，他们在靠近城内一边的壕沟边上堆放上石块。在需要时，妇女和儿童们可用这些石块当武器，向敌人投击。

古莱什人对壕沟的惊愕

古莱什人及其同盟军希望在吴侯德与先知穆罕默德交战，但他们在吴侯德没遇到任何人。同盟军越过吴侯德之后，来到了麦地那城外。他们没想到麦地那四周竟然挖了一道壕沟。古莱什人很奇怪，他们没想到竟会有这种他们所不知道的防御办法。古莱什人火冒三丈，他们认为这种防御方式是阿拉伯人所采用的胆怯行为。古莱什人及其跟随者在鲁迈附近安下营寨。盖特芳人及跟随他们的内志人在宰纳布·奈格迈扎下营房。而先知则率领三千穆斯林，背靠萨勒阿高地，与敌人隔着壕沟，筑起了营垒，并在那里支起了他的红帐篷。古莱什人及前来的阿拉伯人无法穿越面前的壕沟，连续几天仅仅与穆斯林放箭对射。

同盟军进退失据，攻守难决

艾布·苏富扬一伙人确信，他们是无法闯过面前这道长长的壕沟的。当时正是寒冬，凉风习习，不时还要下雨。麦加人和盖特芳人如果在麦加和盖特芳的自己家里，他们能很容易地度过。现在，他们住在麦地那城前用一层薄布制成的帐篷里，日子是不好过的。他们原来认为，这次战争将像吴侯德之战一样，只需一天的工夫就能轻易取胜，然后分享战利品和掠夺物，接着就凯旋。而盖特芳人，他们之所以前来参战，是由于犹太人曾向他们许诺：一旦他们战胜穆罕默德的军队，犹太人将把他们自己海白尔庄园和果园一年的收成奉献给他们。现在他们看到，胜利不是那么易得之事，或根本就实现不了。要想取胜，首先要在这寒冷的季节忍受艰苦，这使他们忘了犹太人许诺给他们的东西。他们何不退兵呢?！古莱什人想报白德尔惨败之仇，但是面前这道壕沟使他们抓不到穆罕默德。另外，犹太古赖祖人仍在援助麦地那人，他们的援助可以使穆斯林抵抗数月之久。看来古莱什人的仇也不是那么好报的。同盟军原路退回不是更好吗？但是一旦退了兵，要想再次动员这样一支庞大的军队前来进攻穆罕默德，谈何容易？以侯叶伊·本·艾赫达布为首的犹太人，是为了自己及犹太盖努加阿族人以前受到的损失，纠集了同盟军前来向穆罕默德和穆斯林报仇的，如果穆罕默德因同盟军的退兵能不战而胜，那么犹太人将要一败涂地。

侯叶伊对同盟军退兵的惧怕及其拉拢犹太古赖祖人

侯叶伊清醒地估计了他眼前的形势，他对可能产生的后果担心害怕起来。看来，他只有下最后的赌注了。他向同盟军暗示，他将说服犹太古赖祖人，使他们撕毁他们与穆罕默德和穆斯林的和约，从而加入同盟军一方来。犹太古赖祖人一旦行动起来，既能切断穆罕默德的后援，又可打开进入麦地那的门户。古莱什人和盖特芳人听了侯叶伊的话后很高兴。侯叶伊马上去找犹太古赖祖部落的首领克阿布·本·艾塞德。但克阿布·本·艾塞德听到他到来的消息后，马上关上堡垒的大门，把他拒之门外。因为他知道，如果穆斯林被击败，古赖祖人背叛、撕毁和约，加入敌人一方去，可能对他和犹太人有好处。但是，如果同盟军被击败、他们撤离麦地那，那么穆罕默德就会狠狠地收拾古赖祖人。但是，侯叶伊死缠着不走，克阿布只好给他打开了堡垒大门。侯叶伊进门后就对克阿布说："克阿布，你这个该死的东西！我是来给你传佳音来的。我把古莱什人、盖特芳人及其首领们全部给你召来了。他们答应我，不除掉穆罕默德和穆斯林，他们绝不退兵。"

克阿布想到了穆罕默德的诚实，想到了他一贯诚实地遵守他们之间的和约。同时他也害怕，如果按侯叶伊的要求去做将会产生的恶果。他犹豫不决，但侯叶伊仍死缠着他。他跟他提起了穆罕默德对犹太人的打击，对他说，如果同盟军不能消灭穆罕默德，他仍会打击犹太人的。侯叶伊并对克阿布讲述了同盟军的力量、装备和数量。他说，如果没有这道壕沟，同盟军在片刻之间就能把穆斯林消灭干净。克阿布动心了，他问侯叶伊："如果同盟军撤退怎么办？"

侯叶伊向他保证说，如果古莱什人和盖特芳人没把穆罕默德的军队击败就撤离麦地那，他将进入他的堡垒，与他共命运。克阿布——犹太人的本来面目暴露了。他接受了侯叶伊的请求，撕毁了同穆罕默德和穆斯林的和约，抛弃了他的中立立场。

先知派人到古赖祖部落探虚实

先知穆罕默德和他的门弟子得到了古赖祖人倒向同盟军的消息。他们很震惊，也很担心这将产生的后果。先知马上派奥斯族的首领赛尔德·本·穆阿兹和海兹拉吉族的首领赛尔德·本·奥拜及阿卜杜拉·本·拉瓦哈·本·祖拜尔前去弄清事实的真相。他告诉他们，如果消息属实，为了不动摇军心，回来后不得声张，暗示给他就行了。他们到达后，从古赖祖部落那里证实了他们听到的消息。他们想说服古赖祖人遵守他们之间的和约，但克阿布向他们提出要让犹太奈迪尔族人返回家园。古赖祖部落的盟友赛尔德·本·穆阿兹，由于担心他们可能遭到犹太奈迪尔族人类似的下场，或甚至比他们更惨，想进一步说服他们应遵守和约，但犹太人开始诽谤起先知穆罕默德来。克阿布喊道："谁是安拉的使者？我们同穆罕默德之间没有什么和约可谈。"当时，双方几乎对骂僵持起来。

同盟军士气的提高

先知穆罕默德派遣的人回来向他报告了他们所得到的情况。这时，先知感到局势严重。麦地那人预见到古赖祖人会给同盟军让开一条路，让他们进城来消灭穆斯林。这不仅仅是猜想，麦地那人已看到古赖祖人断绝了对他们的援助。他们看到，从侯叶伊·本·艾赫达布告诉同盟军古赖祖人已加入他们的行列之后，古莱什人及盖特芳人的士气有所改变，他们开始准备战斗了。古赖祖人让同盟军给他们十天的准备时间。在这十天内同盟军应同穆斯林进行激烈的战斗，十天之后他们也向穆斯林发起进攻。这样有三支队伍要与穆斯林交战：来自河谷上游的伊本·艾阿沃尔·萨莱米族人，从杰恩布来的奥叶奈·本·哈斯恩人，而艾布·苏富扬率领的人马就驻扎在壕沟对面。面对这样的局势，安拉降下启示：

> 当时，他们从你们的上面和你们的下面来攻你们；当时，你们眼花心跳，并对安拉做种种猜测。在那时，信士们曾受到考验，并受剧烈的震动。当时，伪信者和心中有病的人都说："安拉及其使者，只虚伪地应许我们。"当时，他们中的一派人说："叶斯里布人啊，你们不必在这里逗留了。你们回家去吧！"他们中的一派人，向先知告假说："我们的房屋，确是破烂的。"其实他们的房屋并不是破烂的，他们要想逃走。(《古兰经》33：10—13)

麦地那人有所担心害怕，内心发生的动摇是不言而喻的。他们中有人说了下面的这些话也是不难理解的。他们说："先知穆罕默德告诉我们要获取库思老[1]和罗马皇帝的宝库，今天我们跑到茅厕里去也保不住性命了。有人眼花，有人心跳也都是事出有因的。难道死不是在两眼冒着火星一步一步向我们逼近吗？古莱什人、盖特芳人手持宝剑，蠢蠢欲动，背叛了我们的犹太古赖祖人在虎视眈眈地窥伺着我们。该死的犹太人！想当初，先知真该把犹太奈迪尔人斩尽杀绝，而不让他们活着离去。那样，侯叶伊这伙人就不会鼓动阿拉伯人来消灭穆斯林了，也不会有这样的大灾大难了，也不会这样担惊受怕了。无可奈何，只有托靠安拉了！"

① 古代波斯国王的称号。——译者

闯壕沟人的下场

同盟军的士气提高了。部分古莱什骑士，其中有阿慕尔·本·阿卜杜·伍德、伊克里迈·本·艾比·贾海勒、迪拉尔·本·哈塔布竟想闯越壕沟。他们寻找了一段比较窄的壕沟，然后扬鞭跃马想闯过来。阿里·本·艾比·塔利卜率一伙圣门弟子迎了上去。阿慕尔·本·阿卜杜·伍德一边前进，一边喊："谁敢上来较量较量？"

当阿里·本·艾比·塔利卜要与他厮杀时，他自负地说："兄弟，你何苦来送死！指神灵起誓，我不愿杀你。"

阿里说："指安拉起誓，我要杀你。"

双方交手了，阿里斩了他，其他人扭头就跑。他们再次穿过壕沟，抱头鼠窜逃跑了。黄昏前，努费勒·本·阿卜杜·本·穆吉拉想骑马穿越壕沟，但连人带马都摔死在沟里了。艾布·苏富扬派人送来了一百峰骆驼，想赎回他的尸体，但被先知严词拒绝了。他说："跟这可恶的人一样，赎金也是可恶的。你们把他抬走吧。"

犹太古赖祖人对穆斯林的轻视

同盟军为了提高自己的士气，也为了恐吓穆斯林，他们点起了篝火。犹太古赖祖部落中一些利令智昏的家伙，为了威吓麦地那居民，竟离开他们的工事和堡垒，来到他们附近的居民家里。阿卜杜勒·穆塔里布的女儿索菲娅当时在哈桑·本·萨比特的堡垒里。哈桑同一些妇女和儿童负责监守这个堡垒。这时，有位犹太人过来察看这座堡垒。索菲娅对哈桑说："哈桑，你看到了没有？这个犹太人正在观察我们的堡垒。指安拉为誓，我看他是在向我们后面的犹太人暗示我们的弱点。安拉的使者和门弟子忙于打仗，已顾不上我们了。你赶快过去，把这个犹太人杀掉。”

哈桑说：“宾特[①]·阿卜杜勒·穆塔里布，愿安拉宽恕你！指安拉为誓，你知道我做不了这个主。”

索菲娅拿起一根棍子出了堡垒。她乘那个犹太人不备，一棍子结果了他的性命。当她回到堡垒后，她对哈桑说：“哈桑，你下去搜搜他的身吧，如果他不是个男的，我早就搜他了。”

哈桑说：“宾特·阿卜杜勒·穆塔里布，没必要去搜他了！”

麦地那人一直在担惊受怕，而先知却在考虑出路。按正规的战法是不能击退面前的敌人的，那么只有用计策了。于是，先知派人来到盖特芳人中间。他向他们提出，如果他们撤走，穆斯林将把麦地那三分之一的收成奉送给他们。盖特芳人前来进攻穆斯林，吃苦受累仅仅是为了侯叶伊·本·艾赫达布和犹太人的请求，他们现在已开始厌烦了，对久围不攻反感了。与此同时，奉使者之命，努阿姆·本·麦斯欧德来到了犹太古赖祖人那里。这些犹太人还不知道他已归信了伊斯兰教。在蒙昧时代，努阿姆是古赖祖部落的好友。他来到那儿之后，同他们谈起了友谊，并谈起了他们在支援古莱什人和盖特芳人攻击穆罕默德之事。他对他们说，古莱什人和盖特芳人可能不久就要撤军，那样穆罕默德就会来专门惩罚他们了。他劝他们说，不能轻易地去与同盟军一起战斗。应该首先把他们的人弄到手做人质，这样同盟军就不会轻易抛弃他们。古赖祖人对他的话很信服。然后，努阿姆又悄悄来到古莱什人那儿。他对他们说，古赖祖人撕毁了同穆罕默德的和约后，现在后悔了。他们在想拿古莱什人首领的脑袋去讨好穆罕默德，以再次赢得他的友谊。因此，他劝古莱什人说，如果犹太人来索取人质，千万不能给他们。努阿姆又来到盖特芳人那儿，他在他们那儿做了同样的手脚。努阿姆的话引起了古莱什人和盖特芳人对古赖祖人的怀疑。为此，同盟军首领进行了协商。艾布·苏富扬派人来到了古赖祖部落首领克阿布那儿，

① 宾特，阿拉伯语意为女儿。——译者

来者对他转告艾布·苏富扬的话说:“克阿布,我们在这儿停留,包围穆罕默德已很久了。我认为,你们明天就要向他发起进攻,我们在你们后边援助你们。”

艾布·苏富扬派去的人带回了古赖祖部落首领的回话:“明天是星期六[①],我们不能在星期六进行战斗和工作。”

艾布·苏富扬生气了,他相信了努阿姆的话。他再次派人对古赖祖人说:“你们下次再过星期六吧,明天一定要向穆罕默德发起进攻。如果我们同穆罕默德展开搏斗之后,你们不前来配合接应,我们就同你们彻底决裂,在收拾穆罕默德之前,首先拿你们开刀。”

古赖祖人听了艾布·苏富扬的话之后,仍坚持不能侵犯星期六,安拉曾对侵犯星期六的民众愤怒过,并使他们变成了猴子和猪。同时古赖祖人为了自己的命运提出了要人质的问题。艾布·苏富扬听了这话以后,更加对努阿姆的话确信无疑了。他开始考虑现在该如何办是好。艾布·苏富扬又找盖特芳人交谈,他发现他们对进攻穆罕默德的军队犹豫不决。这是因为盖特芳人已得到上面提到的承诺:如果撤军,他们将得到麦地那收成的三分之一。这一承诺是赛尔德·本·穆阿兹及麦地那奥斯族和海兹拉吉族首领们所不反对的。

大风席卷同盟军的帐篷

一天夜里,刮起了大风,下起了大雨。电闪雷鸣,风越刮越大。最后,大风席卷了同盟军的帐篷,吹翻了他们的饭锅。他们害怕了,他们认为穆罕默德的队伍将会乘机进攻他们。泰勒哈·本·胡韦利德站出来了,他喊道:“穆罕默德先知的军队要对你们下手了,赶快逃命吧!”

艾布·苏富扬也喊道:“古莱什人们,这里简直不是人待的地方。

① 星期六,即安息日(the Sabbath,本意为“七”,希伯来语意为“休息”“停止工作”),犹太历每周的第七日(自星期五日落到星期六日落)。犹太人谨守安息日为圣日,不许工作。——译者

我们的驴马和骆驼都被糟蹋在这儿了。现在古赖祖人背叛了我们，我们听说他们在做着我们所厌恶的事情。我们又遇到了这样的大风。你们赶快撤退吧！我是一定要走了。”

同盟军撤兵

大风仍在刮。古莱什人带上他们所能带的东西，急急忙忙撤走了。盖特芳人及其他同盟军也相继溜了。第二天早上，先知和他的门弟子见同盟军溜得一个人都没有了。于是，他同众弟子回城了。他们向安拉举起谦恭的双手，以感谢安拉使他们转危为安，使他们免除了这场恶战。

讨伐犹太古赖祖人

同盟军撤兵后，先知开始考虑他所面临的局势。不错，安拉是把威胁他的敌人赶走了。这次他们是在冬季来的，安拉利用冬季的严寒把敌人赶走了。但犹太人还能选择在其他季节干类似的勾当。另外，如果不是同盟军撤兵，如果不是同盟军内部产生了分裂，犹太古赖祖人就要来到麦地那城内屠杀穆斯林，他们就要帮助同盟军来根除他们。打蛇不能在打掉蛇的尾巴之后，再让它跑走。根据犹太古赖祖人的行为，现在一定要消灭他们。于是，先知马上命令他的喊话人对人们喊道：“诸位都听着，我们要到古赖祖人那里去做晡礼。”

先知把自己的战旗交给了阿里，让他举着，扑杀到古赖祖人的驻地。尽管穆斯林在遭受古莱什人和盖特芳人的久围之后都很辛苦，但他们马上响应了这一战斗号召，他们对这次行动的胜利都没有丝毫怀疑。犹太古赖祖人同当时的犹太奈迪尔人一样，住在设防的堡垒中。如果说堡垒对他们防守有利，但对他们进攻穆斯林却毫无用处。同盟军撤离麦地那之后，麦地那人的粮食给养充足了。所以穆斯林很高兴地跟着阿里来到了古赖祖人的驻地。这些犹太人，还有跟他们在一起的犹太奈迪尔族人侯叶伊·本·艾赫达布用最龌龊的语言对先知进行人身攻击，他们骂他是骗子，毁坏他的名誉，并中伤他的妻子们。看上去，在同盟军撤离麦地那之后，他们要破釜沉舟了。当安拉的使者来到时，阿里迎了上去。他不让他靠近犹太人的堡垒。先知问他："为什么？我猜想你可能听他们在骂我什么。"

阿里回答说："是的。"

安拉的使者说："让他们骂吧，这丝毫无损于我。"

他走近犹太人的堡垒，大声对他们说："兔崽子们！难道安拉的惩罚还不够吗？"

他们回答说："你很清楚。"

穆斯林陆续都赶来了。先知命令他们把这些犹太人层层包围起来。

犹太人与艾布·莱拜白协商

穆斯林对犹太古赖祖人的围困持续了二十五个昼夜。这期间双方只是相互放箭和投掷石块，任何犹太古赖祖人都没敢离开他们的堡垒。在抵抗了二十五天之后，这些犹太人看到，如若再抵抗下去，他们的堡垒也救不了他们，他们肯定要落入穆斯林之手。这时，他们派人来到安拉的使者那儿。他们要求使者把艾布·莱拜白派到他们那儿去协商他们的事情。艾布·莱拜白是犹太人的盟友奥斯族人的成员。当他来到这些犹太人中时，男女老少不禁号啕大哭起来。这时艾布·莱拜白对他们也起了同情之心。这些犹太人对他说："艾布·莱拜白，你看我们是否要服从穆罕默德的判决？"

他回答说："是的，如果你们不服从，等待你们的只是……"他用手指了一下他的喉头，是杀头的意思。

据一些史书记载，此后艾布·莱拜白对他的这一手势很后悔。当艾布·莱拜白离去后，克阿布·本·艾塞德向这些犹太人提出要归信伊斯兰教，跟穆罕默德走。这样就能保证他们生命财产的安全，也会保证他们孩子们的生命。但克阿布的族人拒绝了这一提议。他们对他喊道："我们不能离开《讨拉特》，我们不能改信其他的经典。"

克阿布又提出，那就把妇女和孩子们全部杀掉，男人们拿起宝剑去同穆罕默德和穆斯林拼个高低。这样就没有后顾之忧了。如果战死，没有什么可怕的，如果战胜，可再重新安家立业。这些犹太人同样拒绝了这一建议，他们说："我们把这些可怜的东西杀掉！如果没有他们，我们活着还有什么意义！"

克阿布对他们说："那么，我们只有服从穆罕默德的判决了。你们听到了，他准备怎样来处置你们。"

这些犹太人商量起来。有人说，他们的命运绝不会比奈迪尔族人的命运更坏，他们的奥斯族盟友会替他们说好话。如果他们提出迁到叙利亚的艾孜利阿特去，穆罕默德未见得会不接受。

艾塞德·本·穆阿兹判犹太人死刑

犹太古赖祖人派人来到先知那儿。他们向他提出他们将把财产留下而迁到艾孜利阿特去。但先知告诉他们，除服从他的判决外，别无他路。这些犹太人又派人到奥斯族人中来。他们对奥斯族人说："难道你们不能使你们的盟友得到海兹拉吉族人的盟友所得到的下场吗？"

一伙奥斯族人来见先知，他们说："安拉的使者呀，难道你不同意像处理海兹拉吉族人盟友那样来处理我们的盟友吗？"

先知说："奥斯族人，你们同意不同意在你们中间送一个人，让他来代我处理你们的盟友？"

他们说："我们同意。"

先知说："你们告诉这些犹太人，让他们在你们中间选一个他们称心的人吧。"

犹太人选择了赛尔德·本·穆阿兹。好像他们不知道等待他们的是什么命运。他们也忘了，他们撕毁和约时，赛尔德曾来警告过他们，他们在他面前曾无理辱骂过先知穆罕默德和他的门弟子。赛尔德接过了双方表示服从他判决的证书。于是，他命令犹太古赖祖人走出堡垒，放下武器。他们这样做了。接着他做出判决：砍掉这些犹太人的头，平分他们的财产，俘虏他们的妇女。先知听了他的判决后说：“以掌握我生命的主起誓，安拉和信士们对你的这一判决都满意，我也是这样考虑的。”

然后，他来到麦地那一个市场上。他命令在那儿挖一个坑，把那些犹太人带到坑边就地处决，并把他们的尸体埋在坑内。犹太古赖祖人万万没有料到他们的盟友会这样判决他们。他们原以为赛尔德会像阿卜杜拉·本·乌班耶对待犹太盖努加阿族人那样来处置他们。可能赛尔德当时想到了，假若同盟军利用古赖祖人对先知的背叛而获胜，穆斯林就要被消灭、被暴尸。因此，他给了古赖祖人所希望给予穆斯林的命运。

犹太人在死亡面前的坚强精神

在死亡面前，犹太人表现得很坚强。从侯叶伊·本·艾赫达布临刑前所讲的话中，读者可以看到这一点。他被处死前，先知看了他一眼说道：“侯叶伊，安拉使你丢脸了吧。”

侯叶伊回答说：“每个人都要尝到死亡的味道，是在所难免的。我不会由于与你为敌而悔恨。”

然后，他把头转向人们说道：“人们啊，对安拉的安排不要有怨言。以色列子孙们的经典、命运和史诗是由安拉来安排的。”

另一位犹太人扎比尔·本·巴塔·古尔兹以前曾对先知的门弟子萨比特·本·盖斯施过恩德。在布阿斯仇杀时萨比特曾被俘，是扎比尔说情才放了他。当赛尔德·本·穆阿兹判处这些犹太人死刑后，萨比特要报答扎比尔对他的恩德。所以他向安拉的使者诉说了他对他的恩德，并表示要救他一命。安拉的使者同意了他的请求。当扎比尔知道萨比特为他做得好事后，他对他说：“像我这么大年龄的老人，没有家眷和孩子怎么能生活呢？”

萨比特又向安拉的使者求情保护他妻子和孩子们的生命，使者同意了。然后，萨比特再次求情保护他的财产，使者也同意了。当扎比尔对家眷和孩子的性命放心之后，他又询问克阿布·本·艾塞德、侯叶伊·本·艾赫达布、阿扎勒·本·萨毛艾勒及其他古赖祖部落首领们的下场。当他知道他们全都被杀后，他说：“萨比特，我求求你，你让我和我的族人一起去死吧。指安拉为誓，这些好人们都死了，我活着也没有意义了。我连打桶水的工夫都等不及了，让我同这些亲人们一起去死吧。”

于是，只好按他自己的意愿斩下了他的头。在以往的历次战斗中，先知的门弟子们从未杀过妇女和儿童，但这次他们杀了一个用石块砸死了一位穆斯林的犹太女人。阿伊莎曾说过这样的话：“指安拉为誓，我不会忘记那件怪事。她明知要被杀头了，但她还是那样坦然，还是爽朗欢笑。在这些犹太人当中，只有四人归信了伊斯兰教，从而保住了生命。”

侯叶伊·本·艾赫达布是导致古赖祖人被杀的罪魁

侯叶伊·本·艾赫达布虽然同犹太古赖祖人一起被杀了，但我们认为他是导致古赖祖人被杀的罪魁祸首。他违背了他的奈迪尔族人离开麦地那时立下的誓约。那时，由于犹太奈迪尔族人服从了先知穆罕默德的判决，所以他们任何人都没有被杀。后来侯叶伊·本·艾赫达布联合古莱什人、盖特芳人组成同盟军进攻先知和他的门弟子，这就加剧了犹太人和穆斯林间的仇恨。他使这些犹太人认为，只有根除穆罕默德和穆斯林，以色列的子孙们才能安居乐业。同样也是他使犹太古赖祖人撕毁了他们与穆斯林间的和约，抛弃了中立立场。如果古赖祖人能遵守和约，他们绝对不会遭遇任何祸事。后来同盟军撤离了麦地那，他进入了古赖祖人的堡垒。也是他鼓动他们同穆斯林对抗，让他们用战斗进行自卫。如果古赖祖人开始就承认毁约之错，并服从先知对他们的判决，他们也不至于被杀头。侯叶伊对穆斯林恨之入骨。他感染了古赖祖人，使他们也对穆斯林采取誓不两立的敌对立场，从而使他们的盟友赛尔德·本·穆阿兹确认：如果让他们活着，他们还会重新组织同盟军，让阿拉伯人来进攻穆斯林。如果同盟军能战胜他们，他们会被斩尽杀绝。赛尔德·本·穆阿兹对古赖祖人做出的判决固然残酷，但他是出于自卫而这样做的。他认为杀不杀这些犹太人是关系着穆斯林生死存亡的大事。

平分古赖祖人的财产

先知把古赖祖人的财产留下五分之一后，把其余财产及犹太妇女和儿童分给了迁士、辅士。骑兵每人得两份，参战的男子每人得一份。当时迁士、辅士有三十六匹战马。后来辅士赛尔德·本·栽德押着部分古赖祖部落的妇女和儿童来到内志，把他们卖掉后，买回来一些战马和武器，从而加强了穆斯林的战斗力。

犹太妇女莱哈娜被先知的箭射中后被俘。先知让她归信伊斯兰教，但她不同意，坚持信守她的犹太教。先知提出要与她结婚，但她回答说：“让我成为你的女仆吧，这样对于我，对于你都更方便些。”

她之所以坚持犹太教、拒绝同先知结婚，是由于她的民族偏见在起作用。她当时仍厌恶穆斯林和他们的先知。有些人曾提到莱哈娜漂亮，但还没人提到她像栽娜卜·宾特·杰赫什那样漂亮。史书对莱哈娜有不同的记载。有的说她像先知的其他妻子们一样，戴上了面纱。也有的人说，她像当时其他阿拉伯妇女一样，没戴面纱。莱哈娜直到死，一直作为女仆生活在先知的身边。

同盟军的进犯及消灭犹太古赖祖人巩固了穆斯林在麦地那的地位。从此，伪信者们在麦地那再没有说话的余地了。所有阿拉伯人都在谈论穆斯林的力量和势力，都在谈论先知的地位和他的威望。但先知的使命不仅仅是在麦地那，而是在整个世界。为了传播安拉的真理，为了让人们信仰安拉的宗教，先知和他的门弟子仍需继续努力，仍需时刻准备抗击来犯之敌。事实上，他们就是这样做的。

第十九章　从壕沟之战至侯代比亚和约时期

阿拉伯社会的组织工作

壕沟之战及消灭犹太古赖祖人之后，形势渐趋稳定。先知和他的门弟子站稳了脚跟。阿拉伯人开始惧怕他们了。很多古莱什人开始考虑：穆罕默德和古莱什人本属同一宗族，在与穆罕默德同甘共苦的迁士中，有古莱什人的头人和首领。如果能同穆罕默德达成停战协议，如果能同他真诚相待，这对于古莱什人来说不是更好吗？

穆斯林在消灭了麦地那附近的犹太人之后，再没有任何人敢站起来同他们对抗了。他们在麦地那过了六个月的太平日子。他们通过商业贸易手段，过上了比较富足的生活。因此，穆斯林更加相信先知的使命，更加服从他的教导了。这期间，穆斯林协同先知开始了阿拉伯人以前所不习惯的部落组织工作。尽管如此，这一组织工作对于一个统一的团体是必不可少的，要把阿拉伯部落组织成像在伊斯兰教规下逐渐形成的集体一样。在蒙昧时代，阿拉伯人除了他们所遵循的传统习惯外，既没有固定的社会制度，也没有家庭组织法和婚姻法。那么就让伊斯兰教来组织当时尚未形成的新生的伊斯兰团体吧。要在很短时期内为伊斯兰团体的形成铺平道路，并为之奠定具有伊斯兰教特色的与波斯人、罗马人、埃及人文明并驾齐驱的文明基础。这一具有伊斯兰教特色的文明日臻完善，到安拉降下最后的启示之日，这一文明已尽善尽美了。

……今天，我已为你们成全你们的宗教，我已完成我所赐你们的恩典，我已选择伊斯兰做你们的宗教。(《古兰经》5：3)

男女之间的关系

类似麦加和麦地那的阿拉伯城镇当时是否已具有游牧人所没有的文明呢，还是这些城镇当时仍处在人类文明的初级阶段呢？不管人们对伊斯兰教兴起前阿拉伯文明的观点如何，但当时在阿拉伯半岛的男女之间的关系，根据《古兰经》的记载和那个时代遗留下的古迹判断，还没有超越仅仅是两性关系阶段。尽管各个部落的情况有不同，但总的来说，当时的男女关系仍处在接近于原始人所遵循的那种蒙昧关系阶段。在蒙昧时代初期，女性不仅在其配偶面前炫耀自己的姿色，而且当她们单独或集体地到沙漠深处做某件事时，一旦遇到男性，双方不会拒绝相互调情，和发生两性之间不言而喻的快事。在前面已经讲过，在吴侯德之战时，在那极其严肃的场面，艾布·苏富扬之妻杏德为了鼓动古莱什人奋勇参战竟朗诵这样的诗歌：

如果你们能冲锋陷阵，
等待你们的是拥抱亲吻，
是铺展的衾枕；
如果你们逃遁，
我们就跟你们疏远离分，
决不与你们亲近。

放荡与仇杀

那时，在一些部落里，通奸算不上是什么大的罪行。调情卖俏是那时所有阿拉伯人的特点之一。尽管艾布·苏富扬在古莱什族中享有举足轻重的地位，但小说家们还是谈到了有关其妻杏德的浪漫故事和放荡生活。这些并没有影响她在族人中及在亲属间的威信和地位。她还会大言不惭地提及与其发生性关系的男子，以便确定孩子的父亲可能是谁。那时仍是一夫多妻制，男子可以随心所欲地娶妻找情妇，也可以随心所欲地让妻子和情妇为其生养孩子。这在当时并不是什么可怕的事情。但是一旦发生纠纷和丑闻，就会引起相互嘲笑和诽谤。而相互间的嘲笑和诽谤往往能招来敌视和仇杀。如果发展到这种地步，事情就严重了。往日那充满了爱情和放荡生活的友谊就会被敌对所代替，并极有可能酿成残杀和战争。如果双方一旦发生敌视，任何一方都会为所欲为地诽谤对方。

由于阿拉伯人所处的生活环境，由于他们为了生计而经常迁移，由于他们在经商活动中往往言过其实和说谎，致使他们的想象力异常丰富。阿拉伯人喜爱闲暇，这就使他们有时间去谈情说爱，也增加了他们对和平和战争的想象力。和平时，栽德与杏德可以用甜蜜的语言去调情。在战时，栽德就会大声斥责杏德。杏德甚至敢于脱光自己的衣服站在栽德面前，让他品评她的丰胸隆乳、纤腰和肥臀。

总之，阿拉伯人当时仅仅把妇女当成女性对待，仅仅把她们当成能同衾共枕的玩物。尽管伊斯兰教消除了这种心理状态，但人们在阅读欧麦尔·本·艾比·莱比阿的诗歌时，仍能看到它的影响，在各个时期阿拉伯抒情诗中也能看到它的影响，甚至在现代诗歌中，仍能或多或少地看到它。

阿拉伯和欧洲妇女当时的社会地位

读者看了对当时和蒙昧时代阿拉伯人及其文明的描述后，可能会感到惊奇，甚至认为笔者的描述有些夸张。你们感到惊奇是可以理解的。你们把所描述的当时阿拉伯人的情况，与现在生活中的情况及在男女结婚、离婚和父母与子女关系方面所希望达到的情况，进行比较之后，必然感到惊奇。但这样的对比是错误的，它会把研究者引入歧途。我描述的是公元7世纪阿拉伯社会的一个侧面，研究者应该把那时的阿拉伯社会与同时代的其他人类社会进行比较。我可以毫不夸张地说，当时阿拉伯社会，比它同时代的亚洲和欧洲社会强得多。当然，我说这话并非指同时期的中国和印度。

当时北欧和西欧的社会可以说是漆黑一团，当时的家庭关系仍处在人类社会初级阶段的那种状况。在当时已有立法，在欧洲占主导地位、唯一能与波斯帝国抗衡的罗马，妇女对于男子来说所享有的地位，远不如阿拉伯妇女，甚至连游牧民妇女都不如。按当时罗马的法律，妇女等于是任男子玩弄的占有物，男子对妇女有生杀之权。对待妇女就像对待奴隶一样，在罗马法律面前，妇女和奴隶没什么区别。妇女出嫁前属父亲所有，出嫁后属丈夫，而后属儿子。他们占有妇女，完全像占有奴隶、牲畜和其他什么东西一样。妇女被看成是淫乱之源，被说成是毫无节制的雌性动物。因此，为了保持她们的贞节，强加给了她们很多清规戒律。

在我们描述的阿拉伯半岛社会状况的那个时代之后，尽管耶稣基督对妇女很仁慈，但上述状况在欧洲仍持续了几个世纪。有一次，人们要用石块砸马利娅·马吉达利娅，耶稣对人们说："你们中谁从未犯过什么过错，就让他去用石块砸她吧。"耶稣的部分门徒对他这样仁慈地对待她，表示很惊讶。尽管如此，信仰基督教的欧洲，如同以前信仰多神教时一样，对妇女极端轻视。在欧洲人的眼里，妇女同男子的关系，仅仅是两性关系而已，仅仅是奴役和被奴役的关系。难怪有些欧洲人，在不同时代都提出了如下的问题：妇女有灵魂可报应，还是她们像没有灵魂的动物一样神不报应她们，在天堂里没有她们的立足之地呢？

先知与社会改革

先知穆罕默德根据安拉的启示，充分认识到，一个社会只有通过男女双方的合作才能繁荣昌盛。在社会生活中，男女应像亲密无间的兄弟一样情同手足。妇女要像男子一样，有她应享受的权利，也有她应尽的义务。但是，要想使社会向前迈进一步并非易事。尽管跟随先知的圣门弟子已具备一定的信仰，但社会改革应循序渐进，不能伤害他们的感情。这样才能进一步加深他们的信仰，才能使支持先知的人越来越多。安拉降示给先知的任何一项启示都是这样进行的。

诸如礼拜、封斋、天课、朝觐之类的宗教功课，以及诸如酒、赌博、猪肉等禁物禁事都是以循序渐进的方式规定的。先知在进行社会改革，在建立新的男女之间关系时，都是自己和他的妻子们首先做出典范，以便让所有门弟子们去仿效。同盟军在进犯麦地那前夕，还没规定先知的妻子们要戴面纱。这次战争之后，也没规定男子在公平的前提下只能娶四房妻子。这些都是在海白尔之战一年之后才实行的。为了达到伊斯兰教所主张的男女平等，妇女同男子一样有其享受的权利，也有其应尽的义务这一目的，先知是如何在协调一致的基础上建立和巩固男女之间的关系的呢？

伊斯兰教禁止炫耀美色

当时先知和圣门弟子所遵循的男女关系，正如我们前面讲述的那样，与其他阿拉伯人所遵循的完全一样，男女间的关系仅仅局限在两性关系上。妇女每遇机会就在男子面前炫耀自己的美色，以刺激他们的性欲。男子每遇机会就调戏女性。这种行为，阻碍了建立在人类崇高精神基础上，以建立在共同崇拜独一的安拉基础上的男女双方的接近。前面已经讲过，当时在麦地那有犹太人和一些伪信者，他们仇视先知和穆斯林。他们调戏穆斯林中的女性，从而导致了穆斯林对犹太盖努加阿族人的围困。当时对穆斯林中的女性调戏造成了一些完全不应有的麻烦。如果穆斯林中女性的外出时不显露她们特有的美色，就不会受到挑逗，这样就会避免一些麻烦事。在男女穆斯林并没有感到自己的思想观念正在起变化的情况下，为伊斯兰教所要实现男女平等的准备工作便开始了。在这种情况下，安拉降下了启示：

> 以信士们和信女们所未犯的罪恶诽谤他们者，确已担负诬蔑和明显的罪恶。先知啊！你应当对你的妻子、你的女儿和信士们的妇女说：她们应当用外衣蒙着自己的身体。这样做最容易使人认识她们，而不受侵犯。安拉是至赦的，是至慈的。伪信的、心中有病的、在城中煽惑人心的，如果他们仍不罢休，我必命你制裁他们，他们就不得久居城中与你为邻了。他们将被弃绝，无论他们在哪里被发现，就在哪里被逮捕，而被处死。这是安拉对于古人的常道，你绝不能发现任何变更。（《古兰经》33：58—62）

这一准备工作之后，穆斯林很容易地克服阿拉伯人的旧习惯。正如安拉所意欲的，社会组织工作应在建立纯洁的、毫无肮脏的家庭基础上进行。现在每一位圣门弟子都能认识到女性向男性炫耀美色是一种耻辱。在男女交往中，是不允许这种炫耀的。这正如安拉在其启示中指出的：

> 你对信士们说，叫他们降低视线，遮蔽下身，这对于他们

是更纯洁的。安拉确是彻知他们的行为的。你对信女们说，叫她们降低视线，遮蔽下身，莫露出首饰，除非自然露出的，叫她们用面纱遮住胸膛，未露出首饰，除非对她们的丈夫，或她们的父亲，或她们的丈夫的父亲，或她们的儿子，或她们的丈夫的儿子，或她们的兄弟，或她们弟兄的儿子，或她们姐妹的儿子，或她们的女仆，或她们的奴婢，或无性欲的男仆，或不懂妇女之事的儿童；叫她们不要用力踏足，使人得知她们所隐藏的首饰。信士们啊！你们应全体向安拉悔罪，以便你们成功。(《古兰经》24：30—31）

穆罕默德及其门弟子就是这样进行工作的。男女之间的关系，渐渐发展为不再像过去那样仅仅是两性关系了。在生活的一切领域，男女都是平等的。他们是崇拜安拉的，都要同心协力为社会谋福利，都要敬畏安拉。任何人，不管是男还是女，如果向别人调情，那就是犯罪，就应该向安拉忏悔。安拉是宽恕的、仁慈的。

短短几年内，在男女关系问题上，如同在信仰安拉及信仰安拉的独一问题上一样，不可能完全改变阿拉伯人的旧习惯，这是很自然的。物质一旦变成具有某种形态的东西，再想使它变成具有其他形态的东西是不容易的，这只能通过慢慢地渐变才能实现。有关人类物质生活中的观念也是这样，它既受世代遗留下来的习惯所影响，又受周围环境中的习俗所束缚。要想改变旧的观念，只能是慢慢地，而且这种渐变也只能是靠改变人的心灵才能做到。人能够通过排除阻挡他认识宇宙的障碍来改变他心灵中的某一方面。在认主独一、信仰安拉、信仰安拉的使者及末日这些问题上，伊斯兰教就是这样对穆斯林进行教育的。至于阿拉伯人的心灵中的其他各个方面，改变它的障碍仍未排除，特别是有关物质生活中的东西更是如此。当时，先知的众门弟子在物质生活中的观念与他们归信伊斯兰教前的观念相差甚微。这一方面是由于他们生活在沙漠之中，另一方面也是由于阿拉伯人过于嗜好谈论女色。

先知的家庭及其妻子

上面已提到，尽管伊斯兰教对穆斯林在男女关系方面的习惯观念有一定的改变，但他们在其他方面的习惯仍一如既往，或改变不多。穆斯林经常到先知家串门，他们愿与他或他的妻子聊天。先知所担负的伟大而艰巨的任务不容先知去同他们闲聊，也不容他去听他们同他的妻子聊天，或去听妻子转述他们的话。安拉要使他的先知摆脱这些鸡毛蒜皮之类的事。为此，安拉给他降下了启示：

> 信士们啊！你们不要进先知的家，除非邀请你们去吃饭的时候；你们不要进去等饭熟，当请你去的时候才进去；既吃之后就当告退，不要留恋闲话，因为那会使先知感到为难，他不好意思辞退你们。安拉是不齿于揭示真理的。你们向先知的妻子们索取任何物品的时候，应当在帷幕外索取，那对于你们的心和她们的心是更清白的。你们不宜使使者为难，在他之后，永不宜娶他的妻子，因为在安拉看来，那是一件大罪。（《古兰经》33：53）

这节《古兰经》是为教诲信士们降示的，经文告诉他们在先知及其妻子们面前应该怎样去做。同样，为了教诲先知的妻子们在这一问题上应如何去做，安拉也降示了以下《古兰经》文：

> 先知的妻子们啊！你们不像别的任何妇女，如果你们敬畏安拉，就不要说温柔的话，以免心中有病的人，贪恋你们，你们应当说庄重的话。你们应当安居于你们的家中，你们不要炫露你们的美丽，如从前蒙昧时代的妇女那样。你们应当

谨守拜功，完纳天课，顺从安拉及其使者。先知的家属啊！安拉只欲消除你们的污秽，洗净你们的罪恶。(《古兰经》33：32—33)

为伊斯兰教所进行的工作

所有这一切都是伊斯兰教为人类社会所进行的新的工作。伊斯兰教把这一工作的基点放在了改变人们在男女性关系问题的观念之上，它要在人们的心灵中消除性生活支配一切、高于一切的愚昧思想。它要以此把人们引向崇高的人道主义观念。这一观念不否认人在生活中有一定的享受，但这一享受不能削弱，更不能剥夺他人的自由。这一崇高的道德观念使人能与宇宙间所有存在有机地联系在一起。这样，人不管他是从事农业、工业还是商业，都能使自己的思想得到升华。伊斯兰教把斋戒、礼拜、天课作为这一升华的手段。伊斯兰教禁淫乱、犯罪和暴虐，除服从安拉以外，要消除人们心目中的一切杂念，要增强信士间的兄弟情谊，要使人与宇宙间的一切有机地联系在一起。

袭击列哈彦族人

这一循序渐进的生活组织活动是伊斯兰教所施行的伟大变更的前奏。但这一组织活动未能阻止古莱什人和阿拉伯人伺机打击先知穆罕默德的阴谋发生。同时，先知也没放松自己的警惕。在必要时，他会迅速地对他的敌人采取行动，以便使他们有所畏惧。

消灭犹太古赖祖人六个月之后，先知认为对麦加应采取某种行动了。两年之前，列哈彦族人在拉吉阿水井旁曾杀害了哈比卜·本·阿迪及其他穆斯林。先知考虑应该为这些殉难的穆斯林报仇。先知担心敌人知道消息后有所防备，所以没把自己的意图公开。为了出其不意地打击敌人，他声称要到叙利亚去。他带领队伍向北出发了。当他确信古莱什人及其邻近的部落谁也没察觉他的目的时，他马上带着人马掉头向麦加方向急驰而来，他突然出现在列哈彦族人的驻地布阿兰前。但是当穆斯林掉头向南进发时，被一伙人发现了。列哈彦族人从这伙人中得知穆斯林的动向。于是，立即带上他们所能带的家产躲进了山区。先知的人马扑了空。他派艾布·伯克尔率一百名骑兵来到了麦加附近的奥斯凡。然后，安拉的使者率人马在一个炎热的日子里返回了麦地那。

那一天真是酷热难熬。先知当时曾说过这样的话：“感念安拉，我们懊悔地回来了。安拉保佑，别让我再受这颠沛之累和思念之苦了。”

追击盖尔德族人

先知穆罕默德返回麦地那后，刚刚过了几天，盖尔德族人欧叶纳·本·希斯恩带人袭击了麦地那郊区。当时，在麦地那郊区放牧着很多骆驼。骆驼仅有一对夫妻看守。欧叶纳及其同伙杀了这位放驼人，然后赶上驼群带上放驼人的妻子逃走了。他们认为麦地那人不会赶上他们。当时，正巧萨莱麦·本·阿慕尔·本·艾库阿·艾斯莱米带着弓箭到丛林去狩猎。当他过了瓦达阿山路，来到萨莱阿附近时，发现这伙人赶着骆驼带着放驼人的妻子在逃跑。他赶忙喊了起来：“快救人啊！”

他一边喊，一边追了上去。当他接近他们时，他开始用箭射他们。萨莱麦的呼喊传到了先知那儿，先知马上也向麦地那人呼喊起来：“救人去啊！救人去啊！”

骑士们马上从各个方向赶了过来。先知命令他们马上去追击盖尔德族人。然后，他也率人马追了过来。人们一直追到盖尔德族人居住的山区。欧叶纳及其同伙只好向盖特芳方向逃去。麦地那骑士们追上了他们的后队，救回了部分骆驼。这时，先知也赶到了。被他们俘虏的放驼人之妻也得救了。部分穆斯林慷慨激昂地要求继续追击，但安拉的使者知道欧叶纳及其同伙已逃到盖特芳人那里，所以就没同意他们的要求。穆斯林返回了麦地那。放驼人的妻子也乘骆驼随他们回到了麦地那。她曾许愿说，她一旦得救，就把她乘的骆驼宰掉向安拉献牲。当她把自己的许愿告诉先知时，先知回答说："安拉让你骑着它得救了，你反而要杀它，这样的报答是不好的。凡是违背安拉意愿或做不到的许愿都不能去实行。"

袭击穆斯泰莱格族人

在上次行动之后，先知在麦地那休整了近两个月。然后他在穆莱希阿袭击了穆斯泰莱格族人。所有为阿拉伯先知撰写传记的作家和史学家都记载了这个事件。这不仅是因为这次行动很有价值，或在这次行动中穆斯林和他们的敌人都遭到了非同小可的灾难，而且还因为这次行动之后在穆斯林队伍中发生了分裂。但安拉的使者果断地消除了这一分裂，否则它会酿成大祸。同时也因为这次行动之后先知同朱韦丽娅·宾特·哈里斯结了婚。也因为这次行动之后产生了有关阿伊莎的谎言。阿伊莎当时虽年仅十六岁，但她在谎言面前毫不动摇，致使所有人都认清了事实。

先知得到消息：胡扎阿族人的分系穆斯泰莱格族人正在麦加附近的哈叶地区集结。他们在其首领哈里斯·本·艾比·迪拉尔的率领下，欲想进攻、杀害先知穆罕默德。先知从一位游牧人那儿了解到他们集结的秘密。他要像以往打击其他敌人那样，用突然袭击的方式来打击他们。先知把迁士的战旗交给了艾布·伯克尔，把辅士的战旗交给了赛尔德·本·欧拜岱。迁士、辅士来到穆斯泰莱格族人附近的一个叫穆莱希阿的水源，而后把穆斯泰莱格族人包围了起来。前来援助他们的人，见势不妙马上逃走了。穆斯泰莱格族人有十人被杀，而穆斯林除哈希姆·本·苏巴白外，一无所伤。哈希姆是被一位辅士当作敌人误杀的。双方放箭之后，在穆斯林强大压力下，穆斯泰莱格族人除投降外别无出路了。他们的男女、骆驼及牛羊全部被俘。

阿卜杜拉·本·乌班耶引起的骚乱

欧麦尔·本·哈塔布在军中有位雇用的马夫。战斗结束后，这个马夫由于争水与一位海兹拉吉族人发生了争吵并打起来。这位海兹拉吉族人喊道："辅士们快来帮忙！"

这位马夫也喊道："迁士们，快来助我！"

为获取战利品，同一伙伪信者前来参加战斗的阿卜杜拉·本·乌班耶听到了喊叫声。于是，他内心中对迁士、对先知的不满就爆发了。他对坐在他周围的人说："众多的迁士来到我们家园，指安拉起誓，我们将像谚语讲的那样'喂肥了你的狗，它最终会吃掉你'。如果我们返回麦地那，尊荣者必将卑贱者驱逐出城。"

然后，他又对在场的他的族人说："这是你们自作自受，你们让他们来到你们的家乡，把你们的钱财分给他们。指安拉起誓，如果你们不把自己的东西给他们，他们早到别的地方去了。"

安拉的使者处理完有关敌人的事情之后，有人把阿卜杜拉的话传给了他。当时，欧麦尔·本·哈塔布与他在一起。他听到这话后大动肝火，他说："命令比拉勒把他杀了吧。"

这时，先知像以往一样，显出了富于经验、英明、有远见的大度。他看了看欧麦尔，说道："欧麦尔，如果你们议论说穆罕默德在杀他自己的人，我怎么说呢？"

同时先知也意识到，如果不采取断然措施，事态可能会严重起来。在穆斯林不习惯的出发时刻，先知宣布队伍马上出发。阿卜杜拉·本·乌班耶知道有人把他的话传给了先知，他马上来到他面前，否认这件事。他发誓自己没有说那些话，但这丝毫没改变先知要马上出发的决定。他率人马走了整整一天，然后又走了一整夜。第二天清晨，他又带他们赶路，直走到烈日炎炎的中午。穆斯林累极了，他们身躯一旦碰触地面，马上就会酣睡不醒。极度的疲劳使人们忘记了阿卜杜拉·本·乌班耶的话。穆斯林带着从穆斯泰莱格族人那里缴获的战利品、俘虏返回了麦地那。俘虏中有哈叶地区被战败的首领哈里斯·本·艾比·迪拉尔的女儿朱韦丽娅。

阿卜杜拉·本·乌班耶对先知的仇恨

穆斯林回到了麦地那。阿卜杜拉·本·乌班耶也回来了。尽管他表面上对伊斯兰教表现出很信仰的样子，尽管他极力否认他在穆莱希阿说过的话，但他对先知、对穆斯林的仇恨并没有平息。就在这时《古兰经》"伪信者"章降示了。其中有这样的话：

> 他们说："你们不要供给使者左右的人，以便他们离散。"天地的库藏，只是安拉，伪信的人们却不明理。他们说："如果我们返回麦地那，尊荣者必将卑贱者驱逐出城。"尊荣只是安拉和使者以及信士们的，而伪信的人们却不知道！(《古兰经》63：7—8)

阿卜杜拉儿子的痛苦及先知的宽恕

人们认为这几节《古兰经》经文是针对阿卜杜拉·本·乌班耶的判决，无疑，先知穆罕默德将会下令把他处死。阿卜杜拉·本·乌班耶的儿子阿卜杜拉是位虔诚的穆斯林，他来到先知面前说："安拉的使者，我听说你听了阿卜杜拉·本·乌班耶的那些话后要处死他。如果你真的要杀他，那你就命令我执行吧，让我把他的头交给你。指安拉起誓，海兹拉吉族人都知道，我们族人中我是最孝顺父亲的人了。我担心如果你命令别人去杀他，我会与杀父的人不共戴天的，我会去杀掉把父亲杀死的人，那我就会由于不仁不义地杀害一名信士而进火狱。"

阿卜杜拉·本·乌班耶的儿子阿卜杜拉跟先知说了这样一席话。他的话虽然简短，但最有力地表达了他内心中的痛苦和矛盾：孝敬父亲，诚实的信仰，阿拉伯人的英勇气概，希望迁士、辅士们团结一致避免骚乱，这种种心情交织在一起！儿子看到父亲将要被处死，他没有要求先知不杀父亲。因为他知道，先知是按安拉的命令行事的。他也确信父亲犯下了不可饶恕的罪过。另一方面，他又担心，由于对父亲的孝敬，由于他所具有的英勇气概，他会向杀他父亲的人报仇。所以，他想自己担当起处死父亲的责任，他想自己把父亲的头交给先知。尽管这样做他很痛苦，但他还是下了这个决心！由于自己的信仰所在，他觉得这样做也是对自己的一种安慰。否则，他害怕由于自己去杀害在先知命令下杀死父亲的人而进火狱。面对信仰、感情和品德，还有比这更好的选择吗？还有什么样的痛苦比这更能折磨人的呢？你知道先知听了他的这一席话后是怎样回答的吗？先知说："我们不杀他。他只要同我们在一起，我们就会仁厚地对待他，同他友好相处。"

这是何等的宽恕啊！先知就这样厚道地宽恕了挑动麦地那人反对他、反对迁士的人。他宽恕他比他惩罚他的影响更深远！从那以后，阿卜杜拉·本·乌班耶在族人中说话就会遭到谴责。族人觉得他的生命是先知恩赐给他的。有一天，先知同欧麦尔讨论穆斯林的事务时提到了阿卜杜拉·本·乌班耶及族人谴责他的话。先知说："欧麦尔！你看怎么样？指安拉为誓，那一天你说杀了他吧，如果我杀了他，一些人会不服。而今天，我命令人们杀掉他，他们会马上杀他。"欧麦尔回答说："指安拉为誓，我明白了，安拉使者的命令比我的想法宽厚得多。"

阿伊莎随先知参加了袭击穆斯泰莱格族人的行动

上面这些事情是在穆斯林带着战利品、押着俘虏回到麦地那之后发生的。但是，这期间发生了一件开始并没有引起人们注意，过后反而惹起人们哗然议论的事情。先知每当外出参加战斗，总是用摇签筒的办法来决定哪位妻子随他一起去。每根签上写有一位妻子的名字，谁被摇出来谁就随先知同去。袭击穆斯泰莱格族人前夕，写有阿伊莎的签被摇了出来。所以，身体瘦小的阿伊莎随先知参加了这次行动。当人们把驼轿放在她门前，她上轿后，人们就把驼轿系在驼背上。由于她纤细瘦小，当人们抬驼轿时，几乎感到轿子是空的。袭击行动结束后，先知同穆斯林进行了使人疲于奔命的长途跋涉。前面我们已经提到了这事。此后，他们向麦地那走去。快到麦地那时，晚上队伍停下来休息了一下。休息后，先知命令继续前进。当时，阿伊莎出去出恭离开了先知的帐篷，而她的驼轿仍放在帐篷前等她乘坐。阿伊莎出恭时，她的项链从脖子上失落了。当她回来要出发时，发现项链不见了。于是，她赶快去找项链。她可能找了很久才找到了项链，也可能由于长途跋涉的劳累，她又睡着了。当她再次回到帐篷要乘驼轿时，驼轿不见了。人们认为她已上了轿，所以就把轿系在了驼背上。队伍出发时，人们认为最受先知宠爱的信士之母——阿伊莎在驼轿里，所以赶着系有驼轿的骆驼走了，所以当阿伊莎回到军营时，一个人都不见了。

阿伊莎同萨夫瓦一起回到麦地那

阿伊莎没有害怕，因为她确信当人们发现她失踪后，肯定会来找她。最好的办法是原地不动，免得在沙漠里走失方向。她没有害怕，她把自己的衣服铺在地上，躲在那儿等人来找她。当她躺下时，萨夫瓦·本·穆阿达勒·萨莱米走过来遇到了她。萨夫瓦由于办事走到了队伍的后面。在先知的妻子们戴面纱前，他曾见过她。所以当他见到她躺在地上时，他吃惊地向后退了一步。他说道：“我们均属安拉，我们都要返回安拉御前！这不是安拉使者的眷属吗？为何把你留在这儿了呢？”阿伊莎没有回答他。他赶紧把自己的骑驼拉到她跟前，站在骆驼后面说：“请骑吧。”

她骑上了骆驼。他赶着骆驼紧追队伍，但没赶上。安拉的使者为了平息阿卜杜拉·本·乌班耶挑起的骚动，他让队伍日夜行军，人们都很疲倦。人们为了能早一点儿休息，所以都急急忙忙赶回了麦地那。阿伊莎骑着萨夫瓦的骆驼，同他在大白天众目睽睽下也进了麦地那城。他俩一直走到她的大门口，她下了骆驼进了门。当时谁也没说什么，对她的晚归也没怀疑什么。安拉的使者当时也没有对阿伊莎——艾布·伯克尔的女儿及虔诚的圣门弟子萨夫瓦有什么猜疑。

队伍返回麦地那后不久，阿伊莎高高兴兴、满面春风，在众目睽睽下回到麦地那，人们在她身上也没发现什么可疑之处。那么，麦地那的事务应该按部就班地进行了，人们该分配从穆斯泰莱格族人那儿缴获的战利品和俘虏了，他们该去享受日益富足的生活了。穆斯林的坚定信仰使他们比敌人日益强大，他们所具备的坚定立场和为了安拉、为了安拉的宗教、为了信仰自由而不顾牺牲的精神已使他们的敌人慑服。以前阿拉伯人是不肯给他们这种信仰自由的。随着形势的不断改变，他们的生活也越来越好。

先知同朱韦丽娅·宾特·哈里斯结婚

朱韦丽娅·宾特·哈里斯是穆斯泰莱格族人中被俘人员之一，是位貌美的女子。由于中了一位辅士的箭而成了他的俘虏。她想从他那儿赎身。这位辅士由于知道她是穆斯泰莱格族人首领的女儿，也知道她父亲有能力付赎金，所以要价很高。朱韦丽娅对他过分的要求不满意。她来到先知面前，先知当时与阿伊莎在一起。她说道："我是我们族人的首领哈里斯·本·艾比·迪拉尔的女儿朱韦丽娅。我遭到了你所知道的灾难。我中了某人的箭，已与他书写了赎身契约。今天来找你，想求你帮助我。"

先知说："还有比这更好的办法吗？"

她说："什么办法呢？"

先知说："我来偿还赎金，而后我同你结婚。"

人们知道这一消息后，为了尊重安拉的使者与穆斯泰莱格族人结成姻亲关系，都把自己手中的被俘人员释放了。关于朱韦丽娅，阿伊莎曾说过如下的话：她是族人的最大福星。

还有另外一种传说：朱韦丽娅的父亲哈里斯·本·艾比·迪拉尔到先知这儿来赎自己的女儿。他信服了先知的使命后归信伊斯兰教。经父亲动员后，朱韦丽娅像父亲一样也归信了伊斯兰教。父亲把女儿许配给了先知，先知付了四百迪尔汗作为彩礼，于是两人结婚了。

还有第三种说法：朱韦丽娅的父亲不愿女儿同先知结婚，他对这门婚事不满意，是朱韦丽娅的一位亲戚不顾她父亲的反对，把她嫁给了先知。

有关阿伊莎流言的产生

先知穆罕默德同朱韦丽娅结了婚，并在清真寺旁先知妻子们的住房边给她修建了住房，她以此成了信士之母。正当先知忙于朱韦丽娅的事务时，人们议论开了："萨夫瓦是位年轻英俊的小伙子，阿伊莎为什么骑着萨夫瓦的骆驼走在队伍后面呢？"

先知之妻栽娜卜·宾特·杰赫什有位妹妹叫哈姆娜。她知道阿伊莎比姐姐更受先知的宠爱。出于妒忌之心，哈姆娜便四处散布人们议论的有关阿伊莎的流言。哈桑·本·萨比特是她的帮手，阿里·本·艾比·塔利卜也听信了她的话。阿卜杜拉·本·乌班耶觉得这些流言正解了他的心头之恨，所以他竭尽全力到处传播这些流言蜚语。鉴于阿伊莎平时堪称清白和自重的楷模，奥斯族人采取了维护阿伊莎的立场。当时，这一流言几乎在麦地那闹得满城风雨。

先知的困惑

流言传到了先知穆罕默德耳中，他困惑不解。什么，阿伊莎背叛了他？这是绝对不可能的！她向来清白自重，另外，他对她钟爱仁慈，仅仅这样猜想就是一种大罪。是的！但是，女人毕竟是女人呀！有谁能深知她们的心事呢？阿伊莎正是妙龄女子呀！她失去项链能算得了什么呢，也值得她在深更半夜去寻找？信士们在军营时，她为什么不向他们讲这件事呢？先知翻来覆去考虑这件事，一直大惑不解。他是相信这一传言，还是不相信它呢？

阿伊莎患病及先知的痛苦

谁也没敢把人们的议论告诉阿伊莎，她不知道丈夫为何对她很冷淡。她从来没见过丈夫对她这样冷淡过。同时，这与丈夫平时对她的钟爱也不相符。她患了一场大病，她母亲前来护理她。先知见到她后只是问一句："你怎么样？"

阿伊莎见丈夫对自己的冷漠态度后，不禁自己琢磨起来：难道是朱韦丽娅在他心中占据了她原有的位置？由于她无法忍受先知对她的冷淡，一天她对先知说："如果你允许，让我到母亲家去吧，让母亲在那儿照顾我。"

于是，她搬到了母亲家里，她自己对自己为何这样痛苦也很奇怪。二十几天之后她渐渐病愈。但她仍对有关她的议论一无所知。而先知呢，他则由于听到了这一议论而异常痛苦。一天他竟来到人们当中对他们说："人们啊！那些无理伤害我的亲人、伤害我的人究竟是安的什么心啊？指安拉为誓，我没做对不起他们的事。指安拉为誓，他们所议论的那位男子，我不知道他干过什么坏事啊！他除跟我在一起外，从未单独进过我的家门啊！"

这时，伍赛德·侯达尔站出来说："安拉的使者，如果是我们奥斯族兄弟说了使你伤心的话，我们会处罚他们。如果是海兹拉吉族兄弟说了这种话，那你命令我们怎么办吧，指安拉为誓，这种人该杀头。"

赛尔德·本·欧拜岱回击说：“伍赛德知道说这种话的人是海兹拉吉族人，所以他敢说这种大话。如果发表议论的人是奥斯族人，他绝不口出狂言，如此吹牛。”

人们议论开了。如果不是安拉使者处理英明，几乎酿成骚乱。

流言传到阿伊莎耳中及其对母亲的指责

最后，一位迁士妇女把人们的议论告诉了阿伊莎。阿伊莎听到后几乎晕倒在她身上。她泪流满腮地痛哭起来，感到肝肠欲裂。由于过度悲伤，她几乎支撑不住自己的身体了。她拖着身体来到母亲面前，哽咽着说：“母亲啊，愿安拉饶恕你！人们在议论纷纷，你知道了竟对我守口如瓶！”

母亲见她痛苦的样子，就安慰她说：“女儿啊，不要这样难过。指安拉为誓，男人的娇妻，很少不被同夫的姐妹们议论，也很难使人们不说长道短。”

但阿伊莎从母亲的话里没有得到安慰。她想起先知以前对她的钟爱，又想起他最近的冷淡，她更加痛苦了。她感到人们的议论已对他产生了影响，他开始怀疑了她。但她又能怎样做呢？难道她自己首先同他讲清楚这件事，然后再向他发誓自己是清白的吗？这样做不是等于自己冤屈自己，然后再为自己开脱吗？难道她也像他对待她一样，对他表示冷淡吗？但是，人们由于她走到了队伍后面，她又跟萨夫瓦一起回到麦地那而议论，先知没有过错呀。安拉啊！请在这困难的时刻，给这对夫妇出路吧。让先知认清真相，还像过去那样钟爱她吧。

先知同乌萨迈及阿里协商

先知穆罕默德的心情并不比阿伊莎的心情好，人们的议论使他很难过。最后他只好同他的至亲好友协商该如何处理这件事。他来到艾布·伯克尔家里，并把阿里和乌萨迈·本·栽德召来一起商量该怎么办。乌萨迈断然否定人们对阿伊莎的议论，他认为这纯属谎言。人们及先知从没发现阿伊莎做过什么错事。而阿里说：“安拉的使者，大可不必如此，女人多的是。”

然后，他指出应询问一下阿伊莎的女仆，她可能对他讲出真相来。女仆被召来了。阿里痛打了她一顿，然后对她说：“对安拉的使者一定讲实话。”女仆说：“指安拉为誓，我从未见过她干过什么坏事。”她否定对阿伊莎的流言蜚语。

先知同阿伊莎交谈及她的愤怒

先知穆罕默德只好同妻子面谈了，他要求她讲清楚或承认事实真相。他来到她面前，跟她在一起的有她的双亲和一名辅士妇女。她正在哭泣，辅士妇女也在为她伤心落泪。当她看到先知——她所热爱、崇拜、信仰，并为之尽心竭力的男人——对她起了疑心，她痛苦到了极点。她看到先知后擦了擦泪水，只听他说：“阿伊莎！人们所议论的话你已听到。敬畏安拉，如果你的确做了人们所议论的，那就向安拉忏悔吧。安拉是能接受他奴仆的忏悔的。”

他的话还没说完，热血已涌上阿伊莎的头顶。她止住了眼泪，看了看母亲，又看了看父亲。她想示意双亲回答他，但他俩沉默不语，一言不发。她愤怒了，冲双亲喊起来：“难道你们不回答吗？”

双亲回答说：“指安拉为誓，我们不知怎样回答。”

他俩说完后又沉默不语了。这时，阿伊莎再也控制不住自己，她放声大哭起来。好像只有泪水才能平息她那满腔怒火。然后她哭着对先知说：“指安拉为誓，在你提到的这件事上，我没有什么可向安拉忏悔的！我知道，如果我承认人们所议论的事——安拉知道我是清白的——那我就是承认根本不存在的事。如果我否认它，你们又不相信我。”

她停顿了一下又说："我只好用艾布·优素福说过的话来回答：'我只有擅自忍耐，对于你们的言行，我只求安拉的佑助。'"

启示证明阿伊莎是清白的

阿伊莎暴怒之后沉默了。在场的人也不知过了多长时间，但先知还没站起来，他就像以往启示降下时那样昏迷过去了。人们给他遮盖上衣服，把皮枕头放在了他的头下。阿伊莎说过这样的话："指安拉为誓，我看到这一情况后，既没害怕，也没介意。我知道自己是清白的，安拉绝不会冤枉我。我的双亲，当看到安拉的使者这样时，由于担心安拉的启示证明人们的议论是事实，都在提心吊胆。"

他们看到先知汗流浃背地坐了起来。他擦了擦前额说道："阿伊莎，好消息！安拉已证明你是清白无辜的了。"

阿伊莎说："感念安拉！"

先知来到清真寺，向信士们宣读了安拉的启示：

> 造谣者确是你们中的一伙人。你们不要以为这件事对于你们是有害的，其实是有益的。他们中的每个人，各应当受他所谋求的罪恶；他们中的罪魁，应受重大的刑罚。(《古兰经》24：11)

接下去他诵读：

> 当你们听见谎言的时候，你们为何不说：我们不该说这种话，赞颂安拉，超绝万物！这是重大的诬蔑。安拉劝告你们永远不要再说这样的话，如果你们是信士。安拉为你们阐明一切迹象。安拉是全知的，是至睿的。凡爱在信士之间传播丑事的人，在今世和后世，必受痛苦的刑罚。安拉知道，你们却不知道。(《古兰经》24：16—19)

同时安拉在启示中也指出了如何处罚诬告贞节妇女的人：

> 凡告发贞节的妇女，而不能举出四个男子为见证者，你们应当把每个人打八十鞭，并且永远不可接受他们的见证。这等人是罪人。(《古兰经》24：4)

根据《古兰经》的判决，对谎言的传播者穆斯达哈、哈桑·本·萨比特及哈姆娜·宾特·杰赫什各鞭打八十。阿伊莎恢复了她原来在先知家庭及他心目中的地位。

瓦里姆·穆威尔先生曾对这一件事进行了如下的评论："无论是在这一事件之前，还是之后，我们都可以断言，阿伊莎在生活中是清白无瑕的。我们可以毫不犹豫地对有关她的任何猜疑进行批驳。"

宽恕的美德

这一事件之后，哈桑·本·萨比特又得到了先知的信任和同情。艾布·伯克尔以前经常接济穆斯达哈。事情发生之后，艾布·伯克尔断绝了对他的接济，但先知要求他不要这样做。不久之后，这件事便烟消云散了。它没有在麦地那留下什么消极的影响。

阿伊莎痊愈后，回到了安拉的使者的家——她自己的住房。她在先知心中的位置及她在穆斯林中的威望很快得到了恢复。先知也得以腾出手去专心考虑他的使命了，去为准备侯代比亚和约，为穆斯林制定宗教法律了。安拉将以侯代比亚和约给穆斯林打开崭新的局面。

第二十章　侯代比亚和约

先知和他的门弟子从麦加迁徙到麦地那后已过了六年。在这六年期间，圣门弟子从没停止过奋斗。有时与古莱什人进行斗争，有时与犹太人周旋。在奋斗中，伊斯兰教日益传播，不断强大。迁徙一年后，先知把礼拜朝向由耶路撒冷远寺改向麦加禁寺（克尔白）。从那时起，穆斯林礼拜时，都朝向易卜拉欣在麦加建立的天房克尔白。在先知年轻时，天房被修缮过一次，当时是先知穆罕默德把玄石从墙基上搬到了它的正位。那时候，无论是穆罕默德还是其他人，都没有想到安拉会把使者的使命放到他的肩上。

穆斯林被拒之于禁寺之外

千百年来，禁寺一直是阿拉伯人崇拜之地，每年禁月他们都到天房禁寺来朝觐。进入禁寺者，都能得到安全。一个人在天房克尔白，就是遇到自己的仇敌，也不能拔剑动武。但是，自先知和他的门弟子们迁徙到麦地那后，古莱什人竟把他们拒之于禁寺之外，并不让先知和他的门弟子与其他阿拉伯人来往。在迁徙后的第一年，安拉曾启示：

> 他们问你禁月内可以作战吗？你说："禁月内作战是大罪；妨碍主道，不信安拉，妨碍（朝觐）禁寺，驱逐禁寺区的居民出境，这些行为，在安拉看来，其罪更大……"（《古兰经》2：217）

白德尔之战后，安拉又启示：

> 他们阻止别人入禁寺的时候，安拉怎能不惩治他们呢？他们不是禁寺的保护者，禁寺的保护者只能是敬畏的人，但他们大半不知道。他们在禁寺附近的礼拜，只是打呼哨和拍掌。（不信道的人啊！）你们为不信道而尝试刑罚吧。不信道的人花费他们的钱财，以便阻止（别人遵循）安拉的大道；他们在花费之后，必定悔恨，而且被战胜。不信道的人只被集合到火狱去。（《古兰经》8：34—36）

安拉把禁寺定为穆斯林的安全之地，所以在这六年中，曾多次降下了有关禁寺的启示。但古莱什人认为，穆罕默德和穆斯林背叛了供奉在天房克尔白内的胡白勒、伊萨夫、纳伊勒等其他偶像。古莱什人认为，只要穆罕默德和穆斯林不改弦易辙，他们就有权力与穆斯林进行斗争，并不让他们进入禁寺。

穆斯林向往麦加

这几年，穆斯林不能像他们的父兄那样应尽宗教义务，他们内心里是很痛苦的。除此之外，迁士又不能返回自己的家乡，不能探望家乡的亲人，他们更是痛上加痛，苦上加苦。无论是辅士还是迁士，他们都坚信安拉对其使者及对他们的护佑，都相信安拉会使他们的信仰优越于其他一切宗教。同时他们也确信，不久的一天安拉会给他们打开麦加的大门，以便他们环游天房克尔白，遵循安拉让穆斯林人应履行的宗教义务。时间一年一年地过去了，战斗一次接一次：白德尔之战、吴侯德之战、壕沟之战，然后一次又一次的战斗行动。穆斯林所盼望打开麦加大门的那一天，无疑会到来。他们是多么盼望这一天啊！先知同信士们一样，也都盼望这一天能够早日到来！

阿拉伯人与天房克尔白

古莱什人禁止先知穆罕默德和穆斯林朝觐天房，尽正朝和副朝的功课是一种不一样的和大有区别的义务。但天房克尔白不是古莱什人的私有财产，它是属于所有阿拉伯人的。古莱什人掌握着天房守卫、供朝觐者饮食等其他职权。因此，爱护天房，关心到天房朝觐者是他们的职责。任何一个部落信奉这个偶像而不信另一个偶像，不能构成古莱什人禁止这个部落来天房朝觐、履行宗教功课的理由。先知号召人们撇弃偶像，清除多神教的污秽，要崇拜独一的安拉，要使人类社会弊绝风清，要把人的精神升华到纯洁的境界。先知所主张的也包括到天房克尔白朝觐和小朝，禁止这一新宗教的信仰者履行宗教功课，那就是故意为敌。先知及信仰安拉、信仰安拉使命的穆斯林原是麦加人中出类拔萃的人物。

古莱什人害怕，一旦这些人回到麦加，麦加的平民百姓会跟他们站在一起，他们会感到让他们远离他们的亲人是一种暴虐。这将是内战的导火线。另外，古莱什人的首领以及麦加那些大人物，没有忘记穆罕默德和穆斯林毁了他们的商业贸易，断绝了他们通往叙利亚的商路之仇。虽然他们知道，天房克尔白是属于安拉、属于所有阿拉伯人的，他们的职责仅仅是看护天房，关心来天房克尔白的朝觐者。但他们在麦加人心中挑起的仇恨使人们忘记了他们的职责。

穆斯林与天房克尔白

自穆斯林从麦加迁往麦地那，六年过去了。他们渴望朝觐天房克尔白，渴望到天房大朝和小朝。一天早晨，穆斯林聚集在清真寺前，先知突然告诉他们在梦中的所见：他们将安全地、毫不害怕地剃头发、剪短胡须进入天房禁寺。穆斯林听到安拉的使者梦中所见的消息后，马上高呼安拉至大。这一消息在极短的时间内传遍了整个麦地那。但是怎样进入禁寺呢？用战争的手段吗？强行把古莱什人赶离禁寺吗？还是让古莱什人甘拜下风地自己给穆斯林让路呢？

先知宣布要完成朝觐功课

不，不能用武力或战争来实现这一目的。先知穆罕默德只向人们宣布：在禁月之一——伊历 11 月要履行朝觐之功课。

他派人到其他部落，动员他们同他一起到天房去，要安全地、不用武力地去朝觐。与此同时，先知要动员尽可能多的圣门弟子同他一起前往麦加。他之所以这样做，是想让所有阿拉伯人知道，他在禁月来麦加是为朝觐，而不是为打仗。朝觐是阿拉人信仰的其他宗教的功课，它也是伊斯兰教功课之一，他要来麦加履行伊斯兰教功课。他要同尚未归信伊斯兰教的阿拉伯人一起去完成朝觐之功。在这种情况下，如果古莱什人还要在禁月同先知交战，还要禁止他履行阿拉伯人——尽管他们所信奉的神灵不同——所信仰的宗教功课，那么古莱什人在这个问题上将会失去阿拉伯人的支持，也不会再有人帮助他们同穆罕默德进行战争了。古莱什人禁止人们进入禁寺，这就意味着他们不让人们去信仰伊斯玛仪的宗教，不让人们去信仰他们的祖先易卜拉欣的教义。这样一来，穆斯林就能像以前他们组成同盟军反对穆斯林那样，动员阿拉伯人反对他们。同时也可以在尚未信仰先知穆罕默德的阿拉伯人中进一步提高伊斯兰教的威望。人们受戒前来麦加。除随身入鞘的佩剑外，他们不携带任何武器。他们赶着祭牲，一心要环游天房克尔白，履行所有阿拉伯人都要履行的功课。

面对这样的人，古莱什人能说什么呢？

动员非穆斯林前去朝觐

先知穆罕默德向人们宣布要尽朝觐之功。他动员其他各个非穆斯林部落的成员同他一起前往，但很多阿拉伯人没有响应他的号召。他在禁月之一的伊历 11 月 1 日带领迁士、辅士及一些阿拉伯人出发了。他骑着他的灰驼走在队伍的最前面。随行人员共计一千四百人。此行先知赶着七十头祭牲，受戒前往麦加履行小朝。这样做是让人们知道，他不是为打仗而来，而是来朝觐天房禁地的。当到达祖勒·侯乃法[①]时，人们为准备副朝而剃头发、剪短胡须，并远离了祭牲。除入鞘的佩剑外，随行人员未携带任何武器。这一次，圣妻乌姆·赛莱迈随先知同行。

古莱什人对穆斯林朝觐的态度

先知穆罕默德及随行人员前来朝觐的消息传到了古莱什人那儿，他们害怕了。他们反复讨论了这件事并认为，这是穆罕默德在击败了同盟军想占领麦地那的企图之后，要占领麦加的策略。尽管古莱什人知道先知和穆斯林为履行副朝而受了戒，尽管他们知道这些人已向整个半岛宣布，他们来的目的只是为完成所有阿拉伯人公认的宗教功课，但古莱什人还是决定要不惜一切代价阻挡先知穆罕默德和穆斯林进入麦加。古莱什人让哈立德·本·瓦利德和伊克里迈·本·艾比·贾海勒率二百名骑兵前去阻挡。他们在祖勒·塔唯扎下了营寨。

① 祖勒·侯乃法是一个距麦地那约十至十一千米的村落。麦地那人前往麦加朝觐时在此受戒。

两军对垒

先知穆罕默德继续前进，当他到达奥斯凡①时，他遇到了一位克阿布族男子。先知问他关于古莱什人的情况，他说："他们听到你们前来的消息后，已经派兵前来抵抗了。他们穿着虎皮铠甲，驻扎在祖勒·塔唯。他们已向安拉发誓，决不让你们进入麦加。哈立德·本·瓦利德也已率骑兵到达了克拉阿·盖米姆②。"

先知说："该死的古莱什人！战争已使他们筋疲力尽，如果他们不插手我与其他阿拉伯人的事，这对他们有何坏处呢？或者他们战胜我——这是他们要达到的目的，或者安拉助我战胜他们，让阿拉伯人争先恐后归信伊斯兰教。他们只要有力量，就让他们蛮干吧！看古莱什人有什么好结果！指安拉为誓，我要为安拉赋予我的使命奋斗到底，直到安拉使它大获全胜。或者，我在奋斗中让他们砍断我的脖子。"

先知逗留了一会儿，他考虑下一步该如何行动。他离开麦地那，不是来打仗，而是受戒后要来朝觐天房克尔白，是要在天房完成安拉所命令的朝觐功课。先知根本没做战争准备，如果他被迫交战，可能不会取胜。这样古莱什人就会自鸣得意，沾沾自喜。古莱什人也知道先知没做战争准备，他们为了要达到战胜他而自鸣得意的目的，所以他们派哈立德·本·瓦利德前来与之对抗。

先知要和平

正当先知穆罕默德考虑该如何行动时，麦加的骑兵队伍已出现在视线之内。骑兵的逼近告诉前来朝觐的穆斯林，他们要达到朝觐之目

① 奥斯凡是处在麦加和麦地那之间的一个村落或一个水源。

② 克阿拉·盖米姆是距奥斯凡十三千米的河谷。

的，非要闯过骑兵这一关，非要进行一场战斗了。古莱什人要用这场战斗来维护他们的尊严，来保护他们的家乡，而先知不想进行这场战斗。看来古莱什人要强逼他参战了。另外，穆斯林中有人也不乏战斗热情，他们只要抽出鞘中的佩剑，就足能抵抗他们。但是这样做，先知就达不到他原来预期的目的，古莱什人就会在阿拉伯人中间说三道四。先知穆罕默德看得深远，想得也周全，也很谨慎。那怎么办呢？他向人们喊道："谁能带我们走另外一条古莱什人没设防的路呢？"

他要按自从离开麦地那，自从决心到麦加朝觐时就已筹划好的和平方针行事。这时有人站了出来，把他们领上了一条非常难行的崎岖山路。穆斯林历经千辛万苦之后，才走到河谷尽头的一块平原上。他们继续沿山路向右方走去，一直走到麦加下游的侯代比亚。古莱什骑兵看到穆罕默德和穆斯林的人马从另一条路向麦加走去，他们担心他们去进攻麦加城，于是赶快退回麦加去了。当穆斯林到达侯代比亚时，先知的骑驼卧下不动了。穆斯林认为它是过累而趴下了。但安拉的使者说："是使大象止步的力量①使它不向麦加前进了。如果古莱什人向我提出一项解决方案，希望我怜悯，我会答应他们的。"

然后，他让人们就地安营扎寨。大家对他说："安拉的使者，我们扎寨的这个河谷没有水源。"先知从箭囊中抽出一支箭，他把箭交给一个人，让他把箭插到在这里找到的一口井的井底。此人把先知的箭插到一口井底的沙土中，水便顺箭流了出来。人们放心了，他们在此安下了营寨。

双方的态势及古莱什人派使节觐见先知

穆斯林安营扎寨了，但古莱什人在麦加严密地注视着他们。古莱什人宁死也不让先知强行进入麦加。那么为了让安拉给双方做出判决，

① 指公元 570 年，也门总督乘大象前去麦加毁天房失败之事。

穆斯林只有准备与古莱什人打仗这一条路可走了吗？部分穆斯林是这样考虑的。可能古莱什人也是这样考虑的。如果双方真的打起仗来，穆斯林又在战斗中战胜对方，那么，从此之后，古莱什人在阿拉伯人中间再也别想抬起头来，天房守备、供朝觐者饮水及其他阿拉伯人羡慕的宗教职务就会从古莱什人手中被夺去。那么，古莱什人又该怎样行动呢？双方都在考虑下一步的行动方案。先知仍坚持他准备副朝之功时所筹划的方案，也就是和平的方案。除非古莱什人首先向他发起进攻，他被迫拔剑自卫，否则他将尽力避免战争。古莱什人起初举棋不定，而后他们一方面派使节去探听先知的虚实，一方面派人准备阻挡他们进入麦加。布代勒·本·瓦尔盖率领一些胡扎阿人来见先知。他们问他为何前来麦加。他告诉他们，他不是为战争而来，而是为朝觐天房克尔白而来，他们相信了他的话。他们回到古莱什人那儿以后，想劝说古莱什人让穆罕默德和穆斯林进入天房。古莱什人很不满意，斥责他们胆小怕事。并对他们大喊道："如果他不是为战争而来，指主宰为誓，那么他就别强行到我们这儿来，以免阿拉伯人讥笑我们。"

古莱什人又派使节到先知那儿去。这位使节除了前面那位使节听到的话外，没了解到其他情况。由于他害怕古莱什人的责骂，回来后什么也没讲。当时古莱什人准备依靠他们的盟友艾哈比希族人[①]同先知交战。古莱什人想派他们的首领去见穆罕默德。如果这位首领看到穆罕默德不听他的见解，与他达不成谅解，他会更卖力地去支持古莱什人，也会更加起劲儿地反对穆罕默德。艾哈比希族人的首领侯莱思向穆斯林的营寨出发了。当先知看到他快到营寨时，马上命令把祭牲赶到他面前来。先知是想把祭牲作为证据，证明古莱什人要反对的穆斯林是前来朝觐天房的。侯莱思看到七十头祭牲，同时他发现由于长期处在河谷内，祭牲的皮毛有斑驳脱落的迹象。看到这些，侯莱思很感动，宗教感情在他心中起了作用。他确信，这次穆斯林不是来打仗的，

① 艾哈比希族是一个善于射箭的阿拉伯部落。由于皮肤黑或居住在麦加河谷下游一座叫侯伯希的山下而得名。

也不是来侵略的。古莱什人这样对待穆斯林是不公道的。

侯莱思没见到先知穆罕默德，就返回了麦加古莱什人那儿，并对他们讲述了自己的所见。古莱什人听了他的话后很生气，他们对他说："快坐下吧，你真是个无知的蠢货！"听了他们的话后，侯莱思发怒了。他警告他们说，他没同他们结盟阻挡前来朝觐天房的人。他们如果不给穆罕默德及他带来的祭牲让路，他将马上把艾哈比希族人带离麦加。古莱什人担心这样会引起严重后果，又马上安慰了他一番，并请求他容他们考虑一下该如何办。

古莱什人使节欧尔沃·本·麦斯欧德

古莱什人商量后决定派一位聪明精干，他们信得过的人再去穆罕默德那里。他们选中了欧尔沃·本·麦斯欧德·赛格菲。鉴于古莱什人不礼貌地斥责了前两位使节，他谢绝了他们的派遣。古莱什人只好向他道歉，并向他保证，他们信得过他，他们对他的才智放一百个心。

欧尔沃只好来到先知那儿。他对先知说，麦加是他的故乡，而先知带来的这些人都是靠不住的。而一旦他们把麦加砸碎，他们又离开了他，这将是古莱什人永远抹不掉的耻辱。尽管先知穆罕默德与古莱什人不断地进行战争，但他对这种耻辱也不会心安理得。艾布·伯克尔听到他说穆斯林将离弃安拉的使者，怒斥了他几句。欧尔沃一边同先知交谈，一边揪先知的胡须。穆额拉·本·苏阿拜当时站在先知的身旁。他归信伊斯兰教前，欧尔沃曾替他付过十三次杀人罚金。尽管如此，当欧尔沃伸手揪先知胡须时，他总是把他伸出的手打回去。

欧尔沃从先知那儿听到了前两位使节所听到的话：先知不是为战争而来，他是来朝觐天房完成朝觐功课的。然后，他返回到古莱什人那儿，他对他们说："古莱什人们啊，我见过波斯王库思老，也见过罗马大帝盖赛尔和阿比西尼亚王尼加斯，但我从未见过任何一位君王像穆罕默德那样深受人们的爱戴。他一旦去小净，人们便和气地去同他一起小净，就是他掉下一根头发来，他的门弟子也会赶紧去捡起来。他们绝不会让他遭受任何伤害。你们应认真考虑该怎么做吧。”

先知使节前往麦加见古莱什人

像上面我们所讲述的那样，古莱什人的使节来谈了几次。但先知穆罕默德想，古莱什人的使节可能没敢把他那令人信服的意见如实传达给古莱什人，所以他决定派自己的人赴古莱什部落传达他的意见。但古莱什人杀了先知的使节的骑驼。如果不是艾哈希比人阻止，他们甚至会把他的使节也杀了。在艾哈希比人的干预下，他们才放了那个使节。

麦加人的行为表明，他们对穆斯林的敌视和憎恨已到了极点。穆斯林对他们这一行为真是忍无可忍。部分穆斯林想与他们兵戎相见。正当双方互派使节，想达成某项协议时，古莱什部落一些鲁莽之徒晚上偷偷来到穆斯林的驻地，向先知的营寨扔石头。有一天，竟来了约四五十名想伤害先知的暴徒，但是他们全部被俘并被带到先知面前。你知道先知怎样处置他们吗？他为了实现和平方案，也为了尊重在禁月不在麦加禁地杀人的习惯（侯代比亚属麦加禁地之内），他把他们全部释放了。

古莱什人知道这些后很吃惊。他们伪称先知是前来侵略的，一切口实都一下子不攻自破了。这时他们也确信，在这种情况下，他们再向穆罕默德发动进攻，除一些歹徒外，阿拉伯人是不会支持他们的。他们如果进攻，先知会带领穆斯林有理有力地反击。

派奥斯曼·本·阿凡前往古莱什人部落

先知穆罕默德为进一步试探古莱什人的企图，想再派使节同他们谈判。这次他想让欧麦尔·本·哈塔布代他前去向古莱什人首领们转达他的来意。欧麦尔说："安拉的使者，我担心古莱什人会对我下毒手。在麦加没有一位阿迪·本·克阿布族人保护我。另外，古莱什人深知我对他们的敌视和粗暴。为了不耽误你的大事，我想向你推荐一位比我在麦加更有地位的人——他就是奥斯曼·本·阿凡。"

先知把自己的女婿召来，派他去见艾布·苏富扬和古莱什人其他首领。奥斯曼肩负使命出发了。他到麦加首先见到了艾班·本·赛义德。艾班向他声明，在他完成使命期间，他将保证他的人身安全。然后，奥斯曼来见古莱什人首领。他向他们转达了他的使命。古莱什人首领们对他说："奥斯曼，如果你想环游天房，那你就去吧。"

奥斯曼回答说："安拉的使者环游天房前，我绝不去环游天房。我们是来朝觐天房，在天房敬拜安拉的。我们已带来了祭牲，我们一旦在天房献牲后，便马上平安返回。"

古莱什人回答说，他们发誓不让穆罕默德在今年强行进入麦加。双方谈判僵持了很久，因此奥斯曼迟迟不能回到穆斯林那儿去。这时，穆斯林听到消息说古莱什人已背信弃义地把奥斯曼杀害了。但古莱什人首领们正同奥斯曼探求一种既表达古莱什人誓不同意穆罕默德今年强行进入麦加，又表达穆斯林一定要环游天房、要履行宗教功课的方案。古莱什人首领们已对奥斯曼产生了好感，他们在同他商讨他们如何与穆罕默德及穆斯林调整双方的关系。

里德万誓约

不管事情的真相如何，奥斯曼迟迟不归引起了驻扎在侯代比亚穆斯林对他的担心。他们认为，古莱什人背信弃义，在禁月杀害了他。按阿拉伯人所有的宗教习惯，在禁月，在天房克尔白禁地，在麦加禁地是不允许任何人杀害自己的敌人的。他们认为，古莱什人杀害了一位前去完成和平使命的人。圣门弟子个个握紧了佩剑，以表示他们的警觉和愤怒。古莱什人在禁月背信弃义，"杀害"奥斯曼使先知也很震惊。

他对人们说："不解决这些人，我们决不离开此地。"

先知当时站在河谷的一棵树下，他让众门弟子走过来向他发誓至死不逃。所有的圣门弟子坚定地满怀要为被害者复仇的怒火向他发誓了。他们发下了"里德万"[①]誓约，安拉曾为这一誓约降下如下启示：

> 安拉确已喜悦信士们。当时，他们在那棵树下与你订约，他已知道他们的心事，故降镇静于他们，并报酬他们临近的胜利。(《古兰经》48：18）

信士们发誓完毕后，先知用一掌击了另一掌一下，以示奥斯曼在场参加了"里德万"誓约。誓约后，剑要出鞘了，在信士们看来，战争无疑即将到来。他们每一个人都在盼望胜利的日子，或准备心甘情愿地以身殉教。这时，他们得到消息说奥斯曼没有被杀。没过多久，奥斯曼回来了。尽管如此，"里德万"誓约如同"阿盖白"誓约一样已永垂伊斯兰教青史。

这一誓约，体现了先知与信士们间的牢不可破的密切关系，体现了信士们敢于牺牲的大无畏精神，也反映了谁不畏牺牲，死神就敬畏他，生活中的困难就会向他低头，谁就是胜者的这个道理。在谈论信士们的历史时，先知很乐意谈及它。

古莱什人向先知转达意愿

奥斯曼返回后，向先知转达了古莱什人的意向：他们已不怀疑先知和穆斯林是朝觐天房克尔白的。他们知道他们无理由禁止任何阿拉伯人在禁月前来履行朝觐和副朝功课。尽管如此，但他们曾在哈立德·

① "里德万"意为心甘情愿。——译者

本·瓦利德的率领下前来与穆斯林交战，以阻止他们进入麦加，而且在双方部分人员间已发生了冲突。发生了这一切之后，古莱什人再让先知进入麦加，阿拉伯人会说古莱什人败给了他。这样他们在阿拉伯人中的地位和荣誉就会发生动摇。为维护他们的地位和荣誉，他们坚持在今年不让先知进麦加的立场，让双方再进一步考虑一下各自的立场，但愿能找到一个打破僵局的出路。否则，双方就要自觉或被迫地进行战争。在禁月，他们是不愿进行战争的。一方面，如果他们不尊重这一习惯，在禁月进行战争，阿拉伯人就会害怕将来在禁月违反惯例而不敢到麦加和麦加市场上来。这样一来，麦加的商业和麦加人的生计就会受到损害。

双方继续谈判

古莱什人的意愿传达给先知穆罕默德后，双方恢复了谈判。这次古莱什人派遣的是苏海勒·本·阿慕尔。他们对他说："你到穆罕默德那儿去，要同他达成和解，条件是他今年要撤离。指我们的神灵为誓，绝不能让阿拉伯人讥笑我们，说穆罕默德战胜我们后，强行进入了麦加。"

苏海勒到达先知那儿后，双方进行了长时间的和谈。虽然由于某些条件，谈判时有中断，但由于双方都有诚意，谈判中断后不久就恢复了。苏海勒在一些问题上态度强硬，但先知很宽容。先知周围的圣门弟子们看到这种情况后，几乎都克制不住自己了。如果没有圣门弟子对先知的绝对信任和信仰，他们对达成的协议绝不会满意，他们会以战斗的方式进入麦加，或以身殉教。会谈之后，欧麦尔·本·哈塔布来到艾布·伯克尔那儿。两人曾进行了如下的对话。

欧麦尔："艾布·伯克尔，难道他不是安拉的使者？"

艾布·伯克尔："不，不能这样说！"

欧麦尔："要不，难道说我们不是信士？"

艾布·伯克尔:“不,我们是信士!”

欧麦尔:“那么,我们为何接受有损于伊斯兰教的这些糟糕之举?”

艾布·伯克尔:“欧麦尔,不要再讲了。我见证他是安拉的使者!”

欧麦尔:“我也见证他是安拉的使者!”

侯代比亚和约

欧麦尔同艾布·伯克尔谈完这一席话后又来到先知穆罕默德那儿。他脸红气粗地同他谈了类似的话。但他的话没能改变先知的意向和决心。欧麦尔讲完话后,先知仅讲了这么一句话:“我是安拉的奴仆和他的使者。我决不违背他的命令,他也绝不会遗弃我。”

此后,先知在签署协议时所表现出来的宽容竟惹怒了部分圣门弟子。先知让阿里·本·艾比·塔利卜书写协议并对他说:“你写‘奉至仁至慈的安拉之名’。”

苏海勒说:“慢,我不承认‘至仁至慈’之说,应写‘奉安拉之名’。”

安拉的使者说:“你就写‘奉安拉之名’。”

然后,先知又说:“你写‘安拉的使者穆罕默德与苏海勒·本·阿慕尔达成如下协议’。”

苏海勒又阻止说:“慢,如果我承认你是安拉的使者,我就不会反对你了。应该仅写你及你父亲的名字。”

安拉的使者说:“你就写‘穆罕默德·本·阿卜杜拉同意签署如下协议……’”

这样双方签署了侯代比亚和约。大多数史学家认为,协议规定:

> (1)双方休战十年。(2)未经主人允许而投奔穆罕默德信奉伊斯兰教的古莱什人,由穆罕默德负责退回。古莱什人不负责退回来自穆罕默德方面的人。(3)愿与古莱什人缔结盟约者可自便,愿与穆罕默德缔约者亦可自便,但古莱什人除外。

（4）穆罕默德率众朝觐一事改在翌年进行。届时进入麦加只能停留三天，除随身佩刀外，不得携带其他任何武器。

但瓦格迪认为，协议规定双方休战两年。

协议的实施

协议刚刚签署，胡扎阿族人就同先知结成盟友，伯克尔族人也同古莱什人结成了盟友，苏海勒·本·阿慕尔的儿子艾布·杰达勒就来投奔穆斯林了。他要加入穆斯林的队伍中来，他要同他们一起走。苏海勒看到儿子后，打了他一耳光，拉住他的衣领要把他拖回到古莱什人中去。艾布·杰达勒高喊：“穆斯林！难道你们能眼睁睁地看着这些多神教徒把我拉回去吗？”

这一情况使穆斯林很不安，也使他们更加不满意先知与苏海勒达成的协议。先知对艾布·杰达勒说：“艾布·杰达勒，忍耐吧，不要出怨言。安拉会给你及同你在一起的弱者出路的。我们已同古莱什人签署了协议。我们给了他们以安拉名义担保的诺言。我们不能背信弃义。”

为了实施先知签署的协议，艾布·杰达勒被送回了古莱什部落。苏海勒也返回了麦加。先知鉴于他周围门弟子所表示的忧愤，暂停在了原地。他祈祷后，心里安静了下来。他宰了牲，剃了头，以示开始履行副朝。他内心中很平静，也很满意。人们看到他心平气和地宰牲、剃头后，也都纷纷宰牲、剃头。但有的人剃了，有的人却没有剃。先知说：“安拉怜悯剃头者。”

人们不安地说：“安拉的使者，那不剃头者呢？”

他说：“安拉怜悯剃头者。”

人们又不安地说：“安拉的使者，那不剃头者呢？”

他说：“不剃头者……”

部分人说："安拉的使者，你为何仅说安拉怜悯剃头者，而不顾不剃头者呢？"

先知回答说："因为他们没有抱怨嘟囔。"

这时，穆斯林只有返回麦地那，等待来年再来麦加了。大多数穆斯林都是勉强接受了这一安排。如果这不是出于安拉使者的命令，他们不会心甘情愿地这样做。因为穆斯林还没有不战而承认失败的习惯。如果先知命令他们进攻麦加，他们相信有安拉对其使者和其宗教的护佑，他们无疑会打进麦加的。穆斯林在侯代比亚停留了几天。他们有的人不理解先知签署的协议的道理，有的人则对其表示怀疑。就这样，他们很不甘心地向麦地那撤去了。正当他们走在麦加和麦地那中间的归途上时，《古兰经》的"胜利"章降示了。先知在归途中，给门弟子们诵读了安拉的启示：

> 我确已赏赐你一种明显的胜利，以便安拉赦宥你已往的和将来的过失，并完成他对你的恩典，且昭示你一条正路。（《古兰经》48：1—2）

先知一直读到这一章[①]的最后一节。

侯代比亚和约是明显的胜利

无疑，侯代比亚和约是明显的胜利，先知原来就这样估价的。现实生活也证明了这一协议是一项具有远见的英明的措施。这一协议对伊斯兰教的未来，对所有阿拉伯人的前途产生了重大的影响。这是古莱什人第一次承认穆罕默德不是一个复仇者，而是与他们平起平坐的对手。古莱什人以此承认了伊斯兰教的合法地位。古莱什人承认穆斯林

① 这一章共29节。——译者

有权朝觐天房克尔白，有权在天房履行宗教功课，这就说明他们已承认伊斯兰教在半岛上是公认的宗教了。休战两年，或休战十年，这使穆斯林在南方已无后顾之忧，他们再不必担心古莱什人前来骚扰了。这就为伊斯兰教的进一步传播创造了条件。以前从未向先知低过头的、死硬的顽敌古莱什人今天不是屈服了吗？和约签署之后，伊斯兰教以比以前更快速地发展传播开来。签署侯代比亚和约的那一年，同先知前来麦加的共一千四百人。两年之后，他再次来麦加时，与他同行的人已达万人之多。对和约持怀疑态度的人们最反对的一点就是：协议规定——未经主人允许而投奔穆罕默德信奉伊斯兰教的古莱什人，由穆罕默德负责退回。古莱什人不负责退回来自穆罕默德方面的人。当时先知认为，背叛伊斯兰教投奔古莱什人的不配再回到穆斯林的队伍中来了。而那些愿归信伊斯兰教、想来跟随穆罕默德的人，安拉总会给他们以出路的。此后发生的事件，很快地证明了先知的这一见解，也证明了伊斯兰教从侯代比亚和约中获得了巨大的益处。和约签署两个月之后，先知便开始给各部落君王首领下书，动员他们归信伊斯兰教。

艾布·蒲绥里的故事

穆斯林没有想到，事情的发展很快证实了先知穆罕默德的预见。艾布·蒲绥里从麦加奔到麦地那，他要加入先知的队伍中来。他离开麦加未经主人允许，按双方协议规定，应把他遣返到古莱什人那里去。艾资哈尔·本·奥夫和艾赫纳斯·本·夏利格给先知下书，要求把艾布·蒲绥里遣返。他俩派一位阿米尔族人同一位仆人携书来到麦地那。先知对艾布·蒲绥里说："艾布·蒲绥里，我们已向这些人做了你所知道的允许。按我们的宗教信仰，我们不能言而无信。安拉会给你及同你在一起的受侮者出路的，你还是回到你族人那儿去吧。"

艾布·蒲绥里说："安拉的使者，难道你让我回到那些干预阻挠我的信仰的多神教徒当中去吗？"

先知又把同他说过的话重复了一次，他只好同那两个人离去了。当三人走到祖勒·侯乃法时，艾布·蒲绥里要求那位阿米尔人让他看一看他的宝剑。剑刚一到他手，他马上举剑把他杀了。同来的仆人见势不妙，拔腿便向麦地那先知那儿跑去。先知看到他那惊慌失措的样子后说道："此人看到可怕的事了。"

他对仆人说："该死的家伙！你怎么了？"

仆人回答说："前来投奔你的那个人杀了我的主人。"

一会儿，艾布·蒲绥里佩戴着宝剑也赶回来了。他对先知说："安拉的使者，你已履行了你的诺言。安拉已使你与此事无关了。你已把我交回了那些人手中。我不能去信仰我所信仰的宗教，但我也不回去让他们戏弄我。"

当时尽管有人在先知周围，但先知没有隐瞒他对艾布·蒲绥里的敬佩。艾布·蒲绥里走了。他来到地处海滨、古莱什人通往叙利亚路边的伊斯。先知与古莱什人签署和约后，无论是先知，还是古莱什人谁都不能拦截堵塞这条商路。艾布·蒲绥里来到伊斯之后，居住在麦加的穆斯林听到了这件事，也听到了先知对艾布·蒲绥里表示敬佩的消息。所以大约七十人来到艾布·蒲绥里那儿，他们都推他做他们的伊玛目。从此后，他们开始拦截古莱什人的商路了。他们见一个古莱什人，就杀一个，见到他们的驼队就抢。这时古莱什人认识到，强行把这些穆斯林扣在麦加，已给自己造成了莫大的损失。对于具有真正信仰的人，扣留他比释放他会给自己带来更严重的后果。这样的人必然会伺机逃脱，他必然会对扣留他的人进行武力反抗。在这种情况下，受损失的人只是那些扣留他们的人。好像古莱什人又想到了过去。先知在迁徙到麦地那后，不是也常常截断他们的商路吗？古莱什人害怕艾布·蒲绥里等人再度抢劫他们，所以他们派人来到先知那儿。他们为了商路的安全，要求先知收留这些人。这样，古莱什人主动放弃了在签署侯代比亚和约时苏海勒·本·阿慕尔一定要坚持的条款，即穆罕默德应把那些未经主人同意前来投奔他的古莱什人退回麦加。这样使欧麦尔·本·哈塔布对艾布·伯克尔发牢骚的原因也不存在了。先知收留了那些门弟子。这样，通往叙利亚的商路又畅通无阻了。

关于投奔麦地那的女性

关于从古莱什人中前来投奔麦地那的女性，先知对她们则是另一种态度。和约签署之后，乌姆·库勒苏姆·宾特·奥格拜来到了麦地那。她两位哥哥奥马拉和瓦利德，根据侯代比亚和约，要求安拉的使者把她送回去，但先知拒绝了。他认为和约条款不应施于女性，女性如果提出要求保护，就应该保护她们。妇女一旦归信伊斯兰教，她就不再是多神教徒丈夫的合法之妻，两者应分道离异。关于这一点，安拉启示：

> 信道的人们啊！当信女们迁移而来的时候，你们当试验她们。安拉是至知她们的信德的——如果你们认为她们确是信女，那么，就不要使她们再归不信道的丈夫。她们对于他们是不合法的，他们对于她们也是不合法的。你们应当把他们所纳的聘礼偿还他们。当你们把她们的聘礼交付给她们的时候，你们娶她们为妻，对于你们是毫无罪过的。你们不要坚持不信道的妻子的婚约，你们当索回你们所纳的聘礼，叫他们也索回他们所纳的聘礼。这是安拉的律例，他依此而替你们判决。安拉是全知的，是至睿的。(《古兰经》60：10)

事情的发展完全证明了先知的英明、远见和政策的稳妥。这也说明，他签署侯代比亚和约时，就已为伊斯兰教政策及其发展奠定了基础。无疑，签署和约是明显的胜利。

先知穆罕默德的筹划

侯代比亚和约签署之后，古莱什人与先知穆罕默德的关系大大改善了，双方都彼此放心了。古莱什人全力以赴地经商去了。在古莱什人与穆斯林战争的年月，古莱什人通往叙利亚的商路被截断，他们的商业遭受了极大损失。现在古莱什人要补回过去的损失。而先知穆罕默德呢，他则可以全神贯注，继续在世界上向所有人传达他的使命去了。他要为伊斯兰教在半岛上的全胜做准备，他要向各部落君主派遣使节，他要通过此后发生的海白尔之战，把犹太人全部驱逐出阿拉伯半岛。

第二十一章　海白尔之战及向各君主派遣使节

穆斯林与古莱什人达成了协议：穆斯林今年不进麦加，等明年再来。和约签署三周之后，先知穆罕默德同穆斯林一起从侯代比亚出发向麦地那返回。一路上他们对这一协议都有所不满。部分穆斯林认为，这一协议有损他们的尊严。他们在路上走着的时候，《古兰经》的"胜利"章降下了，先知给他们诵读了它。先知在侯代比亚停留期间及返回麦地那之后，一直在考虑，为了进一步坚定穆斯林的立场，为了使伊斯兰教进一步传播，下一步该怎样走呢？最后他决定，向拜占庭皇帝希拉克略、波斯国王库思老、埃及王居鲁士（摩高基斯）、希拉王加萨尼人哈里斯及阿比西尼亚王尼加斯驻也门的总督派遣使节。同时他也决定，要在阿拉伯半岛上彻底清除犹太人的势力。

伊斯兰教大发展的条件已经成熟

伊斯兰教发展成全人类的宗教的时机已经成熟。伊斯兰教已不再是仅仅停留在宣传认主独一论及以认主独一论的精神履行拜功的宗教。它涉及的范围已经扩大，扩大到与认主独一论相适应的社会生活的各个范畴。因此，有关社会生活多方面的法规均已降示。

禁　酒

史学家们对何时开始禁酒，有不同的意见。有些人认为，禁酒是在伊历4年开始的，但多数人认为，禁酒是在签署侯代比亚和约那年开始的。禁酒的思想是一项社会性的改革。《古兰经》的有关禁酒的章节，是在先知为圣大约二十年之后降示的。在禁酒的启示之前，穆斯林一直在饮酒。禁酒的启示不仅降示了一次。先是劝圣门弟子少饮，最后才是禁酒。据传，欧麦尔·本·哈塔布曾询问过有关饮酒的事项。安拉的使者说："主啊，向我们启明饮酒的事宜吧。"所以，安拉启示：

> 他们问你饮酒和赌博（的律例），你说："这两件事都包含着大罪，对于世人都有许多利益，而其罪过比利益还大。"（《古兰经》2：219）

这节《古兰经》降示后，穆斯林并未停止饮酒。有些穆斯林晚上痛饮后，去礼拜时竟念不出礼拜经文来。欧麦尔再次询问安拉的使者，使者说："主啊，向我们阐明饮酒的事宜吧。饮酒使人丧失理智，使人破产。"所以，安拉又降下了如下的启示：

> 信道的人们啊！你们在酒醉的时候不要礼拜，直到你们知道自己所说的是什么话……（《古兰经》4：43）

那一天，安拉使者的传话人，在礼拜时宣布：醉汉不准履行拜功。尽管醉酒的现象减少了，尽管很多人尽可能地节饮，但是过了一段时间后，欧麦尔再次询问安拉的使者。先知说："主啊，饮酒使人丧失理智，使人消耗资财。请给我们降示有关禁酒的断然启示吧。”

欧麦尔讲这话是有道理的。当时阿拉伯人，其中也包括穆斯林，常常酗酒撒疯。喝醉之后，一些人相互揪对方的胡须，甚至打得头破血流。有一次，部分穆斯林请另一些穆斯林教友吃喝。他们喝醉后说起了迁士如何，辅士如何，等等。其中一位辅士对迁士表现出了偏见，他拿起一根已被啃光的骆驼骨头，把一位迁士的鼻子打破了。还有一次，人们喝醉后，发生了争吵，打起了群架。一些人把另一些人的头打破了。他们本来都是战友，现在相互间却积下了怨恨。这时，安拉降下了如下的启示：

> 信道的人们啊！饮酒、赌博、拜像、求签，只是一种秽行，只是恶魔的行为，故当远离，以便你们成功。恶魔唯愿你们因饮酒和赌博而互相仇恨，并且阻止你们记念安拉，和谨守拜功。你们将戒除（饮酒和赌博）吗？（《古兰经》5：90—91）

在宣布禁酒的那一天，卖酒的人很听话。他刚听到传话人宣布禁酒，马上就把酒倒掉了。但人们对禁酒并不理解。他们说，难道酒是肮脏之物吗？某某人饮酒后，在吴侯德之战中牺牲了，某某人饮酒后，在白德尔之战中牺牲了！对于这一议论，安拉启示：

> 信道而且行善的人，对于所用的饮食，是毫无罪过的，如果他们敬畏而且信道，并努力为善；然后，敬畏而且信道；然后，敬畏而且行善。安拉是喜爱行善者的。（《古兰经》5：93）

伊斯兰教提倡的仁慈、惜悯、行善及其主张的精神修养和祈祷的跪拜并不是要抹杀人的自尊心，而是要使伊斯兰教比以往的所有宗教更完美，要让全人类来信仰它。

罗马国王与波斯国王

当时希拉克略和库思老分别统治着罗马帝国和波斯帝国。罗马和波斯是当时的两大强国。这两个国家控制着世界和各民族的命运。

读者已经看到，当时两大帝国曾展开了旷日持久的拉锯战。战争初期，波斯掌握了战场上的主动权。它占领了巴勒斯坦和埃及，并染指了耶路撒冷，抢走了十字架。后来波斯人在战场上失利，罗马帝国再次占领埃及、叙利亚和巴勒斯坦。罗马皇帝希拉克略收回了耶路撒冷十字架。希拉克略曾许愿：如果他能在战场上获胜，他将步行到耶路撒冷圣地朝拜，他要把十字架放回原处。由于这两大强国所享有的地位，当时仅提一提两大帝国的名字就会使人惧怕。任何国家都不敢跟两大帝国抗衡，任何人也不敢跟两大帝国不发展友好关系。当时世界上一切较为有名的国家都是这样，而阿拉伯各国更是如此。也门、伊拉克处在波斯势力之下，埃及、叙利亚则处在罗马势力之下。希贾兹及半岛的其他地方处在两大帝国的势力范围之内。当时，阿拉伯人靠与也门和叙利亚的商业贸易为生。为了不使这两大帝国破坏他们的商业贸易，阿拉伯人十分需要同尼加斯和希拉克略建立友好关系。

当时的阿拉伯只不过是时战时和的一些部落，相互之间还未形成敢于同两大强国对抗的政治统一局面。先知穆罕默德要向这两大强国的君主，要向加萨尼、也门、埃及、阿比西尼亚派遣使节，要动员这些国家的人民信仰他的宗教。先知的这一行动有可能会使阿拉伯国家被置于波斯和罗马帝国统治之下。但先知很有信心，毫不惧怕。他的魄力是令人惊奇的。

先知派使节赴各君主国

先知穆罕默德决心动员各国君主信仰伊斯兰教。有一天，他对门弟子讲："人们啊，安拉让我怜悯所有的人。使徒们对待麦尔彦之子尔撒的态度是不一样的。但所有的人，不像使徒们对待尔撒那样来对待我，他们的态度没什么不同。"

门弟子问他说："安拉的使者，使徒们的态度是怎样不同的呢？"

先知回答说："尔撒号召使徒们的，与我号召你们的基本上没有差异。但使徒们，被派往近处者，就欣然从命。被派往远处者，就对尔撒不满，而面有难色。"

然后，他告诉人们，他要向希拉克略、库思老、居鲁士、希拉王加萨尼人哈里斯、也门王希木叶尔人哈里斯及阿比西尼亚王尼加斯派遣使节，他要号召他们归信伊斯兰教，门弟子们赞同他的决定。先知制作了一块银质印章，上面刻着"安拉的使者穆罕默德"。他让使节给各国君主带去了信函。下面，我把先知致希拉克略的信作为例子，向读者转述如下：

奉至仁至慈的安拉之名

安拉的仆人穆罕默德致罗马皇帝希拉克略陛下：

首先祝追随正道的人平安！我以伊斯兰教的号召奉劝你，你信奉伊斯兰教，你将获得平安，安拉将赐你双重报酬；你若背弃正道，你就担负众臣民之罪。

你说："信奉天经的人啊！你们来吧，让我们共同遵守一种双方认为公平的信条：我们大家只崇拜安拉，不以任何物配他，除安拉外，不以同类为主宰。"如果他们背弃这种信条，那么，你们说："请你们作证我们是归顺的人。"(《古兰经》3：64)

先知把致希拉克略的信交给了狄哈叶·本·哈里发·凯勒比；把致库思老的信交给了阿卜杜拉·本·侯宰法·赛海米；把致尼加斯的信交给了阿慕尔·本·伍麦叶·德木里；把致居鲁士的信交给了哈蒂布·本·艾比·拜勒特尔；把致阿曼国王的信交给了阿慕尔·本·阿斯·赛海米；把致叶麻麦国王的信交给了萨里特·本·阿慕尔；把致巴林国王的信交给了阿慕尔·本·哈达拉米；把致地处叙利亚边境附近的希拉国王加萨尼人哈里斯的信交给了苏杰阿·本·沃海布·阿萨迪；把致也门国王希木叶尔人哈里斯的信交给了穆海吉尔·本·伍麦叶·迈赫祖米。这些使节按先知的派遣出发了。多数史学家认为，这些使节是在同一时间分头启程的；也有部分史学家认为，这些使节是在不同的时间先后出发的。

波斯与罗马

先知穆罕默德在向各邻国君主派遣使节时所表现的魄力是令人震惊的。更令人震惊的是，向这些国家派遣使节三十年之后，穆斯林就开拓了这些国家，而其中大部分国家信仰了伊斯兰教。当时在世界上占主导地位的两大帝国正为了物质利益厮杀得难分难解。在这两个国家里，精神方面的动力早已丧失殆尽。当读者了解到这一情况后，对伊斯兰发展之迅猛异常就不会感到震惊了。当时波斯人已分裂为拜物教徒和拜火教徒。而罗马的基督教，也已陷入四分五裂、派系丛生的局面。它已不再是能团结民族的信仰，而成了宗教人士用以控制、压迫和剥削民众的工具。而先知号召人们信仰的伊斯兰教，是一种能使人达到人道主义最高境界的纯洁无瑕的精神力量。人一旦具备了这一精神力量，当物质利益与精神追求发生冲突时，当今生的欲望与后世的希望发生冲突时，前者总会服从后者。

波斯帝国和罗马帝国虽然当时还很有权势，但这两个国家已经丧失了创新的力量和发展的势头，在思想和实际工作领域只能因循守旧，而且把一切创新都看作异端。人类社会像个体生物一样，每天都在发展变化。如果它是处在青年时期，那么它就会朝气蓬勃、蒸蒸日上，具有生命力。如果它已走到自己的尽头，那么它就不仅缺乏创造力，而且开始消耗它自己的生命，它的生命开始日益萎缩，直到结束。生命已近尾声的社会环境，外部因素必然要给它注入具有生命力的新东西。给波斯和罗马注入有生命力的新东西的外部因素，不是中国、印度，也不是中欧，而是先知穆罕默德。他所传播的具有朝气的宗教，可以给这守旧的宗教习惯和迷信所影响以致衰败的社会带来新的希望，并使之焕发出活力来。正是照耀着安拉使者心灵的新的信仰之光及他内心中所具有的无穷力量，使他向各邻国君主派遣了使节，并动员这些大人物们归信真理之教、全美之教——安拉的宗教。他动员他们归信的这一宗教，可以解放他们的思想，可以启迪他们的心灵。这一宗教为信仰生活，为社会制度奠定了坚实的基础。

在阿拉伯半岛上彻底消除犹太人势力

先知穆罕默德向各王国派遣了使节，在这期间他是否仍在担心居住在麦地那北方的犹太人会有什么不义之举呢？是的，他已签署了侯代比亚和约，在古莱什人方面，麦地那南部已经安定了。但麦地那北部还不安全。希拉克略或库思老可以利用海白尔的犹太人制造麻烦。先知以前曾把犹太古赖祖人、奈迪尔人、盖努加阿人或赶出家园，或围而歼之。海白尔的犹太人还记着他们教胞的这一旧恨。犹太人比古莱什人更仇恨先知穆罕默德。他们比古莱什人更信守自己的宗教。同时，他们比古莱什人更聪明，更富有知识和经验。不容易同他们达成类似侯代比亚式的和约。先知与犹太人已有多次交锋，犹太人从没胜过。犹太人如能从希拉克略那里得到援助，他们一定会为自己报仇的。因此，一定要在半岛上彻底消除犹太势力，使他们从此以后再也不能在阿拉伯半岛抬头。为了不让犹太人从盖特芳人或反对先知的其他部落得到援助，彻底消除犹太势力的行动必须尽快进行。

进军海白尔

先知穆罕默德说干就干。在签署侯代比亚和约回到麦地那十五天之后（也有人说一个月之后），先知命令人们做好向海白尔进军的准备。但只有参加签署侯代比亚行动的人，只有在自觉自愿基础上，不为谋取战利品者才有资格参加这次行动。一千六百名穆斯林同一百名骑士，满怀胜利的信心出发了。他们个个都牢记着安拉在签署侯代比亚和约时在《古兰经》的“胜利”章中所启示的：

> 留在后方的人们，当你们为获取战利品而出发的时候，他们将说：“让我们跟你们去吧！”他们欲变更安拉的判词。你说：“你们绝对不得跟我们去，以前，安拉已这样说过了。”他们将说：“不然，你们忌妒我们。”不然，他们不甚了解。（《古兰经》48：15）

穆斯林在前往海白尔的路上走了三天，但海白尔的犹太人竟几乎毫无察觉。穆斯林来到他们的堡垒之前，天就亮了。那一刻，海白尔的犹太人手拿铁锹和土筐到田里去干活了。直到这时，他们才发现先知的大军。这些人拔腿就跑，他们一边跑一边喊：“穆罕默德率军队杀来了！”

安拉的使者听到他们的喊声后说：“海白尔命该遭到毁灭！我们既来到这里，今天早上，这些被警告者们就应受到惩罚。”

犹太人的打算

海白尔的犹太人已料到穆罕默德会来进攻，他们也正在想方设法来摆脱这一局面。一些犹太人主张，由海白尔、古拉河谷和泰曼之地的犹太人组成联军，首先向麦地那发动进攻。在进攻麦地那时不必依靠阿拉伯各部落。而另一些人则主张，应与穆罕默德结盟。自从侯叶伊·本·艾赫达布同一些犹太人鼓动阿拉伯人进攻麦地那，从而爆发了壕沟之战后，穆斯林，特别是辅士，对犹太人深恶痛绝。如果能同先知结盟，就可能消除穆斯林对犹太人的憎恨。但是，当时双方的紧张关系一触即发。海白尔之战之前，穆斯林曾斩杀了两名海白尔犹太人的首领。他俩是萨莱姆·本·侯盖格和耶希尔·本·拉扎姆。因此，犹太人与盖特芳的阿拉伯人经常保持着联系。当犹太人刚一听到先知要进攻他们的消息后，马上就向盖特芳人求援。关于盖特芳的阿拉伯人在这次交战中的作用，有两种说法：一种说法是，他们前来海白尔援助了犹太人；另一种说法是，他们在通往海白尔的路上阻击了穆斯林军队。

两支强大的武装力量

无论是盖特芳人前来海白尔参加了战斗，还是他们在通往海白尔的路上阻击了穆斯林军队，然后在先知答应将送给他们数量可观的战利品后撤离了战场，这场战斗都可谓是一次最残酷的战斗。海白尔的犹太人是最强悍、最富有、武器最多的一股以色列力量。穆斯林清楚地看到，只要半岛上有犹太势力存在，那么穆萨的宗教[1]就会与新的宗教竞争，并会妨碍穆斯林获取胜利。因此，他们怀着血战到底的激情来到了海白尔。古莱什人及整个半岛上的阿拉伯人都在密切注视着这一战斗。古莱什人甚至为谁能在战斗中取胜而打赌。很多古莱什人知道，海白尔犹太人的堡垒建在岩石和高山之上。他们也知道，这些犹太人富有战斗能力和经验。所以，他们预料，穆斯林将在这次战斗中失利。

① 即犹太教。——译者

包围海白尔诸堡垒

全副武装的穆斯林来到了海白尔诸堡垒之前。犹太人开始商量对策。他们的首领萨莱姆·本·米希克姆向他们部署：把钱财和家眷放到瓦提哈和萨莱姆两个堡垒中，把军需品和食粮放到纳伊姆堡垒，而首领萨莱姆·本·米希克姆同参战人员进入纳塔堡垒。他在那里鼓动和指挥犹太人进行战斗。双方在纳塔周围展开了激战。据记载，那一天有五十名圣门弟子受了伤，而受伤的犹太人不计其数！萨莱姆·本·米希克姆阵亡后，哈里斯·本·艾比·宰纳布接替了指挥权。他带人冲出纳伊姆堡垒，想与穆斯林决一死战。海兹拉吉族人拦住了他，厮杀一阵后，犹太人被迫退回了堡垒。穆斯林缩小了对海白尔堡垒和犹太人的包围圈。犹太人知道，如果这次败在穆罕默德手里，那就意味着以色列子孙最后在阿拉伯半岛的彻底失败。所以，他们进行了拼死抵抗。

攻克堡垒

激烈的战斗连续进行了数日。安拉的使者派艾布·伯克尔率人去进攻纳伊姆堡垒。激战后，他没有成功。安拉的使者第二天又派欧麦尔·本·哈塔布去攻打这座堡垒，但他同艾布·伯克尔一样，也没有成功。这时，安拉的使者把阿里·本·艾比·塔利卜召来。使者对他说："拿起这面战旗，举着它前进，直到安拉使你攻克这一堡垒。"

阿里举着战旗出发了。当他接近堡垒时，犹太人出来迎战。他义无反顾地同他们拼杀起来。一位犹太人举刀向他砍来，阿里丢下手中的盾牌，拿起了堡垒的一扇大门。他用这扇门当盾牌，一直战斗到把这一堡垒攻克。然后，他把这扇门当跳板，让圣门弟子踩着它进入了堡垒。堡垒的指挥官哈里斯·本·艾比·宰纳布战死后，堡垒落到了穆斯林手中。上面这一激战情况，足可以证明：犹太人是在拼命抵抗，而穆斯林也在拼命进攻！

占领纳伊姆堡垒后，经过死拼，穆斯林又攻克了盖姆斯。这时穆斯林的给养已寥寥无几。为此，一伙圣门弟子来到先知那儿来诉苦，要求他解决粮食问题。为了解决燃眉之急，他批准他们吃马肉。一位圣门弟子看到一群羊正被赶进一座犹太人堡垒，他赶紧跑过去抢下了两只。圣门弟子把羊宰了，分而享之。圣门弟子攻克萨阿布·本·穆阿兹堡垒后获得了大批粮食。这样，他们又可以同犹太人继续战斗了。

犹太人拼死抵抗

在战斗中犹太人寸土不让。他们为保卫每一座堡垒，都进行了英勇抵抗。不到山穷水尽的地步，他们从不放弃任何一座堡垒。犹太人马尔哈布全副武装地走出了一个堡垒。他在穆斯林面前朗诵了下面的诗句：

且看海白尔著名的马尔哈布：
英勇善战，经验丰富。
我敢于冲锋，拔剑张弩，
好像雄狮在愤怒。
我所保卫的领土，
谁也休想逼近半步。
面临我的威武，
勇士们只能退却认输。

先知对门弟子高喊：“这是谁？”

穆罕默德·本·麦斯莱迈回答说：“安拉的使者，让我来收拾他。

昨天我哥哥遇难了，指安拉为誓，我正无处解恨呢！”

先知允许后，他冲了过去。两人杀了几个回合，他几乎死在马尔哈布的刀下。马尔哈布举刀向他猛砍，麦斯莱迈用皮质盾牌挡了过去。马尔哈布用力过猛，刀砍入了盾牌之内，一时抽不出来了。麦斯莱迈乘机举刀砍死了马尔哈布。这场犹太人与穆斯林之间的战斗真是异常激烈！由于犹太人有坚固的堡垒可以盘踞，这就更增加了战斗的残酷性。

犹太人的绝望及海白尔协议

穆斯林包围了批比尔堡垒，但几经交战也未能攻克它。他们断绝了堡垒的水源，犹太人只好走出堡垒同他们拼杀。犹太人终于被杀得落荒而逃。堡垒一个接一个地被穆斯林占领。犹太人只好逃进凯提白区的瓦提哈和萨莱姆堡垒。这是犹太人尚未陷落的最后两座坚堡。在先知夺取了希格区、纳塔堡垒和凯提白区的全部财产之后，犹太人绝望了。他们提出停战的请求，条件是要保留他们的性命。先知同意了他们的请求，并让他们继续留在他们的土地上生活。鉴于先知已取得了胜利，土地已归穆斯林所有。犹太人应把土地收成的一半交给穆罕默德和圣门弟子，而另一半，则作为劳动的报酬留给他们自己。

犹太人势力的瓦解

先知穆罕默德以前曾把犹太盖努加阿族人和奈迪尔族人赶出了他们的土地。这次他没有用扫地出门的方式对待海白尔的犹太人。因为，他相信海白尔被攻克后，犹太人大势已去，从此后，他们将再也待不下去了。同时，海白尔的果园、农田和枣椰林需要大量的劳力去管理。麦地那的辅士能够管理这些土地，但他们自己的土地也需要他们去耕种。另外，先知需要大批人员随军打仗，他不想让自己的门弟子弃军务农。

犹太人的势力瓦解之后，海白尔的犹太人一直生活在这块土地上。尽管先知很厚道地对待海白尔的犹太人，尽管这里的辅士代表阿卜杜拉·本·拉瓦哈很公平地对土地的收成进行了分配，但海白尔的耕地很快荒芜了。先知厚道地对待海白尔犹太人的例子很多。比如，穆斯林在攻占海白尔时，缴获了几卷《讨拉特》，犹太人请求把这些书归还给他们，先知答应了他们的请求。罗马人占领耶路撒冷时，曾践踏、焚烧了犹太人的经书。基督教徒们在安达卢西亚反犹太人的战争中，也焚烧过犹太人的经书。但先知与他们不同，他没有像那些人那样来对待犹太人的经书。

法达克的犹太人

当穆斯林包围瓦提哈、萨莱姆两座堡垒，海白尔的犹太人请求停战时，先知派人来到法达克犹太人那里。他告诉那里的犹太人，他们目前只有两条路：或是承认先知的使命，或是交出他们的财产。法达克的犹太人知道海白尔战斗的情况后很是害怕。他们一致同意不与穆斯林交战，并把他们财产的二分之一送给穆斯林。海白尔的收入归穆斯林所有，因为他们参加了解放它的战斗。而法达克的收入则归先知专用，因为圣门弟子们没有在法达克经受戎马战斗的艰苦。

古拉河谷犹太人的顺服

战斗结束后，安拉的使者取道古拉河谷向麦地那返回了。古拉河谷的犹太人也准备好与穆斯林较量一番。但双方交战后，他们像海白尔的犹太人一样，只有请求停战，被迫顺服了穆斯林。而泰迈的犹太人，则没有敢于交战就同意向穆斯林缴纳贡税了。这样，这个地区的所有犹太人都顺服了先知。犹太人在半岛上的势力因而瓦解了。

侯代比亚和约后，麦地那南方获得了安全保障，现在麦地那北部直到叙利亚边境的广大地区也获得了安全保障。犹太人势力瓦解之后，穆斯林，特别是辅士，慢慢消除了自己对犹太人的憎恨。后来部分犹太人又回到了麦地那，辅士也默认了。当阿卜杜拉·本·乌班耶去世之后，一些犹太人来麦地那凭吊。先知对他们很客气。先知安慰了死者的儿子，并嘱咐穆阿兹·本·杰拜勒不许逼迫犹太人脱离他们的犹太教。生活在巴林的犹太人，尽管他们一直信守着他们父兄的宗教，但先知没让他们纳贡交税。先知同犹太加兹族人及阿利德族人达成了如下的协议：穆斯林给他们提供安全保障，他们向穆斯林缴纳一定的贡税。总之，犹太人顺服了穆斯林，他们在阿拉伯国家的地位垮台了。犹太人终于不得不离开这个他们原先享有很高地位的地区。有人说，先知在世时，犹太人全部撤离了这个地区。也有人说，是在先知逝世之后，犹太人才全部撤离了这个地区。

海白尔半岛其他地区的犹太人并不是一下子就顺服的。他们每失败一次，都更加仇恨穆斯林。先知与海白尔的犹太人停战后，萨莱姆·本·米希克姆之妻栽娜卜·宾特·哈里斯送来了一只羊。先知与自己的同伴们坐在羊肉的周围吃了起来。先知拿起一块肉，他咀嚼后没能咽下去。比希尔·本·巴拉也拿起一块肉，他咀嚼后硬吞了下去。安拉的使者把口中的肉吐了出来，他说："这块骨头告诉我，这肉中下毒了。"他让人把栽娜卜叫来。她在事实面前只好承认了自己的罪行。她对先知说："你知道你使我的族人遭到了什么不幸。我对自己说，如果他是人间的帝王，我就能害死他而一劳永逸。如果他是先知，他就能发现我下毒的罪行。"比希尔由于吃了下毒的肉很快就死了。

对如何处置栽娜卜，有不同的记载。大多数人提到，由于她父亲及丈夫在战斗中被杀，先知饶恕了她。但部分人提到，由于她毒死了比希尔而被处死了。

先知与侯叶伊·本·艾赫达布之女索菲娅成亲

栽娜卜的行为给穆斯林造成了很深的影响。海白尔战斗结束后，她的行为使他们对犹太人失去了信任。尽管犹太人作为一个团体，他们的势力已消除，但穆斯林对散居的犹太人仍不放心。犹太奈迪尔人侯叶伊·本·艾赫达布之女索菲娅在海白尔堡垒中被穆斯林俘虏。她丈夫是基纳奈·本·拉比阿。据穆斯林所知，犹太奈迪尔族人的财宝藏在基纳奈那儿。先知问他财宝藏在何处，他发誓说不知道。先知对他说："如果我们在你这里找到了这些财宝，我是否要杀掉你？"

他说："可以杀。"

有位圣门弟子曾发现基纳奈经常在一个废墟周围走动。他把这一情况告诉了先知。先知命令挖掘废墟，结果在废墟下找到了部分财宝。基纳奈为此被处决了。当索菲娅被俘后，有人对先知说："索菲娅是犹太古赖祖人和奈迪尔人的贵妇，只有你才配与她成婚。"

先知按照当时流行的习惯，即战胜者的领袖与被战败者们头目的女儿成婚，以减轻被战败者的灾难和保留他们的体面，他按照这一习惯释放了索菲娅并与她结了婚。由于先知杀了她的父亲和丈夫及她的很多族人，辅士艾布·阿尤布·哈立德担心她会伤害先知。所以在先知与她成亲的那天夜里，他一直佩戴着宝剑守在先知的帐篷周围。第二天早上，先知看到他后问："你怎么了？"

他回答说："你杀了她的父亲、丈夫和很多族人，我对她不放心。"

但是，在先知逝世之前，索菲娅对他一直很诚实。他病危时，妻子们都围在他周围。索菲娅说："指安拉为誓，先知呀，我真愿你得的病转到我身上来。"

先知的其他妻子们对她侧目而视。先知看到后，对她们说："你们忏悔吧。”

她们说：“安拉的使者，我们为何事忏悔？”

先知说：“因为你们对你们的姐妹侧目而视。指安拉为誓，她是诚实的。”

先知逝世后，索菲娅一直活到伍麦叶王朝穆阿维叶时期。她去世后，埋在了巴吉阿。

先知派往希拉克略的使节

先知穆罕默德向希拉克略、库思老、尼加斯及其他阿拉伯地区周围国家的君主派遣了使节。这些使节的命运如何呢？这些使节是在海白尔之战之前出发的呢，还是他们参加了海白尔之战，在穆斯林大获全胜之后出发的呢？

史学家们在这个问题上分歧很大，使人对此很难下断言。我揣想，这些使节不是在同一时间出发的。他们有的是在海白尔之战之前出发的，有的是在这一战争之后出发的。在一些小说中有这样一些记载：先知派往希拉克略的使节狄哈叶·本·哈里发·凯勒比参加了这一战争。狄哈叶赴希拉克略时，适逢他在战场上战胜了波斯人。他从他们手中要回了他们从耶路撒冷抢走的大十字架。当时希拉克略正在实践他以前许下的诺言：步行到耶路撒冷朝觐，亲自把大十字架放回原处。先知的信件转到他手上时，他在旅途中已到达了霍姆斯。先知的信件是狄哈叶交给了希拉克略驻布斯拉的总督，后由这位总督派人把它转交给了希拉克略呢，还是狄哈叶亲手把信件交给了他？对于这个问题也有不同的记载。信件转到希拉克略手上时，有人向他译述了。他听了此信件的内容后，既没有表示愤怒，也没有准备派军队去侵犯阿拉伯，而是很有礼貌地做了回复，从而使一些史学家误传他归信了伊斯兰教。

与此同时，希拉王加萨尼人哈里斯也派人来告诉希拉克略：穆罕默德先知派使节前来给自己书信了。他动员他归信伊斯兰教。哈里斯请求希拉克略让他率领军队前去惩罚这位自称是先知的人。但希拉克略认为，在他朝觐耶路撒冷期间哈里斯最好也赴耶路撒冷作陪。这样可以增加归放大十字架的隆重气氛。因此他没有去注意这位新宗教的倡导者。他也没有想到没过多少年，耶路撒冷、叙利亚都处在了伊斯兰旗帜之下，伊斯兰帝国的首都搬到了大马士革。他也没有想到，伊斯兰国家与罗马帝国之间的斗争，直到1453年才以土耳其人占领君士坦丁堡而告结束。君士坦丁的大教堂变成了清真寺。清真寺上写上了当时不被希拉克略重视的先知的名字。这座原来的教堂一连几个世纪都是穆斯林礼拜的清真寺。后来土耳其穆斯林将其变成了拜占庭帝国艺术博物馆。

库思老对先知信函的反应

波斯国王库思老看到先知动员他归信伊斯兰教的信件后，不禁大发雷霆，当场把信件撕碎了。他马上给他驻也门的总督巴赞下了命令：把这位希贾兹人的头拿来见他。也许他想借此来发泄他由于败在希拉克略手下的怨恨。

当先知得知库思老的言行后说道："愿安拉毁灭他的王国。"巴赞得到库思老的命令后，派人来给先知下书。这时西鲁维登上了波斯王位。先知得到这一消息后，把它告诉了巴赞派来的使节。他并且要求他作为自己的使节回到巴赞那儿，去动员他归信伊斯兰教。也门人已经知道，波斯人在战场上败给了希拉克略。他们也感到波斯人在也门的势力已经削弱。也门人在此之前也已经得到关于先知战胜古莱什人，清除犹太势力的消息。巴赞的使节回到也门时，带去了先知致巴赞的信件。

巴赞很高兴地归信了伊斯兰教，并成了先知管理也门的总督。他与先知之间隔着麦加，先知还能对他提什么要求呢？波斯人的势力减弱了，他又得到了阿拉伯新生力量的保护，而这新生力量又不向他索取什么。这对巴赞来说是件非常有益的事。当时巴赞也料想不到，他对先知的归顺是给伊斯兰教在半岛南部奠定了一块强有力的基石。两年之后发生的事件完全证实了这一点。

居鲁士的反应

当时统治埃及的科普特人居鲁士对先知信件的反应与库思老的反应不同，而且比希拉克略的反应还要好。他派使节来告诉先知，他相信将出现一位先知，但这位先知将在叙利亚出现。居鲁士款待了先知的使节，并让他给先知带回了如下礼品：两名女仆；一匹白骡和一头驴；数量可观的钱财和一些埃及珍品。两名女仆是：玛丽娅，先知把她留给了自己，后来她为他生下了易卜拉欣；另一位是西林，先知把她赠给了哈桑·本·萨比特。先知给白骡子起名叫杜尔达勒。此骡有一身洁白无瑕的皮毛，在阿拉伯各部落实为罕见。居鲁士赠送的驴被叫作欧费尔或叶阿夫尔。先知接受了这些礼物。居鲁士由于担心罗马夺取他的王位而没有归信伊斯兰教，否则他会成为信士而走上正路。

尼加斯的反应

我们知道，阿比西尼亚王尼加斯与穆斯林的关系是良好的。很自然，他对先知的信件的反应是友好的。据一些书籍记载，他归信了伊斯兰教。但一些东方学家对他归信伊斯兰教持怀疑态度。除动员他归信伊斯兰教的信件外，先知还给他寄去了另一信件，先知要求他把居住在阿比西尼亚的迁士送到麦地那来。

尼加斯为这些迁士准备了两条船。他们在贾法尔·本·艾比·塔利卜的带领下来到了麦地那。同船回来的有艾布·苏富扬之女乌姆·哈比拜。她丈夫作为穆斯林来到了阿比西尼亚，但后来改奉了基督教，并死在了那里。当时孀居的乌姆·哈比拜从阿比西尼亚来到麦地那之后，成了先知之妻和信士之母。一些史学家认为，先知之所以同她结婚，是为了用亲戚关系来加强同艾布·苏富扬的关系，从而达到巩固侯代比亚和约的目的。

阿拉伯各地区部落的君主对先知信件的反应是互不相同的，也门国王、阿曼国王的态度很恶劣。巴林王的态度很好，他归信了伊斯兰教。叶麻麦王提出，如果他被任命为执政者，他一定信奉伊斯兰教，先知诅咒了他的野心。据说，一年之后叶麻麦王就死去了。

为何多数君主的反应是良好的

读者可能会问，为何多数部落君主的回答都是良好的？先知穆罕默德派往各部落的使节，一个也没有被杀，一个也没有被扣留。他们多数带着良好的回音，少数带着粗野的反响都回来了。这些君主们看到动员他们归信新宗教的信件后，为何没有团结起来进犯先知呢？这是因为，在当时那个时代，如同我们在现在这个时代一样，物质利益比精神生活更重要，追求物质享受成了生活的目的。各个民族都在为战胜别人，为满足自己君主的野心，为得到更奢侈的生活在相互残杀。在那个时代，信仰已堕落成仅仅是表面上让人看的东西。那些履行宗教功修的人，他们心中实际上毫无信仰可谈。这些人所考虑的只是如何迎合当权者的欢心，从而能使当权者满足他们的野心、保证他们富足的生活，给予他们更多的钱财。他们根据宗教信仰活动能给予他们物质利益的多少来确定自己的信仰。如果得不到好处，他们的信仰就要动摇。先知宣传的这一新的宗教信仰，既简单，又有力量。人们在独一的安拉面前一律平等。我们仅崇拜他，只求助于他，因为他是独一的主宰，是人们的祸福的执掌者。同时人们看到，这一宗教的传播者不畏压迫，不怕迫害，不顾及物质生活中的任何力量。他原是位孤儿，现在竟达到了任何人连做梦都不敢想达到的地位。人们听到这些，看到这些后，都对这新的宗教翘首企望，洗耳恭听，都对它产生了渴望爱慕之情。因此，大多数部落的君主对先知信件的反应都是良好的。这些情况使穆斯林对自己的信仰更加坚定了。

先知从海白尔回到了麦地那。居住在阿比西尼亚的穆斯林，在贾法尔的带领下也来到了麦地那。先知派往各部落的使节也回来了。真是各路人马齐聚一堂，齐聚在麦地那。他们盼望着明年昂首挺胸，剃好头发，修好胡须，毫无顾虑地等候麦加朝觐的那一天。先知见到贾法尔后非常高兴。据说，他竟不知是海白尔之战的胜利使他高兴呢，还是见到贾法尔更使他高兴。在这期间有人传说发生了这样的事：犹太人用美色迷惑了先知，使他竟达到了自己认为做了自己实际上没做的事。对这一传说，各种书籍的记载矛盾百出，这种传说纯属捏造。

穆斯林在这段时间内，无忧无虑地生活在麦地那。除对那些敢于来侵犯他们利益，盗窃他们钱财的个别人派小部队进行惩罚外，他们没有考虑进行大规模的战斗行动。一年过去了，伊历 11 月到来了。按照侯代比亚和约规定，为了满足穆斯林朝觐天房克尔白的意愿，先知率两千名穆斯林前往麦加，去举行副朝之礼仪。

第二十二章　副　朝

侯代比亚和约签署一年了。根据穆斯林与古莱什人达成的和约，穆斯林可以合法地到麦加朝觐天房克尔白了。和约之前，他们被剥夺了这一权利。安拉的使者告诉人们，做好副朝的出发准备。迁士离开自己的家乡麦加已经七年了。辅士以前与麦加人有商业贸易关系，他们也渴望来天房朝觐。

他们听到先知穆罕默德通知后，甭提有多高兴啦。去年来麦加的穆斯林是一千四百人，今年要来麦加的穆斯林队伍增到两千人。根据侯代比亚和约，穆斯林除入鞘的佩剑外不能携带其他任何武器，但先知没有放松警惕。他派穆罕默德·本·麦斯莱迈率领百名骑兵做先锋为穆斯林开路，但骑兵不进入麦加禁地。当他们到达迈拉·宰赫兰时，一定要到附近的河谷去驻扎。穆斯林随队伍赶着作为献牲用的六十峰骆驼。先知骑着他那峰叫“格素瓦”的骑驼走在队伍的最前面。穆斯林怀着尽快到麦加、环游天房克尔白的强烈愿望离开了麦地那。每位迁士都盼望着快点到达养育自己的地方，都想快点看到把自己培养成人的家，都急于要见到自己的亲朋好友，都急于要饱吸几口家乡的空气，深情地捧一捧、吻一吻这养育先知、首次启示《古兰经》经文的幸福的土壤。读者可以想象到这两千名穆斯林组成的队伍所表现出来的激动人心的场面。他们停下休息时，迁士给同伴讲述自己离开麦加时的情景，或叙述他们童年时的趣闻，或议论他们麦加亲友的逸事，或谈论他们为了信仰迁徙麦地那时在钱财上做出的牺牲。

过去，这些迁士被剥夺了进麦加朝觐天房的神圣职责，今天他们可以整装待发，平安地来朝觐了。

古莱什人撤离麦加

古莱什人知道，先知穆罕默德率领穆斯林前来的消息后，根据侯代比亚和约，撤离了麦加。他们来到麦加周围的各个高地，有的搭起帐篷，有的就住在了树下。麦加人在艾布·古白斯山头、在希拉山顶及麦加周围的其他高地上，眼睁睁地看着先知带领着穆斯林在毫无阻挡的情况下进入了麦加。穆斯林从麦加北部到来了。阿卜杜拉·本·拉瓦哈牵着先知骑驼的缰绳，先知由一些穆斯林的著名人物簇拥着。大批穆斯林有的步行，有的骑着骆驼走在先知的后面。当天房克尔白展现在他们面前时，穆斯林异口同声地高诵应召词："主啊，我们来了，我们响应你的号召而来了！"

这时，他们的整个心灵都转向了安拉，都在感念安拉给他们指派了把他们引入正路、引入真理之教的使者。这是一个史无前例、震天动地的场面。这一震动山河的场面感化了那些最顽固的多神教徒——麦加人惊服了。"主啊，我们来了，我们响应你的号召而来了！"这发自肺腑的呼声震动着麦加人的耳膜，震撼着他们的心灵。先知来到了禁寺。他把自己的斗篷夹在右腋下，把斗篷两端分别从前胸和后背搭在左肩上。然后，他伸出右前臂说道："祈安拉恩赐，今天让那些多神教徒看一看精神的伟大力量吧！"

先知来到黑石旁。他带领穆斯林绕天房克尔白环游了起来。当他游到天房克尔白朝向也门方向的一隅时，仍继续向黑石方向转去。像这样他带着穆斯林环游天房三周。先知小跑，两千名穆斯林跟他一起小跑；先知慢走，两千名穆斯林也随他一起慢走。古莱什人在麦加周围的山顶上惊奇地看着这一场面。他们原来认为，先知和穆斯林经过长途跋涉早已筋疲力尽。现在他们亲眼看到的事实，彻底打消了他们原来的看法。在穆斯林的激情鼓舞下，阿卜杜拉·本·拉瓦哈想对古莱什人喊一些挑战性的话，但欧麦尔制止了他。安拉的使者对他说：“伊本·拉瓦哈，且慢。请你高声赞诵：‘除安拉外，绝无应受崇拜的。’安拉护佑他的仆人们，支持他的勇士们，他挫败了同盟军。”

另外有人说，伊本·拉瓦哈高声赞诵，穆斯林也跟着高声重复这些颂词。穆斯林的声音震荡着麦加河谷，使那些爬到麦加周围高山上去的麦加人胆战心惊。

在麦加的三天

穆斯林完成了环游天房克尔白的功课后，在先知的带领下来到了赛法和麦尔卧两高地。他们像从前阿拉伯人做的那样，在两高地之间奔走了七次。然后，先知在麦尔卧高地宰了献牲，剃了头。这样他完成了副朝功课。

第二天，先知又来到了天房。他在那儿一直等着做晌礼。当时，天房内放满了各种偶像。尽管如此，比拉勒还是登上天房克尔白的屋顶，向人们宣布要在天房礼晌礼拜。先知整整七年时间未能在天房礼拜了。这一次他带领两千名穆斯林在天房克尔白内，履行了伊斯兰教的拜功。根据侯代比亚和约，穆斯林要在麦加停留三天。这三天内麦加人没有回城。穆斯林平平安安地在麦加度过了三天。迁士在辅士的陪同下，都回到自己家去看了看。先知的圣门弟子不分迁士和辅士，好像他们都是这里的主人。他们天天为安拉履行拜功，强者帮助弱者，富者援助贫者。先知像位受人尊敬的慈父。他不时同这个人谈笑一阵，又同那一个人开几句玩笑。他说的每句话都含有令人信服的哲理。古莱什人及其他麦加人，在他们歇息的山坡上注视着这一史无前例的场面。他们看到穆斯林不喝酒，不做越轨的事，不贪图吃喝，不违犯安拉所禁止的一切事。

这一场面给人们留下了何等深远的影响啊！几个月之后，先知率领上万名穆斯林光复了麦加。

先知同梅蒙娜结婚

先知的叔父阿拔斯·本·阿卜杜勒·穆塔里布的妻子乌姆·法达勒是梅蒙娜的姐姐，梅蒙娜是哈立德·本·瓦利德的小姨。梅蒙娜当时二十六岁，她的婚事已委托给姐姐全权办理。乌姆·法达勒把妹妹的婚事又委托给了丈夫阿拔斯。穆斯林来麦加副朝时，梅蒙娜看到了他们的精神面貌。所以，她对伊斯兰教产生了好感。阿拔斯同侄儿先知穆罕默德提起了梅蒙娜的婚事，希望他能迎娶她。先知接受了叔父的提议，送给了她四百迪尔汗的聘礼。

按侯代比亚和约规定，穆斯林在麦加只能停留三天。现在三天的期限已过。但先知想利用同梅蒙娜完婚的机会进一步同古莱什人达成谅解。苏海勒·本·阿慕尔和侯韦达布·本·阿卜杜·欧宰代表古莱什人来找先知。先知对他俩说："我能不能在你们这儿举行我的婚礼，请你们出席我的婚宴呢？"

先知之所以提出这一问题，是因为他看到穆斯林这次的副朝之举给麦加人留下了深刻的影响，穆斯林的言行已减轻了麦加人对他们的仇视。他认为，如果古莱什人能应邀出席他举行的婚宴，他们之间能彼此进行交谈，那就意味着麦加的大门已自动向他敞开了。这也正是苏海勒和侯韦达布所担心的。因此，他俩回答说："我们不需要去赴你的婚宴，你还是离开我们吧。"

穆斯林返回麦地那

先知为了尊重他同古莱什人签署的协议，毫不犹豫地同意了苏海勒和侯韦达布的意见，率穆斯林启程离开了麦加。

先知把仆人艾布·拉菲阿留在麦加办理有关梅蒙娜的事宜。随后艾布·拉菲阿把梅蒙娜带到了萨利夫(离麦加大约10至19千米的地方)。先知同她在此完了婚。梅蒙娜是先知迎娶的最后一名妻子。在先知逝世五十年之后,她才离开了人世。根据她生前的要求,她去世后葬于她同先知完婚的地方。两人结婚后,先知承担了她两位姐妹的全部生活费用。一位是先知叔父哈姆扎的遗孀萨勒玛,另一位是未曾结婚的阿玛拉。

穆斯林回到了麦地那。先知毫不怀疑,副朝之举已给古莱什人和全体麦加人留下了深刻的影响。同时,他也毫不怀疑,这一影响将很快产生具有重大意义的后果。

哈立德·本·瓦利德归信伊斯兰教

局势的发展证实了先知的预见。他刚刚回到麦地那,古莱什部落著名骑士、在吴侯德之战中为古莱什人立下了战功的英雄哈立德·本·瓦利德就挺身站了出来。他对族人说:"任何有头脑的人都已看清楚,穆罕默德既不是男巫,也不是一般的诗人,他是在传达安拉的旨意。任何有理智的人都应跟随他。"

伊克里迈·本·艾比·贾海勒听到哈立德的话很震惊。他问道:"哈立德,你改变信仰了?"接着,两人进行了如下的对话:

哈立德:"谈不上改变什么信仰,但我归信了伊斯兰教。"

伊克里迈:"指神灵为誓,真正的古莱什人不会讲出你所说的这种话来。"

哈立德:"此话怎讲?"

伊克里迈:"穆罕默德在你父亲受伤时损害了他的名誉。他在白德尔之战杀死了你的叔父和堂弟。指神灵为誓,哈立德,我决不会归信伊斯兰教,我也不会说出你所讲的这种话来。难道你不知道,古莱什人要除掉穆罕默德吗?"

哈立德:"这是愚蠢的成见。指安拉为誓,我哈立德一旦看到真理,就要信仰它。”

哈立德给先知送来了战马，告诉他自己甘愿归信伊斯兰教的决定，并对他表示了感激之情。哈立德归信伊斯兰教的消息传到艾布·苏富扬耳中之后，他把哈立德叫了来。他问道：“有关你的传言是真的吗？”

哈立德回答说是真的。艾布·苏富扬勃然大怒。他说：“指拉特、欧萨为誓，如果你真讲了这话，在除掉穆罕默德之前我要先除掉你！”

哈立德说：“指安拉为誓，不管你怎样做，我真的讲了这话。”

艾布·苏富扬怒气冲冲地向哈立德扑过来，但在场的伊克里迈拦住了他。他说道：“且慢，艾布·苏富扬！我同你一样担心。现在我真害怕我自己也会讲出哈立德所讲的话来，从而归信他们的宗教。古莱什人对哈立德都很信任，如果你们仅仅由于他有了自己的见解而要加害于他，那么我担心谁也阻挡不了麦加人会全都跟他走。”

哈立德离开麦加来到了麦地那，加入穆斯林队伍中来了。

阿慕尔·本·阿斯和奥斯曼·本·泰勒哈归信伊斯兰教

继哈立德之后，阿慕尔·本·阿斯和天房克尔白守备奥斯曼·本·泰勒哈也归信了伊斯兰教。由于这些人的归信，很多麦加人也纷纷归信了真理之教。穆斯林的势力更加强大起来了。麦加将要向先知打开自己的大门，这已成为不容置疑的事了。

第二十三章　穆乌泰之战

小规模的战斗

先知穆罕默德没有急于光复麦加。他知道光复麦加的时间只不过是早一天晚一天的问题。另外，签署侯代比亚和约后才过了一年。在这一年时间内没有发生值得废除这一和约的事件。先知是很讲信誉的人，他从不食言，也从不毁约。

在他副朝后回到麦地那的几个月时间内，除发生了一些小规模的战斗行动外，没有什么重大的举动。这期间，先知为了动员苏莱姆族人归信伊斯兰教，他向这个族派去了由五十名穆斯林组成的小分队。但苏莱姆族人不道德地杀害了这些人。除小分队领队偶然得救外，其余的都全部遇难了。这期间，先知还派了十五名穆斯林到了叙利亚边境附近的扎德·塔勒哈。除第十五名领队外，其余的成员也全部被杀。

麦地那北部至叙利亚边境这一地区，在先知与古莱什人签署侯代比亚和约及也门总督归顺之后，一直是先知所考虑的地区。先知认为，这个地区是伊斯兰教打开阿拉伯半岛的一条通道，伊斯兰教应首先传入叙利亚及其邻近地区。因此，先知从副朝回麦地那几个月，便派遣了三千名穆斯林，在叙利亚边境附近进行了穆乌泰之战。在这次战争中，三千穆斯林与十万异教徒，也有人说是二十万异教徒，进行了一场殊死的激战。

穆乌泰之战

关于这次战争的起因，存在着不同的记载。有人认为穆斯林的小分队在扎德·塔勒哈被杀事件是这一战争的导火线。也有人认为，先知穆罕默德以前曾向希拉克略驻布斯拉总督派遣了使节。但是这位总督以希拉克略的名义杀害了先知的使节。先知为了教训这位总督及其支持者，才派人马进行了穆乌泰之战。

侯代比亚是副朝和光复麦加的前奏，而穆乌泰之战则是塔布克之战及先知逝世后攻克叙利亚的前奏。不管这次战争的起因是布斯拉总督杀害了先知使节，还是十五名穆斯林在扎德·塔勒哈被害，总之，先知发动了这次战争。在伊历 8 年（公元 629 年）5 月，先知挑选了三千名精干的穆斯林战士交由栽德·本·哈里塞率领，前去发动这一战争。临行前，先知对他们说："如果栽德阵亡，领导权由贾法尔·本·艾比·塔利卜接任。如果贾法尔阵亡，领导权由阿卜杜拉·本·拉瓦哈接任。"

大军出发了，哈立德·本·瓦利德为了证明自己归信伊斯兰教的诚意，也为了在这次战争中发挥自己的军事才能，自愿随军出发了。人们告别了军队。先知一直把军队送到麦地那郊外。他嘱咐军人们：不要杀害妇女、儿童和盲人，不要毁坏房屋和树木。最后，先知同剩下的穆斯林一起向大军告别说："安拉护佑你们，并使你们平安归来！"

大军的指挥者一致认为，在这次战争中，要仿效先知在历次战斗中所惯用的战术，应出其不意地攻击敌人，速战速决，缴获战利品后马上撤回。大军到达了叙利亚境内的迈阿恩，但军人们不知道等待着他们的是什么样的局面。

罗马人的准备

穆斯林大军前来叙利亚的消息很快传到了罗马人耳中。希拉克略驻叙利亚总督修拉哈比勒马上在各部落中集合了人马，并派人向希拉克略求援。希拉克略给他派来了由希拉人和阿拉伯人组成的大军。也有一些书籍记载，希拉克略亲自率领由罗马人组成的十万大军来到了巴尔干半岛上的某个地方。在那里，他又从莱赫米人、祖宰娜人、盖恩人、巴海拉人和白里叶人之中召集了十万人马。也有人说，罗马大军是希拉克略的弟弟图尤杜尔率领的，而不是希拉克略本人。穆斯林队伍在迈阿恩听到了罗马人调集兵力的消息，他们在迈阿恩停留了两天。他们在考虑，面临这样难以制胜的庞大军队该如何行动。有人主张，应赶快给先知写信报告情况，或让先知派增援部队，或按他的命令再做决定。

伊本·拉瓦哈主张迎击罗马人

给先知写信报告情况后再做决定的主张，几乎已被通过。但阿卜杜拉·本·拉瓦哈站了出来。此人不仅是位勇敢豪侠的军人，而且是位善于鼓动的诗人。他说道：“族人，指安拉为誓，你们所担心的，正是我们这次来此所要达到的，那就是英勇奋斗，壮烈牺牲！我们并不是以数量多寡来与敌人战斗的！不是！我们是以安拉赐给我们的宗教来与敌人进行战斗的！出发吧，两者必居其一：要么战胜敌人，要么壮烈捐躯！”

这位勇敢诗人的精神感染了整个军队。人们支持他说：“指安拉为誓，伊本·拉瓦哈说得对，前进吧！”

于是，穆斯林军队来到了巴尔干半岛附近。他们在迈夏利夫村与希拉克略的大军遭遇了。敌人步步进逼，穆斯林退到了比迈夏利夫村更易防守的穆乌泰村。就在穆乌泰村，三千名穆斯林组成的队伍与十万或二十万希拉克略军队展开了一场激烈的生死搏斗。

栽德·本·哈里塞壮烈牺牲

信仰给人的力量是强大的！栽德·本·哈里塞明白，在这次战斗中他难免一死。尽管这样，他还是高举着先知的战旗，一马当先冲入了敌阵。在战斗中殉职，是为安拉而牺牲！只有牺牲才能换来胜利。栽德在战场上英勇拼杀，直到被敌人乱枪刺杀而亡。

贾法尔·本·艾比·塔利卜英勇牺牲

栽德·本·哈里塞牺牲后，贾法尔·本·艾比·塔利卜从他手中接过了战旗。贾法尔当时三十三岁，是位能征善战的男子汉。他高举着战旗与敌人拼杀。敌人把他团团包围起来，他大吼一声杀出重围。他像下山的猛虎，在敌人中纵横驰骋，来回冲杀。只见他刀起刀落，敌人的头颅纷纷落地。他当时用右手举着战旗，右手被砍断后，他用左手又举起了战旗。左手被砍断后，他用两只前臂抱着战旗仍带领穆斯林与敌人死战，直到壮烈牺牲。据说，他被一位罗马人的战刀砍为两段。

伊本·拉瓦哈牺牲

贾法尔牺牲后，伊本·拉瓦哈接过了战旗。但他面对这激战的场面，骑着战马先是犹豫了一下，然后高声朗诵了如下的诗歌：

我的心啊，发誓要冲锋。

不去拼搏冲杀，就是怯弱屈从。
人声鼎沸，战鼓咚咚，
谁也不厌弃进入乐园的恩宠。

吟完诗歌后，他抽出宝剑冲了上去，直到战死在沙场上。

壮烈牺牲的榜样

栽德、贾法尔、伊本·拉瓦哈为了安拉之道在战场上前仆后继，先后牺牲了。当先知穆罕默德详细了解到他们的情况后，仅对栽德和贾法尔的牺牲表示了高度的赞扬。他说："他们入乐园。栽德和贾法尔睡在镶金的床上。阿卜杜拉·本·拉瓦哈的床放在离他俩的床有一段距离的一个角落里。"

有人问先知："这是为什么？"

他说："他们俩奋勇杀敌，勇往直前。而阿卜杜拉是在犹豫迟疑之后才冲上去的。"

这是多么有力的告诫啊！它告诉人们，作为信士，为了安拉，在死亡面前不能犹豫，更不能惧怕。为了安拉和伊斯兰教的事业，应该不顾牺牲地去同任何敢于敌视这一事业的人去做斗争。或是在斗争中获胜，达到捍卫安拉的真理和伊斯兰教胜利的目的，或是在斗争中英勇牺牲，流芳百世，为后人树立光辉的榜样。生命的意义就是要为这一伟大的精神而献身。如果人仅仅为贪生而耻辱地活着，那么他的生命是毫无价值的，可以说他是在苟且偷生。阿卜杜拉·本·拉瓦哈在冲锋陷阵、英勇牺牲之前，曾有所犹豫，这样，他在乐园中的地位就次于栽德和贾法尔在乐园的地位。那么，那些追求金钱、地位和享受的人将得到什么样的下场呢？他们可能在百姓那里得到地位，也可能像可拉[①]那样发财

① 以色列的反叛首领之一，以豪富著称。——译者

致富，但到头来他们只能像一条可怜虫那样死去。

哈立德·本·瓦利德的战术

阿卜杜拉·本·拉瓦哈牺牲后，阿吉兰族人萨比特·本·艾尔格姆举起了战旗。他对人们说道："穆斯林，赶快推选一位能指挥作战的人吧。"

人们回答说："你来指挥吧！"

他说："我胜任不了。"

于是，人们推选出哈立德·本·瓦利德当指挥。尽管哈立德看到穆斯林阵脚已乱，他们的斗志已经松懈，但他还是接过了战旗。哈立德是位难得的卓越军事将领。他接过战旗后，马上发布了一道道命令，调整阵势、稳住阵脚，然后同敌人周旋起来。他同敌人一直战到日落，两军才收兵，待明日再战。晚上，哈立德周密地制订了第二天的战斗方案。第二天早上，他挑选了为数不少的人马，让他们在穆斯林队伍后面摆了一字长蛇阵。这些人在那里大喊大叫，以使敌人造成先知已增派援军的错觉。在第一天的战斗中，三千名穆斯林就斩杀了为数众多的罗马人，几乎打乱了他们的部署。那么，今天他们怎能对付这些为数不详的援军呢？罗马人踌躇起来，他们不敢向哈立德指挥的穆斯林发起攻击。他们也希望穆斯林不向他们发起攻击。双方又进行了一场不分胜负的战斗后，哈立德率军向麦地那撤退了。这时，罗马人才松了一口气。

是逃兵还是进攻的战士

当哈立德率领大军们快要到达麦地那时，先知同其他的穆斯林出城来迎接他们。先知问贾法尔的儿子阿卜杜拉在哪儿，有人马上把他领过来，先知抱起了他。而其他的穆斯林则向归来的战士们扬起土来。

他们一边扬土一边喊："逃兵们，你们居然在安拉的道路上逃跑了！"

先知说："他们不是逃兵，如安拉应允，我认为他们是向敌人进攻的战士。"

尽管先知这样安慰了从穆乌泰战场上归来的军人们，但其他的穆斯林还是对他们的后撤不能谅解。萨莱麦·本·哈希姆由于害怕听到其他人当面说"逃兵，你居然在安拉的道路上逃跑"，他竟闭门不出，不去同其他穆斯林一起做礼拜了。在穆乌泰之战之后的其他战争中，参加这一战争的穆斯林表现了英勇奋战、不怕牺牲的精神。特别是哈立德，后来他屡建战功。否则，这些穆斯林还真要背一辈子逃兵的骂名。

先知穆罕默德的痛苦

先知穆罕默德知道栽德和贾法尔牺牲后，内心非常痛苦。他刚一听到贾法尔牺牲的消息后，就来到他家安慰他的妻子艾斯玛·宾特·欧迈斯。当时她还忙着给孩子们做饭、洗澡。他对她说："请把贾法尔的孩子们叫过来。"

孩子们过来后，他一边吻他们，一边流眼泪。艾斯玛察觉到发生了什么不幸的事。她急切地问道："安拉的使者，何事使你痛苦流泪啊？你听到有关贾法尔和他的同伴们什么消息了吧？"

他回答说："是的，他今天殉难了。"

他一边说，一边流泪。艾斯玛听到这一噩耗后，放声大哭起来。其他妇女们听到哭声后，都走过来安慰她。先知离开她回到了自己家里。他对家人说："今后不要忘记接济贾法尔家属。他们的当家人牺牲后，生活会遇到困难的。"

这时，他的义子栽德的女儿走了过来。他拍了拍她的肩膀又流起泪来。一些穆斯林看到先知对牺牲者这样痛苦，不免有些惊讶起来。有人说，先知之所以痛苦流泪，是由于自己丧失了亲密的朋友。

据记载，贾法尔的尸体被运回了麦地那。在哈立德率军回到麦地那三天之后，他的尸体被埋葬了。葬礼之后，先知下令不许任何人再痛哭流涕，因为安拉已用双翼换取了贾法尔那被砍下来的两只手。他已鼓起双翼飞入了乐园。

萨尔赛勒行动

哈立德率穆斯林从穆乌泰之战回到麦地那几周之后，为了挽回穆斯林的威信，先知决定要在半岛北部地区采取行动。他派阿慕尔·本·阿斯到北部地区去动员阿拉伯人袭击部落成员，因为让阿慕尔去更有利。当阿慕尔来到祖宰姆族人土地上一处叫作萨尔赛勒的水源时，他有些担心害怕了。他派人向先知求援。先知派艾布·欧拜岱·本·贾拉赫率一些迁士前去支援。其中包括艾布·伯克尔和欧麦尔。阿慕尔归信伊斯兰教还不久，先知担心他会与艾布·欧拜岱闹矛盾。所以，他嘱咐艾布·欧拜岱说："你们俩不要闹纠纷。"

当艾布·欧拜岱到达那一地区时，阿慕尔对他说："你是来支持我的，我应率领全军迎接。"

艾布·欧拜岱为人忠厚。他回答说："安拉的使者曾对我说过：'你们俩不要闹纠纷。'如果咱们俩意见不一致，我服从你。"

阿慕尔带人们做完礼拜后，马上率人马前进了。在那一地区，他击败了敢于同穆斯林对抗的叙利亚人。他们为穆斯林挽回了威信。

这期间，先知又在考虑如何来光复麦加了。前一章已经提到，先知严格遵守侯代比亚和约。因此，他一直等了整整两年。在这两年期间，他只是派遣小部队去平定敢于起来闹事的部落。与此同时，各方面的使团纷纷来到麦地那，向先知表示归服。这时发生了一件事，它拉开了光复麦加的序幕，也使伊斯兰教从那时起永远在麦加奠定了基石。

第二十四章　光复麦加

穆乌泰之战的影响及伊斯兰教在半岛北部的传播

哈立德·本·瓦利德率穆斯林从穆乌泰战场回到了麦地那。在这次战争中，穆斯林没有战胜对方，但也没有被对方击败。在战斗中，栽德·本·哈里塞、贾法尔·本·艾比·塔利卜、阿卜杜拉·本·拉瓦哈先后壮烈牺牲。他们牺牲之后，穆斯林撤军了。他们的撤军，在罗马人、麦地那的穆斯林、麦加古莱什人当中引起了截然不同的反响。罗马人对穆斯林的撤军感到高兴。尽管他们是以十万或二十万人对三千穆斯林，但他们不愿同穆斯林进行长时间的搏斗。罗马人之所以持这种立场，一方面是由于哈立德·本·瓦利德率穆斯林在战场上进行了殊死的抵抗和攻击。据说，三位领导人牺牲后，哈立德在拼杀中砍断了九把宝剑。另一方面，哈立德在战争的第二天所采取的战术也起了作用。他让部分穆斯林在阵后大喊大叫，这样罗马人误认为先知穆罕默德从麦地那派来的援军到了。叙利亚边境附近的各个阿拉伯部落对穆斯林的行为多投以敬佩的目光。祖宰姆族人首领法尔瓦·本·阿慕尔当时是罗马军队的一位将领。他看到穆斯林浴血奋战的精神后，马上宣布自己归信伊斯兰教。希拉克略便以“叛变”的罪名下令逮捕了他。当时希拉克略向他表示，如果他回头重新信奉基督教，会马上被释放，并官复原职。但法尔瓦坚持信仰伊斯兰教，他被杀害了。这件事也加快了伊斯兰教在被罗马势力控制下的伊拉克和叙利亚附近的内志地区的传播。

罗马的政局不稳也促使很多人归信了伊斯兰教。当时曾发生了这么一件事。一位负责给士兵们发军饷的希拉克略委任的军需官，由于对当局不满，他对随罗马人参加穆乌泰之战的叙利亚阿拉伯人喊道："你们赶紧撤吧，皇帝就要给你们停饷了，他现在连喂他养的狗的东西都没有了。"

很自然，这些人离开了罗马人的军队，背弃了罗马皇帝。在这期间，几千名苏莱姆族人、艾细贾阿族人、盖特芳族人、阿布斯族人、祖卜扬族人和法扎拉族人归信了伊斯兰教。穆乌泰之战使穆斯林稳定了从麦地那以北到叙利亚边境这广大地区的局势，从而加强了他们的力量。

但穆乌泰之战给麦地那的穆斯林带来了与上述情况截然不同的影响。当他们看到哈立德所率穆斯林没有战胜希拉克略的军队就从叙利亚边境撤回来时，他们对这些穆斯林喊道："逃兵们，你们居然在安拉的道路上逃跑！"撤回的一些穆斯林怕被别人当面指责为逃兵，有的竟闭门不出了。

麦加的古莱什人认为，穆乌泰之战是穆斯林的一大失败，这一失败可以使穆斯林一蹶不振、难以翻身了，穆斯林的势力将会一落千丈。因此，古莱什人再也不把侯代比亚和约放在眼里了。他们又要像补行副朝、签署侯代比亚和约前那样干了。古莱什人又要想同穆斯林及同穆斯林结好的人们较量较量了。

古莱什人撕毁侯代比亚和约

侯代比亚和约规定：愿与古莱什人缔结盟约者可自便，愿与穆罕默德缔约者亦可自便，但古莱什人除外。胡扎阿族同先知缔结了盟约，而伯克尔族同古莱什人缔了盟约。胡扎阿族人与伯克尔族人原有旧仇，侯代比亚和约以后，两族间的纠纷为之缓和。穆乌泰之战之后，古莱什人认为穆斯林大势已去。伯克尔族的一个分系迪勒家族认为向胡扎阿族人报仇的时机已到。一些古莱什人，其中有伊克里迈·本·艾比·贾海勒和几个古莱什人首领，也鼓动迪勒家族起来向胡扎阿族报仇，并向他们提供了武器。

一天晚上，当胡扎阿族人正在沃堤尔水源处休息时，伯克尔族人袭击了他们，并当场杀害了很多胡扎阿族人。胡扎阿族人阿慕尔·本·沙里木忙向麦地那奔去。他把这一情况告诉了先知，并向他请求援助。安拉的使者说："阿慕尔·本·沙里木，你的请求我们同意了。"

随后，布代勒·本·瓦拉格也带一伙胡扎阿族人赶到了麦地那，他们把自己受到的伤害和古莱什人对伯克尔族人的帮助告诉了先知。先知认为，古莱什人已用他们自己的行动撕毁了侯代比亚和约，看来只有光复麦加了。现在应该通知半岛上的信士做好响应号召的战斗准备，只不过暂时还不能把这次行动的方向告诉信士。

古莱什智者的担心

古莱什人中的智者及有远见者很敏感地意识到，伊克里迈等人的行为将给古莱什人带来严重后果。伊克里迈等人已撕毁了侯代比亚和约。先知在半岛上的势力日益强大，他如果考虑为盟友胡扎阿族人向麦加人报复的话，神圣的麦加城将面临严重的威胁。现在应采取什么措施来改变这一不利局面呢？他们把艾布·苏富扬派往麦地那，想让艾布·苏富扬同先知再次强调侯代比亚和约的期限。侯代比亚和约的期限可能是两年，他们现在想把它延长到十年。古莱什人聪明的首领艾布·苏富扬向麦地那奔去。当他到达麦加与麦地那之间的奥斯凡时，他遇到了布代勒·本·瓦拉格及其同伙。艾布·苏富扬担心布代勒见到了穆罕默德，并把发生的一切告诉了穆罕默德。这样就会使自己的使命复杂化。布代勒否认自己见到了穆罕默德。但艾布·苏富扬从布代勒骑驼的粪便中辨认出他已经到过了麦地那。因此，艾布·苏富扬决定不直接见穆罕默德，而首先去找自己的女儿——先知的妻子乌姆·哈比拜。

艾布·苏富扬在麦地那

艾布·苏富扬的女儿虽然还不知道先知已下决心光复麦加，但她已看到先知对古莱什人的不满情绪。麦地那穆斯林都看到了这一点。艾布·苏富扬来到女儿那里后想坐在先知的铺上，但乌姆·哈比拜马上把铺盖卷了起来。艾布·苏富扬问女儿："把铺盖卷起来是嫌铺不好不让父亲坐呢，还是怕父亲弄脏了穆罕默德的铺？"

女儿回答说："这是安拉使者的铺，你是肮脏的多神教徒。我不愿意你坐在上面。"

艾布·苏富扬说："指神灵为誓，女儿啊！你离开我之后变坏了。"

他一边说一边怒气冲冲地离开了女儿。艾布·苏富扬来到先知那儿，他向先知提出强调侯代比亚和约并延长其有效期的事，先知没给他任何回答。艾布·苏富扬又找到艾布·伯克尔，请他在先知面前替他说好话，艾布·伯克尔拒绝了。他又来找欧麦尔，但欧麦尔很不客气地对他说："让我为你们到安拉使者那儿去讲情？做梦！指安拉为誓，我哪怕能找到任何一个小小的借口或理由，我就要同你们拼个你死我活。"

他又来找阿里·本·艾比·塔利卜，向阿里说明了来意，并求他在先知面前说几句话。阿里很客气地告诉他，先知在某一个问题上一旦做出决定，任何人都不能使他改变自己的意志。艾布·苏富扬在麦地那的奔走一无所获，只好沮丧地回麦加去了。

艾布·苏富扬回到了麦加。他把自己在麦地那遭到的冷遇告诉了古莱什人。古莱什人开始商议下一步的对策。

先知认为不能给古莱什人准备迎战的时间，同时，他也相信自己的力量和安拉的护佑。他决定给古莱什人来个措手不及，这样就能避免更多地流血。因此，他命令人们做好出发的准备。人们准备就绪，他告诉他们这次要光复麦加城，并祈求安拉不让古莱什人得到任何有关他们这次行动的消息。

哈蒂布·本·艾比·拜勒特尔修书向古莱什人告密

正当穆斯林准备出发时，哈蒂布·本·艾比·拜勒特尔给古莱什人写了一封密信。他把信件交给了一位名叫萨拉的从麦加来的女人。他给了她优厚的酬金后，让她把信转交给古莱什人，以便让他们知道先知的行动计划。哈蒂布当时是位很有地位的穆斯林，但他总是有一般人难免的种种弱点，而且这些弱点往往会在人的心灵中起作用，会使自己干出一些连自己都不满意的事情来。先知很快就听到了这件事。他马上命令阿里·本·艾比·塔利卜和祖拜尔·本·阿瓦姆前去追赶萨拉。他俩追上她后，在她的行装里没发现任何可疑的东西。阿里让她把信件交出来，否则他要搜身。萨拉看到阿里这样严肃追问盘查，就对他说："请回避一下。"

她便从自己的发髻里把信拿了出来。阿里和祖拜尔把她带回了麦地那。先知把哈蒂布叫来，质问他为何干出这种勾当。哈蒂布回答说："安拉的使者，指安拉为誓，我是信仰安拉和他的使者的，我没有改变自己的信仰。在麦地那一无亲二无故，我的儿子和亲人在古莱什人那儿。我是为了他们才向古莱什人讨好的。"

欧麦尔·本·哈塔布对先知说道："安拉的使者，他已成为伪信者。让我砍下他的脑袋吧！"

先知回答说："欧麦尔，谁告诉你要这样处置他？在白德尔之战那一天安拉就了解了参加这一战争的信士们。"

先知又说："也许安拉恩准他们可以做他们意欲的任何事情而不给予惩罚！"

哈蒂布是参加白德尔之战的穆斯林之一，所以这次先知原谅了他。也就在这时安拉的启示降下了：

信道的人们啊！你们不要以我的敌人和你们的敌人为朋友，而传送消息给他们，以示亲爱……（《古兰经》60：1）

穆斯林向麦加进军

为光复麦加，为解放天房克尔白，先知的队伍从麦地那出发向麦加城进军了。参加这次行动的不仅有麦地那的穆斯林，而且有其他的部落，比如苏莱姆部落、穆宰奈部落，盖特芳部落也派来了身穿铁甲的战士。先知的大队人马在沙漠中向麦加挺进。一路上，又有很多其他部落的成员加入进军的队伍中来。先知队伍的声势越来越大，力量越来越强。先知率领队伍向前挺进，他正在考虑怎样才能不杀一人而解放天房克尔白。当队伍到达迈拉·宰赫兰（距麦加 25 千米的一个地方）时，先知的队伍已达上万人。但古莱什人对此一无所知，他们仍在商讨下一步该如何对待穆罕默德。

哈希姆子弟离开麦加及他们归信伊斯兰教

先知穆罕默德的伯父阿拔斯·本·阿卜杜勒·穆塔里布离开了古莱什人，他带领家眷离开了麦加城。他在佐合法[①]遇到了先知。一些哈希姆子弟可能预先就得到了先知率人马前来光复麦加的消息。他们为了避免受到伤害而前来投奔先知了。离开麦加前来投奔先知的，除阿拔斯外，还有先知的堂兄弟艾布·苏富扬·本·哈里斯·本·阿卜杜

① 一些史学家认为他在巴拉拜格遇到了先知。还有一些史学家说，阿拔斯是在先知决心光复麦加之前就到了麦地那。他在麦地那归信了伊斯兰教。这次他是随先知一起前来光复麦加的。

勒·穆塔里布和先知的表兄弟阿卜杜拉·本·艾比·伍麦叶·本·穆额拉。这两人在尼格、欧加布遇到了穆斯林队伍。他俩要求会见先知，但先知拒绝接见。当圣妻乌姆·赛莱迈为他俩讲情时，先知说道："我不需要见他俩。我的堂兄弟以前曾伤害过我。我的表兄弟在麦加也说了不三不四的话。"

他俩听到这一消息后再次请求说："让先知见我们一面吧，哪怕见面后就让我们离开此地。这样我们即便渴死或饿死在他乡，也将终身无憾。"

先知终于起了恻隐之心，接见了他俩，他俩归信了伊斯兰教。

阿拔斯·本·阿卜杜勒·穆塔里布

阿拔斯看到侄儿穆罕默德率领大军的阵势，惶恐不安。他这时虽然已归信伊斯兰教，但他害怕这支强大的队伍进攻麦加时将会给麦加带来灾难。阿拔斯刚刚离开麦加，麦加城内还有他的一些仍未归信伊斯兰教的亲朋好友。他来到先知那儿问先知，如果古莱什人要求他同情他们，同他讲和，先知该怎样回答？先知对伯父首先提出这个问题很高兴。他想把阿拔斯作为自己的使节派到古莱什人那儿去。他会把穆斯林队伍的实力告诉古莱什人，从而使他们屈服。这样就会不经过浴血战斗而进入麦加，麦加就会一如既往，也应该像过去一样，是一块禁地。阿拔斯骑上先知的那头白色的毛驴向麦加走去。当他来到艾拉克时，遇到了一位回麦加的人。他让这个人给麦加人带去了一封信。他在信中讲明了穆斯林队伍的力量。他希望麦加人在先知的武装部队兵临城下之前，赶快出来讲和。

艾布·苏富扬出城探听消息

当穆斯林大军到达迈拉·宰赫兰时，古莱什人才感到要大祸临头了。他们派艾布·苏富扬、布代勒·本·瓦拉格及赫蒂彻的近邻哈基姆·本·哈扎姆出城探听消息。正当阿拔斯骑着先知的白色毛驴向前走时，他听到艾布·苏富扬和布代勒正在交谈。

艾布·苏富扬说："我从没见过像今天晚上这么多的营火。"

布代勒说："这看上去好像是胡扎阿人的营火。他们真要准备打仗了。"

艾布·苏富扬说："胡扎阿人怎能点起这么多营火，他们差远了。"

阿拔斯辨清了这是艾布·苏富扬的声音，就叫起了他的诨名："艾布·哈恩扎莱。①"

艾布·苏富扬也叫了阿拔斯的诨名："艾布·法达勒。②"

阿拔斯又说："艾布·苏富扬，是你这个该死的家伙？安拉的使者带着人马到了，如果让他强行进入麦加，古莱什人就惨了！"

艾布·苏富扬问道："你有什么好主意？"

阿拔斯让他骑上自己的毛驴，然后让其他两人回麦加去了。阿拔斯同艾布·苏富扬同骑着一头毛驴向穆斯林大军驻地走去。穆斯林看到他俩骑的是先知的那头白色毛驴，就让他俩进入了营地。为了震慑麦加人，上万名军人在营地点燃了无数堆营火。当他俩经过欧麦尔·本·哈塔布点燃的营火时，他认出了艾布·苏富扬。同时，他也猜到阿拔斯要保护他。他急忙来到先知的帐篷，请求先知让他砍下艾布·苏富扬的脑袋。这时，阿拔斯也到了先知的帐篷。他看到这种情况后，马上说："安拉的使者，我已向艾布·苏富扬提供了安全保障。"

那天晚上，阿拔斯与欧麦尔进行了一番激烈争论。面对这种情况，先知说："阿拔斯，你把他带到你的下榻处休息吧。明天早上你再把他带到这儿来。"

第二天早上，艾布·苏富扬被阿拔斯带到了先知的帐篷。只见先知左右站满了当时著名的迁士和辅士。先知同艾布·苏富扬进行了如

① 哈恩扎莱，在阿拉伯语中是"苦西瓜"，可作为泻肚剂、催泻药。——译者
② 法达勒，在阿拉伯语中意思是"恩德"。——译者

下的对话。

先知说:“该倒霉的艾布·苏富扬,难道你现在还不知道‘除安拉外,绝无应受崇拜的’吗?”

艾布·苏富扬回答说:“以我父母发誓,你是宽宏大量、英明伟大的!指安拉为誓,如果除安拉外,还有其他神主,我们不会落到现在这个地步。”

先知又说:“该倒霉的艾布·苏富扬,难道现在你还不知道我是安拉的使者吗?”

艾布·苏富扬回答说:“以我父母为誓,你是宽宏大量、英明伟大的。关于你是安拉的使者这一点,我至今仍有些犹豫。”

阿拔斯见状急忙走过来对艾布·苏富扬说:“要赶紧归信伊斯兰教,并‘作证:除安拉外,绝无应受崇拜的;作证:穆罕默德是安拉的使者’,否则就要掉脑袋了。”

在这种情况下,艾布·苏富扬只好归信了伊斯兰教。阿拔斯对先知说:“安拉的使者,艾布·苏富扬是爱体面之人,请你给他赏光吧。”

安拉的使者说:“好吧!谁进入艾布·苏富扬的院落,谁有安全保障;谁闭门不出,谁有安全保障;谁进入禁寺,谁有安全保障。”

上面这些事件是史学家和传记作家们一致公认的事实。但部分史学家提出了如下的问题:上述事件是偶然发生的呢,还是预先由双方安排好的呢?阿拔斯离开麦加前往麦地那去找先知,在佐合法遇到了先知。布代勒·本·瓦拉格同艾布·苏富扬出城探听消息之前曾到过麦地那,是他向先知报告了胡扎阿族人遭受袭击的情况。他也知道先知将要为支援胡扎阿族人而采取行动。难道说,艾布·苏富扬出城探听消息之前不知道先知要来光复麦加的底细吗?还是他与先知预先已做了某种安排呢?是不是双方已安排好,让阿拔斯先出城迎接先知,然后阿拔斯再与艾布·苏富扬在城外见面呢?艾布·苏富扬在此之前曾为延长侯代比亚和约的期限到过麦地那,但他没能成功。在那时,艾布·苏富扬感到古莱什人已无法跟穆罕默德抗衡了。他如果能为光复麦加铺平道路，他将能保住自己现有的地位。在这种情况下，双方很可能达成了只有先知和少数有关人员知道的某种协议。欧麦尔想杀掉艾布·苏富扬就证明他不知道预先的部署。上面这些分析仅是一些大胆的推想和猜测。但我可以有把握地说，上面这些事件无论是偶然发生的，还是预先安排好的，它都证明了先知为光复麦加这一伊斯兰教史上最大的事件有过周密的决策。

先知进麦加前的准备

虽然说艾布·苏富扬归信了伊斯兰教，但先知并没有为此而放松警惕。在进入麦加前，先知已预备好一切应变措施。虽说胜负是由安拉决定的，但要想在实际行动中真正获得胜利必须运筹帷幄，时刻准备应付突然发生的事变。为了让艾布·苏富扬回麦加后在麦加人面前宣扬先知军队的力量，也为了不让他过早回到麦加可能组织某种形式的抵抗，艾布·苏富扬被带进了麦加必经的山口处。艾布·苏富扬站在那儿，看着穆斯林一队一队向麦加方向开去。最使他惊奇赞叹的是由迁士和辅士组成的先知护卫队，在先知前后左右警惕地向前迈进，在他周围组成了一道道铜墙铁壁。艾布·苏富扬看到这些后对阿拔斯说："阿拔斯，这些人是不可战胜的。指安拉为誓，艾布·法达勒，你侄儿明天将缔造伟大的帝国。"

说完这些后，艾布·苏富扬回到了族人中间。他大声对人们喊道："古莱什人！穆罕默德带领着你们无法抵抗的人马到了。谁进入艾布·苏富扬的院落，谁有安全保障；谁闭门不出，谁有安全保障；谁进入禁寺，谁有安全保障。"

先知率领队伍继续前进。当他们到达扎·达维时，他看到麦加方向毫无抵抗的迹象，便让队伍停了下来，他也骑着他的骑驼停下来。只见他俯首向安拉表示感谢。他感谢安拉将护佑他光复首次给他启示之地，他感谢安拉将护佑穆斯林安全进入天房克尔白。古莱什人艾布·

古哈法当时还没有像儿子古哈法那样归信伊斯兰教。当先知俯首向安拉表示感谢时，他正在孙女的带领下登上艾布·古白斯山。爷爷和孙女爬上山坡时，爷爷问孙女看到什么没有。孙女回答说："我看到那里有很多黑点儿聚在一起。"

爷爷回答说："那是马队。"

孙女又说："黑点儿在急剧地向四周扩散。"

爷爷说："马队肯定是向麦加开来了。赶快领我回家吧！"

爷爷和孙女还没赶到家门口，马队已到了跟前。

部署兵力

先知把队伍分成四部。他命令所有人员，除在被迫情况下，一律不许杀人。他令祖拜尔·本·阿瓦姆率左翼从北门入城，令哈立德·本·瓦利德率右翼从麦加下游进城，令赛尔德·本·欧拜岱率麦地那人从西门进城。然后，先知令艾布·欧拜岱·本·贾拉赫率众迁士随自己经杏德山脚下从麦加正门进城。正当他们准备进城时，有人听赛尔德·本·欧拜岱说道："今天要杀个痛快，过去被禁止的事今天也要成为合法的了……"

他的话违背了先知不许随便杀人的命令。当先知听到他说的这句话后，便收回了他手中的战旗，把战旗交给了赛尔德的儿子盖斯。盖斯虽然膀壮腰圆，但他处事比他父亲清醒冷静。

进入麦加

穆斯林大军进入了麦加。除哈立德·本·瓦利德率领的队伍外，其他三部都未遇到抵抗。住在麦加下游区的是那些最敌视先知的古莱什人。这些人曾配合伯克尔族人袭击了胡扎阿族人，从而破坏了侯代比亚和约。艾布·苏富扬向他们喊话后，他们仍不肯望风归附。他们一些人做了战斗准备，另一些人则备好了逃走的行装。他们的带头人是萨夫瓦、苏海勒和伊克里迈·本·艾比·贾海勒。当哈立德率队伍进城时，这些古莱什人向先知的军队开弓放箭，哈立德很快率领军队把他们驱散了。两名掉队的穆斯林遇难，十三名古莱什人被杀，还有的记载说二十八名古莱什人被杀。萨夫瓦、苏海勒和伊克里迈见大势已去，只好丢下其他人，自己逃之夭夭了。

先知率领迁士们正从某高地向麦加走去时，他看到麦加下游刀光剑影，哈立德正率穆斯林追杀那些敢于抵抗他们的古莱什人。他认为这些穆斯林违背了不准随便杀人的命令，他愤怒了。当他了解到事实真相时，才平息了自己的愤怒。先知在杏德山对面、麦加上游的某处停了下来，在艾布·塔利卜和赫蒂彻坟墓附近，人们为先知支起了帐篷。有人问先知，是否要回他原来的家休息一下。先知回答说："不！麦加已没有我的家了。"

他进入帐篷休息去了。麦加人过去伤害他、折磨他，并使他离开了自己的亲人和家乡。今天他胜利归来了，所以内心中充满了对安拉的感谢。他凝望麦加的河谷，环顾麦加周围的高山。那里有他过去曾避过难的山路，有他隐居过的希拉山洞。在那里安拉曾给他降谕了首次启示：

你应当奉你的创造主的名义而宣读，他曾用血块创造人。你应当宣读，你的主是最尊严的，他曾教人用笔写字，他曾教人知道自己所不知道的东西。(《古兰经》96：1—5)

先知放眼向高山和河谷望去——麦加人的住房、天房克尔白尽在他的眼底。先知感念主宰万物的安拉。他一边看一边想，看着这一切，想到过去的一切，他落泪了。这时他感到，自己作为军事将领的责任已经完成。先知在帐篷稍事休息后，便骑上他的骑驼向天房克尔白走去。到达天房后，他骑着骆驼环绕天房七圈，并用手杖触摸玄石。而后，先知让奥斯曼·本·泰勒哈打开天房克尔白大殿的殿门，寺内站满了古莱什人和麦加人。先知站在大门口，向他们宣读了下面这节《古兰经》经文：

> 众人啊！我确已从一男一女创造你们，我使你们成为许多民族和宗族，以便你们互相认识。在安拉看来，你们中最尊贵者，是你们中最敬畏者。安拉确是全知的，确是彻知的。（《古兰经》49：13）

大　赦

先知站在殿门口问人们："古莱什人，你们知道我将怎样处置你们吗？"

人们回答说："你会宽待我们的。宽宏大量的兄弟，宽宏大量的侄子一定会宽待我们的！"

先知说道："走吧，你们自由了。"

先知一句话赦免了古莱什人和麦加人。不记旧仇，不图报复是伟大的。先知十分了解这些古莱什人。谁曾密谋暗杀过他，谁迫害过他及穆斯林，谁曾参加了白德尔之战，谁曾参加了吴侯德之战，谁曾参加了壕沟之战，谁曾鼓动阿拉伯人去反对过他，先知一清二楚。现在，这些古莱什人已败在他手中，已成了阶下囚，他的一句话就可以决定他们的生死存亡。先知指挥着几千名全副武装的军队。只要他一声令下，可以毁掉整个麦加，可以把麦加人全部杀光。但是，先知——安拉的使者，并不像其他人那样对旧仇宿怨耿耿于怀，也不愿人们在相互仇恨中生活。先知不是那种暴虐者和狂傲者。安拉使他战胜了他的敌人，但他宽恕了他的敌人。他以此为整个世界，为后人做出了不朽的榜样。

天房中的壁画

先知进入了天房克尔白。他看到墙壁上画满了众天使和众先知的形象。墙壁上画着易卜拉欣，只见他手拿抽签用的无羽箭条站在那儿。先知仔细看了易卜拉欣的画像，然后说道："安拉惩治他们！他们竟让长者手拿无羽箭条站在这里！易卜拉欣与这箭条有什么关系！他既不是犹太教徒，也不是基督教徒。他是虔诚的穆斯林，他不是多神教徒。"

众天使被画成貌美的女子，先知否认，众天使没有男女之分。他命令把壁画全部涂掉。天房周围供奉着古莱什人崇拜的各种偶像，其中有胡白勒。先知手拿一根棍子指着这些偶像说：

> 你说："真理已来临了，虚妄已消灭了；虚妄确是易灭的。"（《古兰经》17：81）

清除天房中的偶像

天房克尔白中的偶像全部被推倒了，全部被清除了。二十年来，先知一直主张清除偶像，古莱什人为此同他进行了残酷的战争。出人意料之外，他进入麦加的第一天就实现了这一目标！今天他当着古莱什人的面清除了偶像，清除了拜物教的一切痕迹。古莱什人看到他们及他们父兄崇拜的这些偶像丝毫保卫不了自己。

辅士的担心

麦地那辅士看到了这一切，他们担心了。现在安拉已为先知光复了麦加，他可能要离开麦地那回自己的家乡去了。他们中的一些人问另一些人，现在安拉已默助先知光复了自己的家乡，他是不是回去居住呢？他们的担心是有道理的。因为先知是安拉的使者，安拉的禁寺——天房克尔白在麦加。先知忙完了有关事宜后问他们在议论什么。当他了解到他们的心事后，对他们说：“安拉保佑，生与你们在一起，死也要死在你们当中。”

这句话是阿盖白誓约时先知讲过的话。他要忠于自己的誓言，他要忠于在自己最困难时刻坚决同自己站在一起的辅士们。家乡、亲人、麦加禁地都不能使他忘记自己的誓言。他在这方面堪称人类的典范。

天房克尔白中的偶像被清除之后，先知令比拉勒登上天房宣礼。在先知的领拜下，人们礼了拜。从那一天到现在，整整过去了十四个世纪。在这十四个世纪中，比拉勒及他的后继者，一直坚持每天五次在麦加禁寺之上向人们宣礼，穆斯林一直在此向安拉履行他们的拜功。

古莱什人屈服了，他们对先知的赦免也很满意。他们对先知和他的门弟子既敬佩又感到有些惧怕，但是先知对十四名古莱什人没有赦免。当他进入麦加时，他命令即使这十四个人躲进天房禁寺，也要对他们处以极刑。这十四个人有的隐匿起来，有的逃跑了。先知是不记个人私仇旧怨的。他之所以下令杀这十四个人，是由于他们罪恶滔天。其中一人是阿卜杜拉·本·艾比·赛尔哈。他以前曾归信伊斯兰教，并负责给先知记录启示。后来，他叛变了，来到了古莱什人当中，并胡说是先知伪造了启示。还有一人叫阿卜杜拉·本·赫达勒。他以前也曾归信了伊斯兰教，但他杀害了自己的仆人，背叛了伊斯兰教，并让他的两名女仆诽谤先知。先知下令将他连同他的两名女仆一起斩了。另外一个人就是伊克里迈·本·艾比·贾海勒。此人极端仇视先知和穆斯林。先知光复麦加那天，当哈立德率军进入麦加下游时，他仍在组织力量负隅顽抗。

先知进入麦加后，下令除上述十四个人外，不准杀害其他任何人。这十四个人连同他们的家眷，有的隐匿起来，有的逃走了。当局势渐趋稳定后，人们看到先知宽宏大量地赦免了大部分古莱什人。这时，圣门弟子就想劝先知赦免他下令要斩首的那几个古莱什人。奥斯曼·本·阿凡与阿卜杜拉·本·艾比·赛尔哈同吃过一个乳母的奶，他亲自把他带到先知面前，请求赦免。先知沉默了很久，然后说："好吧，我赦免他了。"

伊克里迈·本·艾比·贾海勒的妻子乌姆·哈基姆·宾特·哈里斯·本·哈希姆，在伊克里迈逃往也门后归信了伊斯兰教。她向先知请求赦免自己的丈夫，先知同意了。于是，她赶紧把伊克里迈找了回来。同样，先知也赦免了同伊克里迈一起逃跑的萨夫瓦·本·伍麦叶。先知甚至赦免了艾布·苏富扬之妻杏德。读者一定还记得，在吴侯德之战中，当先知的叔父哈姆扎牺牲后，杏德曾咀嚼过哈姆扎的肝脏。总之，先知赦免了大部分被他下令处死的那些人。最后，只有四个人被斩首了。他们是侯韦利斯和两名在麦地那犯有杀人罪，后来叛教逃到麦加及诽谤过先知的伊本·赫达勒的女仆。

宣布麦加成为禁城

光复麦加的那天上午，胡扎阿族人杀死了一名胡宰勒族人中的多神教徒。先知生气了，他来到人们中间讲了如下的话："人们啊，安拉在创造天地的那一天就把麦加视为禁城。麦加是禁地中的禁地！直到末日，信仰安拉、信仰末日的人们都不准在麦加杀人或打架斗殴。在我之前不允许这样，在我之后也不允许这样。今天，只是为了讨伐麦加人我才动了杀戒。从此之后，麦加仍是禁地。请今天在场者告诉不在场者，如果有人对你们说，安拉的使者在麦加杀人了，请你们告诉他，是安拉允许他的使者这样做的。安拉并没有允许你们胡扎阿族人在麦加随便杀人。胡扎阿族人，放下刀吧。即便杀人是必要的，但你们今天杀的人够多的了。你们杀了人，一定要付杀人罚金。我说这话之后，凡被杀者，其家属有权让杀人者偿命，或向杀人者索取罚金。"

然后，先知亲自为被胡扎阿族人杀害的那个人付了罚金。昨天先知赦免了古莱什人，今天他又发表了这样的演说。先知用自己的言行赢得了麦加人的心。所以，麦加人都接受了伊斯兰教。这时有人喊道：“谁信仰安拉和末日，谁就赶快把自己家中的偶像捣毁。”

为了体现对麦加的尊敬，为了使麦加人更加热爱自己，先知派一伙胡扎阿族人去修复麦加周围的立柱。先知对麦加人说，他们是自己热爱的民族，如果不是他们逼迫，他原本是不会离开他们的。他说了这话之后，麦加人更加顺从先知了。艾布·伯克尔把父亲带到先知那里。先知看到艾布·伯克尔的父亲之后说道：“你应让老人家留在家里，我去登门访问！”

艾布·伯克尔说：“安拉的使者，他到你这儿来，比你到他那儿去更应该。”

先知让老人坐在自己对面，然后摸着他的胸部说：“归信伊斯兰教吧。”

老人归信了伊斯兰教，成了虔诚的穆斯林。古莱什人不分男女都归信了伊斯兰教，并向先知表示尽忠。

先知在麦加停留了十五天。这期间，先知安排了麦加的有关事宜，并向麦加人讲授了教义，并派出了传教工作队。他命令工作队队员们只许毁偶像，不准杀人。哈立德·本·瓦利德被派往夏依班族人中去毁掉欧萨偶像。当他把欧萨偶像毁掉后来到了祖宰迈族人那里。人们看到哈立德后都拿起了武器。哈立德告诉他们，人们都归信伊斯兰教了，请他们放下武器。一位祖宰迈族人对族人说：“祖宰迈族人，你们要倒霉了！他是哈立德。指安拉为誓，放下武器就等于被俘，被俘后就要掉脑袋。”

族人对他说：“你想让我们送死！人们都归信伊斯兰教了，战争结束了，人们和平了。”

族人逼着他放下武器。这时，哈立德命令把这些人捆起来，并杀了一些人。当先知得到这一消息后，他举起了双手，然后说道：“安拉啊！我与哈立德的行为毫无干系。”

先知说完这话后，马上派阿里·本·艾比·塔利卜到现场去。他对阿里说："你赶快到那儿去调查处理一下这件事。"阿里带着先知给他的钱出发了。他到达出事地点后，给被杀者的家属付了罚金。

先知在麦加停留的两周之内，清除了麦加一切拜物教的痕迹。他把麦加守卫之职交给了奥斯曼·本·泰勒哈，并下令让他的子孙永远世袭此职。谁日后要是从他们手中夺取此职，谁就将被按大逆不道论处。同时，他又把供应朝觐者饮水之职交给了伯父阿拔斯。

麦加人归信了安拉。认主独一的火炬在麦加熊熊燃烧起来了，认主独一之光将世世代代照亮世界。

第二十五章　侯奈因和塔伊夫之战

光复麦加后，穆斯林在城内留下来。他们为安拉恩赐给他们的胜利而高兴，他们为在这伟大的胜利中伤亡极少而欣慰。每当比拉勒宣礼时，他们簇拥着安拉的使者来到天房克尔白做礼拜。很自然，迁士们全部回到家中去看望在麦加光复后归信了伊斯兰教的亲属们。他们认为伊斯兰教大局已定，他们的努力已基本上大功告成。

他们在麦加停留了十五天之后，突然得到使他们从欢乐中清醒过来的消息！消息说，居住在麦加东南部山区的海瓦津人正在集结人马准备与穆斯林对抗。当海瓦津人听到穆罕默德光复了麦加，砸毁了偶像时，他们惶恐不安。他们害怕穆斯林将向他们进攻，他们担心穆斯林闯进他们的家园。海瓦津人盘算着：该如何行动以避免迫在眉睫的灾难，该采取什么措施来抵抗穆罕默德。穆斯林在致力于消灭半岛上的所有部落，让人们全部置于伊斯兰教的控制之下，应怎样对抗穆斯林呢？马立克·本·奥夫·纳赛尔集结了海瓦津人、塞基夫族人、纳赛尔族人和祖希姆族人。但海瓦津人中的克阿布家族和凯勒卜家族子弟没有参加这一行动。当时在祖希姆族中，有位老人叫杜利德·本·苏迈，他虽年老体弱，但颇具战斗经验。各个部落带着自己的财产、妇女和儿童全都聚到了奥塔斯平原。骆驼、毛驴、绵羊的叫唤声与儿童的啼哭声混杂在一起。杜利德老人听到这些后，问马立克·本·奥夫："为何让战士们把自己的财产、妇女、儿童都带到战场上来？"

马立克回答，他想以此来鼓舞士气、振奋军心。杜利德老人又说：

“一旦战败还能保住什么呢？你胜利了，是战士们的宝剑和长矛起的作用；如果你失败了，将会人财两空。”

杜利德老人与马立克在这个问题上发生了分歧。马立克是位年刚三十，雄心勃勃的男子汉，所以人们都愿跟随他。杜利德老人无奈，也只能随族人一起行动了。马立克令人们占据侯奈因山峰和一处峡谷。如果穆斯林前来进攻，他们就团结一起向穆斯林反击，以此来冲散穆斯林的阵脚，并使他们自相残杀。这就能使他们一举而战胜穆斯林的队伍，从而使穆斯林光复麦加的胜利功亏一篑。这也能在阿拉伯各部落提高侯奈因地区各部落的威望。当时，各部落成员都愿听从马立克的安排，他们在峡谷开始布防。

穆斯林奔赴侯奈因

穆斯林在麦加停留了两周之后，在先知的率领下出发了。他们人数之多，装备之精良是史无前例的。参加这次行动的有一万两千人，其中一万人是参与光复麦加的穆斯林，两千人是刚归信伊斯兰教的古莱什人。艾布·苏富扬也参加了这次军事行动。一万两千名穆斯林全部身披铠甲，骑兵先行开路，紧跟着的是运载粮草和军需品的驼队。这样的大军当时在阿拉伯各部落是前所未有的。各部落的战士都高举着自己部落的旗帜，每个人都怀着必胜的信心。穆斯林纷纷议论道：“我们这么多人马，今天谁也不能战胜我们。”

傍晚，穆斯林大军到达了侯奈因。他们在峡谷口驻扎下来，想等到第二天天亮再采取行动。第二天黎明前穆斯林大军开始行动。先知骑着他那头白色毛驴断后，哈立德·本·瓦利德率苏莱姆族人开路。正当他们从侯奈因峡谷向帖哈麦一个河谷走去时，马立克·本·奥夫趁黎明前黑暗之机，命令他率领的各部落人马一起向先知的大军乱箭齐发。穆斯林队伍一下子乱了阵脚。有些人害怕了，向后退却了，还有些人开始逃跑了。艾布·苏富扬看到这些昨天刚刚战胜了古莱什人的穆斯林溃败时，他脸上露出了微笑。他说道："只有大海才能挡住他们的溃败。"

沙伊拜·本·奥斯曼·本·艾比·泰勒哈的父亲在吴侯德之战中被穆斯林杀死了，他看到穆斯林开始溃败时说道："今天我才报了对穆罕默德的仇恨。"

古莱什人开莱代·本·哈伯勒也幸灾乐祸地说："今天他的法术怎么不灵了呢？"

他兄弟萨夫瓦对他说："住口！小心安拉撕烂你的嘴！指安拉为誓，让一位古莱什人支配我们总比让海瓦津人支配我们强。"

他们一边谈论，一边看着穆斯林军队越过断后的先知穆罕默德向后溃逃。

先知过人的毅力

先知穆罕默德面对这样的残局该怎么收拾呢？难道能让经过二十年的辛苦赢得来的胜利局面毁于一旦吗？难道说他的主不管他了吗？不护佑他了吗？不！绝不能这样！绝不能让跟随自己的各部落毁灭！在这生死存亡的关头，先知已把自己的生命置之度外，但愿能以自己的生命来换取安拉宗教的胜利。如果说自己的死期已定，那么谁也不能让它推迟或提前一小时。先知坚定地站在那儿！一批迁士和辅士及他的亲属坚定地站在他周围保护着他。先知对那些向后溃逃的人高喊："人们啊，你们向哪里跑？向哪里跑啊？"

但是溃败的人们早已胆战心惊，以为是占据山头的海瓦津人追杀上来了。是的，海瓦津人确实已从山头上杀下来了。他们的领头人骑着一峰红驼，手举黑旗，旗杆上装有锋利的矛头。他遇到穆斯林就挺枪直刺要害。海瓦津族人、塞基夫族人跟在他后面大杀大砍。先知怒火万丈，他想催动自己的坐骑冲上去挡住敌人的冲杀，让安拉来决定自己的存亡。但是，艾布·苏富扬抓住了他的坐骑缰绳，没让他冲上去。

阿拔斯的召唤

阿拔斯·本·阿卜杜勒·穆塔里布是位声音洪亮的男子。他的一声喊叫可以使河谷的所有人都能听到。只听他高声喊道："参加过阿盖白誓约的辅士们！在大树下宣过誓的迁士们！穆罕默德在这里，快过来吧！"

阿拔斯反复召唤辅士和迁士，他的声音震撼着整个河谷。奇迹出现了：参加过阿盖白誓约的辅士听到了阿拔斯的呼声，他们想起了先知，想起了他们的誓言，想起了他们的荣誉。迁士听到了先知的名字，想起了他们的誓言，想起了他们的荣誉，想起了过去自己付出的牺牲。辅士和迁士听说，先知在一些为数很少的迁士和辅士的护卫下仍坚定地站在那儿。阿拔斯的喊声传进了他们的耳朵，震撼着他们的心弦。他们从四面八方喊了起来："我们来了！我们来了！"只见他们争先恐后地杀了回来。

穆斯林的胜利

先知穆罕默德看到穆斯林杀了回来，他放心了。这时穆斯林与从山头上冲下来的海瓦津人面对面地厮杀起来。太阳升起来了，黎明前的黑暗消失了。穆斯林聚集在安拉使者的周围，他们与敌人展开了一场血战。杀回来的穆斯林越来越多，他们的士气越来越高涨。辅士们也开始相互鼓舞勉励起来。他们喊道："海兹拉吉族人！先知在看着我们战斗。"

先知看到战斗越来越激烈，穆斯林越战越英勇，他们把敌人一个一个杀倒在地。先知喊道："血战到底的时候到了。安拉不会违背对他的使者的许诺的。"

他让阿拔斯给他一把小石子。然后，他把石子向敌人投去，并说道："砸歪这些人的脸。"

穆斯林为了安拉，不顾个人的安危同敌人浴血奋战着。他们认为胜利即将到来，牺牲者对胜利的贡献比活着的人还要大。穆斯林英勇悲壮地战斗着。海瓦津人、塞基夫人与同他们一起的其他部落的成员一个个都无心抵抗了。他们抛下他们的妇女、儿童和财产，不顾一切地逃跑了。穆斯林缴获了一万两千峰骆驼、四千只绵羊、四千欧基亚[①]白银，并抓获了六千名俘虏。大部分穆斯林继续追击敌人，其他穆斯林押着俘虏来到了吉阿拉纳河谷。

穆斯林跟踪追击敌人

穆斯林继续追击敌人。先知宣布："谁杀死多神教徒，被杀者身上的东西就归谁所有。"先知的这一宣布更增加了勇士们追击敌人的劲头儿。拉比阿·本·杜吉纳追上了一峰骆驼，他认为驼轿中是位女人，就想把她俘虏过来。当他让骆驼伏卧下后，才发现驼轿中坐着位他不认识的老人。这位老人就是杜利德·本·苏迈。老人问拉比阿想干什么？拉比阿回答说："我要杀你！"

他举刀向老人砍去，但没能伤到老人一根毫毛。杜利德老人说："你母亲给你的这把刀真糟，到驼轿后面把我那把刀拿去吧，用它才能冲锋陷阵。如果你用它砍敌人的头颅，可以不费气力地把他劈成两半。我原来就是拿着它冲锋陷阵的。你见到你母亲的时候请告诉她，你杀死了杜利德·本·苏迈。我过去曾保护过你们家的女眷。"

当拉比阿见到母亲后，他把杜利德的话告诉了她。母亲对他说："安拉将烧掉你的手。他之所以同你讲这些话，是想告诉你他对你的恩德。他过去在同一天曾救过你家中的三位母亲：我，你的外婆，还有你

① 一欧基亚等于37.4克。——译者

的奶妈。”

穆斯林继续追击海瓦津人。在奥塔斯穆斯林彻底把敌人击败了，并缴获了他们所带的女人和财产。穆斯林带着战利品先后回到了先知那儿。马立克·本·奥夫·纳赛尔抵抗了一阵后也同海瓦津人逃走了，在纳赫莱他离开族人向塔伊夫逃去了。

多神教徒的彻底失败

穆斯林胜利了——他们继黎明前受挫之后，现在反败为胜彻底击溃了多神教徒。穆斯林的胜利应归功于先知的坚定，同时也应归于那些护卫先知的少数辅士和迁士。为此，安拉启示：

> 在许多战场上和侯奈因之战，安拉确已援助你们。当时，你们自夸人众，但人数虽众，对你们却无裨益；地面虽广，但你们觉得无地自容，终于败北。后来，安拉把宁静降于其使者和信士们，并降下你们所未见的军队，他惩治了不信道者，那是不信道者的报酬。后来，他准许他所意欲者悔过自新。安拉是至赦的，是至慈的。信道的人们啊！以物配主者只是污秽，故从今年起不准他们临近禁寺；如果你们畏惧贫困，那么，安拉将以他的恩惠使你们满足，如果他意欲。安拉确是全知的，确是至睿的。(《古兰经》9：25—28)

胜利的代价

穆斯林在这次战斗中的胜利来之不易，他们为此付出了高昂的代价，很多人在战场上壮烈牺牲了。史书上虽然没有记载在这次战争中穆斯林死伤的人数，但却提到，有两个已归信伊斯兰教的部落几乎灭绝了。如果黎明前穆斯林能镇定地同先知穆罕默德一起进行战斗，不临阵退缩，他们本来不会付出这样昂贵的代价。先知为阵亡的勇士们做了祈祷，望安拉使他们进入乐园。但不管怎样，穆斯林总算大获全胜。他们战胜了敌人，缴获和抓到了前所未有的战利品和俘虏。不管付出多大代价，胜利是战斗的最终目的。因此穆斯林还是为胜利而高兴，并盼望分到战利品后满载而归。

先知想继续扩大战果，取得更辉煌的胜利。马立克·本·奥夫是挑起这场战争的罪魁祸首。多神教徒失败后，他同塞基夫族人逃进了塔伊夫城。那么，现在穆斯林应包围塔伊夫，围困塞基夫族人。吴侯德之战之后，先知在海白尔采用了这一战术。壕沟之战后，他对犹太古赖祖人也运用了这一战术。他做这一决定时可能想到了过去。迁往麦地那之前，为了动员塞基夫族人归信伊斯兰教，他曾一人来到过塔伊夫。那时塞基夫人讥笑他，儿童们朝他掷石头，他只好躲到葡萄树架下。今天，他又要到塔伊夫来了。但今非昔比，他今天是率领阿拉伯半岛史上从未见过的大军来的。

围困塔伊夫

先知命令穆斯林向塔伊夫进军，以围困马立克·本·奥夫率领的塞基夫族人。塔伊夫是座坚城，像当时大多数阿拉伯人的城镇一样，没有可开可关的大门。塔伊夫人对付围困战术也颇有经验。城内存有大量的粮食，为塔伊夫人固守创造了条件。穆斯林在开往塔伊夫的路上经过里耶，在这里穆斯林捣毁了马立克·本·奥夫个人的堡垒。穆斯林到达了塔伊夫。先知命令穆斯林驻扎下来后，来到城下观察情况，而后同大家们商议该如何攻城。正在这时，塞基夫人从城堡中乱箭齐发，他们射死了部分穆斯林。看来采用围困犹太古赖祖人和围困海白尔的老战术，很难攻破这座坚固的城市，穆斯林一定要采取对方所不熟悉的攻城方法。究竟是旷日持久地围困城池，用饥饿逼迫对方投降的办法好呢，还是利用其他的方法攻破城池好呢？这需要认真考虑一下。先知让穆斯林后撤到敌人射程之外，然后又重新驻扎下来。(后来塔伊夫人归信伊斯兰教后，就在穆斯林的驻地修建了清真寺) 后撤一定的距离是完全应该的，因为塞基夫族人已射死十八名圣门弟子，并射伤多人，其中有艾布·伯克尔的一个儿子。在敌人的射程之外，用红色的皮革为随同穆斯林一起前来征战的先知的两位妻子乌姆·赛莱迈和栽娜卜竖起了两顶帐篷。当时先知就在这两顶帐篷之间的场地上做礼拜。确切地讲，塔伊夫清真寺后来就建在了这个场地。

穆斯林等待着安拉给交战双方安排好的命运。这时，有位阿拉伯人对先知说："处在城堡内的塞基夫人就像钻进穴洞的狐狸，只有持久围困才能引它出洞。如果你离开穴洞，狐狸也伤害不了你。"

但是先知想，不给塞基夫人一点儿厉害看看是不轻易撤军的。当时，杜斯族人 (住在麦加下游的一个部落) 已掌握了利用弩炮和龟甲形护具攻城的方法。杜斯族人的一位首领图费勒自海白尔之战之后就跟随了先知，这次也随先知来到了塔伊夫城下。先知派图费勒回杜斯族人那儿求援。图费勒在穆斯林围困塔伊夫城的第四天，带着一些杜斯族人和战具到达了。穆斯林首先向塔伊夫城施放弩炮，然后一伙人顶着龟甲形护具向城墙冲去。但是塔伊夫人很聪明，他们用高温铁水击退了龟甲形护具下的穆斯林。铁水点燃了龟甲护具，进攻的穆斯林只好弃甲而逃。塞基夫人乱箭齐发，又射死了一些穆斯林战士。这一方法又没成功，穆斯林还是攻不进这座坚固的城池。

怎么办呢？先知考虑了良久。他突然想起，以前不是利用烧枣椰树的办法战胜了犹太奈迪尔族人吗？塔伊夫的葡萄园不是比奈迪尔族人的枣椰树更有价值吗？塔伊夫的葡萄园闻名于整个阿拉伯半岛。正是这一葡萄园使塔伊夫成了沙漠中的绿洲和乐园。先知命令穆斯林砍烧葡萄园。塞基夫族人看到这些后，认为先知已下了非攻下城池不可的决心。于是，他们派人前来向他求情。让他看在安拉和他与他们之间亲戚的分儿上，手下留情。先知下令停止砍烧葡萄园。然后，他对塞基夫族人说，凡出城前来投奔者一律免死，大约二十名塔伊夫人弃城来到先知这里。他从这些人中了解到，城内存有大量的粮食和其他货物，塔伊夫人能够抵抗很长时间。要想攻进城池，必须久围。但是，穆斯林想赶快撤军，回去分配所缴获的战利品。如果先知坚持让他们继续围塔伊夫，又怕军心不稳，而且禁月马上就要到来，在禁月是不能打仗的。因此，围困塔伊夫一个月之后，先知决定撤军。伊历 11 月到了，他要带穆斯林赴麦加履行副朝仪式了。撤军时，他告诉人们，禁月结束之后他还要率军到塔伊夫来。

海瓦津人派使节要求释放被俘人员

先知穆罕默德率穆斯林离开塔伊夫向麦加方向走去。他们首先来到存放战利品和关押俘虏的吉阿拉纳。在这里，穆斯林分配了战利品。先知留取了五分之一后，把余下的分给了穆斯林。他们在吉阿拉纳停留时，由已经归信伊斯兰教的海瓦津人组成的使团也赶来了。他们请求先知把他们族人的财产、妇女和儿童退还给他们。使团见到先知之后，有一位代表对先知说："安拉的使者，俘虏当中有关心过你的姨母、姑母，有养育过你的乳母的亲人……"

这些人的话没有说错。在俘虏当中有位已过中年的妇女。当穆斯林查问她时，她说道："指安拉为誓，你们知道不知道我是你们主人的乳姐。"穆斯林不相信她的话，所以他们把她带到先知面前。先知认出了她，她就是自己乳母之夫哈里斯·本·阿卜杜·欧宰之女谢伊玛。先知赶紧让她走到自己的跟前。先知让她自己选择，是留在他这里，还是给她一定财产后回到族人那儿去。她选择了后者。

鉴于这一关系，先知很同情前来求情的海瓦津人，他也愿意满足他们的要求。先知对帮助过自己的人向来如此。有恩必报，对讲真话的人施仁慈是他的素质之一。他听了他们的请求后问他们："你们的儿童、妇女重要呢，还是你们的财产重要？"

他们回答说："安拉的使者，你是让我们在财产和眷属两者中选择其一吗？那好，我们的妇女和儿童对我们来说是最重要的。”

先知回答说：“凡分配给我及阿卜杜勒·穆塔里布子弟们的俘虏全部归还给你们。中午我带归信的人做晌礼时，你们随我来。你们对归信的人说：‘我们请安拉的使者向已归信的人求情，同时请归信的人们向安拉的使者求情，请归还我们的妇女和儿童吧。’那时我会替你们说话。”

海瓦津人遵照先知的话做了。先知在归信的人们面前说：“凡分配给我及阿卜杜勒·穆塔里布子弟们的俘虏全部归还给你们。”迁士们跟着也说：“凡分配给我们的俘虏全归安拉的使者。”辅士们也说了同样的话。艾格拉阿·本·哈比斯代表泰米姆族人，阿拔斯·本·米尔达斯代表苏莱姆族人拒绝归还战俘。但苏莱姆族人不支持阿拔斯·本·米尔达斯的态度。这时先知又说，凡坚持要得到这些战俘的人，将来以六倍的数量偿还他们。这样，在海瓦津妇女和儿童宣布归信伊斯兰之后全部被释放了。

先知问海瓦津使团关于马立克·本·奥夫·纳赛尔的行踪。他们回答说，他仍同塞基夫族人在塔伊夫。先知要求他们转告他，马立克如果肯归信伊斯兰教，并前来归顺，他的家眷和财产将如数归还给他，并另外赠给他百峰骆驼。马立克听到这一消息后，马上秘密乘马离开了塞基夫族人来到先知这里。他当场宣布自己归信伊斯兰教，从而保全了自己的家眷和财产，并得到了百峰骆驼。人们看到这一情况后不禁有些担心——担心先知这样慷慨大方地对待前来投顺的人会减少他们应分到的战利品。他们议论着要拿走自己应得到的份额。先知听到他们的议论后，来到他们中间，走到一峰骆驼前，拔下一根驼毛，用两根手指举起这根驼毛说：“人们啊，除五分之一的战利品外，我连这一根驼毛都不多拿。就连那五分之一，最终还是要分配给你们。”

说完这话后，他要求每个人把手中的战利品全部上缴，以便公平分配。他说道：“谁不公道地拿取任何一点点战利品，哪怕是一根针，直到清算日之前，将永远是他及他家属的奇耻大辱。”

有的人为了多拿战利品竟把先知的外衣也拿走了。先知生气了，他喊道："把我的外衣还给我！指安拉起誓，我手中若有像帖哈麦的树木那样数不尽的财物，我将一点儿不留地全部分给你们。你们知道，我不是那种吝啬、胆小、说话不算数的人。"

此后，先知把战利品分成五份。他从他应分得的五分之一战利品中又拿出一部分，额外分给了原来最敌视他的那些人。额外分得百峰骆驼者中有艾布·苏富扬和他的儿子穆阿维叶、哈里斯·本·哈里斯·本·开莱代、哈里斯·本·哈希姆、苏海勒·本·阿慕尔、侯韦达布·本·阿卜杜·欧宰及光复麦加后信奉伊斯兰教的各个部落的首领。先知也额外分给了那些地位仅次于上述人员者每人五十头骆驼。额外分得了五十峰骆驼者共有几十名。

先知的慷慨之举使昨天还在敌视他的敌人，今天变成了赞扬他的同伴。可以说，先知对这些人有求必应。他给了阿拔斯·本·米尔达斯一定数量的骆驼，但他不满意，指责先知说他偏向欧叶纳和艾格拉阿等其他人。先知大声说："把他给我拉下去，让他闭嘴。"他看到先知动气了，只好接受了先知给他的骆驼，不再说什么了。

辅士的态度

先知对过去敌视他的人所采取的笼络人心的做法，引起了辅士的议论。有些人说："指安拉起誓，安拉的使者在收取他族人的心。"赛尔德·本·欧拜岱觉得应把人们的意见转告先知，因为他也支持这一意见。当他向先知汇报之后，先知对他说："请你把你的族人集合起来。"赛尔德把族人集合后，先知来到他们当中。他与辅士进行了如下的对话。

先知："辅士们，你们的意见已转告给我了。你们是否不高兴了？想当初我来到你们当中时，你们处在迷误之中，是安拉指引你们走上了正道。你们当初是贫穷的，是安拉使你们富足起来。你们原来相互为敌，是安拉使你们齐心协力。你们说是不是这样？"

众辅士：“是的！安拉和安拉的使者是我们的大恩人。”

先知：“辅士们，难道你们不同意我的意见吗？”

众辅士：“安拉的使者我们的恩人啊，让我们同意什么意见呢？”

先知：“指安拉为誓，如果你们想说什么，我相信你们是在讲真话，别人也相信你们讲的话。你们想说：‘你到我们这儿来时，别人说你是骗子，但我们相信你。别人抛弃了你，但我们支持你。你被别人赶出了家乡，但我们收留了你。你当时很贫穷，但我们安慰你。’辅士们，我用世上的一点浮财团结了那些人，让他们归信了伊斯兰教。我发展伊斯兰教是靠你们的归信啊！辅士们，难道你们不同意给那些人分配羊群和骆驼，然后你们偕同安拉的使者凯旋吗？指执掌穆罕默德灵魂的安拉为誓，如果没有向麦地那的迁徙，我也会是一名辅士。如果其他人走一条路，辅士们走另一条路，我一定踏上众辅士所走的路。安拉啊，怜悯辅士们，怜悯辅士们的子孙，怜悯辅士们的子孙的子孙们吧。”

先知激动地讲了这些话。他的话充满了对这些过去忠实于他，支持他，使他强大起来的众辅士的热爱。辅士们感动地哭了。他们说：“我们对安拉使者的分配满意了。”

在这次侯奈因战斗中，先知获取了前所未有的财产。但他不想要这些浮财，他想利用这些钱财稳定那些刚刚归信伊斯兰教的人的心，让他们看到刚归信的穆斯林在新宗教中，无论是在今生还是在后世都是幸福的。先知在分配战利品时费了一番周折。为此，一些迁士指责他，辅士们也表现出不满意的神气。先知的公正、远见和周密的筹划使他最后团结了这数千名阿拉伯人，并使所有人都感到满意。先知自己也放心了——他要坦然地为了安拉之道贡献他的一生。

安拉的使者离开吉阿拉纳赴麦加做副朝。副朝结束后，他让乌特拜·本·艾塞德留守麦加，并让穆阿兹·本·杰拜勒同乌特拜一起留在麦加，教人们《古兰经》和教义。此后，先知和众辅士、迁士返回了麦地那。他在麦地那得了儿子易卜拉欣，过了一段安定日子，然后，又着手筹划在叙利亚进行的塔布克之战。

第二十六章　易卜拉欣和先知的妻子

光复麦加在半岛上的影响

在光复麦加、侯奈因之战获胜和围困塔伊夫城之后，先知穆罕默德回到了麦地那。这时，所有阿拉伯人都已深信不疑，在整个半岛上再没有任何人能与他抗衡了，再没有任何人敢于伤害和诽谤他了。安拉为先知光复了麦加，麦加人归信了伊斯兰教，所有阿拉伯部落都归顺了先知。辅士、迁士同先知一起兴高采烈地返回了麦地那。从此，他们得以安居乐业。先知让乌特拜·本·艾塞德留守麦加，让穆阿兹·本·杰拜勒在麦加教人们教义和《古兰经》。穆斯林的胜利，无论是在阿拉伯历史上，还是在小说中都是以前闻所未闻的。这一胜利给所有阿拉伯人带来了巨大影响。各部落的首领们以前从未想到他们会归顺穆罕默德，他们原来也不愿归信他所传播的宗教。穆斯林的胜利改变了他们的观点。原来为了得到各个部落首领的支持而为这些部落或它的首领们说话的诗人们，现在也发生了变化。视自己的自由高于一切的各个部落，面对这一胜利也顺服了。诗人的诗歌，在这一强大的力量面前，对于诗人们、对于首领们、对于各个部落还能帮什么忙呢？现在任何力量，任何势力在面临伊斯兰教的强盛时都会自惭形秽，相形见绌。

克阿布·本·祖海尔的故事

先知撤离塔伊夫后，布杰尔·本·祖海尔给他兄弟克阿布·本·祖海尔写了一封信。他告诉兄弟说，穆罕默德在麦加处死了原来诽谤他的人。于是，那些原来诽谤过他的活着的诗人们都四散逃走了。他劝他的兄弟，到麦地那来向先知忏悔，因为先知从不杀前来忏悔的人。如果不愿前来忏悔，那只有远走高飞。布杰尔讲的完全是实话，在麦加只有四个人被先知下令处死。其中一个是过去诽谤先知的诗人，两个是迫害先知女儿栽娜卜的罪犯。克阿布相信了自己兄弟的话。如果他不前来忏悔，那么只能终身流浪。他赶忙来到麦地那，住到了自己老朋友家里。第二天早上，他来到清真寺请求先知给他赦免。在先知面前，他吟了如下这一句诗歌：

苏阿德已远去，我的心何等悲痛，
她离去后，我像戴桎梏之人忧心忡忡。

果然，先知饶恕了他。他归信了伊斯兰教，成了一名虔诚的穆斯林。

各部落使团觐见先知

光复麦加之后，各个部落纷纷派使团前来觐见先知，表示归顺。栽德·海勒带领泰伊族人的使团也来到了麦地那。他们到达之后，先知热情地接待了他们。先知同栽德·海勒交谈之后说道：“以前我曾听说过很多位阿拉伯人如何好，但当我见到他们后才发现大都名不符实。只有栽德·海勒，他比其他人说得还要好。”为此，先知称栽德·海勒

(“海勒”在阿拉伯语中意为马群)为栽德·海尔(“海尔”在阿拉伯语中意为善良)。这些泰伊族人在栽德的感召下归信了伊斯兰教。

泰伊族人阿迪·本·哈堤姆是位基督教徒,他原来是那些异常敌视先知的阿拉伯人之一。当先知派阿里·本·艾比·塔利卜到泰伊族人的住地毁偶像时,阿迪·本·哈堤姆带着妻儿向叙利亚逃去了。阿里毁偶像之后,带着战利品及俘虏回到了麦地那。被俘人员中有阿迪的妹妹宾特·哈堤姆。俘虏被带到麦地那之后,关押在清真寺旁边。当先知路过关押俘虏的地方时,宾特·哈堤姆站起来对他说:“安拉的使者呀,我父亲死了,我哥哥走了。看在安拉的分儿上,可怜可怜我吧。”

当先知知道她哥哥就是逃走的阿迪·本·哈堤姆时,没有理她。但她再次恳求先知同情她。这时,先知想到她父亲哈堤姆是蒙昧时代有名的慷慨之士,所以释放了她,并送给她一套贵重衣服,让她随驼队到叙利亚寻找她哥哥去了。她见到哥哥阿迪·本·哈堤姆时,对他讲述了先知对她的恩惠。阿迪听后很受感动,他马上回来归信了伊斯兰教。

继光复麦加、侯奈因的胜利、围困塔伊夫之后,各个部落、各部落首领们纷纷前来觐见先知。他们相信了他的使命,归信了伊斯兰教。这期间先知在麦地那过上了较安定的生活。

先知的女儿栽娜卜逝世

先知的女儿栽娜卜离开麦加时,受到了侯韦利斯和海白尔的迫害,当时她担惊受怕,以致流产。从那之后得了重病,最后不幸逝世。女儿的去世给先知安定的生活投下了阴影。先知的女儿乌姆·库勒苏姆、鲁卡娅、栽娜卜先后去世了。现在只有法蒂玛一个女儿了。对于栽娜卜的辞世,先知很痛苦。先知想起了她的美德,想起了她对她丈夫艾布·阿斯·本·拉比阿的忠实。在白德尔之战中她丈夫被她父亲俘虏。

尽管她丈夫当时还没有归信伊斯兰教，尽管他同古莱什人一起战斗中跟穆斯林展开了殊死的搏斗。如果古莱什人在战斗中取胜，他们会杀害先知，但她还是寄来赎金赎回了他。他想起了女儿从麦加到麦地那之后，由于生病而遭受的痛苦。先知向来是分担一切受苦者和不幸者的痛苦的。他到城郊看望生病者，慰问不幸者。以前栽娜卜的两个姐妹去世了，在先知接受安拉的使命之前，她的两个兄弟也夭折了，现在栽娜卜又与世长辞了。无疑，先知心中异常痛苦。尽管他从安拉那儿得到了安慰，但丧失自己的女儿之后总是难免悲伤啊！

易卜拉欣的诞生

时过不久，科普特人玛丽娅给先知生下了一个男婴。为了吉庆，先知给孩子起名叫易卜拉欣。也就是说，让孩子沿用了众先知之祖易卜拉欣的名字。玛丽娅是埃及王居鲁士赠送给先知的女仆，因此她没有像先知的其他妻子一样住在清真寺旁边的房子里。先知让她住在了麦地那郊区的一个高地上。现在，这个地方叫易卜拉欣之母下榻处。她住的房子周围种满了葡萄，先知像看望妻子一样不时到这儿来过夜。埃及王居鲁士当时赠送了两名女仆，一名是玛丽娅，另一名是西林。他把玛丽娅留给了自己，把西林送给了哈桑·本·萨比特。先知的妻子们中有以前未婚的姑娘，也有以前生过儿女的中年妇女，但在赫蒂彻去世后，这些妻子们在十年之中谁也没有给先知生过儿女。因此，先知已不希望再有什么儿女了。但是当先知年过六旬，玛丽娅怀孕生下易卜拉欣时，他高兴极了。在他眼里，玛丽娅的地位提高了，现在他像对待其他妻子一样对待她了。自然，他也更加亲近她了。

先知众妻的忌妒心

先知的其他妻子们看到玛丽娅生了易卜拉欣，而自己一无所出，她们看到先知亲近她，便一个个忌妒起来。在生下易卜拉欣之后，先知大大奖赏了接生婆艾比·拉比阿之妻萨勒玛，并向贫穷者进行了施舍。此后，他把孩子交由乌姆·赛伊夫哺乳。为了照顾乌姆·赛伊夫自己的孩子，先知送给了她七只母山羊。先知每天都要到玛丽娅那儿去看望心爱的儿子。他看着孩子那天真无邪的笑脸，看着孩子一天天长大，内心充满了无比的欣慰和喜悦。看到这一情景，没有给先知生儿育女的妻子们能不忌妒吗？

有一天，先知双手抱着易卜拉欣，喜笑颜开地来到妻子阿伊莎那儿。他让她看看自己与孩子是多么相似。阿伊莎看了看孩子，然后说她看不出父子之间有什么相似的地方。她看到先知由于有了易卜拉欣而表露出的高兴神色，不禁生起气来。其他妻子们在易卜拉欣出生之后，也表现出了不快情绪。这件事，在先知的历史、伊斯兰教史上是有所记载的，而且安拉在其启示中也曾提到这件事。

先知与妻子们的关系

发生这样的事是不奇怪的，因为先知给了妻子们对于阿拉伯人来说前所未有的地位。欧麦尔·本·哈塔布曾说过这样的话："指安拉为誓，安拉在《古兰经》中降示了有关妇女的章节及给予她们应享有的地位，之前的蒙昧时代，人们根本不把女人放在眼里。"

他还说过："有一次，我同别人商量一件事时，我的女人对我说：'你若怎样怎样。'

"我对她说：'我商议的事与你何干，谁让你干预我要做的事！'

"她对我说：'伊本·哈塔布，你真怪！难道你不愿同我商议事情吗？你女儿就同安拉的使者商议事情。有时甚至使他整天不高兴！'"

欧麦尔接着说："我拿起衣服，走出家门，来到哈芙赛那儿。我对她说：'女儿啊，你真的干预安拉使者的事情，有时竟让他整天不高兴吗？'

“哈芙赛说：‘指安拉起誓，我们常常同他商议事情。’

“我对她说：‘你听着，你这样做，安拉会惩罚你，他的使者会向你发怒的。女儿啊，你不要因为自己漂亮而有恃无恐，以为安拉的使者喜爱你……’

“我离开女儿来到乌姆·赛莱迈那儿。鉴于我同她的亲缘关系，我把上面的话又同她讲了一遍。她对我说：‘伊本·哈塔布，你真怪！你什么事都管。难道你要干涉安拉的使者与众妻子间的事吗？’”

欧麦尔又说：“乌姆·赛莱迈批评了我，她使我清醒了。我离开她走了。”

史学家穆赛利迈在他的史书中曾有这样的记载：艾布·伯克尔来见先知，先知允许后，他走进了先知的房间。不一会儿，欧麦尔也来了。欧麦尔发现先知坐在那儿，他的妻子们不高兴地围着他。欧麦尔说道：“让我说句让先知见笑的话吧。如果你看到宾特·哈利杰[①]向我索取什么，我会拧断她的脖颈。”先知饶有风趣地说：“她们正围着我索要东西。”艾布·伯克尔站起来抓住了阿伊莎的衣领，欧麦尔也站起来抓住了哈芙赛的衣领。他俩问道：“你们在向先知索取他所没有的东西？”她俩回答：“指安拉为誓，我们绝不向先知索取他所没有的任何东西。”

这天，穆斯林看到先知没出去做礼拜，他们担心会发生什么事。所以艾布·伯克尔和欧麦尔才来到了先知这儿。关于艾布·伯克尔、欧麦尔同阿伊莎、哈芙赛的对话，安拉曾降下了如下的启示：

> 先知啊！你对你的众妻说：“如果你们欲得今世的生活与其装饰，那么，你们来吧！我将以离仪馈赠你们，我任你们依礼而离去。如果你们欲得安拉及其使者的喜悦，与后世的安宅，那么安拉确已为你们中的行善者，预备了重大的报酬。”（《古兰经》33：28—29）

① 史学家穆赛利迈曾提到欧麦尔的妻子们中有一位叫宾特·哈利杰的女人。

先知众妻的小手腕儿

先知一般在晡礼之后，常常到妻子们的房间走一走。有一次做完晡礼，他来到哈芙赛屋里，有的史书说是他到了栽娜卜·宾特·杰赫什屋里。他在她的房间停留的时间较久，引起了其他妻子们的忌妒。阿伊莎说："我同哈芙赛商量好，无论先知到我们中谁的房间来，谁就对他说她闻到了某种怪味儿，问他是不是吃了有这种怪味儿的东西（她们早就知道先知不喜欢这种怪味儿）。"

当先知来到她们中所住的一间房子时，她说了这话。先知回答说："我没吃有这种怪味儿的东西。我以后再不喝这种蜜了。"

同样，阿伊莎也同萨乌黛耍了类似的手腕儿。当先知来到萨乌黛那儿时，她对他说："你吃了有某种怪味儿的东西了吗？"

他回答说："没有。"

她又说："这是从哪儿来的这种怪味儿呢？"

先知说："栽娜卜让我喝了点儿蜜。"

她说："可能是酿这蜜的蜂沾染了有这种味儿的花木。"

当先知来到阿伊莎那儿时，她也说了同样的话。先知决心再也不喝这种蜜了。萨乌黛看到先知如此这般就说道："感念安拉！我们治了他一次。"

阿伊莎瞟了她一眼说："住口。"

先知的众位妻子过去同其他阿拉伯妇女一样，在社会上是没有发言权的。现在先知给了众妻子很高的社会地位。不言而喻，她们肯定会充分利用的。个别妻子甚至干预了先知的大事，从而使他不快。为了不让她们做出过分的事，为了不让忌妒心冲昏了她们的头脑，应该对她们冷淡一下了。当玛丽娅生下易卜拉欣之后，忌妒心使她们走得太远了。阿伊莎竟敢当面说出易卜拉欣与先知毫无相似之处。她这话几乎是暗示先知，玛丽娅生下的孩子与他没有任何关系。

有一天，哈芙赛有事到她父亲那儿去了。这时玛丽娅来找先知，先知正好坐在哈芙赛房间内，于是两人就在哈芙赛的房间内逗留小憩。哈芙赛回来时发现玛丽娅同先知在她的房间内，就很忌妒。她一直站在门口，等玛丽娅出来。等的时间越久，她越是醋海翻波，妒心难平。玛丽娅走后，她来到了先知面前，对先知说："我看到谁跟你在一起了。你这样做等于是在侮辱我。如果不是认为我好欺负，你就不会这样做。"

先知知道，忌妒心肯定会使哈芙赛把这件事张扬出去，她肯定会把这件事告诉阿伊莎和其他妻子。为了不让她添枝加叶地到处乱说，先知对她说，只要她不把此事到处张扬，今后他不再同玛丽娅亲昵。哈芙赛答应她不张扬此事，但是由于忌妒心太强，她还是忍不住把这件事悄悄告诉了阿伊莎。阿伊莎为了让先知知道哈芙赛没有按他对她的要求去做，就暗示先知哈芙赛把这件事告诉了自己。可能先知的其他妻子们也知道了此事，众位妻子可能认为先知这样做未免太抬高了玛丽娅的身份，所以她们跟着哈芙赛和阿伊莎纷纷议论起来。先知同玛丽娅在哈芙赛的房间内停留了几个小时，两人充其量也不过做了夫妻之间本该做的事。这对于先知来说也是合法的。艾布·伯克尔和欧麦尔的女儿阿伊莎和哈芙赛根本不应该在这件事上挑起是非。她们两人的意图是想阻止先知同玛丽娅的关系。以前由于她们向先知索取东西，在先知喝了栽娜卜的蜜后耍了小手腕儿，对先知偏爱阿伊莎或偏爱玛丽娅总是叽叽喳喳，使先知有所不快，因而先知对她们冷淡了一些。

有一天，先知坐在阿伊莎屋内，其他妻子派栽娜卜·宾特·杰赫什来找他。她对先知说，他对妻子们不公平，由于他偏爱阿伊莎而怠慢了她们。当时，先知为了对妻子们一视同仁，便逐日跟每位妻子轮流就寝。萨乌黛看到先知对自己有所疏远后，为了使先知欢心，便自愿把先知应到她房间来的日子让给了阿伊莎。栽娜卜不仅说先知对妻子们不公平，而且还指责了阿伊莎。阿伊莎坐在先知身旁，她听了栽娜卜的话后就想回击，先知却制止了她。但栽娜卜没完没了，继续攻击阿伊莎。先知只好让阿伊莎起来替她自己辩护，阿伊莎站起来说了一席话。她的话使栽娜卜无言答对，也使先知很满意。这更增加了先知对艾布·伯克尔之女阿伊莎的敬佩。

由于先知喜爱这位妻子而疏远那位妻子，常常引起众妻的纠纷。她们的争吵迫使先知考虑，如果她们不让他受其所爱，他就要把某几位妻子离掉。玛丽娅生下易卜拉欣之后，妻子们由于忌妒，闹得更欢了，最甚者莫过于阿伊莎。她们之所以敢于这样闹，是由于先知平时对她们太忍让，先知给了她们前所未有的地位。先知没时间同她们在这些琐事上纠缠。看来应教训她们一下，使她们清醒冷静，使自己更专心地去考虑安拉赋予自己的传教使命了。如何教训她们呢？要暂时离开她们身边，用离弃她们的办法来威吓一下她们。但愿她们能悔改，否则真要同她们体面地离婚了。

先知离开众妻独居

先知离开了众妻，整整一个月，他不与她们发生任何联系，也不同任何人谈及她们的事，任何人也不敢先同他谈这件事。在这一个月中，他全神贯注地考虑了他及信士们应怎样去传播伊斯兰教，应如何把它的势力扩大到半岛之外的地区去。先知生气了，先知的妻子们将会得到什么样的命运呢？艾布·伯克尔、欧麦尔、先知的女婿们一个个焦虑不安。当时有传言说，由于欧麦尔的女儿哈芙赛张扬了她答应保密的那件事，先知离弃了她。信士们也听到人们议论说，先知已离弃了众位妻子。这期间，先知的众妻们也后悔不迭。他平时对她们厚道和气，在生活中他像兄长、慈父那样对待她们。她们不应该由于忌妒而伤害自己仁慈的丈夫。这一个月，先知大部分时间是在他靠近水源的库房中度过的。先知住在库房，他的男童仆拉拜哈坐在门口为他把门。

欧麦尔劝说先知

先知穆罕默德离开众妻在库房生活了整整一个月。他的门弟子为此焦虑不安。他们聚在清真寺里议论说，安拉的使者真的离弃了他的妻子们。他们个个脸上都呈现忧郁的表情。这时，欧麦尔站出来直奔先知的住房而去。他让先知的男童为他通报求见先知，但男童一言不发。这意味着先知不愿见任何人。欧麦尔再次让男童通报，但他还是不答应。欧麦尔喊起来说："拉拜哈，赶快进去给我通报一下！我估计先知认为我是来为哈芙赛讲情的。指安拉为誓，如果先知下令让我斩下哈芙赛的脑袋，我会立即遵命。"

先知让他进去了。欧麦尔走进住房，坐在先知旁边，他四处打量了一下，不禁失声痛哭起来。先知说："伊本·哈塔布，你为何而哭啊？"

欧麦尔看到先知睡觉的草席，看到房内仅有一点点大麦和树果，在墙上挂着一张兽皮。欧麦尔看到先知如此艰苦，深受感动，泪水不禁沿腮而下。当欧麦尔告诉先知自己落泪的原因时，先知告诉他，为了避开干扰、静心考虑问题，自己应该远离红尘。欧麦尔对先知说："安拉的使者呀，关于你众妻们的事你有何为难之处？如果你想离弃她们，安拉、安拉的众天使吉卜利勒、米卡勒，我本人、艾布·伯克尔及信士们都会支持你。"

尔后，两人深谈起来。先知脸上的怒容慢慢消失了，两人之间的气氛融洽起来了。这时，欧麦尔告诉先知，信士们正在清真寺议论，他们认为先知已离弃了自己的妻子们。先知告诉欧麦尔，他并没有离弃她们。欧麦尔请求他到清真寺去，把自己的事告诉等待着他的圣门弟子。先知来到清真寺，他大声地对他们说，安拉的使者没有离弃他的众妻。围绕这件事，安拉曾有如下启示：

先知啊！安拉准许你享受的，你为什么加以禁戒，以便向你的妻子们讨好呢？安拉是至赦的，是至慈的。安拉确已为你们规定赎誓制，安拉是你们的保佑者。他是全知的，是至睿的。当时，先知把一句话秘密地告诉他的一个妻子，她即转告了别人，而安拉使先知知道他的秘密已被泄露的时候，他使她认识一部分，而隐匿一部分。当他既以泄露告诉她的时候，她说："谁报告你这件事的？"他说："是全知的、彻知的主告诉我的。"如果你们俩向安拉悔罪，〔那么，你们俩的悔罪是应当的，〕因为你们俩的心确已偏向了。如果你们俩一致对付他，那么，安拉确是他的保佑者，吉卜利勒和行善的信士，也是他的保护者。此外，众天神是他的扶助者。如果他休了你们，他的主或许将以胜过你们的妻子补偿他，她们是顺主的，是信道的，是服从的，是悔罪的，是拜主的，是持斋的，是再醮的和初婚的。(《古兰经》66：1—5)

这场风波由此结束。先知的妻子们清醒了。她们忏悔之后，先知回到了她们中间。他的家庭生活又走上平安和正常。

上面讲述的这个故事及这个故事发生的梗概，我认为是真实的历史事件。在《古兰经》的有关注释中，在《圣训》及其他有关先知与其妻子们的书籍中，对这一故事都有所记载。但它们没有对这件事像上面讲述的这样详细，也没有把它的前因后果交代清楚。绝大多数有关先知传记的书籍都提到了这一故事，但都没有对这故事做全面的叙述。这些书籍的作者们可能感到叙述它是件棘手的事，所以他们没有深入地探讨它。有的人谈到了有关先知喝蜂蜜之事，但避而不谈哈芙赛发现玛丽娅同先知在她房间的事情。而东方学家们呢，他们则把哈芙赛发现先知同玛丽娅在哈芙赛房间，哈芙赛把这件事告诉了阿伊莎说成是导致这一风波的起因。他们这样做的主观意图，是想向读者把阿拉伯先知描绘成一个贪恋女色的形象。我认为伊斯兰教的史学家们没必要忌讳议论这件事，因为这件事是有深刻意义的。我在上面已概略谈了一些。东方学家们之所以不顾历史事实而渲染此事，是受基督教门户偏见的影响。

部分东方学家对我上面引用的《古兰经》中的“禁戒”章（第66章）的前几节大发议论。他们提到，东方所有的经书都没有如此这般谈及家庭琐事。实际上，很多的经书，其中包括《古兰经》都谈到了鲁特的族人及他们遭毁灭的故事。《讨拉特》（《摩西五经》）不也讲述了鲁特两个女儿的故事吗？在安拉惩罚鲁特族人之后，由于担心这个家族遭到灭绝，鲁特的两个女儿用酒把父亲灌醉。她们俩每人同父亲过了一夜，从而怀孕生了孩子。很多经书都是把众先知的故事及他们生平事迹作为世人的教训而加以叙述的。《古兰经》中就有很多故事。《古兰经》不是为先知一人而降谕，而是为全人类而降谕的。《古兰经》涉及有关先知穆罕默德的生活情节，是为了以此来给世界穆斯林树立榜样。

第二十七章　塔布克之战及易卜拉欣逝世

制定天课与税收制度

先知穆罕默德与众妻间发生的家庭风波丝毫没有改变宗教事务的进程。光复麦加，麦加人归信伊斯兰教之后，全部事务的重要性日益显著。天房克尔白是阿拉伯人世世代代朝觐的圣地。现在，天房与天房有关的守备、膳食、供饮及其他一切有关朝觐的事项都由先知和他的门弟子掌管了。光复麦加后，穆斯林行政事务的频繁必然需要更多的公益金。这样，向圣门弟子收取本人收入的十分之一作为天课，向没有归信伊斯兰教的人们收取一定数量的税也就不可避免。这件事引起了一些人的不满，但除此之外没有其他出路。先知从麦加回到麦地那后不久，便向已归信伊斯兰教的各个部落派出了收税人员，收税人员分头出发了。

绝大多数部落都心悦诚服地交纳了自己收入的十分之一。但泰米姆族人的一个家庭及穆斯泰莱格族人拒绝向收税人交纳天课。正当收税人在泰米姆族附近的各个部落收取天课时，安白尔家族子弟（属泰米姆族人）手执弓箭和大刀把收税人赶跑了。先知听到这一消息后，马上派奥叶奈·本·哈斯恩率领五十名骑兵赶到那里，安白尔家族子弟们吓跑了，骑兵们抓了五十多名俘虏，返回了麦地那。先知下令把俘虏们关押起来。当时，部分泰米姆族人已归信伊斯兰教。泰米姆族归信伊斯兰教的人曾同先知一起参加了光复麦加的战斗和侯奈因之战。但在这个族中还有一些人没有归信伊斯兰教，他们仍处在愚昧无知的状态之中。族人知道安白尔家族子弟们得到的下场后，便派他们的头目来到麦地那。这些人走进了清真寺，他们在先知房子后面呼喊他出来会见他们。他们的喊声惹烦了先知，直到晌礼时他才走了出来。这些人见到他后，便在他面前纷纷指责奥叶奈·本·哈斯恩如何粗暴地对待他们的族人，并向他表白他们族人中有人已归信了伊斯兰教，泰米姆族穆斯林曾同他一起并肩战斗过，而且还把他的族人如何在阿拉伯人中间享有威望和地位向他吹嘘炫耀了一番。最后，他们对先知说道："我们来见你，就是想跟你比一比谁的历史更光荣。让我们的诗人和演说家欧塔利德·本·哈吉布站起来讲讲。"

欧塔利德讲完后，安拉的使者让萨比特·本·盖斯站起来回答了他。这时，泰米姆族人的诗人宰卜尔甘·本·白德尔站起身又讲了起来，讲毕，先知的诗人哈桑·本·萨比特站起来回答了他。双方讲完以后，艾格拉阿·本·哈比斯说道："以我父亲的名誉起誓，这个人真了不起。他的演讲人比我们的演说家能说，他的诗人比我们的诗人更有才华。总之，他们的声音压住了我们的声音。"这些人全都归信了伊斯兰教。先知释放了他们的被俘人员，让他们返回了家园。

穆斯泰莱格族人看到收税员被吓跑后，他们自己害怕了。他们赶快派人来到麦地那对先知说，收税人没有必要害怕逃走，因为这样做会引起误会。

整个半岛的每个部落都感到了先知的权威。任何地区族人，任何部落都不敢反抗他——要么纳赋税，要么归信伊斯兰教而交纳天课。

罗马人准备侵犯阿拉伯半岛

整个阿拉伯半岛上的局势稳定下来了，任何人都不敢起来反抗穆斯林了。正在这时，先知得到消息说，罗马人为了消除阿拉伯人在穆乌泰之战中给人们留下的好印象，也为了与势力已发展到罗马控制下的叙利亚边境、波斯人控制下的希拉地区的穆斯林对抗，正在征集军队准备侵犯阿拉伯北部边境。先知得知这一消息后，马上决定亲率大军前去迎战。他要战胜罗马人，使他们的首领们日后不敢再来侵犯和骚扰阿拉伯人。那时，夏季刚刚结束，在沙漠中，初秋的气候往往比夏季还要炎热。从麦地那到叙利亚边境路途遥远，这样的长途跋涉需要耐力、粮草和淡水。在这种情况下，先知需要把自己同罗马人决战的决心告诉人们，以便让他们做好出征的准备。在以往的战斗中，为了迷惑敌人，为了使敌人不知自己的去向，先知往往采取声东击西的战术。但这次出征与往日的战斗不同了，这次必须预先把征战的方向告诉人们。先知派人到各个部落去做战斗动员，让各个部落做好战斗准备，并号召富有的圣门弟子们出资装备军队。据说，罗马人已征集了为数众多的大军，先知为了威慑敌人，他也要动员尽量多的人前去迎击他们。

在这酷热的季节里，动员穆斯林离开妻儿老小，穿过缺水的大沙漠，然后与曾经战胜过波斯人、穆斯林在前次战斗中未曾击败的敌人交战，他们的反应如何呢？是不顾沙漠中的困苦，用自己的钱财装备好，骑着自己的骆驼，风尘仆仆地去迎击敌人，使敌人望风披靡呢，还是惧怕艰难、酷热、饥饿而裹足不前呢？这是对穆斯林的信仰、对他们热爱使者的程度、对他们是否忠诚于安拉宗教的一次严重考验。当时，穆斯林分为两种人：一种人是内心中充满了对真理、对光明的信念而归信伊斯兰教的；另一种人则是出于贪心和惧怕之心而归信伊斯兰教的。后一种人看到阿拉伯各个部落已不是穆斯林的对手，这些部落心甘情愿地向穆斯林交纳贡税，他们贪图获取穆斯林的战利品。另一方面，他们看到穆斯林已战胜了各种力量，各国的帝王们也都害怕穆斯林的力量了，他们惧怕了。第一种人很快响应了安拉使者的号召，他们中有穷者也有富者。第二种人则退却不前，想找各种各样的理由不去征战。他们议论纷纷，竟对先知的战斗动员讥笑起来。事实上，这第二种人就是那些伪信者。安拉曾针对他们降下了《古兰经》中的“忏悔”章。安拉在这一章中号召人们“为主道而奋斗”，并严正警告了那些迟迟不响应使者号召的伪信者。

伪信者们议论说：“你们不要在热天出征。”针对他们的议论，安拉降谕了如下启示：

> 他们不愿以自己的财产和生命为主道而奋斗，他们互相嘱咐说：“你们不要在热天出征。”你说：“火狱的火是更炽热的，假若他们是明理的。”让他们少笑些，多哭些，以报酬他们的营谋。（《古兰经》9：81—82）

先知曾对赛莱迈族人杰德·本·盖斯说：“杰德，你不是曾同罗马人打过一年的仗吗？”杰德回答说：“安拉的使者，请允许我留下吧，别让我遭受痛苦。指安拉为誓，族人都知道，我是迷恋女色之人。我担心我见到罗马女人时会心猿意马。”安拉的使者没有再理他。针对他，安拉启示：

> 他们中有人说：“请你准我的假吧。不要使我遭遇祸害。”其实，他们正堕入祸害之中。火狱确是包围着不信道者的。（《古兰经》9：49）

那些对先知心怀不满的人利用了这次机会。他们想乘机进一步鼓动伪信者捣鬼作祟，想鼓动人们不同先知前去迎敌。为了不使事态恶化，先知认为对这些伪信者不能再客气了，这次一定要严厉教训他们一下。先知听到一伙伪信者正在犹太人苏韦里木家聚合，他们想挫伤穆斯林的锐气，阻挠人们前去迎敌。先知听到这一消息后，马上派泰勒哈·本·奥拜德拉率一批穆斯林包围了这所犹太人的房子，然后，他们一把火把房子点着了。一位伪信者急忙跳窗而出，结果摔断了腿。其他人冒着大火从房内跑出来溜走了。从此，他们再也不敢肆无忌惮地活动了。同时，这也给其他人提供了一个警诫的实例，任何人再也不敢干这种见不得人的勾当了。

先知严厉打击伪信者们之举产生了效果。富有的人捐出了巨款来装备军队。奥斯曼·本·阿凡一个人捐出了一千第纳尔，其他很多人也尽其所能慷慨解囊。那些能够自己装备自己的人都装备了起来。很多穷者请求先知帮助他们装备，先知尽其所能帮助了他们，而对他不能帮助的人表示了歉意。他对他们说："我手中实在没有东西来装备你们了。"他们只好流着眼泪离去了。由于他们痛哭流涕而被称为"痛哭者"。先知最后征集了由三万穆斯林组成的大军。由于从开始组织这支军队的那一天就遇到了种种艰难困苦，所以这支军队被称为"艰苦部队"。

"艰苦部队"出发迎敌

大军集合完毕，先知暂回麦地那处理有关事务。在他暂离阶段，由艾布·伯克尔负责带领大家做礼拜。先知让穆罕默德·本·麦斯莱迈在他出征期间负责麦地那一切事务，并让阿里·本·艾比·塔利卜搬到自己家属区居住，负责看护他的家室。然后，先知又发布了一系列有关命令，才返回军队，指挥全军。阿卜杜拉·本·乌班耶也率领由他的族人组成的一支军队来到了先知军队聚集的地点，但是先知并不相信他的诚意，只让他带着他的人留守麦地那。先知一声令下，大军开拔了。只见尘土飞扬、战马嘶叫，一万名骑兵开路，穆斯林大军浩浩荡荡冒着酷热，穿越沙漠向叙利亚方向进发。麦地那妇女们登上屋顶，看着大军慢慢离去。她们看着眼前情景，又想到亲人们是为了安拉，是为了她们能在后方过上幸福生活，才冒着酷热前去征战时，内心很是激动。这雄伟壮观的场面，妇女们所表现出来的情景，打动了那些没有同先知前去征战的男人们，比如艾布·亥赛姆。可能还有一些原来没有随先知出发的人，意识到好汉不出征是一种耻辱时，也急忙赶去了。

大军到达了赛莫德人[①]曾居住过的希吉尔地区。只见那里，以前人们在山上凿了的住房东倒西歪，已成一片废墟。先知下令在这里驻扎。人们想利用原地的水井解决饮水问题。但先知对他们说："不要喝这里的井水，不要用这里的井水在礼拜前小净。如果你们已用这里的井水和了面，请赶快把面团当作骆驼的饲料，谁也不要再吃它了。晚上外出时要结伴同行。"这是因为，这里是无人来往的荒地，常常刮起大风。大风卷起漫天飞沙，足能把人和骆驼活活埋掉。有两个人竟然违背先知的命令外出了，结果一人被大风卷走，一人被流沙活活埋葬。第二天早上，人们看到流沙淤死了水井，掩埋了一切水源，他们害怕起来——担心在征途上找不到水源从而遭受饥渴之苦。这时，天上出现了一片云，一些人高兴起来，但也有人说这是过眼浮云，未见得有雨。结果，大雨滂沱而下，饮水问题迎刃而解。人们高兴极了，纷纷议论说这是奇迹。

罗马人不战而退

先知的大军在希吉尔休息以后，直奔塔布克而来。这时，罗马人得到先知大军的详细情报。他们决定把向边界进发的军队撤回到叙利亚境内的堡垒中。先知的大军到达塔布克后，先知知道了罗马人由于害怕已撤军了。他认为大军再没必要继续追击到对方的境内去。

先知下令让军人们停在边境一线。为了保障边境的安全，为了使将来任何人不敢再到半岛境内来骚扰，他们同敢于抵抗的人进行了一系列战斗。尤哈纳·本·鲁厄白是边境地区艾叶莱部落的酋长，先知给他寄去了一封信，在信中向他指出：或是前来归顺，或是让大军前去讨伐，悉听尊便。尤哈纳胸戴金质十字架前来觐见先知。他表示愿意

① 《古兰经》中记载的古代部落之一。亦称"撒立哈的宗族"。——译者

归顺，并向先知交纳了贡税。杰尔巴[①]人和艾兹鲁哈[②]人也归顺了先知，并交纳了贡税。安拉的使者给他们书写了安全证书。

写给尤哈纳的安全证书内容如下：

奉至仁至慈的安拉之名

此为安拉、安拉的使者，先知穆罕默德为尤哈纳·本·鲁厄白及艾叶莱人提供之安全证书。凡属彼等所有之海上船只、陆路商队，均受安拉和先知穆罕默德及随从先知者，包括叙利亚人、也门人、沿海地区居民之保护，先知穆罕默德将允许剥夺其财产收归公有。持此证书不论在陆路或在海上，一律不受侵害。凡有侵害者，均依法论处。

先知款待了尤哈纳，赠给了他一件也门出产的外衣。双方商定，艾叶莱人每年交纳三百第纳尔的贡税。

哈立德·本·瓦利德讨伐杜迈人

在罗马人撤军、先知同边界附近各部落签约之后，先知确信罗马军队再不敢回来同他交战，穆斯林大军已不须留在边界一带进行战斗了。但是，先知担心信仰基督教的杜迈[③]王基恩代人伍凯迪尔·本·阿卜杜·麦利克日后闹事，并帮助罗马军队侵犯阿拉伯半岛，所以他派哈立德·本·瓦利德率领五百名骑兵前去讨伐。随后，先知亲自率领其他队伍向麦地那撤去。哈立德很快完成了这一使命。他到达杜迈时，正值杜迈王与其兄弟哈桑在月夜下出城狩猎。哈立德几乎没遇到

② 杰尔巴是地处叙利亚边境的一个村庄。

③ 艾兹鲁哈是叙利亚边境的一个城镇。它与希贯兹接壤，地处杰尔巴村附近。

① 杜迈，又称杜迈·金代勒。地处大马士革与麦地那之间，距大马士革有七天的路程。——原注

什么抵抗，大军斩杀了哈桑，俘虏了国王伍凯迪尔。哈立德警告他说，如果杜迈不开门投降，他马上把他杀死。为救国王，杜迈人自动开城投降。哈立德在城内缴获了两千峰骆驼、八百只羊、四百驮小麦和四副铠甲。哈立德带着战利品，押着伍凯迪尔回到了麦地那，向先知交差了。先知让伍凯迪尔归信伊斯兰教，他同意了。

穆斯林在返回麦地那的路上

先知穆罕默德率几万名大军从叙利亚边界返回麦地那，也不是件容易的事。先知同艾叶莱酋长及艾叶莱邻近国家签订了协议，从而保障了边境的安全。但很多穆斯林没能认识到这件事的重要意义。他们认为，军人们长途跋涉，遭受了千辛万苦，现在既没有进行一场值得称赞的战斗，又没有缴获战利品和抓到俘虏，就要返回麦地那，真是得不偿失。他们所做的仅仅是在塔布克停留了二十天。难道就为了这些，他们在炎热的季节穿过沙漠到这里来吗？在这夏秋相交之季，麦地那的果实已经成熟，现在正是人们享受的时光。难道为了在塔布克停留二十天就让大军冒着酷暑穿越大沙漠吗？一些穆斯林对先知决定进行的这一行动埋怨起来。他们牢骚满腹，怪话连篇。穆斯林回到麦地那不久，哈立德·本·瓦利德带着战利品，押着伍凯迪尔也回到了麦地那。伍凯迪尔穿的镶有金丝的锦缎衣服，使麦地那人赞不绝口。

未出征者

先知穆罕默德率军返回，哈立德带着从杜迈缴获的骆驼、羊群、小麦和铠甲也回到麦地那。这时，那些未出征者们焦虑不安起来。这使那些满腹牢骚的穆斯林清醒了。未出征者前来请求先知谅解，他们大部分都编造了谎话。不过，先知没过多地去追问他们的事。但是三个人讲了实话，承认了错误。这三个人是克阿布·本·马立克、穆拉拉·本·拉比阿和海莱勒·本·伍麦叶。先知下令让大家与这三人断绝五十天的往来。五十天内谁也不许同这三人说话，谁也不许同他们来往和通商。此后，安拉原谅了这三个人，并为此启示：

> 安拉确已允许先知以及在困难时刻追随他的迁士们和辅士们悔过。当时，他们中一部分人的心几乎偏邪之后，安拉允许他们悔过，安拉对他们确是至爱的，确是至慈的。他也允许那三个人悔过，他们留待安拉的命令，感到大地虽广，他们觉得无地自容；心境也觉得很狭隘，相信除向安拉悔过外，无法逃避安拉的震怒。此后，他允许了他们悔过，以便他们自新。（《古兰经》9：117—118）

严厉制裁伪信者

在上述启示降下后，先知开始以前所未有的严厉态度对待伪信者了。穆斯林的数量日益增加，再不认真制裁伪信者，将会出现严重的后果。从现在起就应考虑解决这一问题了。以前，伊斯兰教仅仅局限在麦地那及其周围地区，先知可以亲自监督他们的活动。今天，伊斯兰教已发展到所有阿拉伯半岛的部落，而且将要冲出阿拉伯半岛了。在这种形势下，姑息伪信者们将酿成大祸，将带来严重后果。如果现在不彻底清除这种祸根，那么它将迅速地传播到其他地方去。一伙伪信者在祖勒·艾瓦尼修建了一座清真寺。这座清真寺距麦地那有一个小时的路程。一群伪信者常到这座清真寺来聚集，妄图篡改安拉的经典。他们想以此离间众信士，从而挑起事端。塔布克之战未进行时，这帮伪信者曾邀请先知参加这座清真寺的落成典礼。但先知告诉他们，等他从塔布克之战返回之后再做决定。先知返回麦地那之后，了解到这座清真寺的真相，便立即下令用火把它烧掉。伪信者们胆战心惊，害怕了，收敛了。当时，只有伪信者的头目阿卜杜拉·本·乌班耶还敢站出来替这些人讲几句话。

塔布克之战两个月之后，阿卜杜拉·本·乌班耶病故了。尽管先知迁徙到麦地那之后，阿卜杜拉·本·乌班耶对穆斯林异常憎恨，但先知不许穆斯林伤害他。他死之后，先知还应邀为他进行了祈祷，并参加了他的葬礼。阿卜杜拉·本·乌班耶死后，伪信者赖以存在的支柱垮台了，他们只好向安拉忏悔后，真正加入穆斯林的队伍中来了。

塔布克之战是先知参加的最后战斗

塔布克之战之后，安拉的宗教在整个阿拉伯半岛稳固下来，敌人再也不敢前来骚扰了。半岛上所有居民都纷纷派代表团前来觐见先知穆罕默德，表示归顺，宣布归信安拉的宗教——伊斯兰教。塔布克之战是先知亲自参加的最后一战。这次战争之后，先知在麦地那安居下来。他的儿子易卜拉欣当时已出生十六个月或十八个月。先知在接见完代表团，处理好穆斯林的事务，履行安拉命令的一切功课之后，总是满心喜悦地前来看望自己的儿子易卜拉欣。易卜拉欣慢慢成长起来，他的长相日益像先知，这使父亲更加喜爱眷恋。这期间，易卜拉欣一直由乌姆·赛伊夫抚育。

先知对易卜拉欣的眷恋，跟他的使命和接班问题毫无关系。先知曾说过："我们是众先知的后代。我们的地位及其他谈不上非由自己的亲人来继承。我们的一切将全部遗留给广大穆斯林。"先知对易卜拉欣眷恋表现了崇高的亲子人伦之情。先知以前的两个儿子卡西姆和阿卜杜拉在母亲赫蒂彻的怀中就夭折了，几个女儿除法蒂玛外，在他逝世之前都相继去世了。儿女们相继去世，都是由先知亲手埋葬的。这使先知更加喜爱易卜拉欣了。易卜拉欣的诞生，使先知丧失子女的伤口得到了一定程度的愈合。看着易卜拉欣日益成长起来，先知感到欣慰是合乎人之常情的。

易卜拉欣患病夭折

先知的爱子易卜拉欣出生十八个月之后得了重病。患病不久，他被送到母亲住地附近的枣椰林中。母亲玛丽娅和她姐姐西林轮换照料着孩子。易卜拉欣患病没多久，便离开了人世！当易卜拉欣垂危之际，人们把孩子病危的消息告诉了先知。他痛苦万分，两手抓住阿卜杜·拉赫曼·本·奥夫后才站稳了脚。他在阿卜杜·拉赫曼的搀扶下来到了孩子的面前。他看到易卜拉欣在母亲怀里正在咽气，于是赶忙用双手把孩子接过来，抱在怀里。他痛苦地说："易卜拉欣啊，我们在安拉那儿找不到任何可替代你的呀！"

他一边说，一边落泪。他的话说完，孩子也咽气了。母亲和姨母放声大哭。先知的心都要碎了，老泪纵横，哽咽着说："易卜拉欣啊，若不是生死由安拉安排，若不是我们后继者将与先行者相聚，我们要比现在更加痛苦。"

过了一会儿，他又说道："眼泪啊，你流吧！心啊，你痛苦吧！我们不说安拉不悦的话。易卜拉欣啊，我们为你而痛苦啊！"

穆斯林看到先知痛苦万分，一些智士贤人想使他摆脱痛苦状态，于是向他提出了他颁布的禁条。先知回答说："我并没有禁止人们痛苦。我是禁止放声大哭。你们现在在我身上看到的，是发自内心的仁爱和慈祥的表现。不同情他人者，他人也不会同情他。"

先知压抑着自己的痛苦，用怜悯的目光看了看玛丽娅和西林，请她俩节哀。他说道："在乐园，会有人抚育他的。"

乌姆·布尔代，也有的记载说是法达勒·本·阿拔斯给孩子洗了身。此后，孩子躺在他的小床上，从母亲的住地被抬了出来。先知给孩子站礼了殡礼，接着先知、先知的伯父阿拔斯及其他一些穆斯林把孩子送到了墓地。把孩子埋葬之后，先知亲手整理了坟周围的土，洒了水，并竖起了一个标志。先知说:“标志既无害也无利,但它让活着的人看了感到宽慰。安拉的仆人做任何一件事,安拉总是喜欢他把这件事做好。”

易卜拉欣病故时,正巧赶上日食,穆斯林看到这一现象,认为是奇迹,认为日食是为易卜拉欣之死而发生的。先知听到了他们的这种议论。他的反应如何呢?他是否由于自己对易卜拉欣的眷恋,是否由于对易卜拉欣的去世极度痛苦而感到此话是一种安慰或默认这种说法呢?人们对日食迷惑不解,他是否谅解他们的这种说法呢?先知没有这样做。那些惯于利用人们的无知与愚昧的人,那些由于痛苦而丧失理智的人会接受人们的这种传言的,但是英明高尚之人不会接受这种说法,伟大的使者更不会接受这种说法。先知看了看那些认为日食是为易卜拉欣之死而发生的人,他说道:“太阳和月亮是安拉创造的奇迹之中的两件,它俩不会由于某人之死或诞生而亏蚀。如果你们看到了日食,那请快向安拉祈祷求助吧。”当时先知极度悲痛,但他没有由于悲痛而忘记了自己的使命。这是何等的伟大啊!一些东方学家也谈到了这件事,他们也不得不对此表示叹服和敬佩。

先知穆罕默德继续为他的使命而奋斗。伊斯兰教不断地发展壮大,各代表团从四面八方络绎不绝地前来麦地那觐见先知,表示归顺。伊历 10 年(公元 632 年),由于前来觐见先知的代表团极多,在伊历史上被称为“代表团之年”。在这一年,艾布·伯克尔率领众穆斯林前往麦加进行了规模盛大的朝觐。先知穆罕默德从这一切中感到了欣慰。

第二十八章　代表团之年及艾布·伯克尔率众朝觐

塔布克之战的影响

塔布克一役使安拉的意志在整个半岛上彻底实现了。任何敌人再也不敢到半岛上来侵犯先知了。先知穆罕默德从塔布克返回麦地那之后，半岛上那些仍信奉多神教的人开始考虑起来。随同先知前往叙利亚边境的圣门弟子，虽然一路上经受了千辛万苦，但由于罗马人撤到了叙利亚境内的堡垒，因此他们未能同敌人交手或进行什么战斗，也就没有缴获什么战利品，便返回了麦地那。在返回了麦地那后，他们都有些怏怏不乐。罗马人的退却给当时仍信守旧宗教的各阿拉伯部落带来的影响尤为突出。罗马人正是战胜了波斯人，从波斯人手中收回了大十字架，并为把十字架放回耶路撒冷而举行了隆重的庆祝活动。长期以来，也门及也门邻近各部落是波斯人的势力范围。但先知和他的门弟子离也门及其他各阿拉伯部落比波斯人近。这些部落的人不是更应该归信伊斯兰教而参加到先知领导的穆斯林队伍中吗？他们不是更应该齐聚到伊斯兰教旗帜下来吗？这些部落这样做不就摆脱了罗马人和波斯人的控制了吗？各部落酋长及各国君主已看到，凡是归顺先知穆罕默德、归信伊斯兰教的人，他都让他们回各自的部落和家园，那么这些酋长和君主也这样做又有什么害处呢？伊历 10 年成了代表团之年，这一年人们纷纷归信了安拉的宗教。塔布克之战中罗马人在先知和穆斯林面前的退却在半岛上引起的影响甚至比光复麦加、侯奈因之捷、围困塔伊夫的影响更大。

欧尔沃·本·麦斯欧德归信伊斯兰教后遇害

先知穆罕默德围困塔伊夫时，塔伊夫的人进行了顽强的抵抗，致使先知的军队没有攻下城池就撤走了。但是命运的安排就是这样奇特，塔布克之战之后，塔伊夫人竟捷足先登，带头归顺了！当然，塔伊夫人的归顺是经历了一番曲折的。欧尔沃·本·麦斯欧德是居住在塔伊夫城的塞基夫族人首领之一。侯奈因战斗之后，先知率领穆斯林包围了塔伊夫城。当时，欧尔沃·本·麦斯欧德不在城内，他外出到了也门。先知取得塔布克之战胜利回麦地那后，他才回到了塔伊夫。他赶紧来到先知那儿，宣布自己归信伊斯兰教，并坚持要回塔伊夫动员族人归信安拉的宗教。欧尔沃对先知并不陌生，他曾是代表古莱什人在签署侯代比亚和约前同先知谈判的代表之一，了解先知的伟大之处。先知知道塞基夫人对他们的偶像拉特异常留恋，并知道塞基夫人很傲慢和彪悍。所以，当他听说欧尔沃归信伊斯兰教后决定回到族人中去动员他们归信伊斯兰教时，就警告他说："他们会杀害你的。"但欧尔沃很自信自己在族人中享有的地位，他回答说："安拉的使者，族人对我比对他们的眼睛更加热爱。"

欧尔沃回到了塔伊夫，他动员族人归信伊斯兰教。族人商议之后，没有明确回答他。第二天早晨，他登上自己的房顶召呼人们做礼拜。安拉使者的预见应验了。族人容忍不了欧尔沃的行为——他们包围了他，并用乱箭将他射死。他的亲人赶忙来到他身边，他咽气前对亲人们说："安拉赋予了我体面，并以殉教牺牲的荣誉成全了我。我只求你们把我与从前为安拉使者而牺牲的烈士葬在一起。"他逝世后，亲人们按他的遗愿做了。

塞基夫人代表团觐见先知穆罕默德

欧尔沃的血没有白流，塔伊夫周围各个部落当时都已归信了伊斯兰教。因此，这些部落的成员看到塞基夫人杀害了他们自己的首领后，都很气愤。这样一来塞基夫人已无生命安全可言了。他们无论是集体外出，还是个人行动，都遭到其他人的截击。他们认识到，如果不同穆斯林达成某种协议或谅解，无疑他们将会遭到灭绝的命运。族人进行了协商，协商后他们要求总首领（阿卜杜·亚·莱勒）到先知那儿去为塞基夫族人同他达成协议而谈判。阿卜杜·亚·莱勒担心族人像对待欧尔沃·本·麦斯欧德那样对待自己，所以他提出让族人派五人同他一起前往，否则他不去。他想同这五人一起前往，回来后大家共同负责，这样就不会有生命危险。塞基夫代表团快到麦地那时遇到了穆额拉·本·苏阿拜。他了解到他们的目的后，便急忙向麦地那赶去，想把这一消息告诉先知。路上穆额拉又遇到了艾布·伯克尔。艾布·伯克尔从他那儿得知这一消息后，请他让自己去向安拉的使者转达这一喜讯。艾布·伯克尔找到了先知，并把塞基夫人代表团快要到麦地那的消息告诉了他。

当时，这个使团的成员仍对自己的部族感到骄傲，仍对先知围困塔伊夫的往事耿耿于怀。尽管穆额拉已教给他们如何行伊斯兰教之礼，但他们见到先知后仍按蒙昧时期的习惯向先知问候。由于他们不信任穆斯林并对他们存有戒心，所以他们在清真寺旁搭了专为自己居住的帐篷。哈立德·本·赛义德·本·阿斯在双方谈判期间任先知和他们之间的传话人。对于先知给他们送来的食品，只有哈立德先品尝之后，他们才肯食用。哈立德受他们委托告诉先知，他们准备归信伊斯兰教，但他们请求先知，让他们把他们的拉特偶像保留三年，并允许他们不做礼拜。先知断然拒绝了他们的要求。他们又请求把拉特偶像保留两年，而后又请求把它保留一年，最后他们又请求把它保留一个月。但是先知对此都斩钉截铁地拒绝了。先知一直在宣传认主独一，一直动员人们捣毁各种各样的偶像，怎能设想他在这个问题上宽容让步呢？一个人对于安拉，或者信，或者不信。否则就说明你是在怀疑，在摇摆。怀疑与信仰不能同时占有一个人的心，这如同信仰与亵渎不能同居一心是一样的。塞基夫族人想保留他们的偶像拉特，这说明他们仍在信仰安拉还是信奉偶像之间摇摆不定。这意味着他们想除安拉外，再崇拜他物。这是安拉所不许的。

塞基夫族人请求允许他们不做礼拜，先知否定说："没有礼拜的宗教是毫无益处的。"塞基夫族人只好放弃保留偶像拉特和不做礼拜的要求，归信了伊斯兰教。这些塞基夫族人又请求不要让他们自己亲手捣毁他们的偶像。他们刚刚归信伊斯兰教，他们族人在观望他们的动静。考虑到这一点，先知同意不让他们自己亲手砸毁他们及他们父兄崇拜的偶像。先知认为，在这一点上不必苛求他们。让他们自己或让其他人前去捣毁偶像没有什么本质的差异。总之，偶像一定要被毁掉，塞基夫族人既然归信伊斯兰教，就只能崇拜唯一的安拉。先知对他们说："我们可以不让你们亲手去砸毁你们的偶像。"

然后，先知命令他们中最年轻的奥斯曼·本·艾比·阿斯为他们的负责人。奥斯曼·本·艾比·阿斯虽然最年轻，但经艾布·伯克尔和其他早期归信的人证实，他是他们中最了解教义、最愿学《古兰经》的人，所以先知任命他为负责人。这伙塞基夫人在伊历9月（斋月）一直住在麦地那，他们同先知一起封斋。先知供应他们开斋饭和封斋饭。当他们离开麦地那回去时，先知又嘱咐奥斯曼·本·艾比·阿斯说："不要过分要求所有的人做礼拜，要体谅他们中的老者、小者、弱者和有正当理由者。"

捣毁偶像拉特及各代表团向麦地那纷至沓来

塞基夫人代表团回到了塔伊夫。先知穆罕默德把受塞基夫族人热爱和尊重的艾布·苏富扬·本·哈尔卜和穆额拉·本·苏阿拜随同他们一起派到了那里，以执行毁坏偶像拉特的任务。艾布·苏富扬和穆额拉来到放偶像处，穆额拉亲手砸毁了它。当时，塞基夫妇女们哭了。但因为这是塞基夫人代表团同先知达成的协议，所以任何人都不敢靠近干涉。按照安拉使者的命令，经同艾布·苏富扬协商，穆额拉没收了放在偶像拉特旁边的钱财和装饰偶像的珠宝，用这些钱财为欧尔沃和艾斯沃德还了债。塔伊夫人在归信伊斯兰教后，整个希贾兹地区的人们都成了穆斯林。这样，先知穆罕默德的势力就从北部受罗马人控制的叙利亚边境发展到南部的也门和哈达拉毛地区。半岛南部诸部落也正准备归信伊斯兰教，这些部落的代表团纷至沓来，来到麦地那宣布归顺和信奉伊斯兰教。

艾布·伯克尔率众朝觐

各代表团摩肩接踵地来到麦地那，时光流逝，朝觐期快到了。当时先知还没有像今天的穆斯林那样履行所有的宗教功课。今年，他战胜了罗马人，塔伊夫人归信了伊斯兰教，各代表团前来觐见表示归从。先知今年是否前去朝觐，以表示对安拉的感谢呢？但是，当时在半岛上还有不信仰安拉，不信仰安拉使者的人，还有异教徒，还有犹太人和基督教徒。根据在蒙昧时期签订的各种协议，异教徒们仍可在禁月到天房去朝觐。异教徒是一群污秽之众，先知不能同他们一起朝觐。在这种情况下，先知今年还是留在麦地那，以等待安拉允许他朝觐之时再做安排。先知决定由艾布·伯克尔率领众穆斯林前往麦加完成朝觐功课。

艾布·伯克尔率领三百名穆斯林向麦加出发了。年复一年，多神教徒仍可到天房克尔白禁地来朝觐。这不是因为先知曾同人们定过不能阻止任何人前往天房朝觐，任何人在禁月都不能受伤害的公约吗？先知不也曾同一些阿拉伯部落定了有期限的条约吗？只要这些公约、条约还存在，多神教徒、崇拜他物者就有权到天房来朝觐。鉴于这些公约和条约，穆斯林将继续看着蒙昧时期的旧信仰、旧礼仪在天房进行而不能阻拦。阿拉伯人崇拜的各种偶像多数已被毁掉，天房内及其周围的所有偶像已被消除，穆斯林再同多神教徒一起聚在天房朝觐是不可思议的。按照传说，耶路撒冷是安拉许给犹太人的土地，同时它也是先知尔撒诞生之地，基于这一点，一个人能理解犹太教徒和基督教徒都到耶路撒冷朝拜的事实。那么在天房内的偶像已被消除的今天，仍允许拜偶像者同穆斯林一起到天房来朝觐，则成了不可理解的事。不让拜偶像者们前来天房朝觐已是很自然之事。这时，安拉降下了有关免除一切旧协议、旧条约的《古兰经》章节。但是朝觐已经开始，多神教徒已从四面八方来到麦加，那么在这次朝觐期间，就把安拉有关废除旧公约、让有限期的条约到期废除的启示传达给人们吧。

为了这一目的，先知派阿里·本·艾比·塔利卜赶往麦加去见艾布·伯克尔。让他在阿拉法特日把安拉的启示及安拉使者的命令告诉给所有人。阿里为了完成自己的任务，继艾布·伯克尔及圣门弟子们之后，来到了麦加。艾布·伯克尔见到阿里后问：“你是来当总负责人呢，还是在我指挥下行事呢？”

阿里回答说：“我听命于你。”然后，他把自己前来的任务告诉了艾布·伯克尔。先知之所以派阿里前来执行这一任务，是考虑到他是自己家庭中的成员。当人们聚集在米那履行朝觐功课时，阿里·本·艾比·塔利卜站了起来，艾布·海利站在他旁边。只见他大声向人们诵读了安拉的启示：

〔这是〕一篇解除盟约的宣言，从安拉及其使者传示那些曾与你们缔约的以物配主者。〔以物配主者啊！〕你们可以在地面上漫游四个月，你们须知自己不能逃避安拉的谴责，〔须知〕安拉是要凌辱不信道者的。〔这是〕从安拉及其使者在大朝之日传示众人的通告：安拉及其使者对于以物配主者是无干的。如果你们悔过，那对于你们是更好的，如果你们背离，那么，须知你们不能逃避安拉的谴责。你以痛苦的刑罚向不信道者报喜吧。但以物配主的人们中曾与你们缔结盟约，而没有任何违背，也没有资助任何敌人者，你们应当遵守与他们缔结的盟约，直至满期。安拉确是喜爱敬畏者的。当禁月逝去的时候，你们在哪里发现以物配主者，就在那里杀戮他们，俘虏他们，围攻他们，在各个要隘侦候他们。如果他们悔过自新，谨守拜功，完纳天课，你们就放走他们。安拉确是至赦的，确是至慈的。以物配主者当中如果有人求你保护，你应当保护他，直到他听到安拉的言语，然后把他送到安全的地方。这是因为他们是无知的民众。在安拉及其使者看来，以物配主者怎么会有盟约呢？但在禁寺附近与你们缔结盟约的人，在他们为你们遵守盟约的期间，你们当为他们遵守盟约。安拉确是喜爱敬畏者的。他们怎么会有盟约呢？如果他们战胜你们，他们对你们就不顾戚谊，不重盟约。他们用甜言蜜语使你们喜欢，他们的内心却不肯实践诺言，他们大半是违约的。他们以安拉的迹象换取轻微的代价，因而背离安拉的大道。他们的行为确是恶劣的。他们对信士不顾戚谊，不重盟约。这等人确是过分的。如果他们悔过自新，谨守拜功，完纳天课，他们就是你们的教胞。我为有知识的民众解释许多迹象。如果他们在缔约之后违反盟约，而且诽谤你们的宗教，你们就应当讨伐迷信的头子们——其实，他们并无所谓盟约——以便他们停止罪行。有一族人已经违反盟约，要想驱逐先知，而且首先进攻你们。你们怎么还不讨伐他们呢？难道你们畏惧他们吗？安拉是你们更应当畏惧的，如果你们确是信士。你们应当讨伐他们，安拉要借你们的手来惩治他们，凌辱他们，并相助你们制伏他们，以安慰信道的民众，而消除他们心中的义愤。安拉将准许他所意欲的人悔过自新。安拉是全知的，是至睿的。安拉还没有认识你们中哪些人是为主道而奋斗，并且未舍安拉及其使者和信士们而以他人为心腹的人，难道你们就以为自己得自由自在的〔不受考验了〕吗？安拉是熟悉你们的行为的。以物配主者，在供认迷信情况下，不宜管理安拉的清真寺，这等人的善功已无效果，他们将来要永居火狱之中。只有笃信安拉和末日，并谨守拜功，完纳天课，并畏惧安拉者，才配管理安拉的清真寺；这等人或许是遵循正道的。供给朝觐者以饮料，并管理禁寺的人，与确信安拉和末日，并为安拉而奋斗的人，你们以为他俩是一样的吗？在安拉看来，彼此不是相等的。安拉是不引导不义的民众的。信道而且迁居，并借自己的财产和生命为主道而奋斗者，在安拉看来，是品级更高的；这等人就是成功的。他们的主以自己的慈恩、喜悦和乐园向他们报喜，他们将在乐园里享受永恒的恩泽，而永居其中。在安拉那里确有重大的报酬。信道的人们啊！你们不要以自己的父兄为保护人，如果他们弃正信而取迷信的话。你们中谁以他们为保护人，谁是不义者。你说："如果你们以为自己的父亲、儿子、兄弟、妻子、亲戚，以及你们得来的财产，生怕滞销的生意，和心爱的住宅，比安拉及其使者和为安拉而奋斗更为可爱，那你们就等待着，直到安拉执行他的命令吧。安拉是不引导放肆的民众的。"在许多战场上和侯奈因之战，安拉确已援助你们。当时，你们自夸人众，但人数虽众，对你们却无裨益；地面虽广，但你们觉得无地自容，终于败北。后来，安拉把宁静降于其使者和信士们，并降下你们所未见的军队，他惩治了不信道者，那是不信道者的报酬。后来，他准许他所意欲者悔过自新。安拉是至赦的，是至慈的。信道的人们啊！以物配主者只是污秽，故从今年起不准他们临近禁寺；如果你们畏惧贫困，那么，安拉将以他的恩惠使你们满足，如果他意欲。安拉确是全知的，确是至睿的。当抵抗不信安拉和末日，不遵安拉及其使者的戒律，不奉真教的人，即曾受天经的人，你们要与他们战斗，直到他们依照自己的能力，规规矩矩地交纳丁税。犹太人说："欧宰尔是安拉的儿子。"基督教徒说："麦西哈是安拉的儿子。"这是他们信口开河，仿效从前不信道者的口吻。愿安拉诅咒他们。他们怎么如此放荡呢！他们舍安拉而把他们的博士、僧侣和麦尔彦之子麦西哈当作主宰。他们所奉的命令只是崇拜独一的主宰，除他之外，绝无应受崇拜的。赞颂安拉超乎他们所用来配他的！他们妄想用自己的口吹灭安拉的光明，但安拉只愿发扬自己的光明，即使不信道者不愿意。他曾以正道和真教的使命委托他的使者，以便他使真教胜过一切宗教，即使以物配主者不愿意。信道的人们啊！有许多博士和僧侣，的确借诈术而侵吞别人的财产，并且阻止别人走安拉的大道。窖藏金银，而不用于主道者，你应当以痛苦的刑罚向他们报喜。在那日，要把那些金银放在火狱的火里烧红，然后用来烙他们的前额、肋下和背脊。这是你们为自己而窖藏的金银。你们尝尝藏在窖里的东西的滋味吧！依安拉的判断，月数确是十二个月，安拉创造天地之日，已记录在天经中。其中有四个禁月，这确是正教。故你们在禁月里不要自欺。以物配主的人群起而进攻你们，你们也就应当群起而抵抗他们。你们应当知道，安拉是和敬畏者在一起的。(《古兰经》9：1—36)

人们在米那山举行朝觐仪式时，阿里向他们宣读了上面引用的《古兰经》“忏悔”章中的这几节启示。这有何用意呢？宣读完上述章节后，阿里稍停了一会儿。然后，他又向人们宣布说：“不虔敬者入不了乐园；一年之后多神教者不准前来朝觐；袒胸裸臂者不许环游天房；与安拉的使者签订的各项条约，到期一律废除。”阿里向人们宣布了这四项命令后，他限定各个部落的成员在四个月内一律要返回各自的住地。从那时起，多神教徒再不能前来朝觐，袒胸裸臂者再不能来环游天房，从而奠定了伊斯兰国家制度的基石。

新生国家的精神基础

上面引用《古兰经》“忏悔”章中的这几节经文，是这一新生国家的精神基础。为了让所有阿拉伯人都知道这一基础，所以阿里才在人们前来履行朝觐之功时把“忏悔”章中的这几节经文当面诵读。关于这件事，所有史书都是这样记载的。还有很多史书记载，阿里不仅在朝觐期间当众宣读了这几节《古兰经》文，而且他还到各家各户对此进行了宣读。如果你反复认真地把这几节经文诵读一下，你确能体会到，这几节《古兰经》文的内容是任何新生国家的强有力的精神基础。这几节《古兰经》经文是在先知进行了他亲自参加的最后一次战争，在塔伊夫人归信伊斯兰教之后，在整个希贾兹地区，其中包括帖哈麦和内志，都已纳入伊斯兰教旗帜下后，在半岛上的很多阿拉伯部落都宣布归顺先知穆罕默德，归信伊斯兰教之后降谕的。作为宗教信仰的精神基础，在这种情况下，其历史性寓意是不言而喻的。一个国家要想成为强大的国家，就应该有国民信仰，并尽一切力量保卫它的公共精神信念。那么还有什么样的信念比信仰独一的安拉更伟大的呢？让人们感到，他们自身是与存在联系在一起的，安拉时时处处在控制着他，在观察着他的行动。还有什么样的信念比这更具有威力的呢？那些违犯这一作为国家精神基础信念的人们属于不虔诚者。这些人就是制造内乱的症结所在。

对于他们无信约可谈，国家应该讨伐他们。如果他们胆敢闹事，就应该同他们宣战，直到他们屈服为止。如果他们像那些有经典的教徒那样，不明目张胆地反对这一公共信念，那就让他们自甘下贱地交纳贡税。

从历史及社会角度来分析这一问题，能使人们对《古兰经》“忏悔”章中这几节经文的意义大加赞扬。一切公正善良之士都会这样做。但是，那些对伊斯兰教、对伊斯兰教使者不公正的人们却与此背道而驰。他们根据道听途说对《古兰经》这几节经文大加非议。他们说什么，《古兰经》这几节经文是在提倡与主张谅解的文明精神不相符的偏见，在主张对多神教徒诉诸武力，在宣扬强权政策。在东方学家撰写的很多书籍中，你都可以读到这一类的话。这些话颇能迷惑那些没有社会、历史批判能力的人，甚至能迷惑部分穆斯林。但是这些议论毫不符合历史及社会事实。这些人对于《古兰经》“忏悔”章及其他章节发表的议论与使者一生中所发生的一系列事件所体现的逻辑毫不相符。

先知传播安拉真理之教时的多神教徒，不仅仅是崇拜偶像而已。当然崇拜偶像本身也是应该反对的。因为对石雕泥塑之类的东西加以顶礼膜拜，是对人类的智力及其尊严的莫大讽刺。多神教当时反映了一系列的风俗习惯和信仰，代表着一种比奴隶制更坏的社会制度。多神教把活埋女婴、一夫多妻视为合法。一个男子可以与无数女人结婚，三十个、四十个、一百个、三百个甚至更多。多神教允许高利贷及非常不道德的行为。我们希望一位公正的人回答如下这个问题：如果某些人建立一种社会制度，这个制度允许活埋女婴，允许多妻制，允许因故或无故杀害奴隶，允许盘剥他人钱财。这时有人对这一社会制度奋起革命，想砸碎和取消一切社会制度，你能说这一革命是偏见吗？我们再进一步设想，如果一个民族心安理得地生活在这种道德败坏的社会制度下，而这一社会制度又要向其他国家发展。这时，其他国家起来以战争反对这个民族。那么，这种战争是对，还是错呢？如果能正确地回答这一问题，那么东方学家们对《古兰经》“忏悔”章的几节经文的批评及他们宣扬的伊斯兰教对多神教徒诉诸武力之说还有什么价值呢？

上面我所谈到的是多神教控制下阿拉伯国家的社会制度。这是历史事实。从先知生平事迹中我还可以得出下面这一历史事实。穆罕默德自为先知和安拉的使者之时起，他用了二十三年的时间来号召人们归信安拉的宗教。他所亲自领导的各次战争，没有一次是带有侵略性的战争，而都是为保卫穆斯林的生命财产，为保卫传教自由才被迫进行的。

阿里在朝觐期间向人们宣读的《古兰经》有关章节及他宣布的几项法令产生了良好的效果，一下子就改变了某些部落对归信伊斯兰教犹豫不定的态度。

也门、麦海拉、巴林、叶麻麦等地的人们相继归信了伊斯兰教。只有极少数自命不凡的人仍旧与先知为敌。在这极少数自命不凡的人当中，有一位叫阿米尔·本·图费勒者，他同阿米尔族人代表团一起来到麦地那，想归顺到穆斯林的队伍中来。当他们见到先知后，阿米尔·本·图费勒变卦了，他没有归信伊斯兰教，他想和先知比比高低。先知劝他归信伊斯兰教，但他坚持自己的立场。当他离开先知时，他说："我将要率领人马来麦地那反对你。"

先知回答说："求安拉保佑，阿米尔·本·图费勒！你别再跟我啰唆了！"

随后，阿米尔向自己族人那儿走去。半路上他脖子上长起了一个痈。当他在一位萨路勒族女人家留宿时，一命呜呼了。当他咽气时，他长叹道："阿米尔族的子弟啊！你就像一峰骆驼那样死在外乡——萨路勒人的家中吗？"

另一名叫艾尔巴德·本·盖斯的阿米尔族人，也没有归信伊斯兰教。他回到了族人中间，但当他外出卖骆驼时，被雷劈死。这两个人的行径，未能阻止他们的族人归信伊斯兰教。还有一个更坏的人叫穆赛利迈·本·哈比布，他随居住在叶麻麦的哈尼法族代表团来到了麦地那。但当他们来见先知时，让他留下照看行李了。他们归信了伊斯兰教，先知给他们赠送了礼物。先知说："他并不比你们地位低。"穆赛利迈听了这话后，竟自称为"先知"了。他伪称说，安拉让他同先知穆罕默德一起来完成使命。他妄图与《古兰经》相媲美，自己竟在族人面前做起韵文来。他曾在族人面前做过这样的文章："安拉怜悯孕妇，九个月孩子出肚……"穆赛利迈宣布饮酒和通奸是合法之事，并不让其族人做礼拜。他四处奔走，让人们相信他是"先知"。

除了这极少数之外，半岛上的其他阿拉伯人都纷纷归信了安拉的宗教。比如当时享有很高地位的阿迪·本·哈堤姆及欧麦尔·本·麦阿代·开利布都归信了伊斯兰教。希木叶尔族的各酋长也派使节呈送了宣布他们归信伊斯兰教的书信。先知分别给他们回了信。在信中，先知根据安拉的法典告诉了他们应享受的权利和应尽的义务。伊斯兰教在半岛南部传播开之后，为了传授教义，也为了巩固那里居民的信仰，先知把先期归信伊斯兰教的信士们派到了那里。

在这里，我并不想像过去一些撰写先知生平的作家那样，过多地赘述觐见先知的各阿拉伯使团。比如伊本·赛尔德在他撰写的书中就用五十页的篇幅来叙述觐见先知的各阿拉伯使团。

塔布克之战之后，在没杀一个人、没流一滴血的情况下，半岛上的多神教徒自动归信了伊斯兰教，放弃了偶像崇拜。从此，各种偶像及偶像崇拜在所有阿拉伯部落一扫而光。那么犹太人、基督教徒们如何来对待先知的呢？先知又如何来对待他们呢？

第二十九章　辞　朝

艾布·伯克尔率众朝觐时，阿里·本·艾比·塔利卜向穆斯林及多神教朝觐者们诵读了《古兰经》“忏悔”章的前几节经文，在朝觐者们聚集在米那山时，阿里按照先知的命令又宣布：“不虔敬者入不了乐园；一年之后多神教者不准前来朝觐；袒胸裸臂者不许环游天房；与安拉的使者签订的各项条约，到期一律废除。”从此之后，阿拉伯各部落的多神教徒确信，在阿拉伯半岛上再没有他们拜偶像的余地了。如果他们仍一意孤行，那就意味着他们在向安拉，向安拉的使者宣战。

上面我谈的是阿拉伯半岛南部也门和哈达拉毛地区的情况。因为希贾兹及其以北地区在此之前都已在归信伊斯兰教范围之内了。当时南部居民有多神教徒，也有基督教徒。上面已经提到，多神教徒纷纷归顺了安拉的宗教，他们派使团来到了麦地那，受到了先知的款待，从而更增加了他们对伊斯兰教的信仰。他们回到各自的国家后，都对他们信奉的新宗教忠心耿耿。对于犹太教徒、基督教徒们，在阿里宣读的《古兰经》中包括如下内容：

> 当抵抗不信安拉和末日，不遵安拉及其使者的戒律，不奉真教的人，即曾受天经的人，你们要与他们战斗，直到他们依照自己的能力，规规矩矩地交纳丁税。（《古兰经》9：29）

阿里一直宣读道：

信道的人们啊！有许多博士和僧侣，的确借诈术而侵吞别人的财产，并且阻止别人走安拉的大道。窖藏金银，而不用于主道者，你应当以痛苦的刑罚向他们报喜。在那日，要把那些金银放在火狱的火里烧红，然后用来烙他们的前额、肋下和背脊。这是你们为自己而窖藏的金银。你们尝尝藏在窖里的东西的滋味吧！(《古兰经》9：34—35)

很多史学家对《古兰经》的“忏悔”章的几节经文发表了议论。他们自问道：对于“有经人”，先知这次得到的启示是否与他前几年得到的启示有所不同呢？部分东方学家竟说，《古兰经》的这几节经文已把“有经人”与多神教们等同起来了。在他传播其使命的初期年月里，他曾说过，他是来传播尔撒、穆萨、易卜拉欣及以前众先知的宗教信仰的。他借助犹太人和基督教战胜了多神教，后来他把矛头指向了首先与他为敌的犹太人，并把犹太教徒驱逐出了阿拉伯半岛，在与犹太教徒争斗中，他曾对基督教徒们表示了好感。安拉曾为他降下了称赞基督教信仰的经文：

你必定发现，对于信道者仇恨最深的是犹太教徒和以物配主的人；你必定发现，对于信道者最亲近的是自称基督教徒的人；因为他们当中有许多牧师和僧侣，还因为他们不自大。(《古兰经》5：82)

现在先知要把矛头指向基督教了，他要像以前对待犹太教那样来对待基督教了。他现在已经把基督教徒们与不信仰安拉、不信仰末日的多神教徒等同起来了。以前部分穆斯林曾迁徙到了信仰基督教的阿比西尼亚，阿比西尼亚王尼加斯曾保护过他们。先知以前也曾为奈季兰及其他地方的基督教们写过支持他们的宗教，同意他们履行各项宗教仪式的有关协议书。而现在，先知改变了立场。这些东方学家认为，先知前后矛盾的立场导致了穆斯林与基督教徒之间后来发生的敌对行为。他们认为，是穆罕默德使尔撒的信徒与穆斯林的接近成为颇不容易的事，我们暂且不说是不可能之事。

这些议论使听众从表面上看合乎一定道理。但是，你如果研究一下历史，研究一下这些《古兰经》章节降示的原因，必然会看到，伊斯兰教及先知穆罕默德对有经典人的立场是始终如一的。麦尔彦之子尔撒是“像阿丹一样的。他用土创造阿丹，然后他对他们说：‘有’，他就有了”。安拉为他降示了经典，使他成了先知，他向世人传播福音。对于这些《古兰经》自始至终都有所记载。安拉是独一的，他不生也不被生。这是伊斯兰教自其创立之日起的精神及基础。只要世界存在，这将永远是伊斯兰教的精神。《古兰经》“忏悔”章降谕之前很久，奈季兰基督教徒代表团曾与先知争辩过有关安拉及尔撒先知地位的问题。他们问先知：尔撒的母亲是麦尔彦，那他父亲是谁呢？为回答他们的问题，安拉曾降下了如下的启示：

> 在安拉看来，尔撒确是像阿丹一样的。他用土创造阿丹，然后他对他说：“有”，他就有了。〔这是〕从你的主降示的真理，故你不要怀疑。在知识降临你之后，凡与你争论此事的人，你都可以对他们说：“你们来吧！让我们召集我们各自的孩子，我们的妇女和你们的妇女，我们的自身和你们的自身，然后让我们祈祷安拉弃绝说谎的人。”这确是真实的故事。除安拉外，绝无应受崇拜的。安拉确是万能的，确是至睿的。如果他们背弃正道，那么，安拉对于作恶的人，确是全知的。你说：“信奉天经的人啊！你们来吧，让我们共同遵守一种双方认为公平的信条：我们大家只崇拜安拉，不以任何物配他，除安拉外，不以同类为主宰。”如果他们背弃这种信条，那么，你们说：“请你们作证我们是归顺的人。”(《古兰经》3：59—64)

在这章《古兰经》中，安拉指责了“有经人”，指责他们为何妨碍信士走安拉指出的道路，为何违背尔撒、穆萨及易卜拉欣传达给世人的安拉的经典。在其他很多《古兰经》的章节中可以看到类似的话。比如在《古兰经》的“筵席”章中安拉曾启示：

> 妄言安拉确是三位中的一位的人，确已不信道了。除独一的主宰外，绝无应受崇拜的。如果他们不停止妄言，那么，他们中不信道的人，必遭痛苦的刑罚。难道他们还不向安拉悔罪，求得宽恕吗？安拉是至赦的，是至慈的。麦尔彦之子麦西哈，只是一个使者，在他之前，有许多使者确已逝去了。他母亲是一个诚实的人。他们俩也是吃饭的。你看我怎样为他们阐明一切迹象，然后，你看他们是如何悖谬的。（《古兰经》5：73—75）

在同一章中，安拉还有这样的启示：

> 当时，安拉将说：“麦尔彦之子尔撒啊！你曾对众人说过这句话吗？‘你们当舍安拉而以我和我母亲为主宰’。”他说：“我赞颂你超绝万物，我不会说出我不该说的话……”（《古兰经》5：116）

“筵席”章是基督教史学家们持有争议的《古兰经》的有关章节之一。他们认为这一章是先知穆罕默德根据局势的变化而对基督教徒们采取了不同立场的证据。对此安拉的启示是：

> 你必定发现，对于信道者仇恨最深的是犹太教徒和以物配主的人；你必定发现，对于信道者最亲近的是自称基督教徒的人；因为他们当中有许多牧师和僧侣，还因为他们不自大。

（《古兰经》5：82）

《古兰经》“忏悔”章谈到了“有经人”，但是没有谈及他们对麦尔彦之子尔撒的信仰问题，谈的是他们除安拉外，再崇拜他人的问题，谈的是他们非法剥削他人钱财、在他们仓库中聚敛黄金白银的问题。伊斯兰教认为这些现象违背了尔撒的宗教，使“有经人”视安拉所不允许的事为合法之事，使他们做出了信仰安拉、信仰末日的人所不齿的勾当。尽管如此，鉴于他们对安拉的信仰，伊斯兰教并没有把他们与拜偶像者们等同起来。如果他们坚持除安拉外，再崇拜他人，如果他们仍视安拉所不允许的事为合法之事，伊斯兰教只好让他们自甘下贱地缴纳贡税。

各代表团继续赴麦地那觐见先知

前面已经谈到，艾布·伯克尔率众朝觐时阿里宣读了《古兰经》“忏悔”章和先知的有关法令。从那之后，阿拉伯各代表团纷纷到麦地那来觐见先知穆罕默德。其中有多种教徒组成的代表团，也有“有经人”组成的代表团。先知款待了各代表团人员，并让他们回到了各自的领地。这期间，艾希阿斯·本·盖斯随由八十人组成的基恩代族人代表团来到了麦地那。代表团成员们梳妆打扮，涂好睑缘，穿上华丽的丝绸衣服来到清真寺见先知。当先知看到他们时说：“难道你们没有归信伊斯兰教吗？”

他们回答说：“我们已然归信了。”

先知又说：“你们脖子上的这些丝绸有何用？”

他们听了这话后，马上把围在脖子上的丝绸摘了下来。据阿拔斯·本·阿卜杜勒·穆塔里布和拉比阿·本·哈里斯说，艾希阿斯当时曾对先知说：“安拉的使者，我们是阿基克·穆拉尔的子孙，你也是阿基克·穆拉尔的子孙。”

先知听了此话后，微笑了一下。基恩代人瓦伊尔·本·侯吉尔也同艾希阿斯一起随代表团来到了麦地那，他是哈达拉毛地区沿海一个部落的酋长。他归信了伊斯兰教。先知仍让他回到自己的部落，并要求他向其部落成员收取“什一税”，然后把税收交给先知的收税人员。先知委托穆阿维叶·本·艾比·苏富扬陪同瓦伊尔一起返回。但瓦伊尔拒绝同穆阿维叶同乘一骑，他只让穆阿维叶穿着鞋在他的骑驼的影子中跟他走。尽管他这样做违背了伊斯兰教所主张的穆斯林一律平等、信士们都是兄弟的精神，但为了使瓦伊尔及其族人能不动摇地走上安拉的道路，穆阿维叶接受了他的这一做法。

当伊斯兰在整个也门传播开来之后，先知为了给也门人讲授教义，他把穆阿兹派到了也门。穆阿兹临走前，先知嘱咐他说：“一切宗教活动不要烦琐而要从简，要循循善诱而不要以势吓人。你这次去的是‘有经人’居住的地方。他们会问你：‘入乐园的钥匙在哪儿？’你告诉他们念证词：‘作证除安拉外，绝无应受崇拜的，作证穆罕默德是安拉的使者。’”

穆阿兹同一些穆斯林及一些收税人员也到了也门。他们给当地人教授伊斯兰教义，执行安拉和安拉使者制定的一切规章制度。伊斯兰教从东到西，由南至北传遍了整个阿拉伯半岛。半岛上的居民成了站在先知穆罕默德旗帜之下，成为信仰伊斯兰教的统一民族。二十年前，这个民族还一直生活在相互敌视、相互仇杀的散居部落之中呢！而现在，由于各个部落都已归信伊斯兰教，所以在整个半岛上消除了拜偶像的现象，整个半岛都在强大的统一的制度之下。各个部落间的敌视现象消失了，再也看不到你袭击我、我侵犯你的仇杀了。居民们除了为保卫自己的家园，为抵抗侵犯他们宗教的进犯者，再也用不着剑拔弩张了。

居住在奈季兰的大部分哈里斯族人都已归信了伊斯兰教，但有一伙基督教徒仍坚守他们自己的宗教。先知派哈立德·本·瓦利德前去动员这伙人归信伊斯兰教。在哈立德动员之后，他们马上归信了伊斯兰教。哈立德在他们当中组织了赴麦地那的代表团，代表团受到了先知的欢迎。但还有一伙也门人不肯归顺伊斯兰教。先知派阿里·本·艾比·塔利卜率人马前去做工作。开始这伙人不肯，并想与阿里诉诸武力。尽管阿里当时很年轻，尽管仅率有三百名骑兵，但他很快粉碎了他们的反抗。这伙人想重整队伍与阿里再战，但阿里率军队包围了他们。他们胆怯了，只好归信了伊斯兰教。从那时起，他们服从了穆阿兹的教诲。他们派使团来到了麦地那，这个使团是先知逝世前接见的最后的一个代表团。

先知准备朝觐

当阿里准备班师回麦地那时，先知已开始准备赴麦加朝觐了。他命令人们为此做好一切必要的准备。伊历 11 月即将来临，在此之前，先知已履行过两次副朝，但他仍未尽正朝功课。朝觐应有朝觐的礼仪，先知要亲自为圣门弟子做出典范。先知要同圣门弟子一起前往麦加朝觐的消息很快传遍了整个阿拉伯半岛。于是，成千上万的穆斯林很快从部落、河谷、山区、沙漠及疆域辽阔的阿拉伯半岛的四面八方会集到麦地那。麦地那四周竖起了数以万计的帐篷。数年前，他们还是相互残杀的仇敌，今年真挚的伊斯兰友情使他们会集到一起。数以万计的穆斯林，兴高采烈、满面春风地会集到麦地那，标志着真理的胜利，标志着安拉光明的大放异彩，标志着真理及安拉的光明已把穆斯林磐石般地团结起来。

伊历 10 年 11 月 25 日（公元 632 年 2 月 22 日），先知带着所有的妻子，让她们每人乘一峰驼轿率领大家向麦加出发了。部分史学家说，这次随先知一起前往麦加朝觐的穆斯林有九万名，还有些史学家记载说是十万四千名。穆斯林满怀对安拉的信仰，内心中充满了衷心的喜悦，风尘仆仆赶向麦加。当他们到达祖勒·侯乃法时，他们住了下来。第二天早上，先知和穆斯林都受戒穿上了同一样式的戒衣，以此体现了他们之间的平等。穆斯林跟在先知的后面，先知和整个心灵都向往着安拉。他们万众欢腾，齐声欢呼：

主啊！我们来了，
我们响应你的号召而来了。
我来了，
没有任何物与你匹配。
万赞归于你，
恩泽是你赐予，
国权归你所有，
你是独一的主宰。[1]

先知和他的众门弟子的祈祷声越过河谷、跨过沙漠。那时，河谷、沙漠好像也在同先知一起发出向安拉祈祷的回声。

当穆斯林到达麦地那和麦加之间的赛利夫时，先知对他们说，谁如果没赶着献牲来，愿意履行副朝，就可以做副朝。谁赶来了献牲，则不同，可以做正朝。

先知和众门弟子组成的朝觐队伍于伊历 12 月 4 日到达了麦加。到达麦加后，先知和门弟子急忙来到了天房克尔白。先知亲吻玄石，围着克尔白环游七圈，前三圈是跑着环游的。他在易卜拉欣立脚处礼了拜，然后再次亲吻了玄石。他走出禁寺来到了赛法高地，他在赛法和麦尔卧之间履行了奔走仪式。然后先知宣布，凡没赶献牲来者应统统脱下戒衣。当时，有些人迟迟不肯解下戒衣。先知对此生气了，他说道："我命令的事情，你们必须照办！"

他说完这话后，十分生气地走进了自己的帐篷。阿伊莎问先知："什么事使你生气了？"

① 一千多年来在逐年递增的朝觐仪式中沿袭使用的。这一年一度的朝觐仪式，在 1984 年已接近三百万人。念赞词时，异口同声，呼声雷动，此起彼伏，情绪沸腾。——译者

先知回答说："我怎么能不生气呢？我命令要做的事，他们有的不愿意做。"

有位圣门弟子来见先知，他看到先知仍在生气。于是他问道："安拉的使者，谁惹你动怒了，安拉将使他入火狱。"

先知回答说："我从未看到，我命令人们要做的事，他们竟敢迟迟不执行！如果我还能再活我已活过的这么多年，这次我也不会出钱买献牲来，我也会同他们一样现在就脱去戒衣。"

史学家穆赛利迈对这一件事也进行了相同的叙述。当圣门弟子们听说安拉的使者动怒了，上万名没赶献牲来的人遗憾地脱下了戒衣，就连先知的众妻及其女儿法蒂玛也脱下了戒衣。只有赶着献牲来的人们仍保持着受戒状态。

阿里从也门返回之后，得知先知已率领穆斯林前往麦加朝觐，受戒后他便赶了上来。他首先见到了法蒂玛，他看到她已脱下了戒衣，便问她是怎么回事。她便把先知的命令告诉了他。阿里来见先知，向他汇报了自己在也门的情况。他说完后，先知对他说："去环游天房克尔白吧，然后像其他人那样可以脱下戒衣。"

阿里说："安拉的使者，我像你一样，做了应做的一切。"

先知说："回去吧，像其他人那样脱下戒衣吧。"

阿里又说："安拉的使者，我受戒时曾说：'安拉啊，我要像你的先知、你的仆人、你的使者穆罕默德那样去做。'"

先知问他："你赶着献牲来了吗？"

阿里说"没赶"以后，先知宣布，他自己赶来的献牲归他与阿里共有。这样，阿里就可以不脱戒衣完成了正朝功课。

伊历 12 月 8 日是饮驼日，先知来到了米那山。他在米那山撑起了帐篷，做了礼拜，并住了一夜。第二天早上，他做了晨礼。当太阳升起时，他骑着他的骆驼"格素瓦"在众门弟子的簇拥下向阿拉法特山走去。当他登上山顶时，数千名圣门弟子来到他周围。在纳米拉（阿拉法特山东面的一个村庄），人们为先知搭起了帐篷。太阳偏西时，先知又乘上了他的骑驼。他一直来到欧拉纳河谷深处。在那里，他骑着骆驼以洪亮的声音向人们发表了演说。拉比阿·本·伍麦叶·本·赫莱夫一句句重复先知的演说。先知在赞颂、感念安拉之后说：

人们啊！请听我说，今年之后，我不知道还能不能同你们再在这个地方重逢相聚。

人们啊！在你们回到安拉那儿之前，严禁你们相互仇视残杀、相互掠夺财物。就像这个日期，像这个月份那样受禁戒。

你们将来必定会见你们的主。那时他会查问你们的所作所为。为此，我已经做过申述。

谁要是代别人保管财物，要坚守信誉，物归原主。

一切高利贷必须作废，本金应归主人所有。要做到不亏损不赢赚。

安拉禁止放高利贷。因此阿拔斯·本·阿卜杜勒·穆塔里布放的高利贷一律废除。

蒙昧时期的血债一律不许再清算。因此，伊本·拉比阿·本·哈里斯·本·阿卜杜勒·穆塔里布的血债首先一笔勾销。

人们啊！魔鬼妄图凌驾于你们的土地上称主充霸的幻梦已彻底破灭了，但他仍想在你们认为微不足道的小事上乘虚而入钻空子。你们要谨防他来动摇你们的宗教信仰。

人们啊！贪恋女色会使人恍惚迷惑。恍惚迷惑之人由于贪色会在迷误中越陷越深。他们会把安拉禁止的事视为合理合法，而把安拉所允许的事视为逆情悖理。

从安拉创造天地之日起，岁月遵照规律轮转，井然有序。安拉所定每年的月份为十二个月，其中四个月为禁月。三个禁月紧密相连，第四个禁月则是处在六月与八月中旬的七月。

人们啊！对你们的妻子，你们有你们应尽的义务和享受的权利，你们的妻子对你们也有她们应尽的义务和享受的权利。你们的妻子不得让你们所讨厌的任何人躺在你们的卧榻上，她们不得与人通奸。她们若犯有奸情，安拉允许你们把她们拘在家中，亦可轻微鞭挞。如她们悔罪，不再犯奸，你们应充分供给她们食品和衣物。你们要很好管教你们的妻子，她们是属于你们的。你要依照安拉之命迎娶她们，经过婚仪，你们同她们交合便成为合法。

人们啊！你们要领会我的话。我已传谕了我要传谕的话。你们只要记住我的话，就永远不会误入歧途。我已把安拉的《古兰经》及安拉使者的教诲留给了你们。

人们啊！要听取我的话，要领会它。你们要懂得，穆斯林都是兄弟。穆斯林兄弟不能把自己所不喜欢的事强加给穆斯林兄弟。你们不能相互欺压你们自己人。

安拉啊，我已传谕了我应传谕的事了吗？”[①]

先知一句一句地演讲，拉比阿一句一句地重复。他在演讲时，常问人们是否把他的话记在了脑海里。先知让拉比阿问人们说：“安拉的使者说：‘你们知道今天是什么日子吗？’”

人们回答说：“是正朝的日子。”

先知又对拉比阿说：“你告诉他们，在你们回到你们的主那儿之前，就像本月本日这样，安拉严禁你们相互仇视残杀，相互掠夺财物。这话你们记住了吗？”

他讲到最后说：“安拉啊，我已传谕了我应传谕的事了吗？”

人们从四面八方回答说：“是的。”

先知说：“安拉啊，请你作证。”

先知讲完话后，从骆驼上下来了。他在那儿做了晌礼和晡礼然后

① “辞朝演说”原书未引用全文，所引部分已照译。——译者

又骑上骆驼向前走去。他一直走到萨特拉特。在这儿安拉降下了如下的启示：

> ……今天，我已为你们成全你们的宗教，我已完成我所赐你们的恩典，我已选择伊斯兰做你们的宗教。（《古兰经》5：3）

艾布·伯克尔听了先知的讲演后哭了，因为他体会到，先知已完成了他的使命，他逝世的日子已不久了。

先知离开了阿拉法特山，在穆兹代里法过了一夜。第二天早上，他又到了马希阿尔，而后又回到了米那，在通往米那的路上他投掷了石子。他回到自己帐篷后，宰了六十三峰骆驼献牲。先知当时是六十三岁，这意味着他每活一年献一峰骆驼。先知从麦地那赶来的一百头献牲，被阿里全部宰献。最后先知剃了头，他以此履行了全部朝觐仪式。有人把这次朝觐称为"辞别朝觐"（简称"辞朝"），也有人称之为"传谕朝觐"，也有人称之为"伊斯兰朝觐"。其实，这些说法都是正确的。之所以称之为"辞别朝觐"，是因为这是先知穆罕默德最后一次来麦加和天房克尔白；称之为"伊斯兰朝觐"，是因为安拉在这次完美了他的宗教，完成了他对穆斯林的恩典；称之为"传谕朝觐"，是因为先知在这次朝觐期间向人们传谕了安拉令其传谕的事情。先知对于信士们来说，只是报警者和报喜者。

第三十章　先知患病及逝世

朝觐结束了，陪同先知前来朝觐的数以万计的穆斯林开始返回家园。内志人向内志走去，帖哈麦人返回帖哈麦，也门人、哈达拉毛人奔向半岛南方，而先知则同自己的同伴们回到了麦地那。半岛上的局势安定下来，先知仍住在麦地那，他开始考虑处在罗马人和波斯人控制之下的叙利亚、埃及及伊拉克了。半岛上的阿拉伯人纷纷信奉了安拉的宗教，各个部落也已派使团来麦地那纷纷表示归附，穆斯林大多同先知进行了朝觐仪式。先知对半岛上的局势放心了，先知给予了各部落充分的自治权，就在波斯驻也门总督巴赞宣布自己归信伊斯兰教时，先知也给了他这样的权利。这是以前任何一位统治者所未能做到的，所以阿拉伯各部落的酋长及君主们怎能会对先知不忠实呢？新的宗教在半岛上慢慢稳固下来，人心已向往唯一万能的安拉。这时，即使有个别人起来闹事，也不足为虑了。

图莱哈、艾斯沃德及穆赛利迈自称“先知”

当时，曾有几个人伪称自己是“先知”，但这没有引起先知的多大注意。距离麦加遥远的一些部落的成员们，得知先知传教活动获得成功后，他们希望自己的部落也能像古莱什部落一样幸运，能在自己部落中出现“先知”。所以，他们部落中有人伪称自己是“先知”时，族人竟轻易相信了这些人的传言。这是由于这些部落距离伊斯兰教中心麦地那较远，其成员对伊斯兰教并不完全了解。信仰安拉的真理之教在阿拉伯半岛已稳固下来，想与之对抗谈何容易，先知为了传播真理之教，曾忍受了千辛万苦，这是众所周知的。这种辛苦除像先知一样的真正的先知外，其他人是忍受不了的。伪称毕竟是伪称，其基础是虚言妄语，这种虚言妄语必然会很快不攻自破，也绝对没有任何成功的希望。

图莱哈是艾塞德的首领，他是位于内志地区颇有权威的英雄。他伪称自己是“先知”“使者”。有一天，气候异常炎热，族人在路上快要渴死了。图莱哈告诉族人什么地方有水，并以此作为自己是“先知”的证据。尽管如此，他仍很怕先知穆罕默德，在先知穆罕默德逝世之前，他不敢公开挑衅。后来，哈立德·本·瓦利德征服了他，他归信了伊斯兰教，成为虔诚的穆斯林。

穆赛利迈伪称“先知”后，曾派人给先知穆罕默德致照会。他在照会中说，他与穆罕默德一样是“先知”。“大地有我们的一半，有古莱什人的一半，但古莱什是行为不端的民众。”先知穆罕默德看了穆赛利迈的信后，扫视了他的两位下书人。他以目示意，告诉他们俩，如果没有不斩来使的惯例，他会马上杀掉他俩。先知回答了穆赛利迈，说他听了他的照会，认为照会中全是弥天大谎，大地属安拉所有，安拉会把土地分配给他诚实的仆人们，凡是走安拉真理之路的人，才会安如泰山。

艾斯沃德·安赛在舍赫尔·本·巴赞去世后，控制了也门，他秘密用妖术号召人们信仰他，后来他竟把先知派往也门的负责人驱逐出了也门。艾斯沃德来到奈季兰，他杀害了巴赞的儿子，篡夺了王位，霸占了巴赞的妻子。他的势力一度在那个地区发展起来，先知没有过多地为这个照会分心。他只有命令他派往也门的负责人率人把艾斯沃德包围起来或把他杀掉。穆斯林成功地把也门人动员起来包围了艾斯沃德，结果被他霸占的巴赞的妻子，为了给自己丈夫和儿子报仇而杀了他。

先知考虑讨伐罗马人

南部的局势已渐稳固，先知辞朝归来之后，他的注意力一直放在了北部。穆乌泰之战之后，自穆斯林在哈立德·本·瓦利德率领下从战场上撤军之后，先知一直在考虑如何对付罗马人。他认为应该巩固穆斯林在叙利亚边境一带的势力，使撤离半岛控制了巴勒斯坦的罗马人不敢再对半岛觊觎骚扰。因此，当他听到罗马人要来侵犯半岛时，他亲自率领人马来到塔布克，使罗马人撤退了，但先知仍对北部边界不放心。辞朝回麦地那后不久，他便下令准备出征叙利亚。众迁士，其中包括艾布·伯克尔和欧麦尔也要随军出征，先知把帅旗授予了乌萨迈·本·栽德·哈里塞。

乌萨迈·本·栽德当时是不满二十岁的青年。在深孚众望的众迁士及其他大人物随军出征的情况下，委任这样的青年人挂帅，如果不是出自人们对安拉使者的绝对信仰，那么肯定会引起非议。乌萨迈的父亲是穆乌泰之战中穆斯林的统帅，在战场上牺牲了。先知之所以把帅旗授予他，是为了让他担起父亲曾担任过的重任，让他分享父亲牺牲的荣誉。除此之外，先知也想通过让乌萨迈挂帅激起青年一代奋发进取，并培养他们担当重任的能力。先知命令乌萨迈占领与巴尔干半岛接壤的赫勒和地处巴勒斯坦的达鲁姆。乌萨迈的父亲就是在达鲁姆附近的穆乌泰殉教的。先知嘱咐乌萨迈，要在黎明前突然出现在敌人面前，要狠狠打击他们，必要时可用火攻。作战时，要一鼓作气，快速前进，让敌人感到出其不意，措手不及。安拉赐给胜利之后，不可在敌境多停留，要马上凯旋。

先知患病

乌萨迈率军驻扎在麦地那附近的祖尔夫，穆斯林开始做出征巴勒斯坦的准备工作。就在这时，先知患了重病。先知的患病，使这支军队未能马上开拔。可能有人会问，这次军事行动是先知亲自组织的，军队怎能会由于先知患病而停了下来呢？军队经沙漠到叙利亚需要很多天，因此这次行动对穆斯林来说，绝非轻而易举的事。穆斯林热爱先知胜过热爱他们自己，现在先知患了重病，穆斯林不知会有什么样的后果。在这种情况下，他们怎么会离开麦地那呢？他们从未听说先知以前患过什么重病。伊历 6 年（公元 628 年）时，先知曾有过一次食欲不佳，也就是犹太人造谣说他们已用邪术迷惑了先知的那一次。伊历 7 年（公元 629 年），先知曾在食用下了毒的羊肉后，一度感到疼痛，但用拔罐治疗后就痊愈了。

先知的生活习惯及他的教诲，使他自己及听从他教诲的人很少患病。先知平日粗衣淡饭，很注意卫生。他曾说过，如果不是担心信士们过于麻烦，他要让他们每日刷五次牙，每日五次礼拜。一方面是对安拉履行拜功，另一方面也是一种体育锻炼。这种习惯使先知身强力壮，很少患病。穆斯林知道，在二十年时间内，先知经历了千辛万苦。他在麦加号召人们信仰独一的安拉、撇弃偶像时，就受到了一般人所不能担负的困苦。因而，他让一些门弟子迁徙到了阿比西尼亚。后来，古莱什人与他断绝往来，他被迫到山路上避难。阿盖白誓约后，他冒着极大的危险从麦加迁徙到了麦地那。在他迁居麦地那初期，又遇到了犹太人的各种阴谋活动。半岛上的居民纷纷归信伊斯兰教后，他的工作量倍增。在各次战争中，他经历了惊心动魄的场面。穆斯林在吴侯德之战失利之际，当他在少数穆斯林的保护下向山上爬时，古莱什人就紧跟在他身后追击；他在侯奈因之战的清晨又经历了非同小可的险境。先知历尽千辛万苦，渡过重重难关。在这期间，他都没患什么大病。现在，他病倒了，穆斯林十分担心。他们驻扎在祖尔夫，停止向叙利亚进发是很自然的。

这期间发生了一件使穆斯林更加害怕的事：在先知刚患病的一天夜里，他失眠了。他想到麦地那郊区外散散步。在仆人艾布·穆韦海拜的陪同下他走出了房间。他到哪儿去了呢？他来到了麦地那附近的墓地。当他来到墓地时，他竟对坟茔做祈祷："墓中的人们啊！愿安拉赐你们平安。我祝贺你们摆脱了红尘。在这个世界上，令人心烦的事就像这漫长的黑夜。它一个接一个，而且一个比一个更令人心烦。"

艾布·穆韦海拜谈到，当他同先知到达墓地时，先知对他说："我要祈求安拉饶恕坟墓中的人们，跟我一起来吧。"当他俩要返回时，先知对他说："艾布·穆韦海拜，世上所有仓库和进入乐园的钥匙已摆在我面前，我要在这两者间进行选择。"艾布·穆韦海拜回答说："以我父母的名誉发誓，你应先拿世上所有仓库的钥匙，在世上生活，然后再入乐园。"先知回答说："不。艾布·穆韦海拜，指安拉起誓，我已做好入乐园见主的选择。"

先知到墓地去的第二天中午，病情加重了。艾布·穆韦海拜就把昨天夜里自己的所见所闻告诉了人们，人们更加担心起来，乌萨迈率领的队伍更有理由暂时不出发了。部分史学家对艾布·穆韦海拜所讲的话持怀疑态度。他们认为，使穆斯林队伍停止向巴勒斯坦进发的理由不仅仅是先知的患病，更重要的是由于人们不满意先知让青年人乌萨迈挂帅。

中午，先知来到阿伊莎房间，阿伊莎告诉他，她有些头痛。当时他已感到自己重病缠身，他对她说："阿伊莎，指安拉为誓，头痛的是我啊！"

先知当时虽已患病，但还没有到卧床不起的地步，还没有到使他不能同家人及妻子们谈笑的地步。阿伊莎听先知说他头疼时，自己反而叫苦不迭。这时先知同她开玩笑说，她如果死在他面前，由他来给她祈祷、举行殡礼有何不好呢？这句话使这位很年轻的女性生气了。她回答说：“你诅咒别人去死吧。”

先知微笑了一下，没有同她再谈下去，当他感到病痛稍有缓和时，又到其他妻子们房间转了一下。这时，他的病情渐觉加重。当来到梅蒙娜房间时，他痛得再也忍不住了。于是，妻子们赶紧来到梅蒙娜房间里护理他。先知请求她们把他搀到阿伊莎房间去护理。妻子们同意后，先知被缠好头。阿里·本·艾比·塔利卜和先知的伯父阿拔斯把先知搀扶到阿伊莎房间。当时，先知自己已几乎站不稳了。

先知患病数天之后，又开始发烧，他感到身上像火烧一般热。尽管如此，当体温稍降时，他仍到清真寺给穆斯林领拜。几天的高烧使他无力再做礼拜和同穆斯林讲话了，但他仍能听到人们的议论。他听到人们对他让年轻人统帅众迁士和辅士出征叙利亚这件事仍在喋喋不休。虽然他的病情正在日益加重，但他觉得有必要同大家讲一讲这件事。他对众位妻子和身旁的亲人说：“请你们到井中打七袋凉水来浇在我身上，我要出去同人们讲话了。”

人们从井中打来了凉水，众位妻子把他搀扶到哈芙赛的澡盆里。妻子们把七袋凉水全都浇到他身上。先知说道：“够了，够了。”

他穿好衣服，用头巾缠好头，走出家门来到了清真寺。他坐在宣讲台的台阶上赞颂了安拉。然后说：“人们啊，你们要执行我对乌萨迈的任命。以前我让他父亲挂帅时，你们议论过，今天我让乌萨迈挂帅，你们又这样议论。他父亲有能力担当这一重任。”

先知停顿了一下，整个清真寺鸦雀无声。先知接着说：“如果安拉让他的一个奴仆在今生和后世两者间进行选择的话，那么，他选择了能与安拉在一起的后世。”

先知又停顿了一下，人们屏息静听着他的话。艾布·伯克尔懂得先知这话的含义，禁不住哭了起来。他对先知说：“使者啊，让我们，让我们的后代为你献身吧！”

先知怕艾布·伯克尔的举动影响其他人，就对他说：“艾布·伯克尔，请你不要这样。”然后，先知下令，直通清真寺的所有便门，除属艾布·伯克尔的外，其余一律关闭[①]。当那些便门关闭后，先知又说：“我还没有发现任何一位比艾布·伯克尔更好地陪伴我的人。如果让我在安拉的仆人中间选择交朋友，我就先交艾布·伯克尔。但是，兄弟情谊是我们的信仰之一，安拉已使我们穆斯林相互都成了兄弟。”

先知走下宣讲台，想回阿伊莎房间去。但当他回头看到信士们仍坐在原地不动时，他又说道：“迁士们，要善待辅士们。归信伊斯兰教的人数在日益增加，但辅士的人数不会再增加了。他们是我信得过的人，你们要善待过去善待过你们的人，不能虐待他们。”

先知回到了阿伊莎的房间。在身患重病的情况下同人们讲话，他付出了很多精力，从而更加重了他的病情。试想，一个发高烧的病人，在身上浇了七袋凉水，然后再向人们宣讲，这要消耗多大的精力呀！除此之外，他还要考虑一些大事：乌萨迈挂帅出征；辅士将来的命运；已经紧密团结在新宗教下的阿拉伯民族的前途。中午时分，他仍想到清真寺去领拜，但已力不从心了。这时他说道：“告诉艾布·伯克尔，让他领大家做礼拜。”

阿伊莎看到先知的体力有所恢复，她希望他能再去领拜，所以她对先知说：“艾布·伯克尔感情脆弱，说话声音小，他一读《古兰经》就容易流泪。”

先知回答说：“告诉艾布·伯克尔，让他去领拜。”阿伊莎又重复了她的话。先知尽管身患重病，但他这时大声说：“你们都像优素福的伙伴们一样！告诉他，让他领拜。”按照先知的命令，艾布·伯克尔领着穆斯林做了礼拜。有一天比拉勒宣礼时，艾布·伯克尔外出了，欧麦尔只好替他领拜。欧麦尔的声音很洪亮。欧麦尔领拜时，先知在阿伊莎房间听出了他的声音，于是问道：“艾布·伯克尔到哪儿去了？安拉和信士们不同意这样做。”于是，部分穆斯林据此推测，先知要让艾布·

① 部分圣门弟子的住房紧连清真寺，他们曾为自己修了通往清真寺的便门。——译者

伯克尔做他的后继人了。让他领拜，就是暗示的心声。

先知同女儿法蒂玛的谈话

先知的病情日益加重，他身上的热度越来越高。他当时穿着外衣，妻子们及前来看望他的人隔着衣服触摸他的身体，都能感到有些烫手。先知患病之前，他女儿法蒂玛每天都来看望父亲。先知的儿女们除法蒂玛外，全都离开了人世。所以，他把自己对儿女们的爱全部倾注在法蒂玛身上。每当法蒂玛来见父亲时，先知总是站起来，亲吻女儿，然后让她坐在自己身边。现在父亲患病了，法蒂玛来看望他时，换成她走上来亲吻父亲了。

有一次，法蒂玛来看父亲，先知对她说："欢迎你，亲爱的女儿！"然后，他让她坐在了自己身旁。只见先知悄悄同她说了一句话，法蒂玛哭了起来；先知又悄悄同她说了一句话，她马上破涕为笑。阿伊莎问她先知同她讲了什么话，她回答说："我不能泄露安拉使者的秘密。"

先知逝世之后，法蒂玛又讲到了这件事。她说，当先知悄悄告诉她，病魔将使他不久于人世时，她哭了。然后先知又悄悄对她说，他逝世后，她将是来见他的第一个亲人时，她破涕为笑了。由于先知高烧不止，人们在他身边放上了一个盛满凉水的器皿。先知不时地把手放进器皿内，并常常用凉水擦抹自己的脸。高烧使先知常常昏迷不醒，醒来后也觉得疲惫不堪。

有一天，法蒂玛看到父亲痛苦的样子后说道："父亲啊，让你受苦了！"先知回答说："今天之后，你父亲就再不会受苦了。"他是想说，他即将离开这令人遗憾和痛苦的世界了。

先知周围的人为了减轻他的痛苦，向他提出了他平日劝告病者不要呻吟的嘱咐。先知对他们说，他今天受的痛苦，远远超过两个病人所受的痛苦。先知病在卧榻上，他对在场的人说："拿过笔和纸来，我要给你们口述遗嘱，免得你们日后走上迷途。"

部分在场的人说，安拉的使者正在患病，安拉已给我们降示了《古兰经》，日后我们按《古兰经》遵循就行了。据一些人说，说这话的人是欧麦尔。在场的人议论纷纷，有人说："赶紧把笔和纸拿过来，让先知口述遗嘱，免得日后迷误。"但有的人认为，有安拉的《古兰经》已足够了，不必再劳先知口述遗嘱了。穆罕默德看到他们争执起来，便说道："出去吧！在先知面前不应该争执不休。"伊本·阿拔斯仍认为，如果不赶紧记录下先知的遗嘱，将会给人们造成巨大损失。欧麦尔仍坚持自己的意见，他说，安拉不是在其经典里说过"我在天经里没有忽略任何事情"①吗？

先知病情加重了。乌萨迈及同乌萨迈一起准备出征的穆斯林离开了祖尔夫，来到了麦地那。乌萨迈来到阿伊莎房间见先知，先知已不能说话了。先知见到乌萨迈来了，就把手举向空中，然后把手放到了他身上，以示为他祈福。

先知的亲人们看到先知如此痛苦，就想给他治疗一下。先知的妻子梅蒙娜的近亲艾斯玛在阿比西尼亚居住期间曾学到了某种治疗方法。于是，她为先知准备好了一碗汤剂。亲人们乘先知昏迷时，让他喝下了这碗汤剂。先知清醒后说："这是谁干的事？你们为何要这样做？"先知的伯父阿拔斯说："安拉的使者，我们担心你是患了胸膜炎。"先知回答说："这是安拉的意愿！"然后，先知令除阿拔斯外所有在家的亲人，每人喝一碗这样的汤剂。当时尽管梅蒙娜正在封斋，但先知仍令她也喝了一碗。

先知病情加重时，他手中仍有七个第纳尔金币。他担心自己逝世之后这些钱仍留在他手中，于是让家人们把这些钱施舍给穷人们。由于家人们忙于护理他，竟把这件事给忘了。先知逝世前的那个星期日，他清醒了些。他问家人们："如何处理了那些第纳尔？"阿伊莎回答说："钱仍在我手中。"先知让她把钱拿出来，她把钱放在掌上说："先知如

---

① 《古兰经》6：38。

果见到安拉，他不认为安拉会收这些钱。”然后，先知让人把七个第纳尔施舍给了贫穷的人们。

先知退烧了，他安定地度过了一夜。好像亲人们给他喝的汤剂起了作用。早上，他用头巾缠好头，在阿里·本·艾比·塔利卜和法达勒·本·阿拔斯的搀扶下来到了清真寺。在清真寺里，艾布·伯克尔正在领着穆斯林做礼拜。礼拜的人们看到先知来到他们中间，真是欣喜若狂。先知示意他们继续做礼拜。先知看到艾布·伯克尔领着人们礼拜，他感到由衷的高兴。艾布·伯克尔看到人们见到先知后十分高兴，就想退下领拜台，让先知领拜。先知在他背后推了他一把说：“领着人们继续礼拜去吧。”说着，他坐在了艾布·伯克尔身边，在艾布·伯克尔右边侧坐着礼拜。先知礼拜完毕之后，来到了人们中间。他大声对人们说：“人们啊，火已燃起，困难就像黑夜一样会不断到来。指安拉为誓，我并不希望你们为我保留什么。指安拉为誓，凡《古兰经》认为合法之事，我不会认为不合法，凡《古兰经》禁止之事，我也不会不禁止。安拉会诅咒那些把坟墓当作清真寺的民众的。”

穆斯林看到先知的病情有所好转，他们都很高兴。乌萨迈甚至前来请示先知，队伍是否可以向叙利亚进军。艾布·伯克尔也来到先知那儿说：“安拉的使者，我看安拉已使你康复。今天我能否到我的妻子宾特·赫利杰那儿去看看？”先知同意他去了。艾布·伯克尔到妻子所居住的麦地那郊区的逊尼赫村去了；欧麦尔和阿里也办他们自己的事去了；圣门弟子们也都放心地散开了。昨天由于先知病情加重，他们还在忧心如焚呢！先知也满意地回到了阿伊莎房间，感到自己已十分疲惫。阿伊莎看着自己所尊重的人筋疲力尽的样子，她心疼起来。她真希望把自己的心肝拿出来，以换得他的康复。

无疑，先知自己已感到，数小时之后他即将离开人世。那么在这数小时之内他做些什么呢？他是在回顾自安拉委派他为使者以来自己的经历和遭受的困苦，回顾在安拉护佑下阿拉伯人接受伊斯兰教的过程呢，还是像以往那样，全神贯注地向安拉祈祷呢，还是由于病魔缠身，他已无力思考了呢？史书对此有很大的分歧。但多数史书记载说，伊历 11 年 3 月 13 日（公元 632 年 6 月 8 日）半岛上异常炎热。先知让人打来一桶凉水。他把手放在凉水中，并不时擦抹自己的脸。这时，艾布·伯克尔的一位家人来到阿伊莎房间，他手中拿有一根牙签。先知看了一眼他手中的牙签，意思是他想要它。阿伊莎马上从那个人手中拿过了牙签，并把它放到嘴里咬了一下，然后把牙签给了先知，他用它剔了剔牙。这时，先知感到疼痛起来。只见他向安拉祈祷说："安拉啊，赐我咽最后一口气吧。"

当时，先知把自己的头放在了阿伊莎的怀中。阿伊莎说："我感到安拉的使者在我怀中越来越沉重。我赶忙看了看他的脸，只见他的眼睛已往上翻。但仍在说：'乐园中最崇高的同伴。'我说道：'已授予你选择的权利，你已选择了给予你真理的安拉。'就这样，安拉的使者在我怀中逝世了。我发誓，我没虐待任何人。我这么年轻，安拉的使者竟在我怀中逝世了。我把他的头放到枕头上。我便起来同他其他的妻子们一起哭起来。"

先知穆罕默德真的溘然长逝了吗？在那一天，人们对此产生了分歧，并几乎酿成轩然大波，引起内战。

第三十一章　先知的葬礼

先知穆罕默德在阿伊莎房间，头躺在阿伊莎怀里逝世了。她把他的头放在卧枕上，然后同惊闻噩耗赶过来的先知的其他妻子们一起痛哭起来。正在清真寺里的穆斯林被哭声惊呆了。因为他们早上才见到了先知，而且他们目睹了表明先知正在渐渐康复的种种迹象。艾布·伯克尔正是看到先知健康状况有所恢复后，才到妻子宾特·赫利杰住的逊尼赫村去的。欧麦尔听到哭声后，急忙到先知的遗体前，他真不敢相信先知已经离开了人间。他走上去抱起了先知的头，定睛凝视他的面容。他发现先知一动不动地躺在那儿。他认为先知是昏迷过去了，不久便会醒来。在场的穆额赖再三想让他相信这一令人悲痛的事实，但他的话对欧麦尔丝毫不起作用。欧麦尔一直认为先知没有去世。当穆额赖再次让他相信这一令人痛苦的事实时，欧麦尔喊道："你在说谎！"

两人来到了清真寺。欧麦尔喊道："伪信者们声称安拉的使者逝世了。指安拉为誓，他没有逝世，而是像穆萨·本·仪姆兰[①]那样见他的主去了。穆萨·本·仪姆兰曾经离开族人四十天，而后又回到了族人中间。当时不是有人说他逝世了吗？指安拉为誓，安拉的使者也会像穆萨那样，将会回来的。谁再伪称安拉的使者逝世了，就要砍下他的手

① 穆萨·本·仪姆兰是《古兰经》中的人物。他与阿丹、努哈、易卜拉欣、尔撒和穆罕默德并称为安拉的六大使者。他是仪姆兰之子、哈伦之弟。他率领以色列人离埃及时，法老军民追击至海边。以色列人过海，法老及追兵被洪水淹没。穆萨登山四十天，接受安拉所授的"版片"（上有教规），而后返回。——译者

和腿。”

在清真寺里，穆斯林一边听着欧麦尔的讲话，一边又听到阵阵哭声传来。他们真不知所措了。先知真的逝世了吗？这是多么令人悲痛的消息啊！这更加令人不解。部分穆斯林围住了欧麦尔，他们几乎相信了他的话，认为先知没有逝世。他们要等待先知像穆萨·本·仪姆兰那样能返回来。几个小时之前，穆斯林还见到了先知，还听到了他的演讲，他怎能一下子逝世了呢？安拉选择他来完成安拉的使命，现在阿拉伯人都已归附了他，波斯王库思老、罗马皇帝希拉克略就要归信伊斯兰教了。在这种情况下，他怎能逝世呢？在他的引导下，伊斯兰教的力量在整整二十年内震撼了世界。在世界上，伊斯兰教的力量掀起了史无前例的精神革命。这样的伟大人物怎么能够逝世呢？但是，他的妻子们正在失声痛哭。这又说明他是逝世了。欧麦尔在清真寺内大喊说先知没有逝世，而是像穆萨那样见他的主去了，说他逝世的人都是伪信者，先知“醒来”之后，伪信者们会被砍断手和腿。人们相信什么好呢？开始人们有些担心害怕。后来欧麦尔的话使他们产生了先知还能回来的希望。他们几乎相信了欧麦尔的美好愿望。

正当穆斯林不知所措时，艾布·伯克尔听到噩耗后从逊尼赫村赶来了。他看到人们聚集在清真寺内，看到欧麦尔正同他们讲话。但他没有在清真寺内久留，也没有管任何事，而是直接向阿伊莎的房间奔去。他请求主人同意后，走进了屋内。据说有人对艾布·伯克尔说：“今天，凡是到此来见者，一律不须预先请示。”

艾布·伯克尔看到先知安静地躺在屋内，他身上盖着一件用条纹布做成的斗篷。艾布·伯克尔走上去，仔细瞻仰了先知的遗容，并亲吻了他。然后说道：“你逝世后同你生前一样，遍体芳香！”艾布·伯克尔双手抱起了先知的头，他仔细观看着他的遗容。他说道：“以我父母的名誉发誓，你已尝到安拉给你注定的寿终，此后你将永生不灭！”

艾布·伯克尔把先知的头放在枕头上，用那件条纹布斗篷盖好了他的脸部。艾布·伯克尔离开阿伊莎的房间来到了清真寺。只见欧麦尔仍在同人们讲话，他仍极力地想使人们相信，先知没有逝世。人们给艾布·伯克尔让开了一条路。他走近欧麦尔身旁对他说：“欧麦尔，请稍等一等！请听我说几句话。”

但欧麦尔不肯沉默，并拒绝听艾布·伯克尔讲话。他一直不停地讲个没完没了。艾布·伯克尔只好离开欧麦尔来到人群当中，示意人们他要讲话。艾布·伯克尔是先知的密友。先知说过，如果让他选择朋友，他就选择艾布·伯克尔。当时，有谁的地位能跟艾布·伯克尔的地位相比呢？因此，人们纷纷离开欧麦尔，聚到了艾布·伯克尔周围。艾布·伯克尔在感赞安拉之后，他说：“人们啊！你们中谁崇拜穆罕默德，穆罕默德已逝世离去；谁崇拜安拉，安拉是永存不灭的。”接着他宣读了《古兰经》中安拉的启示：

> 穆罕默德只是一个使者，在他之前，有许多使者，确已逝去了；如果他病故或阵亡，难道你们就要叛道吗？叛道的人，绝不能伤损安拉一丝毫。安拉将报酬感谢的人。(《古兰经》3：144)

欧麦尔看到人们聚到了艾布·伯克尔周围，便聆听起他的话来。他听了《古兰经》的这节经文后，自己也相信安拉的使者确已逝世。这时，他两腿发软，坐到了地上。这之前，人们已几乎接受了欧麦尔的话。所以，当他听了艾布·伯克尔宣读的《古兰经》的经文之后，就好像以前不理解它似的。《古兰经》的这节经文打消了人们的疑虑，使他们相信先知已经逝世了。

欧麦尔开始认为先知没有逝世，而且他再三让人们相信先知没有逝世。他这样做是否太过分了呢？不是！今天科学家们告诉我们，过若干世纪之后，太阳将会熄灭。是否人们对此毫不怀疑地相信呢？太阳赋予了世界赖以生存的光和热。没有它，世界上的万物一天也难以维持。那么太阳怎能熄灭呢？先知发出的光和热，对于穆斯林来说，并不亚于太阳的光和热。正如太阳是颗福星一样，先知也是颗福星。正如太阳普照万物一样，先知的精神也普照了万物。因此，欧麦尔认为先知不会死亡是不足为怪的。先知的精神没有死，它将永存不灭！

那天早上，先知到清真寺时，乌萨迈·本·栽德见到了他。所以他同其他穆斯林一样，也认为先知已经康复。乌萨迈跟圣门弟子们离开了麦地那，回到了驻地祖尔夫，命令大军准备开拔。正在这时，他得到了先知逝世的噩耗。于是，乌萨迈命令大军返回了麦地那。他把帅旗插到阿伊莎门前，等待着事态的发展。

穆斯林确有些张皇失措了。当他们听了艾布·伯克尔的话，确信先知已逝世后，都离开了清真寺。一伙辅士来到萨阿代族人住地的赛尔德·本·欧拜岱家中。阿里·本·艾比·塔利卜、祖拜尔·本·阿瓦姆、泰勒哈·本·欧拜杜拉来到法蒂玛家里。迁士们，其中还有艾塞德·本·侯代尔来到艾布·伯克尔家中。艾布·伯克尔正同欧麦尔商议善后事宜时，有人前来告诉他俩，辅士们已聚到了赛尔德·本·欧拜岱家中。同时，来人还对他们说，如果你们想同辅士们讲什么话，请赶快前去，免得酿成祸事。先知的遗体仍停在家中，还没有殡葬呢。欧麦尔站起来对艾布·伯克尔说："让我们一起到我们这些辅士兄弟那儿去吧，看看他们在做什么。"

他们在路上遇到了两位辅士。这两个辅士告诉迁士说，辅士正在商议大事。这两位辅士问迁士到哪儿去。当他俩得知他们的去向后，说道："迁士们，你们不能不亲近他们，你们应完成你们的事业。"

欧麦尔说："指安拉为誓，赶紧去吧。"

他们来到了萨阿代族人的住地。他们看到在辅士中间有一个人盖着被子躺在那儿。欧麦尔·本·哈塔布问道："这是谁？"

辅士回答："是赛尔德·本·欧拜岱。他病了。"

迁士坐下之后，有一位辅士站了起来。他感赞安拉之后说："我们是安拉的众辅士，我们是伊斯兰教的一支生力军，而你们迁士是一些离开家乡的外人。你们族人想控制我们的一切。"

先知逝世之前，辅士就有这种想法。欧麦尔听了这话后，就想站起来反驳。艾布·伯克尔怕他鲁莽，就挡住了他。艾布·伯克尔说："且慢，欧麦尔！"然后又对辅士说："人们啊！我们是最早归信伊斯兰教的迁士。迁士是出身最高贵、最体面、最纯洁、最受安拉使者同情的人。我们先于你们归信了伊斯兰教，在《古兰经》里，我们也排在你们之前。"接着艾布·伯克尔诵读了如下的《古兰经》文：

迁士和辅士中的先进者，以及跟着他们行善的人……(《古兰经》9：100)

艾布·伯克尔说："我们是迁士，你们是辅士。在宗教上，你们是我们的兄弟。在对敌斗争中，你们是我们的助手，并同我们一起分享战利品。你们提到了你们的善举，你们做得对。你们是世上最应受到赞扬的人。但是所有阿拉伯人，他们尊重的仅仅是我们这伙古莱什人迁士，所以我们的人为首领，你们的人为臣僚。"

这时，一位辅士发怒了，他站起来说："我们是久经考验、有见解的人。古莱什人啊，我们的人可为首领，你们的人也可为首领。"

艾布·伯克尔反驳说："不，我们的人为首领，你们的人为臣僚。我已为你们选择了两个人。请你们在他俩中间推选一位为首领吧。"

说完，艾布·伯克尔拉起了坐在他两边的欧麦尔·本·哈塔布和艾布·欧拜岱·本·贾拉赫。这时，人们议论起来。欧麦尔站起来提高嗓门说："艾布·伯克尔，放开我。"

艾布·伯克尔放开了他。只见欧麦尔向他宣誓效忠说："艾布·伯克尔，难道先知没有命令你领着人们做礼拜吗？你是先知的哈里发[①]，我们向你宣誓效忠。我们向先知最喜爱的人宣誓效忠。"

欧麦尔的话说出了在场穆斯林的心声，也表达了先知的意志。他

① "哈里发"，伊斯兰政治、宗教领袖的称号。原意为继任者、代治者、代理人。穆罕默德之前众先知被视为安拉在大地上的代理人、代治者。先知去世后，哈里发被用于指称先知穆罕默德的继承人。——译者

们间的分歧瞬间消失了。迁士首先走过来向艾布·伯克尔宣誓效忠，跟着辅士也向他宣誓效忠。

那天中午，艾布·伯克尔坐在了宣讲台上。欧麦尔·本·哈塔布首先讲了话。他感赞安拉之后，说道："昨天我同你们说的那些话，既不是安拉经典中的话，也不是安拉使者委托我要讲的话。我原来认为安拉的使者将同你们继续共图大业，他将永远同我们在一起。安拉已把他用以指引其使者的经典赋予你们。只要你们遵循安拉的经典，安拉将永远指导你们在正确的道路上前进。安拉已使你们团结在安拉使者最好的伙伴周围。他是你们当中最杰出者，他是骚尔山洞[①]中的第二把手。请起来，向他效忠宣誓吧。"于是，人们站起来，一起向艾布·伯克尔进行了效忠宣誓。

穆斯林宣誓效忠之后，艾布·伯克尔发表了精彩的演说。他感赞安拉之后说："虽然我并不比你们强，但我掌管了你们的事。如果我能善待你们，你们就支持我；如果我倒行逆施，你们就起来反对我。讲真话是诚实的表现，撒谎则意味着背叛。你们中的弱者，我视之为强者，如安拉意愿，我将给予他应得到的一切权利；你们中的强者，我视之为弱者，如安拉意愿，我将从他身上拿取我应拿取的权利。任何族人不要放弃为安拉而奋斗，否则安拉必使他下贱卑劣。犯罪作恶的民众，安拉必降灾祸于他。我只要服从安拉和安拉使者的教诲，你们就服从我；如果我违背了安拉和安拉使者的意志，你们就别服从我。请全体肃立，来礼拜吧，愿安拉怜悯你们！"

人们向艾布·伯克尔宣誓完毕之后，开始筹备安拉使者的葬礼。这以前，使者的遗体一直停放在他逝世时的床上，他的近亲们一直守护在他的遗体周围。在什么地方安葬先知的遗体呢？对此，穆斯林发生了分歧。部分迁士说："应把先知的遗体安葬在他的家乡麦加。"另一些人说："不，应把遗体安葬在其他众先知安葬的耶路撒冷。"

---

① 先知从麦加迁往麦地那时，曾同艾布·伯克尔一起在骚尔山洞避难。

我不知道，这些人为何提出这样的意见。因为耶路撒冷当时仍被控制在罗马人手中。而自穆乌泰之战、塔布克之战之后，罗马人一直仇视穆斯林。正由于这一原因，先知才让乌萨迈率领军队前去报仇。穆斯林不同意这一意见，也不同意把先知的遗体葬在麦加。先知从麦加迁到了麦地那，麦地那人支持了他，麦地那比其他任何城镇都更早地归信了伊斯兰教。所以穆斯林认为，就把先知的遗体葬在麦地那。正当穆斯林讨论这个问题时，又有人提议说，应该把先知的遗体葬在清真寺。因为先知逝世之前，就是在清真寺向人们演讲，教诲他们，并领着他们礼拜的。这些人进一步说，应把先知的遗体葬在宣讲台下面，或旁边。这时，阿伊莎讲道，先知患病时曾说过：“把先知的墓地作为清真寺的民众，安拉将使其灭绝！”

这时，艾布·伯克尔也说道：“我听先知讲过：‘先知在何地逝世，就原地埋葬。’”最后，大家决定，就把先知的遗体葬在逝世的床下面。

先知的近亲开始按伊斯兰的仪式为先知的遗体大小净。其中有阿里·本·艾比·塔利卜、阿拔斯·本·阿卜杜勒·穆塔里布、阿拔斯的两个儿子法达勒和古赛姆、乌萨迈·本·栽德和先知的仆人舒格兰负责往遗体上倒水，阿里·本·艾比·塔利卜负责沐浴先知的遗体。沐浴时，先知的遗体上仍穿着他平时穿的衬衣。近亲们没有给他脱下来。因为他们闻到这件衬衣香气袭人。阿里当时曾说过这样的话：“以我父母的名誉起誓，你逝世后同逝世前一样遍体芳香！”

部分东方学家认为，先知遗体之所以有香气，是由于先知生前喜欢用香料。沐浴完毕后，又给先知的遗体穿上了三层殓衣：两件也门出产的衣服，一件先知常穿的斗篷。一切准备好之后，又把先知的遗体放到了原处。而后，有人把房门打开，让穆斯林从清真寺方面进入房间，前来瞻仰先知遗容，向遗体告别。穆斯林离去时，个个心情都十分沉重。

艾布·伯克尔和欧麦尔进入房间时，房间里挤满了人。他们在无人领拜的情况下，举行了殡礼。礼毕，人们沉默不语。这时艾布·伯克尔说："安拉的使者向你致意！愿安拉为你们赐福。我们见证，安拉的先知、使者已完成了安拉赋予他的使命。他奋斗了一生，直到安拉完美了他的宗教。他实现了他的诺言。他命令我们只崇拜独一的安拉。"

艾布·伯克尔每讲一句，穆斯林都虔诚地说："阿敏！"男子们礼毕后，妇女们前来告别，接着是儿童。男女老少心情都十分悲痛。他们对安拉的宗教的前途不禁有些担忧。

穆斯林的担忧是有道理的。当先知逝世的消息在麦地那及其附近的阿拉伯部落传开之后，犹太教徒、基督教徒喜形于色，伪信者又想卷土重来。信仰不坚定的阿拉伯人又开始动摇了。麦加人有的竟想放弃伊斯兰教。先知派往麦加的总督乌特拜·本·艾塞德由于害怕而躲藏了起来。苏海勒·本·阿慕尔站出来对人们说："麦加的人们呀，你们是最后归信伊斯兰教的，你们不要第一个叛教。"

当时，在阿拉伯人当中有两种修墓方法：一种是麦加人的方法，墓底修成方形；另一种是麦地那人的方法，墓底修成弧形。艾布·欧拜岱·本·贾拉赫主张按麦加人的方法给先知修墓，而艾布·泰勒哈·栽德·本·赛海勒主张按麦地那的方法给先知修墓。先知家属不知按哪一种方法为好。先知的伯父阿拔斯派人去请这两个人，但艾布·欧拜岱没请来，艾布·泰勒哈来了。于是按麦地那人的方法给先知修了墓。晚上，人们陆续告别之后，先知的亲人们决定安葬先知遗体。一更过后，安葬仪式开始。人们首先把先知穿过的红色斗篷铺在地上。参加沐浴先知遗体的亲人把遗体放入了墓地。遗体旁首先用土坯砌严实，然后再埋上土。阿伊莎曾说过："深夜，当我们听到铁锹声时，才知道在安葬先知的遗体。"法蒂玛也说过类似的话。安葬先知遗体的日期是伊历11年3月15日（公元632年6月10日），也就是先知逝世两天之后。

先知的遗体被安葬之后，阿伊莎仍住在先知坟墓旁边的房间内。后来，艾布·伯克尔逝世后，被安葬在先知坟墓的旁边。再后来，欧麦尔逝世了，也被葬在了先知的坟墓旁边。据说，欧麦尔被安葬在这儿之前，阿伊莎常常不戴面纱到房间来看望丈夫和父亲的坟墓。欧麦尔被葬在这儿之后，阿伊莎到坟墓时就戴上了面纱。

先知逝世时，没有给自己亲人们留下什么遗产。但是，他给人们留下了珍贵的宗教信仰，为伊斯兰文明奠定了坚实的基础，在阿拉伯地区消除了拜物教。更重要的是，他给人类留下了伟大的伊斯兰教的精神遗产。

愿他受福，祝他平安！

译者后记

关于本书及其作者海卡尔博士，在穆拉吉教授的序言、海迪·阿拉维先生为中文版特约专序和林松教授的中文版序中，已有较详细而又全面的介绍，这里无须赘述。

我是从事阿拉伯语翻译的人，在学习和工作中经常接触到《古兰经》、伊斯兰教及其先知穆罕默德等问题。这使我逐渐产生了研究的兴趣。在专家的介绍、友人的鼓励和出版社的支持下，我终于决定翻译这本书。

在翻译过程中，来自各方面的鼓舞和帮助使我信心更足，勇气更大。阿拉伯专家海迪·阿拉维和穆罕默德·艾比·贾拉迪多次为我释疑解惑，使我对故事情节和时代背景有了更深的理解。特别是海迪·阿拉维先生，还为中文版写了专序。

林松教授对此书的翻译工作提供了巨大的帮助和指导。

九十岁高龄的著名大阿訇马松亭哈吉亲笔为本书题签书名，使本书增光添彩，谨在此深表感谢！

在翻译过程中，还得到赵宝成、程瑞年、荣波、杨鸿佐等同志的帮助。

在这里，我向上述中外学者及朋友们表示衷心谢意，并竭诚欢迎广大读者，特别是穆斯林朋友多提宝贵意见！

译　者

1985 年 4 月

图书在版编目（CIP）数据

穆罕默德生平 /（埃及）海卡尔著；王永芳，赵桂云译.
-- 北京：华文出版社，2015.1（2022.8 重印）

ISBN 978-7-5075-4302-5

Ⅰ.①穆… Ⅱ.①海… ②王… ③赵… Ⅲ.①穆罕默德（约570～632）– 生平事迹 ②伊斯兰教史 – 史料 Ⅳ.①B969.9

中国版本图书馆CIP数据核字（2015）第019039号

穆罕默德生平

MUHANMODE SHENGPING

著　　者：〔埃及〕海卡尔
译　　者：王永芳　赵桂云
策　　划：杨　平　李荣欣
责任编辑：张超琪　杨艳丽
特邀编辑：杨学良
出版发行：華文出版社
社　　址：北京市西城区广外大街305号8区2号楼
邮政编码：100055
网　　址：http://www.hwcbs.cn
电子信箱：silkroadlibrary@qq.com
电　　话：总编室 010-58336239　发行部 010-58336267
责任编辑 010-63427615
经　　销：新华书店
印　　刷：北京画中画印刷有限公司
开　　本：710×1000　1/16
印　　张：34
字　　数：360 千字
版　　次：2015 年 1 月第 1 版
印　　次：2022 年 8 月第 5 次印刷
标准书号：ISBN 978-7-5075-4302-5
定　　价：68.00 元